EUGÉNIE

Franz Herre

EUGÉNIE

Kaiserin der Franzosen

Weltbild

Eine Bemerkung zum Text:
Die Namen der beiden Hauptpersonen Eugénie und Napoléon III
werden in der deutschen Schreibweise wiedergegeben,
also ohne Akzent.

Genehmigte Lizenzausgabe für
Verlagsgruppe Weltbild GmbH,
Steinerne Furt, 86167 Augsburg
Copyright © 2000 by
Deutsche Verlags-Anstalt GmbH, Stuttgart München
Umschlaggestaltung: Studio Höpfner-Thoma, München
Umschlagmotiv: Artothek, Berlin
Gesamtherstellung: Oldenbourg Taschenbuch GmbH,
Hürderstraße 4, 85551 Kirchheim
Printed in Germany
ISBN 3-8289-0533-1

2006   2005   2004   2003
Die letzte Jahreszahl gibt
die aktuelle Lizenzausgabe an.

Alle Rechte vorbehalten.

Einkaufen im Internet:
www.weltbild.de

Inhalt

Einleitung
Legende und Geschichte 7

Erstes Kapitel
Eine Spanierin 9

Zweites Kapitel
Stufen zum Thron 31

Drittes Kapitel
Die Frau Napoleons 53

Viertes Kapitel
Die Gemahlin des Empereurs 77

Fünftes Kapitel
Hof und Herrscherin 105

Sechstes Kapitel
Auf dem Gipfel 135

Siebtes Kapitel
Wege zur Politik 171

Achtes Kapitel
Am Abhang 203

Neuntes Kapitel
Der Sturz 241

Zehntes Kapitel
Asyl in England 279

Elftes Kapitel
Lauter Nachworte 311

Zeittafel 337

Bibliographie 341

Personenregister 347

Einleitung

Legende und Geschichte

Der Name der Gare d'Austerlitz in Paris erinnert an die Dreikaiserschlacht in Mähren, in der 1805 für Napoleon I. die »Sonne von Austerlitz« aufgegangen war. Zehn Jahre später, 1815, ging sie über dem Ersten Kaiserreich und fünfundfünfzig Jahre später, 1870, über dem Zweiten Kaiserreich unter, in dem Napoleon III. die Grandeur und Gloire des ersten Bonaparte hatte erneuern wollen.

Wieder ein halbes Jahrhundert später, 1920, hielt im Austerlitz-Bahnhof der Zug Madrid-Paris. In einem Waggon lag der Sarg Eugenies, der Gemahlin Napoleons III., die am 11. Juli mit vierundneunzig Jahren in ihrer spanischen Heimat gestorben war. Trotz der frühen Morgenstunde hatten sich an die dreitausend Pariser im Bahnhof eingefunden. Ältere Menschen nahmen Abschied von der Witwe der Gloire, einer Gloire, an der sie teilgehabt hatten, als Paris im Second Empire die Lichterstadt Europas geworden war. Jüngere Menschen erwiesen ihre Reverenz einer spanischen Gräfin, die es 1853 zur Kaiserin der Franzosen gebracht und als die schönste Frau im Lande gegolten hatte.

Die Erste im Zweiten Kaiserreich war im Habit des Dritten Ordens des heiligen Jakobus in den Sarg gelegt worden. Die Dritte Republik wollte die Tote nicht in Frankreich behalten. Ihre sterblichen Überreste wurden nach kurzem Aufenthalt in der Gare d'Austerlitz nach England weitergeschickt, das ein halbes Jahrhundert lang ihr Asylland gewesen war.

Am 20. Juli 1920, bei der Trauerfeier an ihrem Exilsitz Farnborough Hill, war der Sarg mit dem Union Jack bedeckt.

Die Könige und Königinnen von England, Spanien und Portugal erwiesen ihr die letzte Ehre. Die Regierung in Paris hatte eine Protestnote geschickt: Der Exkaiserin stünde der Salut für eine Souveränin nicht zu. Die britische Artillerie, die aufgefahren war, mußte abziehen, ohne einen Schuß abgegeben zu haben. Die englische Regierung wollte die »Entente cordiale« mit Frankreich nicht beeinträchtigen, die sich eben im Weltkrieg bewährt hatte. Die »Marseillaise« erklang, weil niemand mehr die Hymne des Zweiten Kaiserreichs, »Partant pour la Syrie«, zu spielen wußte.

»Alle, die gekommen sind, wollen zeigen, daß sie einem unglücklichen Schicksal Ehre zu erweisen wissen«, predigte Dom Cabrol, der Abt des von Eugenie in Farnborough errichteten Klosters. »Ruhen Sie nun in Frieden, Majestät, schlafen Sie ohne Schuldgefühle in der von ihnen erbauten Kirche neben der Asche Napoleons III. und des Prince impérial«, des 1873 im englischen Exil verstorbenen Kaisers der Franzosen und des 1879 in Südafrika als britischer Offizier gefallenen Kronprinzen.

Die zu Lebzeiten so Ruhelose fand ihre letzte Ruhe in Saint-Michel zu Farnborough, dessen bescheidene Kuppel entfernt an den Invalidendom in Paris erinnerte.

Eugenie bekannte resigniert, in Frankreich seien ihr keine Kränze gewunden worden; sie sei als »frivole Frau« und als »Femme fatale« hingestellt und für alle Fehler und alles Unglück des Zweites Kaiserreiches verantwortlich gemacht worden.

Diese Beurteilung muß um der Wahrheit willen korrigiert werden. Die Person Eugenies verdient eine Wertung, die sich um Ausgewogenheit und Objektivität bemüht.

Erstes Kapitel

Eine Spanierin

»Ich bin während eines Erdbebens zur Welt gekommen«, erzählte Eugenie und deutete den außergewöhnlichen Umstand ihrer Geburt als Vorzeichen einer außerordentlichen Vita.

Erdstöße hatten vorzeitig die Wehen der Mutter ausgelöst. Aus dem Haus in der Calle de Gracia in Granada flüchtete sie sich in den Garten, wo sie in einem Zelt die Tochter gebar.

»Was hätten die Alten zu einem solchen Vorkommnis gesagt? Sie hätten geweissagt, daß ein beim Beben der Erde geborener Mensch die Welt ins Wanken bringen könnte.« Nicht vorauszusehen war, daß der am 5. Mai 1826 einen Monat zu früh Gekommenen ein besonders langes Leben, bis zum 11. Juli 1920, beschieden sein würde.

Maria Eugenia Ignacia Augustina, wie sie katholisch getauft wurde, war eine Spanierin. »Ich bin aus der Familie des Cid und aus der Familie des Don Quichote«, bekannte die Kaiserin der Franzosen und verwies auf ihr in der Herkunft angelegtes Wesen. Wie der spanische Nationalheld pflegte sie gegen tatsächliche und wie der spanische Romanheld gegen vermeintliche Gegner zu streiten. Was sie auch dachte, sprach und tat: Sie neigte zu Überspanntheit, Überschwenglichkeit und Übertreibungen.

Der Vater, Don Cipriano de Guzman y Palafox y Portocarrero, Graf von Teba, war bei der Geburt seiner zweiten Tochter nicht in Granada. Der Zweiundvierzigjährige, der in der Festung Jaen eingekerkert war, verdankte seine Haft einer Lebensart, die weniger der des Cid als der des Don Quichote glich.

Auf seine Ahnen war er stolz. Zu ihnen zählte er den heiligen Dominikus, den Gründer des Dominikanerordens, den Kardinal Portocarrero, der den Bourbonen zum spanischen Thron verhalf, und Alonzo Perez de Guzman. »Lieber ehrenhaft ohne meinen Sohn als ehrlos mit ihm leben«, entgegnete der Verteidiger von Tarifa den maurischen Belagerern, die ihm die Freilassung seines gefangenen Jungen gegen die Übergabe der Festung anboten.

Don Cipriano trug einen großen Namen, dem die Mittel, über die er verfügte, und die Aussichten, die sich ihm eröffneten, keineswegs entsprachen. Siebter Graf von Montijo, Haupt der Familie und Besitzer des Vermögens war der ältere Bruder Don Eugenio. Er war der Taufpate seiner zweiten Nichte, die nach ihm Eugenia genannt wurde.

Mit fünfzehn war der bettelarme Don Cipriano in die Artillerieschule von Segovia eingetreten. Mit seiner Batterie auf einem spanischen Linienschiff eingesetzt, kämpfte er 1805 in der Seeschlacht bei Trafalgar an der Seite der Franzosen gegen die Engländer. Der Unterleutnant wurde verwundet; die linke Schulter und der linke Arm blieben gelähmt. Der nicht mehr voll einsatzfähige Offizier wurde in ein Artilleriedepot nach Toulouse geschickt und kam so nach Frankreich, einem Land, dem er zeitlebens verbunden blieb.

Der Waffenbruder der Franzosen wurde ein Parteigänger Napoleons I. Als der Empereur 1808 den spanischen Bourbonen die Königskrone abnahm und sie seinem Bruder Joseph aufsetzte, diente er als Oberst Portocarrero in dem unter französischem Oberbefehl stehenden spanischen Artilleriekorps und kämpfte gegen seine Landsleute, die das fremde Joch abschütteln wollten. Der »Afrancesado« gehörte zu jenen Spaniern, die sich das Heil vom Kaiser der Franzosen und dessen Statthalter in Madrid erwarteten: Segnungen der Französischen Revolution in bonapartistischer Dosierung. Davon meinte auch Don Cipriano profitieren zu können, der Zweitgeborene, der von der alten Monarchie und der Adelsgesellschaft wenig zu erwarten hatte und sich durch Verdienste um das neue Regime auch persönliche Vorteile erhoffte.

Der Bruderkrieg zwischen profranzösischen und antifranzösischen Spaniern zeitigte auch einen Bruderzwist zwischen Don Eugenio, dem Grafen von Montijo, der seinem König Ferdinand VII. treu blieb, und Don Cipriano, dem Grafen von Teba, der sich mit Herz und Hand den Bonaparte ergeben hatte. Der »Französling« zog den kürzeren. In einem Gefecht wurde er am Bein verwundet, und durch einen Unfall verlor er sein rechtes Auge. Mit den von britischen Truppen und spanischen Guerillas geschlagenen Franzosen mußte er sein Heimatland verlassen.

Spanier blieb er insofern, als er von der Idee, die ihn entzündet, und der Sache, der er sich geweiht hatte, besessen blieb und bis zuletzt für sie eintrat. Als kaiserlicher Offizier stand er 1814 an der Spitze des Bataillons der École polytechnique, eines letzten Aufgebots, das Paris gegen die anrückenden Alliierten zu verteidigen suchte. »Die letzten Kanonenschüsse«, bemerkte ein Franzose, »die unsere Schmach um einen Tag hinausschoben, wurden von Oberst Portocarrero abgefeuert.«

Napoleon blieb das Idol Ciprianos. In ihm verehrte er weniger den Empereur, der halb Europa erobert hatte, als den Bürgerkaiser, der nach der Rückkehr von Elba sich liberal gegeben hatte und im »Mémorial de Sainte-Hélène« sich als Emanzipator der Menschen und Nationen, auch als Regenerator Spaniens hinstellte: »Ich habe die Revolution geläutert, die Völker veredelt, die Throne gefestigt. Ich habe alle Talente ermutigt, alle Verdienste belohnt, die Grenzen des Ruhmes erweitert.«

Im Spanien der Restauration schloß sich der Bonapartist Cipriano den »Liberales« an, die sich 1820 gegen den absolutistisch regierenden Ferdinand VII. erhoben und ihm eine Verfassung abtrotzten. Dies nahm die »Heilige Allianz« der Monarchen nicht hin. In ihrem Auftrag trat eine Armee des Königs von Frankreich den spanischen Brandherd aus. Die Reaktion bestrafte die Brandstifter. Don Cipriano wurde inhaftiert, nach Galizien verbannt und in Andalusien, in Granada, unter Polizeiaufsicht gestellt.

Ihr Vater sei »Gefangener der Inquisition« gewesen, erklärte Eugenie. Daraus zog sie Lehren fürs Leben. Da neben Aristokraten auch Kleriker die Repressionen des Absolutismus mittrugen, ging die katholisch erzogene und katholisch bleibende Spanierin auf Distanz zum Klerikalismus.

Dem Mädchen erzählte der Vater statt Märchen die napoleonische Heldensage: von glänzenden Waffentaten, politischen Errungenschaften und dem traurigen Schicksal, das die obsiegenden alten Gewalten dem Bannerträger der neuen Ideen bereitet hatten. »Er hat mich zum Weinen gebracht«, gestand Eugenie und bekannte: »Die Napoleonreligion liegt mir im Blut.«

Der erste, der sie diese Religion lehrte, war der Vater. Er überzeugte um so mehr, als er auf eine eigene Rolle im gepredigten Evangelium verweisen konnte. Als Soldat hatte er sein Leben für den Empereur eingesetzt und Blut für ihn vergossen, als Bonapartist Verfolgungen durch die Reaktion erlitten. Eugenie war am 5. Mai 1826, auf den Tag genau 5 Jahre nach dem Tode Napoleons geboren worden. Der große Märtyrer war auf der fernen Insel Sankt Helena gestorben, zum überlebenden kleinen Märtyrer konnte sie zu Hause aufschauen.

Eugenie war und blieb ein Vaterkind. Sie hatte nicht nur die rötlichen Haare und die blauen Augen von ihm, sondern auch ein Temperament, auf das diese Farben deuteten: Feuerköpfigkeit und Blauäugigkeit. Ihr Cid schien ihr Ehrgefühl und Leidenschaftlichkeit, ihr Don Quichote eine hochgemute und überspannte Romantik vererbt zu haben. Der Vater war das hehre Vorbild und ein guter Kamerad. Das Mädchen behandelte er fast wie einen Jungen. Er setzte es vor sich in den Sattel, ritt mit ihm aus und nahm es zu den Zigeunern mit, deren Gesang und Tanz beide faszinierte.

Auch wenn sie – und vielleicht weil sie – den Vater schon

mit dreizehn verlor, blieb er ihr ein und alles. Weniger gut verstand sie sich mit der Mutter, die sich bemühte, den vom Vater geförderten Überschwang zu dämpfen, die Romantik durch Ratio zu bändigen. Da sie ihr eigenes Temperament nicht immer am Zügel der Vernunft zu halten vermochte, waren Zusammenstöße zwischen Mutter und Tochter nicht zu vermeiden. Ihr Sinnen und Trachten war darauf gerichtet, das Mädchen so zu erziehen, daß sie standesgemäß unter die Haube kommen könnte. Es sollte ihr gelingen, sie unter eine Krone zu bringen.

Maria Manuela, Gräfin von Teba, war eine geborene Kirkpatrick. Sie entstammte einer schottischen Familie, die den legendären Helden Fingal zu ihren Ahnen zählte und die Treue zu den Stuarts mit dem Exil bezahlte. Vater William, der in Malaga durch Handel mit Wein und Obst wohlhabend wurde, heiratete die Tochter des belgischen Barons Henri de Grevigné, eines Geschäftskollegen. Gesellschaftliches Ansehen erhielt er als amerikanischer Konsul. Er verehrte George Washington, der ihn ernannt hatte, und schätzte den Kaiser Napoleon, in dem er einen französischen Washington sah, einen Bürgerpräsidenten, weniger einen Imperator.

Die 1794 in Malaga geborene Tochter Maria Manuela ließ er in Paris erziehen. Dort lernte sie ihren künftigen Gemahl kennen. Oberst Portocarrero, wie sich der Graf von Teba nannte, imponierte der Neunzehnjährigen: der Soldat, der sich für die Sache Napoleons geschlagen hatte, der Mann, dem die schwarze Binde über der leeren Augenhöhle im blassen Gesicht mehr ein geheimnisvolles als ein unheimliches Aussehen verlieh, der spanische Grande, der einer reichen Händlerstochter einen großen Namen und eine gesellschaftliche Position zu geben versprach.

Im Jahre 1817 heiratete Maria Manuela Kirkpatrick den Grafen von Teba, Don Cipriano. Sie bekam nicht alles, was sie erwartet hatte. Der Mann wurde als Bonapartist verfemt, das Haus in Granada war ihr zu eng, die beiden Töchter – weniger die 1825 geborene Maria Francisca, genannt Paca, als die im Jahr darauf gekommene Maria Eugenia – machten ihr zu schaffen. Wann immer sie konnte, riß sie aus, suchte das Leben, das sie daheim vermißte, anderswo zu finden. Weniger vom Gemahl, der auch sein Eheschicksal mit Gleichmut ertrug, als in der Gesellschaft wurde daran Anstoß genommen; es wurde ihr nachgetragen, daß sie ihre Eskapaden – wie so manche andere Dame – nicht bemäntelte, ihr sogar – grundlos und böswillig – nachgesagt, Paca und Eugenia wären nicht die Töchter ihres Mannes.

Die Frau, die, wie ein Besucher aus Amerika bemerkte, »andalusische Anmut, englische Geradheit und französische Gewandtheit« in sich vereinigte und deren Lebenslust mit Ehrgeiz gepaart war, mochte sich nicht damit abfinden, daß ihr Mann und damit auch sie personae non gratae bei Hofe waren. Eine Hoffnung blieb: Der verwitwete und kinderlose Schwager Don Eugenio, das Oberhaupt der Familie und Besitzer des Vermögens, war so alt und krank, daß Aussicht bestand, der Zweitgeborene, Don Cipriano, würde bald der achte Graf von Montijo werden, der in Madrid das Leben eines Grande erster Klasse führen könnte.

Aus heiterem Himmel schlug in Granada die Nachricht ein, Don Eugenio habe eine junge Frau geheiratet und sie geschwängert. Das erste sah dem alten Narren ähnlich, das zweite erschien unwahrscheinlich; denn der späte Gatte war durch einen Schlaganfall gelähmt.

Maria Manuela wollte es genau wissen. Sie berief sich auf ein spanisches Gesetz, das einem Grande erlaubte, bei der Geburt eines Familienerben anwesend zu sein, um eine etwaige Unterschiebung zu unterbinden. Der Graf von Teba, immer noch politisch verfolgt, konnte dieses Recht nicht wahrnehmen, und so sprang die Gräfin für ihn ein. Sie reiste von Granada nach Valencia, wo Ferdinand VII. weilte, und verstand es, den ihren Gemahl verabscheuenden König derart für sich einzunehmen, daß er ihr erlaubte, in Madrid nach dem Rechten zu sehen.

Als sie überraschend im Palais des Schwagers an der Plaza del Angel erschien, warf sich die angebliche Schwägerin ins Bett und schrie, als wenn sie unter den Wehen litte, durch das Haus. Sie vermochte das Wimmern eines Säuglings nicht ganz zu übertönen, der im Nebenzimmer bereitlag, um als ihr Sohn und Erbe des Montijo ausgegeben zu werden. Maria Manuela fand rasch heraus, daß man sich ein Findelkind verschafft hatte und daß die Intrige vom Grafen von Parcent eingefädelt worden war, einem Vetter Don Eugenios, der dessen Güter als Liebhaber der dem Cousin aufgedrängten Gemahlin mitzugenießen gedachte.

»Das Straßenmädchen«, wie Mutter Manuela und Tochter Eugenia die Betrügerin nannten, mußte das Adelshaus verlassen, des Waisenknaben nahm sich die Gräfin von Teba an; er sollte es zum Ingenieuroffizier bringen. Don Eugenio, der nicht mehr gehen und sprechen konnte, hörte fortan auf das Kommando der resoluten Schwägerin, die einen Doppelsieg genoß: Titel und Besitz Montijo waren für sie und ihren Mann gesichert, und Madrid, die Hauptstadt mit ihrem höfischen Glanz und ihren gesellschaftlichen Reizen, stand ihnen offen.

Und Don Cipriano wurde wieder ein freier Mann. Ferdinand VII. verfolgte ihn nicht mehr, weil er die »Liberales« für die Regelung seiner Nachfolge benötigte. Seine vierte Frau hatte ihm das erste Kind geboren, freilich eine Tochter, Isabella, die nach salischem Recht nicht erbberechtigt war. Um sie dennoch auf den Thron zu bringen und den bisherigen Thronanwärter, seinen reaktionären Bruder Don Carlos, fernzuhalten, suchte er die Unterstützung der Fortschrittspartei.

Mit Frau und Töchtern ließ sich Don Cipriano 1830 in der Hauptstadt nieder. Große Sprünge konnten sie nicht machen, denn Don Eugenio dämmerte immer noch im Krankensessel vor sich hin, saß auf Titel und Erbe. In ihrer Wohnung in der Calle de Sordo waren die Vorhänge verblichen und die Teppiche abgetreten; nur die Wappen an den Stuhllehnen und ein Bild von Goya, das die Mutter Don Ciprianos mit ihren Töchtern zeigte, verwiesen auf den Rang der Familie. Eine eigene Kutsche stand nicht zur Verfügung. Die Mädchen, Paca und Eugenia, trugen im Sommer wie Winter dieselben Kleider, und an Seidenstrümpfe war nicht zu denken. Der Vater war und blieb ein Spartaner, saß meist daheim und brütete vor sich hin. Die Mutter ging oft aus, war in Gesellschaften gern gesehen, imponierte durch Schönheit und Anmut, brillierte in mehreren Sprachen mit geistreichen Bemerkungen, galt bald als Salonlöwin, der niemand gewachsen war und der alle verfielen.

Selbst einen Pariser, einen Intellektuellen und Schriftsteller, der den Umgang mit klügeren und gewandteren Damen gewohnt war, vermochte sie zu bestricken: Prosper Mérimée. Der Spanienliebhaber wurde Manuelas Hausfreund, der in ihr eine Mischung aus Carmen und Infantin erblickte und verehrte. Zeitlebens blieb er der Mutter wie den Töchtern verbunden. Eugenia vergaß nie, daß er sie im Spiel ernst genommen hatte, und Don Prospero erinnerte sich stets an die Augen des Kindes, die verwundert und etwas traurig in die Welt schauten.

Mit acht wurde Eugenia zum erstenmal mit dem Tod konfrontiert. 1834 starb Don Eugenio de Montijo. Die ganze Familie, samt Kindern, hatte von dem im offenen Sarg liegenden Toten Abschied zu nehmen. Die übersensible Eugenia wurde von Entsetzen gepackt, war drauf und dran, sich aus dem Fenster zu stürzen. Sie beruhigte sich erst, nachdem man ihr versichert hatte, daß sie nie mehr einem solchen Anblick ausgesetzt würde.

Nach dem Hinscheiden des Familienoberhauptes wurde Don Cipriano der achte Graf von Montijo und Doña Manuela Gräfin von Montijo. Eugenia erhielt den Titel Gräfin von Teba. Das stattliche Familienvermögen fiel ihnen zu, darunter das Gut Carabanchel, der Lieblingsaufenthalt der kleinen Eugenia, wo sie mit dem von den Eltern adoptierten Waisenknaben Abelino die Freuden des Landlebens teilte, und das Stadtpalais an der Plaza del Angel in Madrid, wo sie zum zweiten Mal dem Tod begegnete.

Der Montijo-Palast lag am Weg zwischen den Volksvierteln um die Puerta del Sol und dem Königsschloß. Diese Route schlug die Menge ein, wenn sie Anlaß zu Protest und Empörung zu haben meinte. 1834 trat dieser Fall wiederum ein. Im Jahr davor war Ferdinand VII. gestorben. Zur Nachfolgerin hatte er seine Tochter Isabella bestimmt und als Regentin für die Minderjährige seine Frau Maria Christina eingesetzt. Damit fand sich sein Bruder Carlos nicht ab. Ein Bürgerkrieg entbrannte zwischen den absolutistischen, klerikalen Carlisten und den sich liberal gebärdenden, doch sich nicht minder radikal aufführenden Christinos.

Als man in Madrid erfuhr, daß Don Carlos auf die Hauptstadt marschiere, machte der Mob Jagd auf dessen Anhänger, in erster Linie auf den Klerus. Kirchen wurden geplündert, Klöster gestürmt, Nonnen vergewaltigt und Mönche umgebracht. Von einem Fenster des Montijo-Palastes mußte die achtjährige Eugenia mit ansehen, wie auf dem Engels-Platz ein Ordensmann erstochen und der Leichnam verstümmelt wurde.

Dieses Schreckensbild konnte Eugenia ihr Leben lang nicht vergessen. Sie gab ihrem Vater recht, der, bei aller fortschrittlichen Gesinnung, jeden Radikalismus, auch einen liberalen und demokratischen, ablehnte. Auch deshalb schwor er auf Napoleon, der im »Mémorial de Sainte-Hélène« bilanzierte: »Ich habe die Anarchie beendet und das Chaos geordnet.« Hatte er nicht Errungenschaften der Französischen Revolution von den Schrecken des Extremismus gesäubert und – zumindest in der Anfangsphase als Konsul der Republik und in der Schlußphase als »liberaler Kaiser« – Autokratie und Demokratie zu verbinden versucht? Von seinem Glauben an den Bonapartismus ließ sich der Vater nicht abbringen, und die heranwachsende Tochter, die zunächst alles, was er sie lehrte, blindlings aufnahm, gelangte schließlich durch eigene Überlegung zu diesem Bekenntnis.

Vorerst vertieften sich die Eindrücke von den negativen Folgen zerbrochener Staatsautorität und entfesselter Volksleidenschaft. Die Mutter, die Napoleon mehr als Caesaren denn als Tribunen schätzte, zog es nach Frankreich, wo, im Gegensatz zu Spanien, unter dem Bürgerkönig Louis-Philippe Gesetz und Ordnung gewährleistet waren. Man gebe dessen Volk eine liberale Verfassung und liberale Einrichtungen, hatte ihr der englische Diplomat George Villiers gesagt, »und man gerät unweigerlich in eine noch tiefere Hölle« als jene der unumschränkten Monarchie. Der Vater, der zwischen die Mühlsteine der rechten Carlisten und der linken Christinos zu geraten befürchtete, wollte ebenfalls nach Paris, wo er die Errungenschaften des Kaiserreiches genossen hatte und in der Julimonarchie fortschrittliche Ideen in gemäßigter Form verwirklicht sah.

Die Reise nach Frankreich durch ein Land, in dem der Bürgerkrieg tobte und die Cholera grassierte, war schwierig und gefährlich. Der Graf von Montijo schloß sich mit Frau und Töchtern einer Truppe von Toreros an, die in Barcelona zum Stierkampf erwartet wurden. In der Nähe von Saragossa übernachteten sie in einem Kloster. Kaum hatten sie es am Morgen verlassen, wurde es gestürmt; kein einziger Mönch wurde am Leben gelassen. Vor Barcelona sollten die Reisenden unter Quarantäne gestellt werden; aber die Angst der Bürger, auf die Corrida verzichten zu müssen, war größer als die Furcht vor einem Einschleppen der Cholera.

Endlich war Montijo mit den Seinen über die Pyrenäen gekommen, hatte die Mauer zwischen dem spanischen Chaos und der französischen Ordnung überwunden. In Perpignan nahm sie ein General im Empfang, der im Grafen einen alten Kameraden begrüßte, die Gräfin, die die Schwelle der vierzig überschritten hatte, als »eine noch sehr gut erhaltene Frau mit außerordentlicher Geisteskraft« bewunderte und die artigen

Komtessen mit Süßigkeiten verwöhnte. Im Frühling 1835 schien man im Gelobten Land angekommen zu sein.

In Paris fühlte sich Don Cipriano fast wie einst der Oberst Portocarrero. Die Nostalgie war indessen durch den augenfälligen Kontrast zwischen dem Mädchen, das er dort kennengelernt hatte, und der Frau, zu der sich Manuela entwickelt hatte, ziemlich getrübt. Mit bedeutendem Titel und Rang versehen und vermögend geworden, suchte sie die ihr in Paris weit mehr als in Madrid gebotenen gesellschaftlichen Möglichkeiten bis zur Neige auszukosten. Sie wirbelte von Salon zu Salon und schuf sich in dem gemieteten Haus in der Rue de la Ville-l'Evêque einen eigenen. Dort hielt sie Hof, Prosper Mérimée zur Seite, der als Novellendichter geschätzt und als Generalinspekteur der historischen Monumente respektiert wurde.

Der Graf von Montijo bedauerte es kaum, daß ihn bald Pflichten nach Madrid zurückriefen. Als er vorübergehend nach Paris zurückkehrte, zog er es vor, eine eigene Wohnung in der Cité d'Angoulême zu beziehen. Seine Frau hatte ihm während seiner Abwesenheit keinen einzigen Brief geschrieben. Die Töchter erfreuten ihn mit schriftlichen Beweisen ihrer Anhänglichkeit. »Lieber Papa, ich habe keine Geschenke nötig, um Dich noch mehr zu lieben«, schrieb ihm Eugenia. »Ich sehne mich danach, Sie zu küssen, Papa, und wenn ich wieder jenseits der Pyrenäen bei Ihnen bin, wird mein Herz von Freude erfüllt sein.«

Der Vater war weit und die Mutter nah, und so nahm sie die Bildung ihrer Töchter in die Hand. Paca und Eugenia sollte es ermöglicht werden, Partien zu machen, in deren Glanz auch sie sich sonnen könnte. Sie schickte sie in das vornehmste Mädcheninternat in Paris, das Kloster Sacré-Cœur im aristokratischen Faubourg Saint-Germain.

Die Oberin Madeleine Sophie Barat, die später heiliggesprochene Gründerin der »Dames du Sacré-Cœur«, hielt zwar die Erziehung zum rechten Glauben und zu strenger Moral für das A und O der Pädagogik, legte daneben aber Wert auf die Heranbildung zu Weltoffenheit und Weltgewandtheit, nicht zuletzt zu werktätiger Nächstenliebe. Der Schultag war fast wie ein Klostertag eingeteilt. Nach dem Morgengebet begann der Unterricht, auf die Danksagung für das Mittagessen folgte die Handarbeit. Die fertigen Produkte wurden sonntags an Bedürftige verteilt. Am Nachmittag waren Hausarbeiten zu machen, und der Tag schloß mit Andacht und Abendgebet.

Die kleine Eugenia, die in Madrid an langer Leine gehalten worden war und in Carabanchel weitgehend freien Auslauf gehabt hatte, fühlte sich hinter Klostermauern eingesperrt. Sie litt unter der Ordenszucht und den Hänseleien von Mitschülerinnen, die sie wegen ihrer rötlichen Haare »Carotte« nannten.

Den Nonnen mißfiel die Lebhaftigkeit und die Schwatzhaftigkeit des Zöglings; selbst bei Tisch, wo Silentium geboten war, vermochte sie nicht den Mund zu halten. Ihr ging vieles, was sie nicht zurückhalten konnte und anderen mitteilen wollte, im Köpfchen herum. Wenn ihr niemand zuhörte, kam es vor, daß sie sich in eine Ecke stellte und auf die Wände einredete.

Im Herbst 1835 waren Eugenia und Paca in Sacré-Cœur eingetreten, im Sommer 1836 wurden sie von der Mutter herausgenommen. Konnte sie nicht mit ansehen, wie die Töchter, namentlich die Jüngere, im Konvent unglücklich waren? Sie begründete ihren Schritt mit dem Auftreten von Scharlach, der eine Mitschülerin dahingerafft hatte. Fürchtete sie eher, daß die Mädchen, vor allem die empfindsame und beeindruckbare Eugenia, der Klosteratmosphäre erliegen, sich von der Welt abwenden könnten, in der sie nach dem Willen und zum Nutzen der Mutter eine bedeutende Rolle spielen sollten?

Die eigentliche Schule sei das Leben, erklärte die Mutter und nahm die Töchter mit nach England. Dort schienen die Menschen das Haupt weniger zum Himmel zu erheben und mehr mit den Beinen auf dem Boden zu stehen. Sie gab die

Mädchen in ein Pensionat in Clifton bei Bristol. Eugenia allerdings meinte vom Regen in die Traufe gekommen zu sein. Die Nonnen von Sacré-Cœur hatten die strenge Disziplin wenigstens mit phantasieanregenden Riten zu verbrämen verstanden. Die englischen Gouvernanten suchten den trockenen Wissensstoff mit hölzernen Methoden einzubleuen.

Eugenias Noten, die in Paris kaum ausreichend waren, näherten sich in Clifton dem Mangelhaft und Ungenügend. Selbst der Blick aus dem Schulzimmer bot kaum Erheiterndes. »Es gibt hier nichts, was Spaß machen könnte«, schrieb sie dem Vater, »auf der Straße sieht man überhaupt keine netten Leute.« Daher wollte der Vogel ganz weit wegfliegen. Mit einer Mitschülerin aus Indien, die vom Zauber des Orients geschwärmt hatte, gedachte sie im Hafen von Bristol ein Schiff zu besteigen und in das Land der Träume zu segeln. Auf dem Weg nach Bristol wurden die Ausreißerinnen eingefangen und in den Käfig zurückgebracht.

Enger noch als bisher schloß sich Eugenia der um ein Jahr älteren Paca an, der Spielkameradin in Granada und Madrid, der Leidensgenossin in Paris und Clifton, ihrer Schwester, dem einzigen Mitglied der Familie, das ihr nahe blieb, das ihr den abwesenden Vater und die aushäusige Mutter zu ersetzen hatte. Ihr inniges Verhältnis war auch durch das Verhalten der Mutter nicht zu lockern, die Paca, die Fügsame, bevorzugte und Eugenia, die Widerspenstige, benachteiligte. Die Schwester blieb die Intima fürs Leben, ihr – und ihr allein – sollte sie sich offenbaren, ihr sich anvertrauen.

Beide atmeten auf, als sie schon nach wenigen Monaten aus England nach Paris zurückkehren durften. Die Mutter hatte anscheinend in London nicht reüssiert und der Vater zugunsten der Töchter interveniert. Englische Sprachkenntnisse und eine englische Gouvernante brachten sie mit. »Die arme Miss Flower«, wie Eugenia sie nannte, hatte es besonders mit ihr nicht leicht, aber auch nicht so schwer, daß sie es nicht vierzig Jahre lang im Hause ausgehalten hätte.

Der Vater legte Wert auf den Besuch des »Gymnase Normale, Civile et Orthosomatique« des Oberst Amoros, eines spanischen Kriegskameraden, der wie er in der Armee König Josephs gedient hatte und Bonapartist geblieben war. Dieser Turnvater verfuhr nach dem Motto, daß ein gesunder Geist einen trainierten Körper voraussetze, Gymnastik den Menschen nicht nur gelenkiger und geschmeidiger, sondern auch sensibler und intelligenter mache. Er war mit den Leistungen Eugenias zufrieden: Durch die Leibesübungen, bei denen sie sich mit natürlicher Anmut bewege, nähere sie sich einem Ausgleich zwischen ihrem »lebhaften, leicht erregbaren Temperament« und ihrem »guten, edlen, starken und festen Charakter«.

Als Hauslehrer betätigte sich Hausfreund Mérimée. Der Schriftsteller legte Wert darauf, daß Eugenia, die als Eugenie munter Französisch parlierte, es auch exakt zu schreiben lernte. Ihr nicht unflotter Stil wäre von ihm noch mehr geschätzt worden, wenn die Rechtschreibung besser gewesen wäre. Noch als Kaiserin unterliefen ihr in einem nicht langen, dafür aber schwierigen Diktat zweiundsechzig Fehler.

Prosper Mérimée, der Inspecteur des Monuments historiques, brachte Eugenie die Geschichte Frankreichs, der man in Paris auf Schritt und Tritt begegnete, nahe. Er ging mit den Schwestern zur Place de l'Étoile, wo der Arc de Triomphe von den Taten Napoleons kündete und lenkte ihren Blick auf das Tuilerienschloß, in dem der Kaiser residierte und regierte – zum Segen Frankreichs wie Spaniens, wie es ihnen schon der Vater beigebracht hatte. »Sie haben uns geheißen, Napoleon zu lesen und seine Geschichte zu lernen; es hat mich zum Weinen gebracht«, schrieb Eugenie dem Vater, und Paca berichtete ihm: »Wir kennen einen gewissen Monsieur Beyle, der sehr freundlich und sehr gut zu uns ist. Zur Zeit Napoleons war er am Hofe beschäftigt und hatte alles mögliche für ihn zu besorgen. Nun kann er uns alles erzählen, was damals im Kaiserreich geschah.«

Monsieur Beyle, den Mérimée bei der Gräfin von Montijo

eingeführt hatte, betrachtete unter dem Pseudonym Stendhal die napoleonische Epoche als Romancier. Genau diese Sichtweise und seine Erzählkunst faszinierten die Mädchen. Wenn er am Donnerstag im Haus erschien, nahm er Eugenie auf das eine und Paca auf das andere Knie und legte mit seinen Geschichten los. »Monsieur Beyle«, gestand später die Kaiserin, »war der erste Mann, der mein Herz zum Klopfen brachte, und mit welcher Heftigkeit!«

Die beiden jungen Spanierinnen, die sich als begeisterte Französinnen erwiesen, vergaß Stendhal nicht. In seinem Roman »Die Kartause von Parma« brachte er im Kapitel über die Schlacht bei Waterloo, bei deren Schilderung die Mädchen rote Ohren und glänzende Augen bekommen hatten, am Fuße einer Seite folgenden Vermerk als verschlüsselte Botschaft an seine Zuhörerinnen an: »Para v. P. y E. 15 XII 38«, was bedeutete: »Für Euch, Paca und Eugenie, 15. Dezember 1838.«

Heroisches in französischer Interpretation schätzten die Spanierinnen auch im Theater. In der Comédie Française trat die große Rachel auf, die in Rollen der Tragödien Corneilles und Racines brillierte. Auch im Hause Montijo, in dem sie verkehrte, beeindruckte sie die kleine Eugenie mit pathetischen Gesten und Reden, die sie sich auf der Bühne angewöhnt hatte und auch im Salon nicht ablegte, so sehr, daß sie der Mutter eröffnete, sie wolle Schauspielerin werden. Als sie dann als Kaiserin die weibliche Hauptrolle im Empiretheater zu spielen hatte, holte sie sich Rat bei Rachel, wie sie aufzutreten und sich auszudrücken habe. Die berühmte Verbeugung, mit der sie das Publikum entzückte, soll ihr Rachel beigebracht haben.

Noch als Greisin zitierte Eugenie die Phädra im Tonfall der Rachel: »Ja, Prinz, ich schmachte nach Theseus, für den ich entbrannt bin.« Der Backfisch hatte noch für keinen jungen Prinzen geschwärmt, schon gar nicht für Louis Napoleon Bonaparte, ihren späteren Gemahl, von dem damals tout Paris sprach. Im Jahre 1836 hatte der achtundzwanzigjährige

Neffe Napoleons I., der die Nachfolge des Kaisers beanspruchte, in Straßburg einen Putschversuch gegen den Bürgerkönig unternommen. Er scheiterte kläglich, aber der Name Bonaparte war wieder in aller Munde. Eugenie hörte davon bei ihrer Freundin Cécile, der Tochter des Polizeipräsidenten Delessert. Im Speisesaal des Polizeipräsidiums, in dem die Mädchen Gymnastikstunden nahmen, hatte man dem gefangenen Louis Napoleon, bevor man ihn nach Amerika abschob, eine Mahlzeit serviert.

Vorerst war und blieb ihr Prinz der Vater. Noch einmal, 1837, kam der Heißgeliebte und Heißersehnte nach Paris, nahm seine Kinder an die Hand, führte sie in die Rue de Rivoli, in der Napoleons Ruhm ins Unendliche zu führen schien, ging mit ihnen ins Theater und in den Zirkus. Zum Kummer Eugenies blieb er nur zwei Monate. »Am Abend, da Sie uns verließen«, schrieb sie ihm, »blickte ich die ganze Zeit auf die Uhr. Als es sieben schlug, wußte ich, es war die Stunde der Abreise.«

Es gab kein Wiedersehen. Zwei Jahre später, am 15. März 1839, starb der Vater in Madrid. Die Mutter, die an das Sterbelager geeilt war, ließ die Töchter nachkommen. Am 20. März verließen sie Paris. Stendhal trauerte den »reizenden Spanierinnen« nach. Hatte er »Eukenia«, wie er Eugenie nannte, vor Augen, als er in der »Kartause von Parma« die junge Clelia Conti mit dem »Ausdruck der Melancholie« im Gesicht, dem »tiefen Blick der Augen« und »ihrem mehr als graziengleichen Gang« beschrieb? Auch Mérimée ließ sie ungern ziehen. Er fürchte, schrieb er der Mutter, »zwei hochnäsige, steife junge Damen wiederzusehen« statt der munteren Mädchen, die mit fliegenden Zöpfen durch Paris gewirbelt waren.

Mit dreizehn begann für Eugenie der Ernst des Lebens. Sie stand am Grabe ihres geliebten, bewunderten Vaters und sah sich einer Mutter ausgeliefert, die sich, wenn sie überhaupt auf ihre Kinder zuging, Paca und nicht Eugenie näherte. Die Jüngere fühlte sich zurückgesetzt, ja zurückgestoßen und allein gelassen. Der Schwester nahm sie die Bevorzugung kaum übel, denn schließlich war sie die einzige Angehörige, an die sie sich noch halten konnte.

Probleme der Pubertät belasteten ihr Seelenleben, das ohnehin komplizierter war als gemeinhin bei Mädchen ihres Alters. Ein frühreifer Verstand verleitete sie zum Grübeln über Fragen, die sie quälten, weil sie keine Antworten auf sie fand. Übersensibel wie sie war, schlugen ihr selbst Nichtigkeiten aufs Gemüt und vertieften die Schwermut, die ihr angeboren war. Ein weibliches, empfindsameres und ein spanisches, leidenschaftlicheres Werther-Schicksal schien sich abzuzeichnen.

Schwarz in Schwarz verlief das Trauerjahr. Die Mutter hatte sich wohl oder übel an den landesüblichen Brauch zu halten und mußte auf Lustbarkeiten verzichten. Die Tochter vermißte sie nicht. Die düstere Stimmung im Montijo-Palast in Madrid entsprach ihrer Gemütsverfassung. Selbst auf dem Landgut Carabanchel, dem Lieblingsspielplatz ihrer Kindheit, fand sie nicht zur Unbeschwertheit zurück. Sie verbarg sich im Gebüsch oder versteckte sich in einer Grotte.

Ab und zu brach sie aus, sprengte auf ihrem Pony davon und demonstrierte die andere Seite ihres Temperaments, das nicht nur Niedergedrücktheit und Schicksalsergebung, sondern auch Aufsässigkeit und Ungebärdigkeit kannte. Als man ihr einmal das Ausreiten verbot, setzte sie sich rittlings auf das Treppengeländer und rutschte so schnell hinab, daß sie unten zu Boden stürzte und bewußtlos liegen blieb.

Am liebsten wäre sie nach Paris geflohen. »Wir haben hier keine Freunde«, schrieb sie mit vierzehn an Stendhal, »denn die Mädchen in Madrid sind so einfältig, daß sie nur über Kleider reden, wenn sie nicht gerade über andere lästern. Sie müssen sehr glücklich sein, weil jetzt die Asche Napoleons zurückgebracht wird. Ich jedenfalls bin es, und ich wollte, ich könnte bei den Feierlichkeiten in Paris dabei sein.« Am 15. Dezember 1840 kehrte der tote Kaiser aus der Verbannung auf

Sankt Helena in seine Hauptstadt zurück und wurde im Invalidendom beigesetzt, der nicht nur für Franzosen langsam zur Auferstehungskirche des Bonapartismus wurde.

Napoleon Bonaparte – auch für Eugenie war er ein Traumheld. Sie hatte nicht vergessen, was ihr der Vater gesagt, was Stendhal und Mérimée gelehrt hatten, und sie bewies, daß sie die Lektion gelernt hatte. »Spanien ist in Aufruhr«, schrieb sie nach Paris und ließ durchblicken, daß sie, wie der bonapartistisch gesinnte Vater, auf der Seite der fortschrittlichen Christinos und nicht auf jener der reaktionären Carlisten stand, mit denen die Mutter sympathisierte. Als sich die Tochter einmal vorlaut in eine politische Diskussion der Erwachsenen einmischte und sich frank und frei für die Liberalen aussprach, stürzte die Mutter auf sie zu und holte zu einer Maulschelle aus. Eugenie floh auf den Balkon, kletterte über das Gitter und drohte hinabzuspringen, wenn man ihr zu nahe käme.

Langsam wurde sie erwachsen, entwickelte sich zu einer jungen Dame, die sich gern im Spiegel betrachtete und mit ihrem Aussehen nicht unzufrieden war. Auch andere bewunderten ihr tizianrotes Haar, das üppig auf ihre wohlgeformten Schultern fiel, und die blauen Augen, die nicht nur auf Treuherzigkeit, sondern auch auf Tiefsinnigkeit schließen ließen. Sie standen sehr nahe beieinander, was manche eher befremdend als anziehend fanden. Ihre aufrechte Haltung und ihr anmutiger Gang wurden allgemein anerkannt.

So schritt sie durch die gesellschaftlichen Veranstaltungen der Mutter, die nach Ablauf des Trauerjahres nachzuholen versuchte, was sie versäumt hatte, und die Tochter genoß es, von Madriderinnen beneidet und von Madridern beachtet zu werden.

Mit siebzehn war sie ein Stern am Gesellschaftshimmel. Auf einem Maskenball erschien sie in einem schottischen Kostüm, das zu ihrem eher nordischen als südlichen Teint paßte. Als Tänzerin war sie von Kavalieren begehrt, die sie auch nicht aus den Augen ließen, wenn sie in offener Kutsche den Paseo del Prado entlangfuhr, wenn sie in langem Kleid und mit andalusischem Zylinder auf ihrer Fuchsstute ausritt oder mit der ihr gut stehenden Mantilla einer Corrida beiwohnte. Von Spaniens berühmtem Torero Montes war sie so beeindruckt, daß sie sich mit seinen Farben schmückte und ihn einmal sogar in ihre Kutsche einlud.

Zunehmend interessierte sie sich für Männer ihres Standes. Besonders gefiel ihr der junge Herzog von Alba und Berwick, dessen stolzer Name und stattlicher Besitz mit seinem bescheidenen, ja schüchternen Auftreten kontrastierte. Sein dem ihrigen entgegengesetztes Temperament mochte Eugenie angezogen haben, und die junge Frau scheute sich nicht, ihm den Hof zu machen, was ihn mehr verunsicherte als ihm schmeichelte. Ihre Avancen mißfielen der Gräfin von Montijo, die ihn Paca aufzudrängen suchte. Das gelang ihr auch, nicht nur, weil sie wie immer ihren Willen durchzusetzen verstand, sondern auch, weil der junge Mann die sanftmütige Paca ansprechender als die strapaziöse Eugenie fand.

Die Übergangene, Verschmähte und Bloßgestellte fiel aus allen Wolken. Kaum hatte sie, mühsam genug, einigermaßen Sicherheit gewonnen, wurde diese durch einen schweren Schlag in Frage gestellt. Sie reagierte wie eine Heranwachsende, die sich selbst noch nicht gefunden hat, und wie ein junges Mädchen, das sich in seiner ersten großen Liebe enttäuscht sah, auf außergewöhnlich leidenschaftliche Art und Weise.

»Ich möchte Dir eröffnen, wie es in mir aussieht«, schrieb sie am 16. Mai 1843 dem Herzog von Alba, den sie nicht bekommen konnte. »Wenn man gut zu mir ist, tue ich alles, was man von mir verlangt. Doch wenn man mich wie eine Eselin behandelt und in aller Öffentlichkeit schlägt, ist das mehr, als ich ertragen kann.« Ihr Stolz war verletzt und ihr Herz verzagt. »Ich liebe und hasse im Übermaß, und ich weiß nicht, was besser ist, meine Liebe oder mein Haß, ich werde von schrecklichen Leidenschaften hin- und hergerissen; ich kämpfe gegen sie an, aber ich unterliege, und schließlich wird mein Leben in einem Wirrwar von Passionen, Tugenden und Torheiten kläglich enden.«

Der »très cher cousin« Alba solle nicht meinen, sie sei eine romantische und törichte Person, vielmehr »einem armen Mädchen verzeihen«, das von tout le monde, auch von seiner Mutter, seiner Schwester und – es müsse heraus – »sogar von dem Mann, den es am meisten liebt, und für den es Schande auf sich genommen hätte, mit Gleichgültigkeit behandelt wird«. Doch Gott, der keinen im Stich lasse, der ihn brauche, »wird mir Kraft geben, mein Leben friedlich in einem trübseligen Kloster zu beschließen, und keiner wird dann noch wissen, daß ich existiert habe«.

Als sei sie am Schluß der Epistel zu der Auffassung gelangt, daß sie sich nicht eindrucksvoll genug ausgedrückt habe, fügte sie ein bekräftigendes Postskriptum hinzu: »Ich werde mein Dasein fernab der Welt und ihren Reizen und Versuchungen beendigen ... Mein Entschluß ist gefaßt, denn mein Herz ist gebrochen.« Die Androhung, ins Kloster zu gehen, war bei liebeskranken Mädchen, spanischen zumal, nicht ungewöhnlich, wenn es auch meist bei der Ankündigung blieb, die auf den Ungetreuen Eindruck machen und dem Kummer der Verschmähten Luft machen sollte.

Auch Eugenie zog sich nicht aus der Welt zurück, sondern stürzte sich mitten ins Leben, wie es ihrem mehr sanguinischen und cholerischen als melancholischen oder gar phlegmatischen Temperament entsprach.

Der Schwester, an die sie den Liebsten verloren hatte, trug sie dies nicht nach – ihrer Paca, auf die sie, nach ihrer Zuneigung als Kind, nun auch noch die Liebe, die sie für Alba gehegt hatte, zu übertragen schien. Dem Herzog wurde sie eine verständige Schwägerin, und der Kinder dieser Ehe, die am 14. Februar 1844 geschlossen wurde, nahm sie sich zeitlebens an. Ein Stachel blieb zurück, bohrte sich noch tiefer ein: Die Mutter, von der sie sich schon immer vernachlässigt glaubte, hatte ihr nun auch noch den Geliebten abspenstig gemacht und der Schwester zugeschanzt.

Die Gräfin von Montijo empfand Genugtuung, daß sie ihrer älteren und, wie sie meinte, für diese Verbindung geeigneteren Tochter zur glänzendsten Partie in Spanien verholfen hatte. Sie war um so stolzer, als sie selbst daran mit gesteigertem persönlichen Ansehen und vermehrten gesellschaftlichen Aussichten partizipierte. Jacobo Luis Fitz-James Stuart y Ventimiglia, 8. Herzog von Berwick und 15. Herzog von Alba, der den englischen König Jakob II. zu seinen Ahnen zählte, residierte im Palacio de Liria, einem der großartigsten und festfreudigsten Adelspaläste in Madrid. Doña Manuela legte es Eugenie nahe, keine Veranstaltung bei den Alba zu versäumen, und sie mußte sie nicht dazu drängen. Die Mutter dachte an die Möglichkeiten, sie an einen standesgemäßen Mann zu bringen. Der Tochter war daran gelegen, sich nach Herzenslust zu amüsieren, ohne sich auf eine neue herzzerbrechende Affäre einzulassen.

Eugenie glänzte auf Empfängen und Bällen und tanzte mit Kavalieren, die sich um sie rissen, aber noch lieber entfloh sie der Gesellschaft und ritt Jagdgefährten – und sich selber – davon. Mit Freude spielte sie im Palacio de Liria der Alba, im Stadthaus und am Sommersitz der Montijo Theater, wobei das Vergnügen, das sie dabei empfand, ihre Leistung bei weitem übertraf. Die junge Dame, die sich über sich selbst nicht im klaren war, schlüpfte gern in fremde Rollen, und am liebsten fiel sie aus der Rolle, die man von einem Edelfräulein erwartete. Sie schwang sich auf ungesattelte Pferde, paffte Zigaretten und tanzte, mit angehobenem Rock, auf einem Billardtisch die Cachucha.

Es sei allerhöchste Zeit, daß sie in feste Hände käme, in Ehebande gelegt werde, seufzte die Mutter, die das alles mit ansehen mußte. Don Prospero, der treue Mérimée, sorgte sich um seinen Schützling. Wenn Eugenie so weitermache, schrieb er aus Paris, werde sie an einem Husarenleutnant hängenbleiben. Er kritisierte »die Kapricen der Señorita«, die rundum

Körbe austeile. Sie tat es weniger aus Laune als aus Angst, sie könnte eine zweite Enttäuschung erleben, die ihr dann auch nicht erspart blieb.

Der junge Marques de Alcañisez erregte ihre Aufmerksamkeit und erweckte ihre Zuneigung. Der Mutter kam gelegen, daß der Erbe des Herzogs von Sesto ein beträchtliches Vermögen zu erwarten hatte. Der Tochter gefielen Pepes elegante Erscheinung und sein liebenswürdiges Auftreten. Sie begann ihn zu lieben und glaubte den Mann fürs Leben gefunden zu haben. Doch der Marques schien ihr nur den Hof gemacht zu haben, um sich ein Entree bei Paca zu verschaffen. Als Eugenie dahinterkam, stürzte sie in ihre zweite große Krise und war nahe daran, sich das Leben zu nehmen.

Sie war nun zweiundzwanzig, in einem Alter, in dem ihre Freundinnen längst einen Gemahl gefunden hatten. Die Mutter gab die Hoffnung, die Tochter in Madrid, wo man ihr so vieles und wenig Gutes nachsagte, verheiraten zu können, auf. So beschloß Doña Manuela, mit ihr nach Paris zu gehen, um dort, wie Eugenie rückblickend bemerkte, mit dem Glück ihrer Tochter ihr eigenes zu machen.

Zweites Kapitel

Stufen zum Thron

In Paris war ein neues Kapitel der französischen Geschichte aufgeschlagen worden, auf dessen Seite der Name Eugenie mit Kapitallettern verzeichnet werden sollte.

Im Jahre 1848 beseitigte die Februarrevolution die 1830 errichtete Julimonarchie und verkündete die Republik, die zweite seit 1792. Deren radikaler Geist ging wieder um, beflügelte den Vierten Stand, die Arbeiterschaft, erschreckte den Dritten Stand, das Bürgertum wie die reüssierte Bauernschaft, und ließ die ersten Stände, Adel und Geistlichkeit, ein neues Terrorregime befürchten. Wiederum zogen Sansculotten aus den Volksvierteln in das Regierungszentrum von Paris, diesmal mit der roten Fahne und der Forderung nach einer Diktatur des Proletariats.

Die Herausgeforderten formierten sich zur Abwehr: die liberale Bourgeoisie, die reaktionäre Aristokratie und – immer noch die große Mehrheit der Franzosen – die konservative Landbevölkerung. Sie griffen zu der Waffe, die ihnen die Februarrevolution an die Hand gegeben hatte: das allgemeine und gleiche Wahlrecht. In der am 23. April 1849 gewählten verfassunggebenden Nationalversammlung saßen 450 rechte Republikaner, 200 Liberale und 50 legitimistische Monarchisten den 200 linken Republikanern gegenüber. Auch drei Nachkömmlinge Napoleons I. waren gewählt worden: Napoléon-Jérôme, Sohn des ehemaligen Königs von Westfalen; Pierre Bonaparte, Sohn Luciens, eines anderen Bruder des Kaisers; und Lucien Murat, ein Sprößling Caroline Bonapartes, die den späteren König von Neapel, Joachim Murat, geheiratet hatte. Die Bonapartisten versprachen die Wiederherstellung von Ruhe und Ordnung durch die Verbindung von Demokratie und Autokratie und setzten auf die zunehmende Zahl von Anhängern im Volke, die sich weniger an die Wirklichkeit der Herrschaft als an deren Interpretation durch den gestürzten Napoleon Bonaparte erinnerten.

Das »Mémorial de Sainte-Hélène« hatte Louis Napoleon Bonaparte, der Sohn des Kaiserbruders Louis Bonaparte, des Königs von Holland, und der Hortense de Beauharnais, in seinen 1839 erschienenen »Idées Napoléoniennes« fortgeschrieben: Die Hauptidee war, die »zerrüttete französische Gesellschaft neu zu gestalten und die Ordnung mit der Freiheit, die Volksrechte mit der Herrschermacht zu versöhnen ... Sie findet in der Demokratie ein Element der Kraft und der Beständigkeit, weil sie diese zu disziplinieren versteht ... Sie folgt weder dem unsicheren Schritt einer Partei noch den Leidenschaften der Masse ... Über den politischen Klüngeln und nationalen Vorurteilen schwebend, sieht sie in Frankreich nur Franzosen, die als Brüder zu versöhnen sind, und erblickt in den verschiedenen Nationen Europas nur die Glieder einer einzigen großen Familie.« Fazit: »Die napoleonische Idee ist keine Idee des Krieges, sondern eine soziale, industrielle, merkantile und humanitäre.«

Ein bonapartistisches Programm war vorhanden, und ein bonapartistischer Führer stand bereit: Louis Napoleon, der Chef des Hauses Bonaparte. Seine Anstrengungen, die Idee in die Tat umzusetzen, waren in zwei Putschversuchen gescheitert: 1836 in Straßburg und 1840 in Boulogne. Im Exil in England erreichte ihn 1848 die Nachricht von der Februarrevolution in Frankreich. Vorerst blieb er in London und wartete darauf, daß zuerst die in die Umwälzung gesetzten Hoffnungen des Volkes zerstört würden, »bevor ein Mann der Ordnung sich Gehör verschaffen kann«.

Seine Stunde schlug, als sich die Auseinandersetzungen zwischen Linken und Rechten zuspitzten und die Straße sich am 23. Juni 1848 gegen das Parlament erhob und zum Klassenkampf gegen Besitzende und Herrschende aufrief. Der Aufstand wurde von dem von der Volksvertretung zum Militärdiktator auf Zeit berufenen General Cavaignac blutig niedergeschlagen.

Im Barrikadenkampf spaltete sich die Nation – in den kleineren Teil der jakobinischen und sozialistischen Linken und den größeren der Bauern und Bürger, die ihr Heil von einem neuen Napoleon erwarteten. Einen »französischen Washington« sah die von der Nationalversammlung verabschiedete Verfassung vor: einen vom Volke gewählten Präsidenten mit starker Exekutivgewalt. Sie war auf General Cavaignac zugeschnitten, der Gesetz und Ordnung wiederhergestellt und anschließend eine dem Parlament verantwortliche Regierung gebildet hatte. Der bonapartistische Prätendent gedachte, sich das Gewand, das für einen Republikaner geschneidert worden war, anzulegen und sich den napoleonischen Hut aufzusetzen.

Schon waren in Paris Plakate angeschlagen, auf denen Louis Napoleon als »Garant der Versöhnung« und »Symbol der Ordnung, des Ruhmes und des Patriotismus« präsentiert wurde, »Lui«, wie auf seinen Porträts stand, die in Schaufenstern zu sehen waren. »Er« ließ sich als Deputierter aufstellen, wurde am 18. September 1848 – in Abwesenheit – in fünf Departements gewählt; in Paris war er mit über 100 000 Stimmen, auch von Arbeitern, erster geworden. Am 26. September betrat der aus dem Exil Heimgekehrte durch einen Seiteneingang das Parlamentsgebäude in der Erwartung, bald durch den Haupteingang in den Präsidentenpalast zu gelangen.

Als fleischgewordener Napoleon-Mythos müsse er die Präsidentenwahl gewinnen, meinte der Neffe des Kaisers – und er gewann sie am 10. Dezember 1848. Bei einer Wahlbeteiligung von 75 Prozent erhielt »Lui« 5,4 Millionen Stimmen, die Dreiviertelmehrheit. Der Präsident der Republik zog in den Elysée-Palast ein, den letzten Amtssitz Napoleons I.

Wer dem neuen Präsidenten begegne, »wundere sich über sein

Selbstvertrauen, das man eigentlich nur von einem legitimen Monarchen erwarten würde«, stand im Brief Mérimées, den Doña Manuela vor ihrer Abfahrt nach Paris erhielt. »Man fragt sich, was er tun werde, doch niemand wagt eine Voraussage.«

Eugenie, die Gräfin von Teba, die mit ihrer Mutter, der Gräfin von Montijo, zu der Reise aufbrach, die sich als entscheidend für ihr Schicksal erweisen sollte, nahm eine vage Vorstellung vom Bonapartismus und ein verschwommenes Bild von Bonaparte mit auf den Weg.

Die »Idées Napoléoniennes« hatte sie wohl kaum gelesen, von Louis Napoleon hatte sie bereits in Paris gehört. Bei einem Aufenthalt im Pyrenäenbad Eaux-Bonnes war ihr eine Frau begegnet, von der sie Näheres über den Putschisten von Straßburg erfuhr.

Madame Eléonore Gordon, eine Sängerin von mäßiger Begabung und zweifelhaftem Ruf, trug am liebsten das Heldenlied Louis Napoleons vor, dessen Geliebte – was sie verschwieg – und dessen Mitverschwörerin – was sie hervorhob – sie gewesen war. Nach dem Scheitern des Straßburger Streiches wurde der Aufrührer nach Amerika abgeschoben und Madame Gordon vor Gericht gestellt, jedoch freigesprochen, weil das Bürgerkönigtum zunächst kein Aufheben von den Umtrieben machen wollte.

Fortan betätigte sich Madame Gordon als Missionarin des Bonapartismus, ihres Glaubens, daß der Heiland, der nach einem wiederum gescheiterten Putschversuch, 1840 in Boulogne, zu »immerwährender Haft« in der nordfranzösischen Festung Ham verurteilt worden war, eines nicht zu fernen Tages aus dem »Grabe« auferstehen und in Macht und Herrlichkeit triumphieren werde. In der Tat gelang Louis Napoleon 1846 die Flucht nach England und 1848 der Aufstieg in Frankreich.

Von all dem blieb Eugenie nicht unbeeindruckt, und sie fuhr nach Paris in der Erwartung, nicht nur die neuen Verhältnisse, sondern vielleicht auch deren Urheber kennenzulernen. Sie konnte davon ausgehen, daß ihr die Pariser Gesellschaft, in der Doña Manuela bereits verkehrt hatte, nicht verschlossen bliebe, zumal die geschäftige Mutter inzwischen zur Camerera mayor der spanischen Königin und die Tochter zur königlichen Ehrendame avanciert waren.

Nach dem Sturz des Bürgerkönigs, dessen kleinbürgerliche Allüren auf die Umgebung abfärbten, und nach der Wiederherstellung geordneter Zustände nach den Aufregungen der Februarrevolution hatte das Gesellschaftsleben neuen Auftrieb erhalten. Die Aristokratie igelte sich nicht mehr im Faubourg Saint-Germain ein, die Bourgeoisie, die Morgenluft witterte, bemühte sich um die Gunst der neuen Herren, die ihrerseits das Bedürfnis hatten, ihren Ruf als politische Abenteurer loszuwerden und eine Reputation als Stützen der Gesellschaft zu gewinnen.

Die große Welt, wer schon dazu gehört hatte und wer nun in sie aufgenommen werden wollte, ging bei der Prinzessin Mathilde ein und aus. Die Tochter Jérôme Bonapartes, des Exkönigs von Westfalen, und Kusine des unverheirateten Prinz-Präsidenten Louis Napoleon spielte die First Lady des neuen Regimes. Die Achtundzwanzigjährige besaß alle Attribute einer attraktiven Salondame: Sie war schön, umgänglich, umtriebig und vielseitig interessiert, brachte aus ihrer Ehe mit dem russischen Krösus Fürst Demidoff beträchtliche Mittel mit und zog alle an, die das Angenehme eines standesgemäßen Zeitvertreibes mit dem Nützlichen einflußreicher Beziehungen zu verbinden suchten.

In ihrem Salon in der Rue de Courcelles versammelte Prinzessin Mathilde die Crême-de-la-Crême der alten wie der neuen Gesellschaft. Auch die Gräfin von Montijo und die Gräfin von Teba wurden eingeladen, die, im Gegensatz zur Mutter, davon nicht erbaut war. Immer noch litt Eugenie unter den in Madrid erlittenen Enttäuschungen, wäre gern in dem ihr fremd gewordenen Paris mit ihrem Kummer allein geblieben. Doch Doña Manuela, eifrig bestrebt, der Tochter Ablenkung zu verschaffen und Anschluß zu ermöglichen, schleppte sie mit und tat damit sich und ihr keinen Gefallen.

»Ich bin heute so traurig, denn ich muß mit Mama zur Prinzessin Mathilde gehen«, schrieb Eugenie im März 1849 an Paca. »Ich habe Angst, daß ich anfange zu weinen, was ich am liebsten täte.« Sie zog das blaue Kleid an, das sie zuletzt in Madrid getragen hatte, als wollte sie demonstrieren, daß sie ihrer Heimat und ihrem Schmerz treu geblieben sei. Für Mutter wie Tochter verlief die Soiree unbefriedigend. Doña Manuela ärgerte sich, daß die Debütantin, ihre Tochter, in den Ecken herumstand, und Eugenie berichtete ihrer Schwester: »Niemand, absolut niemand, hat mit mir gesprochen, wohl weil ich immer noch Fräulein und obendrein Ausländerin bin.« Sie fügte hinzu: »Wenn ich euch alle in Aranjuez sehe, kommt mir meine Einsamkeit in diesem großen Paris so recht zu Bewußtsein.«

Die schönen Tage von Aranjuez waren zu Ende, und die schönen Tage von Paris hatten noch nicht begonnen. Dazwischen lag Düsternis: »Das Leben ohne Hoffnungen ist nichts wert.« Ganz hoffnungslos war es für sie nicht. Unbeachtet, wie sie angenommen hatte, war die Demoiselle nicht geblieben, und im weltbürgerlichen Paris wurde eine Ausländerin nicht übersehen, zumal wenn sie schöner als viele Französinnen erschien.

»Mittelgroß, wunderbar proportioniert, hat Eugenie so kleine Hände und Füße wie ein zehnjähriges Kind«, notierte die Schriftstellerin George Sand. »Ihr Kopf, der sich stolz über einem leuchtend weißen Hals und runden vollen Schultern erhebt, wird von einer Masse gewellten Haares gekrönt, dessen Farbe man weder als rot noch als golden oder kastanienbraun bezeichnen kann; sie setzt sich vielmehr aus diesen drei Tönungen zusammen und wird vielfach für künstlich gehalten. Ihr Züge sind wie gemeißelt und haben die Vollkommenheit einer griechischen Statue. Aber ihre größte Schönheit liegt in ihren tiefblauen Augen, die durch die schwarzen Brauen noch mehr hervorgehoben werden.«

Sie war eine der Schönsten und verhielt sich anders als die meisten Schönen im Lande – mit einer Reserviertheit, die nicht als Gefühlskälte abschreckte, sondern wie gefrorener Champagner anmutete, den aufzutauen Prickelndes versprach. Dies schien Félix Baciocchi gewittert zu haben, der Spürhund für den Schürzenjäger Louis Napoleon. Der Maître de Plaisir des Elysée-Palastes sorgte für eine Einladung der Tochter samt Mutter in die Residenz des Prinz-Präsidenten.

Über den denkwürdigen Empfang am 12. April 1849 berichtete Doña Manuela: Der Hausherr »sieht absolut unbedeutend aus, hält sich aber gut und ist offensichtlich am rechten Platz. Er unterhielt sich lange mit mir, was bei ihm ungewöhnlich ist, denn er spricht in der Regel niemand an.«

Louis Napoleon hatte anscheinend die Mutter angesprochen, um sich der Tochter zuwenden zu können. Vom Neffen und Nachfolger Napoleons I. hätte sich Eugenie mehr Ähnlichkeit mit dem Bild des großes Kaisers erwartet, das ihr ausgemalt worden war und das sie wie eine Ikone mit sich trug. Da hatte ihm ja noch mehr der Cousin des Präsidenten geglichen, Napoléon-Jérôme, dem sie in Madrid begegnet und von dem sie nicht sonderlich angetan gewesen war. Dem Prinzen Plon-Plon, wie er genannt wurde, waren die Fußstapfen des Empereurs, in die zu treten er sich bemühte, um Nummern zu groß. Immerhin erinnerte in seinem Äußeren einiges an Napoleon I., was man von Louis Napoleon keineswegs behaupten konnte.

Eugenie sah sich einem Mann gegenüber, der älter zu sein schien, als es seinen einundvierzig Jahren angemessen gewesen wäre. Er war zwar schlanker als sein Onkel, dessen Leibesfülle mit der Machtfülle zugenommen hatte, aber mit seinen ebenfalls zu kurzen Beinen bewegte er sich keineswegs so rasch und resolut wie dieser. Der Neffe schlurfte über das Parkett, geplagt, wie sich herausstellte, von einem Blasenleiden, gebeugt von einem Schicksal, das ihn zu lange auf seine Stunde hatte warten lassen, und geschwächt – wovon tout Paris sprach – von ungezählten Liebesaffären. Sein Blick war verschleiert, als habe er etwas zu verbergen.

Die lackschwarzen, gewichsten und aufgezwirbelten Schnurrbartspitzen vermochten Martialisches nicht vorzutäuschen und der Kinnbart die weichen Linien nicht ganz zu verdecken. Besser als die Uniform stand ihm der Frack, in dessen Westenausschnitt er die Rechte in napoleonischer Pose steckte.

So hatte sich Eugenie den Neffen und Erben des Empereurs kaum vorgestellt, und schon gar nicht einen Mann ihrer Träume. Die Debütantin im Elysée war verwirrt, als sie der Präsident ins Gespräch zog. Sie glaubte ihm etwas Nettes gesagt zu haben, als sie ihre Bekanntschaft mit Madame Gordon erwähnte, die von seinen Taten in Straßburg und Boulogne erzählt habe. »Er sah mich sonderbar an«, erinnerte sich Eugenie, »denn er wußte, was ich nicht wußte«: daß die Gordon nicht nur seine Mitverschwörerin, sondern auch seine Geliebte gewesen war.

War das der Grund für diesen sonderbaren Blick? Meinte er, die junge Dame, die vielleicht nicht so naiv war, wie sie erschien, habe auf die Gordon angespielt, um ihm anzudeuten, daß sie ihm nicht nur als Bonapartistin verbunden, sondern auch als Maîtresse verfügbar sei? Anzunehmen ist, daß ihn sein Leporello Baciocchi, der über konsumierte wie präsumtive Geliebte Buch führte, bedeutet hatte, daß man in Spanien der Begehrenswerten nachsage, daß sie einem Begehrer schwerlich widerstehen könne, und daß von der Mutter, deren Ruf ebenfalls nicht der Beste war, kaum zu erwarten wäre, daß sie die Tochter zurückhalten würde. Jedenfalls wollte es Don Juan auf einen Versuch ankommen lassen.

Bald nach dem Empfang im Elysée erschien Baciocchi bei den Spanierinnen und überbrachte die Einladung des Prinz-Präsidenten zu einem Diner in Saint-Cloud. Die Damen, die eine illustre Gesellschaft erwarteten, warfen sich in Gala. Eine

Staatskutsche mit dem napoleonischen Wappen holte sie ab, brachte sie jedoch nicht zum Schloß, sondern nach Combleval, einer Villa zwischen Saint-Cloud und Villeneuve. Dort trafen die beiden Gräfinnen nur Louis Napoleon und Baciocchi an, »worüber«, wie Eugenie erzählte, »wir äußerst verwundert waren«.

Nach dem Diner zu viert »bot mir der Prinz seinen Arm zu einem Gang in den Park. Baciocchi trat an meine Mutter heran, um ihr als Kavalier zu dienen. Aber ich kam ihnen zuvor, sagte zum Prinzen: ›Monseigneur, meine Mutter ist hier‹.« Sie wies darauf hin, daß der älteren Dame die Ehre gebühre, von ihm geführt zu werden. »Ohne ein Wort zu sagen, bot er seinen Arm meiner Mutter und ich nahm jenen Baciocchis.« Die Promenade verlief förmlich und schweigsam. »Ich glaube nicht«, resümierte Eugenie, »daß er sich an diesem Abend sehr amüsiert hat.« Der Prinz, der an rasche Eroberungen gewohnt war, mußte nun erleben, daß sein Angriff auf eine vermeintlich kapitulationsbereite Festung abgeschlagen wurde.

»Ach, wie schön war es doch«, hatte Eugenie an Paca geschrieben, »als wir zum Aparto gingen«, jenem Fest am Vorabend einer Corrida, an dem die zum Kampf bestimmten Stiere in der Arena präsentiert wurden. »Ich muß Dir sagen, daß ich die Gefahr liebe, wo sie mir auch begegnet.«

Der Gefahr in Gestalt Louis Napoleons gedachte sie sich an jenem Abend in Combleval nicht auszusetzen. Für einen Schnappschuß in dessen Leporello-Album wollte sie sich nicht hergeben. Sie wußte nicht, daß darin auch der von ihr angehimmelte Bühnenstar Rachel abgebildet war, der sich in London mit dem Exilanten eingelassen hatte. Ihr konnte aber nicht verborgen geblieben sein, daß die ihm nach Paris gefolgte Miss Howard die Maîtresse-en-titre des Präsidenten war.

Die Tochter eines Brightoner Schusters, Elizabeth Anne Harriet, die sich Miss Howard nannte, war nicht auf der Bühne, aber im Boudoir erfolgreich gewesen, hatte es als Kurtisane der Luxusklasse zu Ansehen und Vermögen gebracht. Sie gab sich dem mittellosen Louis Napoleon hin, weil sie dessen romantische Vergangenheit wie potente Gegenwart schätzte und auf die Zukunft des Bonaparte setzte. Die Chance, seine Madame Pompadour zu werden, ließ sich Miss Howard Zuneigung und Zuwendungen kosten. Sie finanzierte 1848 mit 80 000 Pfund Sterling den Wahlkampf des Geliebten, kam nach Paris, um den Wahlsieg zu feiern und um dessen Früchte mit zu genießen.

Der Prinz-Präsident installierte Miss Howard in der Rue de Cirque in einem Petit Hôtel, zu dem er durch eine Türe in der Umfriedung des Elysée-Parkes gelangte, und richtete ihr ein Appartement im Schloß Saint-Cloud ein. Ohne Rücksicht auf die republikanische Moral und die bürgerliche Prüderie seiner Wählerschaft präsentierte sie Louis Napoleon, der sich »Altesse et Monseigneur« nennen ließ, in der Öffentlichkeit. Er saß mit ihr in der Theaterloge, nahm mit ihr Truppenparaden ab und ritt mit ihr durch den Bois de Boulogne. In Paris sagte man, er habe nicht nur sein bestes Pferd, sondern auch die schönste Frau aus England mitgebracht; auch Eugenie vernahm dieses und jenes über den Maître und seine Maîtresse.

Die stolze Spanierin war sich zu schade, in den Reigen der Odalisken zu treten, und sie war schon gar nicht bereit, eine Nebenrolle im Serail des Sultans zu spielen. Die Herzogin von Alba, über den Zwischenfall in Combleval informiert, lobte die Standhaftigkeit der Schwester und tadelte die Unvorsichtigkeit der Mutter, ihre Tochter einer derartigen Situation ausgesetzt zu haben. Da Paca ihre Doña Manuela nur zu gut kannte, mochte ihr der Gedanke nicht ferngelegen haben, daß diese es darauf angelegt hatte, Eugenie – wenn auch nur durch eine Hintertüre – in den Elysée-Palast einzuführen und mit ihr in den Hofkreis einzutreten.

Jedenfalls registrierte die Mutter das Interesse des Präsidenten an ihrer Tochter. Würde es so schnell wieder verschwinden, wie es aufgetreten war? Oder war es mehr als ein vorübergehendes Aufflackern, würde es weiterglühen, vielleicht aufflammen? Doña Mañuela, in Liebesdingen erfahren, meinte zu wissen, wie man eine Liebe zum Brennen bringen könnte, zumal in einem Mann, der es gewohnt war, beim ersten Anlauf an sein Ziel zu gelangen und der sich nach einer ungewohnten Zurückweisung herausgefordert fühlen würde, es durch einen zweiten Anlauf zu erreichen.

Es galt, sich rar zu machen. Ohnehin wollte die verletzte Tochter fort aus Paris, was der berechnenden Mutter nur recht sein konnte. Die beiden Damen reisten im Juni 1849 nach Brüssel, in Begleitung des Herzogs von Ossuna, der in Spanien Eugenie bei einem Bootsunfall aus dem Wasser gerettet hatte und sich nun bereithielt, sie aus dem Pariser Sturm in den sicheren Hafen der Ehe zu bringen. Schon hatte er seine bevorstehende Verlobung mit Eugenie in Madrider Blättern ankündigen lassen. Doch der Erwählten war nicht nach Liebe und schon gar nicht nach Heirat zumute, und der Mutter mochte ein Herzog schon nicht mehr gut genug gewesen sein.

Der Seelenstimmung der Tochter war die Fehlmeldung ihres Todes in spanischen Blättern angemessen. Ihr war ganz danach, über sich selber zu weinen. Paca gebar einen Sohn, und Eugenie hatte mit dreiundzwanzig immer noch nicht den richtigen Mann gefunden. Würde sie ihn überhaupt finden? Sie suchte eine Kartenlegerin auf, um zu erfahren, wie es mit ihr weiterginge. »Ich glaube blindlings an diese Dinge. Denn ich habe so viel Glauben in mir, daß ich es nötig habe, ihn in solche Dinge zu investieren, zumal so vieles, an das ich geglaubt habe, nicht eingetroffen ist.« Zwei große Enttäuschungen, mit Alba und Alcañisez, hatte sie hinter sich. Würden ihr weitere bevorstehen, oder dürfte sie endlich auf eine günstige Fügung hoffen? Auch die Weissagerin schien überfragt gewesen zu sein.

Als Eugenie mit der Mutter nach Madrid zurückkehrte, fand sie in der vertrauten Umgebung mit dem gewohnten Lebensstil die Fassung leidlich wieder. Doña Manuela war noch nicht zufrieden. Um sie zu zerstreuen, ging sie mit ihr auf Reisen. In Wiesbaden tat die Kur der Tochter an Leib und Seele wohl. »Meine gute Schwester«, schrieb sie an Paca, »es gibt nur wenige erfreuliche Momente im Leben; man sollte sie genießen.«

Die Gräfin von Montijo fuhr 1851 mit der Gräfin von Teba zur Weltausstellung nach London. Die Mutter stürzte sich in das aufgrund dieses Ereignisses sehr aktive Gesellschaftsleben und zog die Tochter hinter sich her. Eugenie fand neue Bewunderer, so Lord Malmesbury, den ihr »prächtiger Teint« und ihre »herrliche Taille« beeindruckten. Sie traf Ferdinand Huddleston wieder, einen Bewerber, den sie früher abgewiesen hatte und für den sie sich auch jetzt nicht erwärmen konnte.

Im Herbst 1851 waren sie wieder in Paris, wo Doña Manuela vergebens auf eine Einladung in den Elysée-Palast wartete. Der Prinz-Präsident war von Staatsaktionen in Anspruch genommen und schien die junge Spanierin nicht nur aus den Augen, sondern auch aus dem Sinn verloren zu haben.

Die Verfassung der Zweiten Republik sah eine einmalige vierjährige Amtszeit des Präsidenten vor. Diese Bestimmung stand der Ambition Louis Napoleons im Wege. Der Onkel, der 1799 Erster Konsul und 1802 Konsul auf Lebenszeit geworden war, hatte 1804 das Erbkaisertum erreicht. Der Neffe strebte danach, über eine Verlängerung seiner Amtszeit als Präsident auf den Kaiserthron zu gelangen. Dazu wäre eine Änderung des Präsidentenartikels der Verfassung nötig gewesen. Doch die erforderliche Dreiviertelmehrheit in der Kammer war nicht in Sicht. Louis Napoleon erinnerte sich, daß Napoleon Bonaparte das hinderliche Parlament auseinandergejagt hatte, und er schickte sich an, auch darin dem Beispiel des Onkels zu folgen.

Ein Staatsstreich lag in der Luft, von den einen befürchtet, von den anderen erhofft. Das war nicht die Atmosphäre, die Doña Manuela und Eugenie in Paris erwartet hatten. Sie blieben nicht lang. Bevor sie nach Spanien abreisten, hielt es die

Mutter für angezeigt, daß sich die Tochter bei Louis Napoleon in Erinnerung brächte. An Baciocchi, der die Türe schon einmal geöffnet hatte und sie vielleicht ein zweites Mal öffnen würde, schrieb – unter Federführung der Gräfin von Montijo – die Gräfin von Teba: Alles, was sie in der Welt besitze, stehe zur Verfügung des Präsidenten, falls die Entwicklung solche Hilfe erfordere.

Baciocchi hatte vorerst keine Zeit, den Postillon d'amour zu spielen; er war, wie alle Vertrauten des Präsidenten, vollauf mit der Vorbereitung des Staatsstreiches beschäftigt. Über dessen Verlauf und Gelingen – vom 2. bis 4. Dezember 1851 – lasen Mutter und Tochter in Zeitungen in Madrid. Das Parlament war aufgelöst, die Führung der Opposition verhaftet, der Widerstand von Barrikadenkämpfern gebrochen und das Volk zum Plebiszit aufgerufen.

Der Staatsstreich habe das Gesellschaftsleben kaum berührt, schrieb Lady Clifford-Constable an Doña Manuela. Man promeniere wieder auf den Champs-Elysées, gehe zu Empfängen und Festen im Elysée-Palast, vom dem aus der am 21. Dezember vom französischen Volk auf zehn Jahre zum Präsidenten gewählte Louis Napoleon das Kaiserschloß der Tuilerien anvisierte.

Und Doña Manuela war nicht in Paris, um ihre Tochter in das Blickfeld des aufsteigenden Bonaparte zu bringen. Wenn sie verführerisch eingeführt werden sollte, mußte Eugenie zunächst ihr seelisches Gleichgewicht wiederfinden, und das ging nicht von heute auf morgen. Spanien bot Balsam für ihre Wunden. In Madrid wurde sie von der Gesellschaft, die der fälschlich Totgesagten nachgetrauert hatte, wie eine verlorene und wiedergefundene Tochter aufgenommen. In Sevilla wandelte sie im Mondlicht durch die Gärten des Alcazar, »und alles war schön«. Im Sommer 1852 schrieb sie aus dem Kurbad Eaux-Bonnes der Schwester: »Doktor Darralde hat Mama gesagt, daß mein Brustleiden – was es damit auf sich hat, weiß ich selbst nicht – sich sehr gebessert habe.«

Mama hielt die Zeit für gekommen, ihre gesund gewordene und schöner denn je erscheinende Tochter ins Rampenlicht der Pariser Bühne zu stellen. Noch im selben Sommer bezogen die spanischen Gräfinnen ein Appartement an der Place Vendôme. Sie blickten auf die Säule, auf der in Caesarenpose Napoleon I. stand, den sich Louis Napoleon zum Vorbild genommen hatte. Schon ließ er sich »Son Altesse Impériale« nennen und war in die Tuilerien umgezogen, auf deren Kaiserthron er sich niederlassen wollte. Eine inoffizielle oder gar eine offizielle Schloßherrin gab es noch nicht. Dies könnte und sollte ihre Tochter werden, meinte Doña Manuela und begann, ihre Dame in Position zu bringen.

Das Ziel war markiert. Das strategische Vorgehen und taktische Verhalten zu überlegen, blieb eine Frist; denn der anvisierte Herr war nicht in Paris, zog im September und Oktober 1852 durch das Land und warb für seine Wahl zum Kaiser der Franzosen.

Zunächst dachte Doña Manuela darüber nach, wer als Konkurrenz in Frage käme. Miss Howard war immer noch da, richtete sich auf ihrer Besitzung Beauregard ein und schien diesen Namen als Vorzeichen zu deuten, daß ihre pekuniären und amourösen Dienste mit der Legalisierung des langjährigen Verhältnisses belohnt würden. Doch mit ihr war kein Staat zu machen, und als Schatzmeisterin wurde sie nicht mehr benötigt. Kaum auf den Thron an die Kasse gelangt, sollte ihr Napoleon den Abschied geben und den Schmerz mit 5,5 Millionen Francs und dem Titel einer Comtesse de Beauregard versüßen.

Eine gefährlichere Konkurrentin, befürchtete die Mutter, würde auftauchen, wenn Napoleon auf Brautschau an europäischen Höfen ginge, um eine Prinzessin als Frau des Kaisers und Mutter eines Thronerben heimzuführen. Napoleon I. hatte als zweite Gemahlin die Habsburgerin Marie Louise geheiratet, die ihm einen Sohn, den freilich nicht auf den

Thron gelangenden Napoleon II., schenkte. War nicht anzunehmen, daß der dritte Napoleon, der zum Herrscher einer Großmacht aufstieg, bei seiner Suche nach einer Monarchentochter Erfolg haben würde und mit deren Sprößling die Dynastie fortsetzen könnte?

Doña Manuela wäre ein Stein vom Herzen gefallen, wenn sie gewußt hätte, daß kein Dynast dem Parvenu eine Prinzessin überlassen wollte. Selbst in Häusern zweiten Ranges wurden Napoleons Brautwerber nicht fündig. Die Wasa, die in Schweden entthront worden waren, winkten ab; Prinzessin Caroline wurde lieber Königin von Sachsen. Auch Adelaide von Hohenlohe-Langenburg blieb außer Reichweite. Ihrer an engeren Beziehungen zu Frankreich interessierten Tante, der Königin Viktoria von England, wäre ein Ehebund mit dem französischen Herrscher nicht unwillkommen gewesen. Aber sie wollte sich in die Angelegenheit der Nichte nicht einmischen und die Entscheidung deren Vater überlassen, der ihr mitteilte, daß er weder mit der Religion noch der Moral des Bewerbers einverstanden sei.

Auch wenn er sich geärgert haben mochte, daß ihn die Monarchen nicht für ebenbürtig hielten, das Selbstbewußtsein des Bonaparte, der sich aus eigener Kraft und mit Zustimmung seines Volkes zur Thronbesteigung anschickte, beeinträchtigte es nicht. Seine Wahlreise durch die Provinz war ein Siegeszug gewesen, und auch in der Hauptstadt wurde er am 16. Oktober 1852 mit dem Ruf »Vive l'Empereur!« empfangen.

Zeugin seines Einzuges in Paris war auch Eugenie. Die Mutter hatte Wert darauf gelegt, daß die Tochter den für sie ins Auge gefaßten Mann im Moment seines Triumphes zu Gesicht bekam, indessen vom Pariser Appartement Ferdinand Huddlestons aus, den sie als Kandidaten in Reserve behielt. »Es wäre höchst interessant zu wissen, mit welchen Gefühlen eine bezaubernde junge Dame, die mit ihrer Mutter an einem Fenster dieser Junggesellen-Wohnung stand, das Schauspiel betrachtete«, meinte der englische Diplomat Horace Rumbold, der sie aus der Nähe beobachtete und berichtete: »Die öffentliche Erregung war auf dem Höhepunkt; der Präsident brillierte auf seinem prachtvollen Braunen.« Zu Pferde machte der zu Fuß weniger ansehnliche Mann eine stolze Figur, der Bonaparte, der sich auf dem Steigbügel des Napoleon-Mythos in den Kaisersattel schwang.

Auch Eugenie war beeindruckt. Nun schien sie in ihm weniger den Frauenhelden zu sehen, dessen zweideutige Avance sie in Combleval abgewiesen hatte, sondern einen Nationalhelden, von dem einen ernstgemeinten Antrag anzunehmen ernsthaft in Erwägung zu ziehen wäre. Nicht nur die Mutter, die das von Anfang an einkalkuliert hatte, sondern auch die Tochter, die reserviert geblieben war, konnten registrieren, daß sie der aufsteigende Louis Napoleon nicht vergessen hatte. Er ließ Eugenie seinen Dank für den Brief zukommen, in dem sie, vor dem Gelingen des Staatsstreiches, angezeigt hatte, daß sie ihm mit allem, was sie habe, zur Verfügung stünde.

Politisch kam er ohne sie zurecht. Im Herbst 1852, ein knappes Jahr nach seinem erfolgreichen Staatsstreich, hatte der Prinz-Präsident bereits die Stufen des Kaiserthrones betreten. Am 4. November 1852 ersuchte ihn der Senat, die Nachfolge Napoleons I. anzutreten: »Das französische Volk will die Wiederherstellung der kaiserlichen Würde in der Person von Louis Napoleon Bonaparte, mit Erblichkeit in der direkten legitimen und adoptierten Nachkommenschaft.«

Für eine Adoption hielt sich Napoléon-Jérôme bereit, jener Plon-Plon, dessen politische Linkstendenz und unberechenbarer Charakter vom Vetter Louis Napoleon nicht geschätzt wurden. Um seiner Dynastie eine direkte Erbfolge zu sichern, mußte Louis Napoleon einen ehelichen Sohn bekommen. Bislang hatte er von Éléonore Vergeot, die ihm die Haft in Ham angenehmer gemacht hatte, zwei natürliche Söhne, die für eine Adoption nicht in Frage kamen; immerhin erhob er als Kaiser den einen zum Comte d'Orx und den anderen zum Comte de Labenne.

Für einen Mann mit vierundvierzig Jahren war es höchste

Zeit, sich eine legitime Gattin und präsumtive Mutter seines Erben zu suchen. An europäischen Höfen war keine zu finden. Sollte er nicht der Monarchengesellschaft zeigen, daß er keineswegs auf sie angewiesen war, könnte er nicht den Franzosen seine Volksnähe beweisen, wenn er keine Prinzessin, sondern eine Gemahlin niedrigeren Standes wählte?

So nahm er die Gräfin von Teba wiederum ins Visier, diesmal nicht für ein kurzes Abenteuer, für das sie nicht zu haben gewesen wäre, sondern für einen Ehebund auf Lebenszeit. Seine Sinnlichkeit war geweckt und noch gesteigert worden, weil sich Eugenie ihm entzogen hatte; er glaubte, daß sie ihn, wenn er sie über den Altar zum Bett führte, nicht enttäuschen würde. Mit ihrer Schönheit stach sie ohnehin alle Kaiserinnen und Königinnen aus, und ihre Kinder würden vielleicht der Mutter nachschlagen. An seiner Seite könnte sie das Kaiserreich würdig repräsentieren, dem Kaiserhof den erwünschten und erforderlichen Glanz verleihen.

Louis Napoleon begann Eugenie in seinen Kreis zu ziehen. Zur Staatsjagd am 13. November 1852 lud er sie nach Fontainebleau ein. Auf einem Vollblut aus dem Stall des Präsidenten ritt die spanische Amazone den anderen davon, traf als erste beim Halali ein. Am 14. November, einem Sonntag, ging man gemeinsam zur Messe in die Schloßkapelle, wo 1808 Louis Napoleon getauft worden war. Am Vorabend des Namenstages Eugenies verehrte er ihr einen Blumenstrauß und schenkte ihr das Pferd, auf dem sie galoppiert war.

Im Eiltempo näherte sich Louis Napoleon seinem Ziel, zuerst in der Politik. In einem Plebiszit plädierten 7 824 000 Franzosen für die Erhebung des Präsidenten der Republik zum Empereur des Zweiten Kaiserreiches; es gab nur 253 000 Gegenstimmen, allerdings 2 Millionen Enthaltungen.

Am 21. November 1852, am ersten Tag der Volksabstimmung, veranstaltete der siegesgewisse Prätendent einen Ball in Saint-Cloud. Dort hatte 1804 Napoleon I. das Erste Kaiserreich proklamiert, nun gab hier der dritte Napoleon ein Fest, um – wie der österreichische Botschafter Joseph Alexander von Hübner meinte – das »Begräbnis der Republik« zu begehen. Die Gesellschaft sei gemischt gewesen, meinte der Österreicher, der in Wien anderes gewohnt war, und unterstrich: »Die junge und schöne Mademoiselle de Montijo« – wie fast alle bezeichnete er die Gräfin von Teba mit dem nur der Mutter zukommenden Titel – sei vom Präsidenten vor allen anderen ausgezeichnet worden.

»Sie können sich nicht vorstellen, was alles über mich geredet wird, seit ich diesen verflixten Gaul geschenkt bekommen habe«, bemerkte Eugenie zu ihrem Schwager Galba, dem jüngeren Bruder Albas, einem Attaché der spanischen Botschaft, den sie als Anstandskavalier auf den Ball mitnahm. Das Gerede war ihr, und vornehmlich der Mutter, nicht unwillkommen. Das Spiel um Ehemann und Kaiserinnenkrone war eröffnet, und nun wollte sie es auch gewinnen.

Am 2. Dezember 1852 war sie in die Tuilerien eingeladen, um den durch den Arc de Triomphe über die Place de la Concorde in seine Haupt- und Residenzstadt eingezogenen Napoleon III. zu begrüßen, der sich »durch die Gnade Gottes und den Willen der Nation« zum Kaiser der Franzosen proklamierte. In das Tedeum in Notre-Dame stimmten Mutter und Tochter ein. Sie hatten Veranlassung, dem Allmächtigen für den Segen zu danken, den er dem Empereur zuteil werden ließ, und ihn zu bitten, sie daran teilhaben zu lassen.

Die Gunst hielt an. Sie wurden zur ersten kaiserlichen Hausgesellschaft nach Compiègne eingeladen. Hatte Napoleon III. dabei an Napoleon I. gedacht, der in diesem Schloß seine zweite Gattin, die Habsburgerin Marie Louise in Empfang und in Besitz genommen hatte? Jedenfalls hielt er Eugenie für die Königin des Festes, denn er verschob es, weil sie wegen einer Erkältung nicht außer Haus gehen konnte, um einige Tage. Am 18. Dezember 1852 trafen die illustren Gäste ein, die Bonaparte mit Exkönig Jérôme, Prinzessin Mathilde und Prinz Napoléon-Jérôme, sämtliche Minister und die diplomatischen Vertreter Englands, Spaniens und Belgiens, die das neue Regime bereits anerkannt hatten, insgesamt hundertein geladene Gäste und achtundneunzig Mitglieder der Hofhaltung. Doch Napoleon schien während der elf Tage dauernden Geselligkeit sein Augenmerk einzig und allein auf Eugenie zu richten.

Er wich kaum mehr von ihrer Seite, bei Tisch, im Theater, beim Ball, während der Messe. Sie ritten gemeinsam aus und kamen lange nicht zurück. Als Eugenie ein von Tautropfen glitzerndes Kleeblatt bewunderte, ließ Napoleon in Paris ein Kleeblatt aus Smaragden und Brillanten besorgen und es ihr bei der Weihnachtsverlosung zukommen. Eines Abends krönte er sie mit einem Veilchenkranz.

Würde er ihr bald eine goldene Krone aufsetzen? In der Gesellschaft wurde getratscht, gerätselt und prophezeit. Ein Kiebitz gab an, bei einem Kartenspiel ein Gespräch zwischen Eugenie und Napoleon belauscht zu haben: Sie habe sich »Siebzehnundvier« von ihm erklären lassen und ihn gefragt, ob sie noch eine Karte nehmen solle oder sich mit denen, die sie bereits genommen, begnügen könne. »Ich würde es dabei bewenden lassen. Nach dem, was Sie in der Hand haben, steht das Spiel gut für Sie«, soll er gesagt und sie soll ihm entgegnet haben: »Nein, ich nehme noch eine Karte. Bei mir heißt es: Alles oder nichts!«

Auch erfunden, hätte diese Antwort die Haltung der Spanierin wie die ihrer Mutter zutreffend bezeichnet. Um ein »Nichts« zu vermeiden und »alles« zu gewinnen, wendete Doña Manuela wiederum jene Taktik an, die Louis Napoleons Interesse an der Tochter verstärkt hatte und nun eine eindeutige Entscheidung Napoleons III. herbeiführen sollte: durch Entfernung der Begehrten das Verlangen des Begehrers zu steigern und ihm das Ja-Wort zu entlocken, das in Compiègne noch nicht gefallen war.

Am 1. Januar 1853 suchten die beiden Spanierinnen den Kaiser in den Tuilerien auf und überraschten ihn mit der

Ankündigung, am nächsten Tag nach Italien abzureisen; die Zimmer in Rom, an der Piazza di Spagna, seien bereits bestellt. Sie sagten Adieu und rauschten davon. Als sie in ihren Wagen einstiegen, kam Baciocchi angelaufen, überbrachte die Einladung des Kaisers zu einem Souper am selben Abend und erhielt die Antwort: Man verschiebe die Abreise um vierundzwanzig Stunden, um daran teilzunehmen.

Eugenie erschien in einem weißen Satinkleid, als wollte sie andeuten, daß ihr ein weißes Brautkleid ebenso gut stehen würde. Napoleon erklärte sich immer noch nicht, doch sein Verhalten schien darauf hinzudeuten, daß er sich bald dazu aufraffen könnte. Die Damen blieben in Paris. Am 10. Januar 1853 trafen sich Napoleon und Eugenie bei der Prinzessin Mathilde, sprachen lang unter vier Augen, ohne das Ergebnis, das die wie auf glühenden Kohlen sitzende Doña Manuela erwartete.

Die Mutter setzte ihre Hoffnung auf den am 12. Januar in den Tuilerien stattfindenden Hofball, zu dem die Tochter und sie eingeladen waren. Napoleon III. erschien in Culottes, den Kniehosen des Ancien régime, als wollte er dieses in seinem Nouveau régime wieder aufleben lassen, sowie in seidenen Strümpfen und mit Schnallenschuhen, die Doña Manuela noch mehr gefallen hätten, wenn er auf Freiersfüßen gegangen wäre. Darauf sollte sie nicht mehr lange warten müssen; ein Zwischenfall an diesem Ballabend beschleunigte den Verlauf.

Im Saal der Marschälle nahm der Kaiser auf einem scharlachroten Sessel Platz. Auf dessen linker Seite standen gepolsterte Bänke, auf die beide spanische Gräfinnen zugingen. Madame Fortoul, eine Ministergattin, trat ihnen entgegen und bedeutete ihnen, daß die Banquettes für die Damen der Regierungsspitze reserviert seien. Napoleon bemerkte die Verlegenheit von Mutter und Tochter, erhob sich und führte sie zu den samtbezogenen Tabourets auf der rechten Seite, die für die Kaiserliche Familie bestimmt waren. Die gekränkte Eugenie wurde von Napoleon getröstet: Demnächst werde es niemand mehr wagen, sie zu beleidigen.

Wenige Tage später, am 15. Januar 1853, kam Staatsminister Achille Fould zur Place Vendôme und überreichte Doña Manuela ein Schreiben des Kaisers: »Madame la Comtesse, seit langem liebe ich Ihr Fräulein Tochter und wünsche sie zu meiner Frau zu machen. Deshalb bitte ich Sie heute um ihre Hand, denn keine ist fähiger, mich glücklich zu machen, und würdiger, eine Krone zu tragen.«

Doña Manuela durfte ihren Triumph noch nicht ausposaunen; denn der Schwiegersohn in spe hatte sie für den Fall der vorausgesetzten Einwilligung gebeten, die Angelegenheit vorerst vertraulich zu behandeln. Schon jetzt zollte Intimus Prosper Mérimée der Siegerin seinen Respekt: »Möchten doch alle Mütter, die ihre Töchter zu Kaiserinnen machen wollen, sich ein Beispiel an diesem mütterlichen Meisterwerke nehmen.«

Eugenie, die Dame, die sie ins Spiel gebracht und mit der sie es gewonnen hatte, schrieb an Paca: »Ich will die erste sein, die Dir meine Heirat mit dem Kaiser ankündigt. Er war so edelmütig, so großmütig, er hat mir so viel Zuneigung gezeigt, daß ich immer noch ganz bewegt bin. Er hat gekämpft und gesiegt.« Die Schwester, die es gewohnt war, daß Eugenie sich ihr offenbarte, vermochte diesen Zeilen nicht das Geständnis einer großen Liebe zu entnehmen, schon eher das Eingeständnis einer Torschlußhandlung: »Für mich ist das Leben eine Wüste gewesen, denn ich war allein.« In der Wüste, immerhin die Place Vendôme und die Champs-Elysées, fand sie nun eine Oase, die Tuilerien, und den Schloßherrn als Gemahl.

Die Motive des Freiers suchte Donoso Cortés, der spanische Geschäftsträger in Paris, zu ergründen: Im Spiel seien Liebe zu Eugenie, Trotz gegenüber der ihn nicht als ebenbürtig behandelnden Monarchengesellschaft und »die geheimnisvolle und unwiderstehliche innere Eingebung« gewesen. In Fontainebleau habe Napoleon festgestellt, daß seine und Eugenies Uhr zur selben Stunde und Minute stehengeblieben waren, und im Jardin des Plantes habe ein Strauch, der bisher nur einmal, im Jahre der Vermählung Napoleon Bonapartes mit Josephine de Beauharnais, geblüht hatte, wieder zu blühen begonnen. »Als der Kaiser dies erfuhr, beschloß er spontan, die Gräfin von Teba zu heiraten.«

Nüchterner beurteilte Lord Cowley, der britische Botschafter, die Lage: Eugenie »hat ihr Spiel so gut gespielt, daß er sie auf keine andere Weise als durch Heirat bekommen kann«. Hübner, der österreichische Botschafter, mokierte sich über »Napoleons Anstrengungen, die darauf zielten, die junge Gräfin zu Fall zu bringen, und die das Ergebnis hatten, sie auf den Thron zu erheben«.

Gegen eine solche Einschätzung wehrte sich Eugenie später, als sie die Krone der Kaiserin bereits trug und gelernt hatte, sich zu deren Nutz und Frommen auszudrücken: Sie und Napoleon hätten sich verstanden, weil sie der gleichen Generation, der romantischen von 1830 wie der utopistischen von 1848, angehörten, jener Generation, welche die Welt erfühlen und verbessern, für das Glück der Menschen und das Wohl des Volkes wirken wollte.

Drittes Kapitel

Die Frau Napoleons

Im Thronsaal des Tuilerienschlosses, vor versammelten Staatsräten, Senatoren und Abgeordneten, kündigte Napoleon III. am 22. Januar 1853 seine Vermählung mit der Gräfin von Teba an. Weniger diese Entscheidung, die erwartet worden war, als deren Begründung ließen Frankreich und die Welt aufhorchen:

»Wenn in diesem alten Europa ein Mann durch die Macht eines neuen Prinzips auf die Höhe der alten Dynastien emporgehoben wird, dann hat er es, um anerkannt zu werden, nicht nötig, sein Wappen älter zu machen, als es ist, und sich in die Familie der Könige zu drängen. Er tut besser daran, seines eigenen Ursprungs eingedenk und seinem besonderen Charakter treu zu bleiben, sich freimütig vor Europa zu seiner Position als Emporkömmling zu bekennen, einer ruhmvollen Bezeichnung, wenn man dazu durch die Wahl eines großes Volkes gekommen ist.«

Aus der Not des Parvenus, keine Prinzessin aus altem Herrscherhaus gefunden zu haben, machte er die Tugend eines durch Volkswahl bestimmten Volkskaisers, der befugt sei, sich eine Frau eigener Wahl zu nehmen. Mit Prinzessinnen aus dem Ausland – wie Marie Antoinette und Marie Louise – sei Frankreich nicht glücklich geworden. Aber war Eugenie nicht auch Ausländerin? Ihrem Herzen und ihrer Erziehung nach und im Gedenken an das Blut, das ihr Vater für das Erste Kaiserreich vergoß, sei sie Französin, erklärte Napoleon. Aus einem spanischen Adelshaus kommend, bringe sie den Vorzug mit, keine Familie in Frankreich zu haben, der Ehren und

Würden zugeteilt werden müßten. Nicht zuletzt: Mit ihren hervorragenden Charaktereigenschaften »wird sie eine Zierde des Thrones und in Zeiten der Gefahr seine Stütze sein. Als fromme Katholikin wird sie ihre Gebete mit den meinen zum Himmel senden.« So »habe ich eine Frau, die ich liebe und achte«, der Verbindung mit einer Unbekannten vorgezogen, die Vorteile, aber auch Nachteile hätte bringen können.

»Bald werde ich in Notre-Dame die Kaiserin dem Volk und der Armee vorstellen«, schloß der Kaiser. »Und Sie, meine Herren, werden, wenn Sie sie erst kennenlernen, überzeugt sein, daß mich auch dieses Mal die Vorsehung geleitet hat.«

Während Napoleon III. die Botschaft verkündete, standen zur Rechten des Thrones der Onkel Jérôme und zur Linken der Vetter Napoléon-Jérôme. Was in ihnen vorging, war an ihren Mienen nicht abzulesen, aber es war anzunehmen, daß sie nur mühsam Haltung bewahrten. Beide Bonaparte hatten kaum mehr damit gerechnet, daß der Mitvierziger noch heiraten und vielleicht einen Erben zeugen könnte.

Noch galt der Exkönig von Westfalen als erster Nachfolger des Kaisers. Aber er ging auf die Siebzig zu, so daß sein einunddreißigjähriger Sohn, Prinz Napoléon-Jérôme, sich Hoffnungen auf den Thron machen konnte – freilich nur so lange, als Napoleon III. ohne Leibeserben blieb. Doch nun nahm dieser sich eine präsumtive Mutter seiner legitimen Kinder; wenn er seine Potenz, die er bisher in unzähligen Affären verschleudert hatte, auf die Ehegattin konzentrierte, hätte Napoléon-Jérôme das Nachsehen. Plon-Plon war auf Eugenie ohnehin schlecht zu sprechen; Jahre zuvor, in Madrid, hatte sie ihn abblitzen lassen.

Auch seine Schwester Mathilde vermochte ihren Ärger über die Alliance ihres Vetters mit Eugenie nicht hinunterzuschlucken. Wenn sie in den dreißiger Jahren Louis Napoleon, woran ernstlich gedacht worden war, geheiratet hätte, wäre sie Kaiserin geworden. Mathilde hatte zur rechten Hand den russischen Fürsten Demidoff bekommen, an dem sie nur sein

Geld geschätzt hatte, und, nach der Trennung, zur linken Hand den Grafen de Nieuwerkerke, Surintendant des Beaux-Arts, genommen, einen stattlichen und gebildeten Mann, der sie aber protokollarisch nicht befriedigen konnte. Nun mußte sie auch noch ihre Stellung als First Lady aufgeben, die ihr beim unverheirateten Präsidenten und Kaiser zugefallen war. Mathilde bereute es, daß sie durch die Aufnahme der Gräfin von Teba in ihren Salon zu deren Aufstieg beigetragen hatte.

Vergebens hatte Innenminister Persigny, der treueste Paladin des von ihm mit auf den Thron gehobenen Bonaparte, von einer Heirat mit der Spanierin abgeraten. Den volksnahen Bonapartisten störte es kaum, daß sie keine Prinzessin war, wohl aber, daß sie nicht aus dem französischen Volke kam. Wie immer, wenn er etwas erreichen wollte, schreckte er vor Schlägen unter die Gürtellinie nicht zurück: Diese Spanierin, die über die erste Jugend hinaus sei, habe diese nicht ungenützt verstreichen lassen, vielmehr einen Lebenswandel geführt, den man nur als Lotterleben bezeichnen könne.

Weniger moralische als politische Bedenken erhob Außenminister Drouyn de Lhuys, der dem Empereur eine Tochter aus Monarchenhaus verschaffen und damit das Empire in den Monarchienkreis einführen wollte. Wenn Napoleon eine Mesalliance einginge, versperre, erschwere er zumindest die Wege zu Allianzen, die für Frankreich wünschenswert, ja notwendig seien. Der Außenpolitiker verwies darauf, daß die Kaiserreiche Rußland und Österreich sowie das Königreich Preußen das bonapartistische Regime nur zögernd anerkannt hatten und daß der Zar dem Kaiser die unter Monarchen übliche Anrede »Mon frère« verweigere, ihn lediglich als »notre cher ami« bezeichne. Wenn Napoleon III. auf der Mißheirat bestehe, müsse er, Drouyn de L'Huys, um seine Entlassung als Außenminister bitten. Er trat dann doch nicht zurück, auch deshalb, weil ihn Eugenie, deren Erhebung zur Kaiserin er zu verhindern gesucht hatte, zu bleiben bat.

Kein Gehör beim Kaiser fand Alexandre Walewski. Der illegitime Sohn Napoleons I. und der Polin Marie Walewska fühlte sich bemüßigt, seinem Vetter eine diesem zu monarchischer Legitimität verhelfende Prinzessin zu verschaffen. Als Botschafter in London hatte er daran mitgewirkt, daß Großbritannien als erste Großmacht das Kaiserreich anerkannte. Das englisch-französische Einvernehmen suchte Walewski durch eine Entente cordiale, eine Vermählung der Nichte der Queen Viktoria, Adelaide von Hohenlohe-Langenburg, mit Napoleon zu festigen. Weder in London noch in Paris war ihm Erfolg beschieden. Als er in die Tuilerien eilte, um den Kaiser noch im letzten Moment von der Verlobung mit der spanischen Gräfin abzubringen, gestand ihm Napoleon: »Mon cher, je suis pris« – ihn habe es gepackt, sein Herz sei von ihr eingenommen.

Dieses Kaiserwort hatte Alexandre Walewski hinzunehmen, und Alexandre Dumas, der Jüngere, nahm es ihm ab: Daraus spreche »der Triumph der Liebe über die Vorurteile, der Schönheit über die Überlieferung, der Empfindung über die Politik«. Der Dichter hatte gesprochen, und der Jurist André Dupin fand es richtig, daß sich der Kaiser keine »skrufulöse deutsche Prinzessin« habe aufschwatzen lassen; »zumindest schläft er mit seiner Frau aus Vergnügen und nicht nur aus Pflicht.«

Jedenfalls glaubte Napoleon, eine Jungfernschaft zu genießen; »denn die mehr schöne als sittsame Eugenie« habe es verstanden, ihm »eine zweite« anzubieten, giftete ein Pamphletist, und Balletteusen spotteten: Auch sie hätten Kaiserin werden können. Pariser mokierten sich über die Behauptung in Napoleons Heiratsanzeige: »Huldvoll und gütig wird sie, daran zweifele ich nicht, die Tugenden ihrer Vorgängerin, der Kaiserin Josephine, wieder aufleben lassen.« Jedermann wußte, daß die erste Gemahlin Napoleons I. mitnichten ein Ausbund weiblicher Tugend und ehelicher Treue gewesen war.

Die Rede, in der Napoleon III. seine Vermählung mit ihr ankündigte, »hatte«, so schrieb Eugenie der Schwester, »eine magische Wirkung, weil er sich darin an das Volk und an das

Herz wandte, zwei Größen, die man in Frankreich niemals vergebens anruft«.

Aber das Echo war eher enttäuschend. Mit dem Parvenu emporgekommene Höflinge, die sich rasch höfischen Hochmut angewöhnt hatten, schauten auf die Emporgehobene herab. Bürger, die eine Heirat nach der Höhe der Mitgift bewerteten, zeigten wenig Verständnis für die Wahl einer Frau, die auf eine Tilgung der von ihr mitgebrachten Schulden spekuliert haben mochte. Die Börse reagierte mit einem Kurssturz. Der Comte Louis Mathieu Molé wunderte sich, daß ein Monarch sich wie ein Unterleutnant verehelige, nachdem ihm ein Husarenstreich mißglückt war. Adolphe Thiers, der liberale Oppositionspolitiker, witterte Morgenluft: »Der Kaiser ist ein kluger Mann; er reserviert sich für die Zukunft den Titel eines spanischen Granden.«

Der Akkord zwischen dem Empereur und der Comtesse erklang in Diplomatenohren als ein Mißklang im europäischen Konzert. Ein Mann, bemerkte der österreichische Botschafter Hübner, »der mit seinen fünfundvierzig Jahren um einer Laune willen eine Liebesheirat eingeht, der überdies Kaiser ist und seine Flamme zur Kaiserin macht auf die Gefahr hin, in der Achtung seines Landes und des Auslandes zu sinken, ein solcher Mann – das muß zugestanden werden – ist wohl geeignet, Besorgnisse einzuflößen«. Die Schönheit Eugenies bewunderte auch Hübner, und der uneheliche Sohn des Staatskanzlers Metternich hätte Verständnis gezeigt, wenn sie Napoleons Maîtresse geworden und geblieben wäre. Aber als Kaiserin, befürchtete der Österreicher, könnte sie die konservativen Kreise stören. Denn Eugenie sei äußerlich wie innerlich stets auf der Suche nach Bewegung, politisch Neuem zugeneigt, eine Sympathisantin der fortschrittlichen Partei in Spanien.

Ungünstige Auswirkungen auf Frankreich und Europa erwartete der spanische Gesandte in Paris, Donoso Cortés. »Selbst in Frankreich ist man nicht überall mit dieser Heirat zufrieden. Die Minister, die Senatoren und fast alle anderen waren dagegen.« Vor allem die Bourgeoisie opponiere, was den Bonaparte kaum geniere, denn er setze auf »die breite Masse, dieses wogende Meer, dessen Wellen ihm gehorchen, und das, wenn er es wollte, aufbranden würde, um die Bourgeoisie zu ertränken«. Die bürgerliche Julimonarchie, erklärte der konservative Spanier, »ist durch eine mächtige Republik unter der Herrschaft eines gekrönten Diktators ersetzt worden«. Europa würde davon nicht unbeeinträchtigt bleiben: Indem Napoleon III. in der Ankündigung seiner unstandesgemäßen Heirat den alten Monarchen das Wort »Parvenu« ins Gesicht geschleudert habe, habe er einen »bevorstehenden Konflikt«, einen »europäischen Krieg« angekündigt.

Eine solche Konsequenz mochte Königin Viktoria von England nicht aus der Formulierung der Heiratsannonce ziehen; immerhin fand sie Napoleons Rede vom 22. Januar 1853 »recht taktlos«. Albert, ihr Gemahl, wurde deutlicher: Unzweifelhaft werde diese Kaiserin den Niedergang dieses Kaisers beschleunigen. Der Franzose Émile Ollivier, ein liberaler Kritiker des autoritären Empire, war der Meinung, daß diese Frau, die »etwas Plattes und Stumpfes« an sich habe, an der man »nicht den Widerschein eines inneren Lichtes« wahrnehme, nicht die überlegene Frau sei, »die notfalls ein Kaiserreich, das am Rande des Abgrunds schwebt, vom Sturz in die Tiefe abhalten könnte«.

»Heute hat man zum erstenmal ›Vive l'impératrice!‹ gerufen,« schrieb Eugenie am 22. Januar an Paca. »Gott gebe, daß es nie anders kommt, und wenn, wird man mich im Unglück standhafter und beherzter finden als im Glück.« Sie sehe mit Entsetzen der Verantwortung entgegen, die sie bedrücken werde, gestand sie der Schwester in Madrid, die von ihr gebeten wurde: »Sei so gut und besorge mir zwei rote Fächer, die schönsten, die Du finden kannst, und wenn Du bis Cadiz suchst. Ich möchte auch eine elegante andalusische Mona haben ... Adiós toros!«

Der Aufstieg Eugenies begann mit dem Auszug aus dem Appartement an der Place Vendôme und dem Einzug in das Palais de l'Elysée. Doña Manuela kam selbstverständlich mit; schließlich hatte sie der Tochter den Weg zum Kaiserthron gebahnt, neben dem sie sich nun einzurichten gedachte.

Im Elysée fühlte sich Doña Manuela wie im siebten Himmel. Bisher war sie nur ein gelegentlicher und nicht gerade gern gesehener Gast in diesem Palast gewesen, von dem die Karriere des Prinz-Präsidenten zum Kaiser der Franzosen ausgegangen war und nun jene der Spanierinnen ihren Lauf nahm. Sie genossen es, daß der Empereur täglich seine Aufwartung machte und ein Besucher dem anderen die Klinke in die Hand gab. Eugenie, bemerkte der Korrespondent der Londoner »Times«, nehme die Honneurs in einer Weise entgegen, als hätten sie ihr nicht erst als künftiger Kaiserin, sondern schon als Gräfin von Teba zugestanden.

Indessen konnte sie sich als Verlobte des Kaisers weit besser ausstaffieren, als es ihr bisher möglich gewesen war. Die Spanierinnen seien finanziell am Ende gewesen, wurde gemunkelt; die Couturière Palmyre habe Doña Manuela den Gerichtsvollzieher geschickt. Nachdem der Kaiser der Tochter den Arm gereicht und der Mutter unter die Arme gegriffen hatte, vermochten sie sich majestätisch einzukleiden. Nun wetteiferten Schneiderinnen und Putzmacherinnen darin, den zahlungsfähigen Damen die kostbarsten Toiletten zu liefern.

Als Brautgeschenk schickte Napoleon, in Alençonspitzen im Wert von 40 000 Francs verpackt, den »Talisman Karls des Großen«, eine in Perlen und Saphire gefaßte Kreuzreliquie. Kaiserin Josephine hatte sie vom Aachener Domkapitel verehrt bekommen, sie ihrer Tochter Hortense hinterlassen, und diese wiederum sie ihrem Sohn Louis Napoleon, der sich für den Nachfolger Charlemagnes hielt und Eugenie an seine Seite holte.

Indessen gerierte sich Napoleon III. nicht als Kaiser eines Sacrum imperium, sondern als Volkskaiser eines aufgeklärten

Reiches französischer Nation, und Eugenie begann sich in ihre Rolle als Volkskaiserin einzuüben. Die Mitgift von 250 000 Francs, die ihr der Empereur aussetzte, stiftete sie der Wohltätigkeit. Den Stadtrat von Paris, der ihr für 600 000 Francs ein Geschmeide als Hochzeitsgeschenk machen wollte, ließ sie wissen: »Sie würden mich glücklicher machen, wenn Sie den von Ihnen bewilligten Betrag karitativen Zwecken zuführten. Ich wünsche nicht, daß dem Land durch meine Ehe neue Belastungen entstehen.« Eugenie widmete diesen Betrag der Errichtung einer Erziehungsanstalt für Waisenkinder.

Nicht ohne Bangen besteige sie »einen der ersten Throne Europas, denn die damit eingegangene Verantwortung sei riesenhaft«, schrieb Eugenie an Paca. »Zwei Dinge, hoffe ich, werden mir Schutz gewähren: Mein fester Glaube an Gott und mein starkes Verlangen, unglücklichen Menschen zu helfen, denen es an allem mangelt, sogar an Arbeit.« Auch sie habe viel gelitten, »mein Leben glich oft einer Wüstenwanderung«. Könnte die endlich erreichte Oase sich nicht als eine Fata Morgana erweisen? Eines war ihr schon jetzt klar geworden: »Jede hohe Stellung hat ihre dunkle Seite. So lege ich, freiheitsliebend wie ich bin, mein Leben in Fesseln. Nie allein, nie frei werde ich in die Hofetikette eingezwängt sein.«

Beide Seiten der Medaille, die helle wie die dunkle, lernte sie am 29. Januar 1853 kennen. Am Tage der Ziviltrauung, um neun Uhr abends, wurde sie vom Herzog von Cambacérès, dem Großzeremonienmeister des Kaiserhauses, im Elysée abgeholt und in die Tuilerien geleitet. Die Braut trug ein rosarotes Satinkleid und weiße Klematisblüten im Haar. Neben ihr, in der von Kavallerie eskortierten Kutsche, saßen ihre Mutter und der spanische Gesandte. »Die Gräfin von Teba war sehr aufgeregt«, berichtete Donoso Cortés. Die Kutsche fuhr »durch zwei dicht gedrängte Reihen von Neugierigen, die jedoch alle Beifallsrufe unterließen«.

Die Stadt lag im Dunkel, die Fenster des Schlosses waren erhellt, als Eugenie am Pavillon de Flore empfangen und die

Treppe emporgeleitet wurde. Oben stand ein düster blickender Prinz Napoléon-Jérôme neben seiner Schwester Prinzessin Mathilde, die sich bemühte, eine gute Miene zu dem für sie unguten Spiel zu machen, und nicht ohne Genugtuung bemerkte, daß sich auch die Braut nicht wohlzufühlen schien. Im Salon de Famille wartete Napoleon III., der die Uniform eines Divisionsgenerals trug und hohe Orden angelegt hatte: Napoleons I. Collier der Ehrenlegion und Karls V. Kette des Goldenen Vlieses, dessen Devise lautete: »Je l'ay compris« – »Ich hab's gewagt«.

Der Bräutigam bot der Braut seinen Arm und führte sie in den Saal der Marschälle, in dem die Großen des Reiches, die Vertreter der Mächte und – wie Donoso Cortés notierte – »andere hervorragende Personen des einen oder des anderen Geschlechts, die besonders eingeladen waren«, als Zeugen der Zeremonie bereitstanden. Auf einem Tisch lag das rote, mit vergoldeten Ecken versehene Zivilstandregister der kaiserlichen Familie, in das zuletzt 1811 die Geburt des Sohnes Napoleons I. eingetragen worden war.

Vor das Paar, das auf Thronsesseln Platz genommen hatte, trat Achille Fould, der als Standesbeamter fungierende Minister des Staates und des Kaiserhauses, und wandte sich zuerst an Napoleon: »Erklärt Eure Majestät, mit Ihrer Exzellenz, Fräulein Eugenie von Montijo, Gräfin von Teba, die hier anwesend ist, die Ehe eingehen zu wollen?« Er sagte »Ja« und sie sagte »Ja«, nachdem sie gefragt worden war: »Erklärt Eure Exzellenz, Fräulein Eugenie von Montijo, Gräfin von Teba, mit Seiner Majestät Kaiser Napoleon III., der hier anwesend ist, die Ehe eingehen zu wollen?«

Der Standesbeamte erklärte die Ehe für geschlossen, die Neuvermählten trugen ihre Namen in das Zivilstandregister ein; dann, berichtete Donoso Cortés, »unterzeichneten auch die hier anwesenden Mitglieder der kaiserlichen Familie, dann ich, unmittelbar hinterher die Kardinäle, darauf der Herzog von Ossuna«, dessen Hand Eugenie ausgeschlagen hatte.

Schließlich zogen die Geladenen am Kaiserpaar vorbei, und alle begaben sich in die Salle de Spectacle, um sich eine von Daniel Auber komponierte Kantate anzuhören. Um Mitternacht fuhr das Kaiserpaar zum Souper ins Elysée, wo Eugenie allein mit ihrer Mutter zurückblieb.

Augen- und Ohrenzeugen der Ziviltrauung vermeinten unterschiedliche Reaktionen bei Braut und Bräutigam wahrgenommen zu haben. Prinz Napoléon-Jérôme glaubte ein leises »Ja« Napoleons III. und ein lauteres »Ja« Eugenies gehört zu haben und schloß daraus: »Jetzt weiß man, wer die Hosen anhat.« Dem österreichischen Botschafter Hübner war der Kaiser »heiter und lebhaft«, die Kaiserin »blaß und angegriffen« vorgekommen. Norman MacDonnell, ein Engländer, fand die Braut sehr nervös; ihre Hand habe so gezittert, daß sie kaum ihren Namen schreiben konnte.

»Beinahe wäre es mir schlecht geworden, als wir zum Saal schritten, in dem zu unterzeichnen war«, schrieb Eugenie an Paca. »Ich kann Dir nicht beschreiben, was ich eine dreiviertel Stunde lang auf meinem Thronsessel, zu dem alle blickten, gelitten habe.« Als sie zum erstenmal mit »Majestät« angesprochen wurde, sei es ihr vorgekommen, als habe sie eine Rolle in einem Schauspiel übernommen, ohne zu wissen, ob diese von ihr richtig gespielt werden könnte. »Leb wohl, liebe Schwester«, schloß sie ihren Brief am Morgen des 30. Januar 1853. »Ich muß mich jetzt ankleiden.«

Es war der Morgen der kirchlichen Hochzeit. Im Elysée machte sich die Braut für den großen Tag zurecht. Madame Vignon, die mit Madame Palmyre um die Meisterschaft der Haute Couture wetteiferte, hatte aus weißem Samt und mit Brillanten besetzter Corsage das die Figur Eugenies hebende Hochzeitskleid gefertigt. Monsieur Félix, der König der Coiffeure, setzte auf ihr modisch frisiertes Haupt ein Diadem aus Brillanten und Saphiren, das zeigte, wie glänzend sie unter die Haube gebracht worden war. Die vier Meter lange Hofschleppe deutete an, daß das ihr bevorstehende Hofleben mit der Würde auch Last mit sich bringen würde.

Um halb zwölf fuhr die Braut vom Elysée zu den Tuilerien. Die Kanonen am Invalidenplatz begannen zu donnern, als sie vor dem Pavillon d'Horloge aus der Kutsche stieg und zum Salon de l'Empereur emporschritt. Napoleon nahm Eugenie an die Hand und führte sie zu der im Hof wartenden Hochzeitskutsche. Der feierliche Zug, der sich in Bewegung setzte, demonstrierte den Aufmarsch eines Soldatenkaisers: Lanzenreiter und Dragoner vor der Kaiserkarosse, dahinter Guides, Kürassiere, Carabiniers und auch Gendarmen, die wie die Soldaten Stützen des Zweiten wie des Ersten Kaiserreiches waren.

Es war ein Festzug, wie ihn Paris seit jenem 2. Dezember 1804, als Napoleon I. und Josephine in derselben, nun neu vergoldeten Karosse zur Krönung in Notre-Dame fuhren, nicht mehr gesehen hatte. Damals gab es Schneegestöber, doch der 30. Januar 1853 war ein milder Wintertag. Dennoch waren an diesem Sonntag viele Pariser zu Hause geblieben, die sich sonst kein Spektakel, schon gar nicht diesen Ausmaßes, entgehen ließen.

Die Leute »blieben kühl und stumm«, bemerkte der österreichische Botschafter Hübner; »nicht ein einziges Zujauchzen begrüßte Napoleon und seine Gefährtin.« Das Kaiserpaar »könne sich über seine Aufnahme beim Volk kaum gefreut haben«, berichtete der britische Botschafter Cowley. »Die Federbüsche auf den Köpfen der acht Rappen, welche die Karosse zogen, machten gewaltigen Eindruck«, notierte ein Pariser Gewährsmann der Londoner Rothschilds. Ein Witzbold schrie: »Es ist gerade wie beim Leichenbegängnis einer jungen Frau.« Eugenie, fand Hübner, »blaß, aber schön, – armes Kind! –, trat in ihrer Rolle als Kaiserin sehr gut auf. Vielleicht war in ihrer Haltung etwas zuviel Würde und hohe Ergebung.« Lady Augusta Bruce schwärmte: »Ein Anblick, wie man sich ihn nicht anmutiger vorstellen kann. Ihre fein gemeißelten Züge, ein Teint wie Marmor, ihr stolz erhobenes

Haupt, ihre formschöne Figur und graziöse Haltung waren ungemein wirkungsvoll.«

Die Menge vor Notre-Dame war verdutzt, als die aus der Kutsche gestiegene Kaiserin sich mit einem vollendeten Hofknicks ihr zuwandte. Geschah es spontan, aus Zuneigung zum Volke, oder aus Berechnung, um nach Popularität zu haschen? Die Rufe »Vive l'Impératrice!«, mit der diese Geste beantwortet wurde, tönten nicht so laut, wie es Eugenie vielleicht erwartet hatte.

Am Portal der Kathedrale wurde das Kaiserpaar vom Erzbischof von Paris, Monsignore Marie Dominique Sibour, feierlich empfangen. Eigentlich hatte es den Papst erwartet, der aber nicht zu bewegen gewesen war, aus Rom nach Paris zu kommen. Pius IX. gedachte nicht, sich von Napoleon III., wie Pius VII. von Napoleon I., die Rolle eines Reichsakte absegnenden Reichsbischofs aufdrängen zu lassen. So weit ging seine Dankbarkeit für den Empereur nicht, der ihm mit französischen Truppen den Kirchenstaat sicherte. Eine Krönung und Salbung des Parvenus kam für den konservativen Papst ohnehin nicht in Frage, aber auch die Trauung der Emporkömmlinge wollte er nicht vollziehen. So mußten Napoleon und Eugenie mit dem Erzbischof von Paris vorliebnehmen, der diese Ehre zu würdigen wußte; Sibour verkörpere die Servilität des Episkopates gegenüber »Napoléon le Petit«, meinte Victor Hugo.

Mit gemischten Gefühlen betrachtete Hausherr Monsignore Sibour Notre-Dame, den Schauplatz einer zur Haupt- und Staatsaktion gewordenen kirchlichen Handlung. Zwar erhellten 15 000 Kerzen die sonst etwas düstere Kathedrale. Aber dem Erzbischof konnte es kaum zusagen, daß man seine Kirche zum Nationaltempel umfunktioniert hatte, und der Kunstfreund es nicht gutheißen, daß das gotische Bauwerk im Geschmack des Second Empire dekoriert und verunziert worden war.

Vor das Portal waren überlebensgroße Reiterstatuen Charlemagnes und Napoleons I. gesetzt und an der Fassade die frühgotischen Skulpturen wie die große Fensterrose hinter mit Bienen der Bonaparte übersäten Fahnen und auf Leinwand nachgemalten Gobelins versteckt worden. Die Wände waren mit hellfarbigen Tapeten überklebt, die Pfeiler mit rotem Samt verhüllt. Die aufgehängten Wappen glichen Schießscheiben, vor allem das neue kaiserliche, das die Wappen Napoleons und Eugenies unter der Adlerkrone zusammenfaßte und durch den Kaisermantel zusammenhielt. »Ein Überfluß an Blumen und Kerzen, viele Fahnen und wenig Geschmack«, kommentierte der Österreicher Hübner, der von der alten Kaiserstadt Wien her Schöneres und Besseres gewohnt war und den Stil der neuen Kaiserstadt Paris für eine Mischung aus falschem Glanz und echtem Flitter hielt.

Als das Kaiserpaar um ein Uhr in die Kathedrale einzog, erhoben sich die schon seit neun Uhr wartenden Geladenen, Uniformierte, Befrackte und prächtig gekleidete Damen. Fünfhundert Musiker spielten den Marsch aus Giacomo Meyerbeers »Le Prophète«. Das Stück war wegen seines theatralischen Effektes gewählt worden, ohne daß offenbar bedacht worden war, daß der Held dieser »Grand Opéra« in einer Katastrophe zugrunde ging. Am allerwenigsten schien dies dem auf musikalischem Gebiet unbewanderten Napoleon bewußt gewesen zu sein.

»Die Miene des Kaisers verriet Zufriedenheit und Freude«, bemerkte Donoso Cortés. »Beide folgten der Feier mit sichtbarer Andacht, besonders die Kaiserin, die ihren Augen keine Zerstreuung und ihren Knien keine Erholung gönnte.« Seite an Seite schritten sie die Stufen zum Altar hinauf. Der Zelebrant wandte sich zunächst an den Kaiser: Ob er vor Gott und im Angesicht der Kirche gelobe, daß er seiner Frau in allem die Treue bewahren wolle, die ein Ehegatte seiner Ehegattin schulde? Napoleon antwortete mit einem »Oui, Monsieur«, ebenso Eugenie auf die entsprechende Frage des Erzbischofs. Der Kaiser steckte der Kaiserin den Ehering an den Finger, Musik von

Cherubini, Adam und Auber begleitete die Messe, die mit dem Tedeum schloß.

Unter den Klängen von Lesueurs »Urbs Beata« zogen die Vermählten aus der Kathedrale in die Hauptstadt hinaus. »Es läßt sich nicht bestreiten, daß die Bevölkerung von Paris dieser Hochzeit durchaus ablehnend gegenübersteht«, berichtete Donoso Cortés, und der Österreicher Hübner meinte: »Die Anzahl der Quodlibets, der guten und schlechten Witze, die die Runde in den Salons und in den Straßen machen, spottet jeder Einbildungskraft. Es ist dies die Vergeltung der Besiegten und ein wenig auch der Sieger, die zu spät einsehen, daß sie sich in einem Anfalle von Furcht einen Gebieter gegeben haben.«

Der »Gebieter« war Napoleon, der sich durch einen Staatsstreich an die Macht brachte, sich durch den Mehrheitswillen eines die Revolution mehr als die Diktatur fürchtenden Volkes auf den Thron heben ließ und sich nun eine Gattin zur Fortpflanzung der Dynastie nahm. Die »Besiegten« waren die Franzosen, die von der bonapartistischen Welle überrollt worden waren, und jene, die sich als Mitsieger gefühlt hatten, mußten feststellen, daß sie mit ihr nicht so hoch getragen wurden, wie sie es erhofft hatten. Alle suchten sich durch »gute wie schlechte Witze« etwas Luft zu verschaffen.

Eugenie blieb nicht verschont. Sie wurde als »Badinguette« verspottet, die Frau des Kaisers, den man »Badinguet« nannte. Dies soll der Name des Maurers gewesen sein, dessen Arbeitskleidung Louis Napoleon bei seiner Flucht aus der Festung Ham benutzt habe, es war jedenfalls auch die Bezeichnung eines Dummerjans in der volkstümlichen Presse. Selbst Hausfreund Mérimée konnte sich ein Malmot nicht verkneifen: Napoleon sei Kaiser durch »élection«, Eugenie Kaiserin durch »érection« geworden.

Seitdem die Liebschaft des neuen Caesar vom Erzbischof in der Kathedrale eingesegnet wurde, schmähte ein Pasquill, sei aus Notre-Dame-de-Paris eine Notre-Dame-de-Lorette geworden. »Loretten« hießen jene leichten Mädchen, die sich von den einfachen »Grisetten« durch einen höheren Aufwand wie durch ein feineres Benehmen unterschieden und meist in der Umgebung der Kirche Notre-Dame-de-Lorette anzutreffen waren.

Derartiges bekam Eugenie nicht – noch nicht – zu lesen und zu hören. Aber ein Vorfall an ihrem Hochzeitstag mochte der ebenso gläubigen wie abergläubischen Spanierin zu denken gegeben haben. Als das Kaiserpaar von den Tuilerien nach Notre-Dame-de-Paris aufbrach, wurde die auf der Kaiserkarosse angebrachte Kaiserkrone im zu niedrigen Torgewölbe vom Wagendach gerissen und zu Boden geworfen.

Aus der Kathedrale in die Tuilerien zurückgekehrt, vertauschte Eugenie die weiße Hochzeitsrobe mit einem rubinroten Samtkleid. Bevor die Neuvermählten nach Saint-Cloud weiterfuhren, verabschiedete sie sich von der Familie Bonaparte, in die sie eintrat, ohne in ihr willkommen zu sein. »Wir waren bekümmert«, meinte Prinzessin Mathilde, »wir fürchteten, daß der Kaiser uns entschwand.« Die Zurückgebliebene redete sich den Groll vom Herzen: Wie habe sich der Vetter nur in diese Frau verschauen können, die bei Licht besehen gar nicht so schön sei, wie man behaupte! Ihr Galan Nieuwerkerke wurde ausfällig: Ob Mathilde bemerkt habe, daß Eugenie, wie alle Rothaarigen, etwas streng rieche? »Riecht?«, erwiderte die Prinzessin: »Sie stinkt!«

In dieser Familie würde sich die Eingeheiratete nie wohlfühlen, und die eigene war in den Hintergrund gerückt. Schwester Paca, die Herzogin von Alba, konnte nicht zur Hochzeit kommen, und die Mutter, die Gräfin von Montijo, wurde zwei Monate nach dem Fest vom Schwiegersohn nach Spanien abgeschoben. »Ich habe zwei nicht zu behebende Fehler«, seufzte Doña Manuela, »ich bin Ausländerin und Schwiegermutter.« Napoleon sah noch mehr Mängel. Die Spanierin war ihm zu umtriebig und dominant; es war zu befürchten, daß sie als Kaiserinmutter die Zügel ebenso wie als Eheanbahnerin in die Hand nehmen wollte.

Der Abschied wurde ihr durch die Abnahme ihrer Schuldenlast durch den Kaiser erleichtert. Der treue Mérimée versprach ihr, sie über Vorgänge im Kaiserhaus auf dem laufenden zu halten. Die Tochter, der sie zu Krone und Mann verholfen hatte, zeigte sich nicht so dankbar, wie sie es erwartet hatte. Eugenie erinnerte Paca an die »leidigen Beziehungen« zwischen Mutter und Tochter, an die »Unvereinbarkeit unserer Charaktere«, hoffte jedoch, daß »in der Entfernung das Schlechte verblassen und nur das Gute im Gedächtnis bleiben wird«.

Am Hochzeitstag hatte die Kaiserin der Franzosen die Gräfin von Montijo umarmt, bevor sie sich mit dem Kaiser nach Saint-Cloud entfernte. Dort verlief nicht alles nach Wunsch. Der Gatte war mißgestimmt, weil im Schloß die Kastellane bereitstanden, um, wie bei seinen Besuchen üblich, mit dem Kaiser und nun auch mit der Kaiserin zu dinieren. Napoleon III. dachte vielleicht an Napoleon I., der – kaum hatte er in Compiègne seine Braut Marie Louise empfangen – in ihr Schlafzimmer eindrang und sie im biblischen Sinne erkannte. Dieser Mann habe sich eher wie ein Vergewaltiger als ein Liebhaber benommen, wurde daher gesagt. So etwas wollte sich der Neffe nicht nachsagen lassen. Da die Schloßverwalter nun einmal da waren und der Bräutigam zu der Annahme neigte, daß der Braut ein Aufschub nicht unangenehm wäre, setzte er sich mit allen zu Tisch.

Während der Mahlzeit sprach er kein einziges Wort, zupfte ungeduldig an seinen Schnurrbartspitzen. Kaum war der letzte Gang beendet, flüsterte er Eugenie ins Ohr: »So schick doch endlich diese Leute weg!« Zum erstenmal redete er sie mit Du an, woraus sein Verlangen sprach, endlich mit ihr intim zu werden. Eugenie blieb beim Sie, antwortete leise: »Gehen Sie aus dem Speisesaal, ich werde Ihnen folgen.« Sogleich erhob sich Napoleon und schritt, ohne sich von seinen Gästen zu verabschieden, dem Ausgang zu. Eugenie ging stumm hinter ihm her; an der Türe drehte sie sich um und zog sich mit einem Hofknicks zurück.

Das Kaiserpaar fuhr nach dem Saint-Cloud benachbarten Lustschlößchen Villeneuve-l'Étang, um dort die Hochzeitsnacht zu verbringen. Es kam am Jagdschlößchen Combleval vorbei, wo an einem Frühlingsabend des Jahres 1849 der Schürzenjäger die Spanierin, die er für eine leichte Beute gehalten hatte, nicht zu erlegen vermochte. Sie hatte ihm bedeutet, daß der Weg zum Bett über den Altar zu führen habe. Nun war das Ziel erreicht, doch Eugenies Genugtuung hielt sich in Grenzen: »Die körperliche, sinnliche Liebe – welch schmutzige Angelegenheit!«

Mit einer solchen Einstellung hatte der mehr dem Sexus als dem Eros huldigende Napoleon kaum gerechnet. Bereits in Villeneuve-l'Étang, während des sieben Nächte leuchtenden Honigmondes, gelangte er zu der für ihn bitteren Erkenntnis, daß – wie Leute meinten, die seine Enttäuschung zu verstehen und seine außerehelichen Eskapaden zu rechtfertigen suchten – »dieses schöne Fleisch Marmor« sei, er »eine Jungfrau von Geburt« geheiratet habe. Immerhin sei er ihr sechs Monate lang treu geblieben, erklärte der Gatte, wobei er sich um Monate vertat; denn kaum in Paris zurück, jagte er wieder Röcken nach.

»Alle schönen Frauen« hätten Baciocchi, dem Chef von Napoleons »Service de femmes«, den Hof gemacht, »um mit dem Kaiser schlafen zu können«, behauptete ein Hofchronist, Graf Horace de Vieil-Castel. In der Übertreibung steckte Wahrheit: Seine meist flüchtigen, mitunter andauernden Affären waren nicht zu zählen.

Bereits in den Flitterwochen tauchte Miss Howard wieder auf und hielt sich für den frustrierten Ehemann in Reserve. Der Reigen der Kurtisanen riß nicht ab. Um den Rang einer Maîtresse-en-titre bemühten sich in den nächsten Jahren die italienische Gräfin Virginia Castiglione, Marie Anne Walewska, die Gemahlin des französischen Außenministers, und Marguerite Bellenger, die aus der Halbwelt in die Welt des Hofes aufstieg und die »Pompadour des Second Empire« zu spielen begann.

Die Seitensprünge ihres Gatten blieben Eugenie nicht verborgen, auch wenn sie – wie manch andere Ehefrau – ihm nicht immer gleich auf die Schliche kam. Wenn sie ihn zur Rede stellte, pflegte Napoleon zu sagen, er brauche nun einmal seine »kleinen Zerstreuungen«, wobei er auch anklingen ließ, daß es ihm in der Ehe leider an »großer Zerstreuung« mangele.

Auch wenn sie nach dieser immer weniger verlangte und es ihr vielleicht nicht ganz ungelegen gekommen wäre, wenn sich der Gatte anderweitig austobte, so wollte und konnte es die stolze Spanierin nicht hinnehmen, daß er die ihr vor Gott und der Kirche gelobte Treue brach, sie mit seinen »petites impératrices« betrog und die Frau und Kaiserin der Lächerlichkeit des ganzen Hofes und aller Welt preisgab.

Anfangs machte sie ihm noch Szenen, schlug in den Tuilerien die Türen hinter sich zu, zog sich nach Saint-Cloud zurück, drohte, nach Spanien heimzukehren. In Paris, berichtete Mérimée der Gräfin von Montijo am 1. Januar 1854, werde gemunkelt, Eugenie wolle sich von Napoleon scheiden lassen. Dies kam für die Katholikin und Kaiserin nicht in Frage, aber sie erwog eine Trennung, wenn schon nicht vom Tisch, so doch vom Bett.

Daran war vorerst nicht zu denken, denn zunächst hatte sie die erste Pflicht und Schuldigkeit einer Monarchengattin zu erfüllen: zum Fortbestand der Dynastie beizutragen. Er müsse »einen Bauch« heiraten, der ihm einen Erben austragen könne, hatte Napoleon I. seine Scheidung von Josephine und seine Vermählung mit Marie Louise begründet. War dies nicht auch ein, das wichtigste Motiv Napoleons III. für die Ehe mit Eugenie gewesen? »Du bist für mich das Leben und die Hoffnung«, sagte er ihr, und sie wußte, was er damit meinte: daß sie bald guter Hoffnung wäre und einem Kronprinzen das Leben schenkte.

Am 27. April 1853 erlitt sie eine Fehlgeburt. Sie war gestürzt, hatte zu heiß gebadet, lag siebzehn Stunden mit heftigen Schmerzen darnieder. Gerüchte schwirrten durch den Hof. Ein Streit mit Napoleon sei die Ursache gewesen, munkelten die einen, andere verwiesen auf das Datum und schlossen daraus, daß der Zeugungsakt wohl schon vor der Eheschließung erfolgt sei.

Einen Monat lang lag Eugenie krank zu Bett, litt an Körper und Seele. »Ich werfe oft einen Blick zurück und sehe all das, worauf ich für immer verzichtet habe«, schrieb sie der Schwester nach Spanien. »Eingetauscht habe ich dafür eine Krone, aber dies bedeutet nur, daß ich die erste Sklavin meines Reiches geworden bin, einsam inmitten der Leute, ohne eine Freundin, geschweige denn einen Freund, keinen Augenblick für mich allein – ein unerträgliches Leben.«

Unausstehlich erschien ihr der unersättliche Gatte, der nach der Fehlgeburt erklärte, »der Schaden kann behoben werden«, und sich als um seine Nachfolge besorgter Kaiser so schnell wie möglich darum kümmern wollte. Obgleich sie die damit verbundenen Mühen mehr denn je scheute, so hoffte sie doch, ein Kind zu bekommen, aber sie wünschte sich, wie sie Paca schrieb, für einen Sohn »eine Krone, die weniger glänzend, dafür sicherer ist«.

Das war und blieb ihr Alptraum: daß sie als eine zweite Marie Antoinette vom Thron gestürzt und zum Schafott gebracht werden könnte und ihr Sohn wie der Dauphin nie zur Herrschaft gelangen und im Elend enden würde. Kaum verheiratet, war sie von Villeneuve l'Étang nach dem Petit Trianon hinübergefahren, hatte sich in den Fauteuil der unglückseligen Marie Antoinette gesetzt und das Bild deren Sohnes, des unglücklichen Ludwig XVII., betrachtet.

»Ich sage mit den Mauren ›esteba escrit‹, es steht geschrieben«, es sei alles vorausbestimmt, schrieb sie der Schwester.

Ihr Fatalismus wurde auf eine weitere Probe gestellt: Sie erlitt eine zweite Fehlgeburt. Eugenie war niedergeschlagen und mutlos, Napoleon verhehlte seine Verdrossenheit nicht, Prinz Plon-Plon schöpfte neue Hoffnung auf die Erbfolge, und Hofdamen munkelten, die Kaiserin sei eben nicht so bei der Sache, wie es sich für eine Frau gehöre, die Mutter werden wolle; überdies bade sie zu heiß und reite zu viel.

»Ich glaube«, schrieb Eugenie der Schwester, »ich würde mir einen Arm abhacken lassen, wenn ich ein Kind bekommen könnte wie Deines.« Weniger dramatische Maßnahmen empfahl ihr Königin Viktoria, die Sympathie und Mitgefühl für sie hatte. Vor allem keine heißen Bäder mehr, schärfte sie ihr ein; sie solle sich stets ein Kissen unter den Rücken legen und sich einem bewährten Gynäkologen wie ihrem Doktor Lacock anvertrauen. Viktoria wußte, wovon sie sprach: Sie brachte neun Kinder zur Welt. Ihr Stolz auf diesen Eheertrag war durch die Begleitumstände beeinträchtigt: »Du wirst nun auch das Joch einer verheirateten Frau zu spüren bekommen, die Schattenseite, die besonders das erste und zweite Mal bitter ist, weswegen ich unser Geschlecht für wenig beneidenswert halte«, schrieb die Queen an ihre älteste Tochter, die preußische Kronprinzessin, nachdem Vicky ihre erste Schwangerschaft signalisiert hatte.

Im Sommer 1855 war Eugenie zum dritten Mal in anderen Umständen. Der Kaiser zeigte sich zufrieden, die Queen äußerte Genugtuung, daß die Kaiserin ihre Ratschläge befolgt zu haben schien: »Es ist ein großer Segen für die Arme, da es ja für ihr Glück und ihre Stellung alles bedeutet.« Für Eugenie war die Erfüllung ihrer amtlichen Pflicht mit persönlichem Leid verbunden. Die Ärzte, schrieb sie Paca, hätten sie gerade noch rechtzeitig untersucht; wäre damit länger gewartet worden, »so hätte ich niemals Kinder bekommen können«. Im Pyrenäenbad Eaux-Bonnes mußte sie sich einer schwierigen und schmerzhaften Behandlung unterziehen. Sie befürchtete, ihr Leben lang krank zu bleiben: »Wer hätte das gedacht, als ich sechzehn war? Die schlimmen Zeiten, die ich seither durchmachen mußte, haben meine Gesundheit ruiniert.«

»Es ist sehr lästig, sich immer in der Öffentlichkeit zeigen zu müssen und nicht das Recht zu haben, krank zu sein«, klagte die Kaiserin. »Ihr Beruf« verlangte es, während der Weltausstellung 1855 in Paris hohe Gäste zu empfangen: Königin Viktoria von England, die ihr von Überanstrengungen abriet, König Viktor Emanuel von Sardinien-Piemont, der – ungehobelt und taktlos wie er war – der Schwangeren das zweifelhafte Kompliment machte, er litte bei ihrem Anblick »Tantalusqualen«, und Herzog Ernst II. von Sachsen-Coburg-Gotha, der galant »den Ruf ihrer Schönheit und Liebenswürdigkeit« bestätigt fand.

Eugenie blieb bemüht, ihren Zustand zu verschleiern. »Bis vor vierzehn Tagen war an mir kaum eine Veränderung zu bemerken«, berichtete sie im achten Monat der Schwester. Die Mode mit ihren weiten, wallenden Kleidern half dabei, aber das Gesicht konnte sie nicht bedecken und kaum verstellen; ihm sah man ihre Beschwerden an. Napoleon konnte nicht früh genug seinen Erfolg als Gatte bekanntmachen und der Kaiser seinen Wunsch nach einem Sohn und Nachfolger bekräftigen. Diesen schienen nicht alle Franzosen zu teilen. Außenminister Clarendon erschreckte seine um »die Arme« besorgte Queen: Aus Paris höre man, die Kaiserin befürchte, bei der Entbindung samt ihrem Kinde umgebracht zu werden. Das war nur ein Gerücht, aber Sorgen machte sich Eugenie schon. Selbst wenn alles gutginge und sie einen Sohn gebäre, was würde aus ihm werden? Sie müsse immer an das Schicksal des armen Sohnes der Königin Marie Antoinette denken, hatte sie ihrer Schwester nach Madrid geschrieben, die nach Paris kam, um sie aufzumuntern.

In Paris war offiziell Zuversicht angesagt. Als Amme wurde eine Bäuerin aus Burgund, als Kindermädchen wurde die von der Queen empfohlene Jane Shaw und als Hofstaat wurden eine Gouvernante und zwei Untergouvernanten berufen. Die Stadt Paris stiftete eine mit napoleonischen Adlern und Symbolen der Kardinaltugenden verzierte Wiege; eine Göttin hielt die Kaiserkrone, die er einst tragen sollte, über dem Kissen, auf den das Haupt des Kindes gebettet werden würde. Emsig wurde an der Babyausstattung gearbeitet. Als sie in drei Zimmern ausgestellt wurde, war der Andrang der Schaulustigen so groß, daß die Rue Vivienne und die angrenzenden Straßen für den Wagenverkehr gesperrt werden mußten.

Am Hofe entnahm man dem Werke Saint-Simons, des Hofchronisten Ludwigs XIV., das Zeremoniell bei Geburten im Versailles des Sonnenkönigs, das man in den Tuilerien des Volkskaisers anzuwenden gedachte. Im »Moniteur«, dem Staatsanzeiger, wurden die Namen der Persönlichkeiten aufgeführt, die bei der als Staatsakt angesehenen Entbindung als Zeugen zugegen sein mußten.

Am 15. März 1856, gegen fünf Uhr morgens, setzen die Wehen ein, früher als erhofft; es wäre zu schön gewesen, wenn der Sprößling Napoleons III. wie der Sohn Napoleons I. an einem 20. März in die bonapartistische Welt gekommen wäre. Eugenie litt noch länger als damals Marie Louise, geschlagene 22 Stunden. Der Kaiser trommelte mit den Fingern an die Fensterscheiben, im Vorzimmer zuckten die Zeugen bei jedem Schrei der Kaiserin zusammen, Doña Manuela, die nach Paris geeilt war, störte alle mit ihrer Umtriebigkeit. Dr. Darralde, der Eugenie bereits in Eaux-Bonnes behandelt hatte, erklärte Napoleon, er müsse zur Zange greifen und könne nicht dafür einstehen, daß Mutter und Kind die Entbindung überlebten. Endlich, am 16. März 1856 um drei Uhr morgens, war das Kind da – ein Sohn, der Erbe.

Es war Palmsonntag, und das »Hosianna« stimmte als erster der Vater und Kaiser an. Die Zeugen fielen ein, mit Ausnahme des Prinzen Napoléon-Jérôme, der nun als Thronfolger abgemeldet war; auf dem Protokoll, das er mit unterzeichnen mußte, hinterließ Plon-Plon einen Tintenfleck. 101 Kanonenschüsse kündeten der Stadt und dem Land die Geburt des Kronprinzen an. Napoleon III. stiftete 100 000 Francs für die Armen, und die Majestäten übernahmen die Patenschaft für alle an diesem 16. März geborenen rund 4 000 französischen Kinder.

Papst Pius IX. sandte seinen Segen und die Goldene Rose und wurde Taufpate, wie es sich Eugenie gewünscht hatte. Die Geburtsanzeige hätte sie noch mehr gefreut, wenn sie nicht mit der Nachricht über die Leiden der »teuren Kaiserin« verbunden gewesen wäre, notierte Königin Viktoria. Hätte sie sich doch nur Dr. Lacock anvertraut und Chloroform verabreicht bekommen! Die »Times« goß einen weiteren Wermutstropfen in den Freudenbecher: Die französische Krone sei seit Ludwig XVI. nicht mehr vom Vater auf den Sohn übergegangen und es sei durchaus möglich, daß der neugeborene Napoleon »die Liste der Kronprätendenten um einen weiteren Namen verlängern würde«.

Als sich diese Voraussage bewahrheitet hatte, erinnerte sich die Exkaiserin an den 14. Juni 1856, den Tag der Taufe ihres Sohnes: Auf der Fahrt von den Tuilerien zur Kirche Notre-Dame »tauchte die Sonne, die im Untergehen war, die Rue de Rivoli in Purpur; wir fuhren in blendendem Lichte dahin ... Ich wiederholte in meinem Innern: ›Durch dieses Kind, durch meinen Sohn wird die napoleonische Dynastie in der französischen Erde endgültig Wurzel fassen ...‹. Und doch flüsterte mir eine geheime Stimme zu, daß dieselben Artilleriesalven, dieselben Glockenklänge, derselbe Prunk, dieselben Huldigungen des Volkes die Taufe des Dauphins Louis XVII., des Königs von Rom, des Herzogs von Bordeaux, des Grafen von Paris begleitet hatten.« Und was sei das Schicksal der Söhne Ludwigs XVI., Napoleons I., Karls X. und Louis-Philippes gewesen? »Das Gefängnis, der Tod, das Exil.« Am Ende der Taufzeremonie, »als der Kaiser unseren Sohn auf seinen Armen in die Höhe hob, um ihn dem Volke zu zeigen, wurde meine Bewegung plötzlich so heftig, daß die Beine mir den Dienst versagten und ich mich schnellstens setzen mußte«.

»Das kommt der Krönung gleich«, meinte Napoleon III. an jenem 14. Juni 1856, als dem auf den Namen Napoléon Eugène Louis Jean Joseph getauften Kronprinzen die Menge akklamiert hatte. Wie angenehm wäre es, wenn dies eine Taufe wie jede andere sein und sie ihr Kind für sich allein haben könnte, schrieb Eugenie an Paca. »Aber dieser Sohn gehört uns ganz und gar nicht. Er gehört in erster Linie Frankreich.«

Loulou, wie ihn die Eltern nannten, »geht es gut, das ist aber auch der einzige Lichtblick«. Die schwere Entbindung hatte die Mutter geschwächt und geschädigt. Die Ärzte stellten Verletzungen der Beckenknochen fest und bedeuteten der Dreißigjährigen, daß sie eine weitere Schwangerschaft das Leben kosten würde.

Nun hatte sie einen Grund, sich »der schmutzigen Angelegenheit« zu entziehen. Der Gatte fand, daß sie ihre Schuldigkeit fürs erste getan habe, und suchte, mehr denn je, seine »Zerstreuungen« anderswo. Die Gattin begann mit der Politik zu liebäugeln.

Viertes Kapitel

Die Gemahlin des Empereurs

Anfang März 1854 kam als erster regierender Fürst Herzog Ernst II. von Sachsen-Coburg-Gotha in die Hauptstadt des Zweiten Kaiserreiches. Dem Bruder Alberts, des Gemahls der Queen Viktoria, und Neffen Leopolds, des Königs der Belgier, wurde auf der europäischen Bühne eine größere Rolle eingeräumt, als es der Bedeutung seines kleinen Herzogtums entsprochen hätte.

Der Kaiser der Franzosen sah in ihm eine Schwalbe, die den nahen Sommer seiner internationalen Anerkennung anzukündigen schien. Er empfing den hochwillkommenen Gast in den für ihn hergerichteten Zimmern der Tuilerien und geleitete ihn »in die Gemächer der Kaiserin, welche mich nicht so bald erwartet hatte und wo sich infolgedessen anfangs eine kleine Szene der Verlegenheit abspielte«. Komplimente für ihr »bezauberndes Wesen« nahm sie entgegen, »allein sie wendete das Gespräch sehr rasch und ohne alle Umstände auf die gegenwärtige politische Lage«. Rußland führte Krieg gegen die Türkei, und England und Frankreich schickten sich an, an der Seite des Sultans gegen den Zaren zu marschieren.

Kaiserin Eugenie gestand Herzog Ernst, »es sei ihr schrecklich zu denken, daß man am Vorabend eines gräßlichen Krieges stände, den niemand gewünscht hätte und der niemandem nütze«. Von Kaiser Napoleon bekam er zu hören: »Ich liebe den Krieg nicht, aber er ist eine Notwendigkeit geworden; ich wünsche, daß er sobald wie möglich geendigt werde.«

Napoleon I. hatte den Krieg geliebt, Frankreich durch Kriege emporgeführt und zu Fall gebracht. Napoleon III. hatte dem Land und der Welt versprochen: »Das Kaiserreich ist der Friede!« Noch war er keine eineinhalb Jahre Kaiser, und schon ging er daran, das Schwert zu ziehen. Rußland, der Aggressor im Orient, zwinge ihn dazu, erklärte er dem Coburger. Was ihn dazu trieb, sagte er ihm nicht; denn das hätte den Argwohn der Höfe gegen den Empereur verstärkt.

Die Grande Nation hatte es den Bourbonen wie dem Bürgerkönig verübelt, daß sie das 1815 zu einer Macht zweiten Ranges degradierte Frankreich nicht wieder zu einer Macht ersten Ranges zu erheben vermochten. Dies wurde von dem neuen Napoleon erwartet, und der Kaiser, der durch Volksabstimmung in seiner Macht bestätigt worden war und die Volksstimmung weiterhin zu berücksichtigen hatte, mußte die Trikolore wieder in den Wind heben.

Der Thronprätendent hatte das linke Rheinufer, der Prinz-Präsident Belgien anvisiert, und der Empereur gedachte aus dem Mittelmeer einen französischen Binnensee zu machen. Diesen Ambitionen stand die Friedensordnung des Wiener Kongresses entgegen, in die sich das besiegte Frankreich hatte fügen müssen. Das »System von 1815« zu dessen Gunsten zu verändern, nahm sich der dritte Napoleon vor, aber dies war nicht von heute auf morgen zu erreichen. Ohne das Fernziel aus den Augen zu lassen, strebte er das Nahziel an: die Anerkennung des Kaisers als gleichwertiger Angehöriger der europäischen Monarchengesellschaft und die Aufnahme des Kaiserreiches als gleichberechtigtes Mitglied in das europäische Mächtesystem.

Ausgerechnet Zar Nikolaus I., der Hüter der Heiligen Allianz der Monarchen von Gottes Gnaden, der den aus der Revolution aufgestiegenen Napoleon III. am liebsten in den Orkus zurückgeschickt hätte, öffnete dem Parvenu die Tür zum Areopag.

Der auf Vergrößerung bedachte russische Imperialist okkupierte im Juli 1853 die zum Osmanischen Reich gehörenden Donaufürstentümer Moldau und Walachei; seit dem 1. November herrschte Kriegszustand zwischen Rußland und der Türkei. Nach jahrzehntelangem Staatenfrieden gefährdete der Zar das von ihm mit geschaffene und garantierte System von 1815. Es beruhte auf dem Gleichgewicht der Mächte, das durch eine den Status quo verändernde Ausweitung Rußlands beeinträchtigt worden wäre.

England, dem am meisten an einer funktionierenden Balance of power gelegen war und das im Orient eigene Interessen verfolgte, wollte den Aggressor aufhalten und die Expansion verhindern. Weder Österreich, das auf Zaudern abonniert schien, noch Preußen, das sich Nikolaus I. verbunden fühlte, waren als aktive Verteidiger der Wiener Friedensordnung zu gewinnen. Als Macht von Gewicht blieb nur Frankreich übrig, und da in London Realisten und nicht Ideologen am Ruder waren, nahm die englische Außenpolitik Kurs auf Paris. Napoleon III. ergriff die Gelegenheit, sich als gleichberechtigter Partner in das europäische Spiel zu bringen, die Partner von 1815 auseinanderzubringen und dem der Grandeur und Gloire entgegenstehenden Mächtesystem einen Schlag zu versetzen.

Napoleon III. dachte an Napoleon I., der mit seinem Feldzug nach Ägypten die französische Orientpolitik eingeleitet, und an Louis-Philippe, der Algerien erobert hatte; er spielte mit dem Gedanken, seinem Titel »Kaiser der Franzosen« den eines »Königs von Algerien« anzufügen. Er beanspruchte das Schutzrecht für die lateinischen Christen an den Heiligen Stätten in dem unter türkischer Landeshoheit stehenden Palästina, wodurch er den orthodoxen Christen und ihrem Schirmherrn, dem russischen Zaren, ins Gehege kam und den Sultan in Verlegenheit brachte. Um Flagge zu zeigen, hatte Napoleon 1852 die »Charlemagne«, ein Schlachtschiff mit Schraubenantrieb, durch die Dardanellen dampfen lassen.

Seine Orientpolitik war auch innenpolitisch motiviert. Den Katholiken, auf die der Kaiser »durch die Gnade Gottes und den Willen der Nation« setzte und baute, galt es ungehinderten Zugang nach Bethlehem und Jerusalem zu verschaffen. Dem französischen Volk wollte er beweisen, daß er durch seine Abwendung von den rückschrittlichen Russen und seine Hinwendung zu den fortschrittlichen Engländern nicht das ihm von der Opposition angeklebte Etikett eines Despoten verdiene, der sich vom Zaren nur dadurch unterscheide, daß er Gegner nicht nach Sibirien, sondern in die Hölle von Guayana verbanne.

»Sie kennen meine Bewunderung für England«, erklärte Napoleon dem britischen Botschafter Cowley. »Wenn ich morgen seine Einrichtungen nach Frankreich verpflanzen könnte, würde ich keinen Augenblick zögern.«

Sie ziehe die Allianz mit England einer mit Österreich vor; denn Austria sei »in den kleinen Dingen zu abstoßend und in den großen verstehen wir uns nie«; überdies: »Österreich betrügt«. Das eröffnete die Kaiserin dem um eine Allianz zwischen Wien und Paris bemühten österreichischen Botschafter Hübner, dem die Eindeutigkeit der politischen Aussage mißfiel und den das undiplomatische Auftreten der Impératrice wunderte. Sie sei eben eine jener Spanierinnen, die mehr Lebhaftigkeit als Geist und mehr Geist als Urteilsvermögen hätten, suchte er sich ihr Verhalten zu erklären. »Diese reizende Frau hat ihr Handwerk noch nicht gelernt.«

Der Kaiser versuchte der Kaiserin beizubringen, daß man sich auf höfischem Parkett vorsichtig zu bewegen habe und das Herz nicht auf der Zunge tragen dürfe. Sie solle sich ein Beispiel an ihm nehmen, dem nachgesagt werde, er gleiche einer Sphinx, die dem, der sie anschaue und anspreche, ein unbewegtes Antlitz zeige und ihm Antworten versage. Als Eugenie sich wieder einmal heiß redete, einen roten Kopf bekam, und ihre Gesichtszüge derangiert waren, führte Napoleon sie vor einen Spiegel, um ihr zu zeigen, daß solche Temperamentsausbrüche ihrer Schönheit wie ihrem Renommee schadeten.

Sie versuchte sich zusammenzunehmen, fiel aber immer

wieder aus der Rolle. Hübner konnte ein Lied davon singen. Als sie ihn einmal in ein »sehr lebhaftes Gespräch« zog, in dem sie aus ihrem nicht für Österreich schlagenden Herzen keine Mördergrube machte, bat sie ihn hinterher, dem Kaiser nichts davon zu sagen, da er sie ausschelten und finden würde, daß sie seine Geschäfte sehr schlecht besorge. Ein andermal schrie sie laut auf, als der österreichische Botschafter ihren proenglischen Gefühlen zu nahe trat.

Solange ein enges Einvernehmen mit Großbritannien die wichtigste Angelegenheit des Kaisers war, zeigte er sich zwar nicht mit der Form, aber einigermaßen mit dem Inhalt derartiger Äußerungen der Kaiserin einverstanden. Das änderte sich, als sie zunehmend Kritik an seiner Politik anklingen ließ. Dabei war schwerlich auszumachen, wo sie stand und worauf sie hinaus wollte. War die Verehrerin Marie Antoinettes und mit ihr des Ancien régime eine Legitimistin? Sympathisierte sie mit den Orleanisten, weil die Kaiserin ihre Beziehungen zu Cécile Delessert, der Tochter des Polizeipräsidenten des Bürgerkönigs, weiter pflegte? Oder neigte sie gar zur liberalen und demokratischen Opposition, wie ihr der Empereur einmal ironisch, aber nicht ohne tiefere Bedeutung vorhielt: Sie sei »sehr konstitutionell und parlamentarisch gesinnt«?

Eines wurde deutlich: So sehr sie sich zu den Engländern im allgemeinen und der ihr gewogenen Queen Viktoria im besonderen hingezogen fühlte, so war sie nicht davon angetan, daß England ihr Frankreich in den Krieg gegen Rußland hineinzog, den beide Mächte am 28. März 1854 dem Angreifer der Türkei erklärten. Als französische Truppen an die Front geschickt wurden, schrieb Eugenie an Paca: »Du kannst Dir nicht vorstellen, was ich bei dem Gedanken empfinde, diese Männer voller Lebenskraft und Zukunftshoffnung könnten ihre Heimat und ihre Familien nie wiedersehen. Glaube mir, wenn ich an den Krieg denke und mir das vor Augen halte, so erfaßt mich Entsetzen und ich betrachte jeden Soldaten, als wäre er mein Sohn.«

Eugenie war noch mehr entsetzt, als ihr Mann mit dem Gedanken spielte, sich auf den Kriegsschauplatz zu begeben und die Kriegsoperationen zu befehligen. Um ihn davon abzuhalten, wandte sie vorzüglich jenes Mittel an, das sich bei Napoleon als besonders wirksam erwies: »Ich kann die Kaiserin nicht weinen sehen, das wirft mich um, und so bin ich gezwungen, ihr zu geben, was sie von mir verlangt.«

Weniger die Tränen der Ehefrau jedoch als die Einwendungen des Bundesgenossen England, daß ein Koalitionskrieg nicht von einem Partner allein geführt werden könne, hielten Napoleon III. davon ab, den Oberbefehlshaber à la Napoleon I. zu spielen.

Wäre von ihm, der sich auf den großen Feldherrn berief, nicht erwartet worden, daß er sich endlich militärische Sporen verdiente und seiner Armee kriegerische Lorbeeren verschaffte? Dieser Krieg war populär, wurde nicht nur von Generälen begrüßt. 280 000 Franzosen unterzeichneten die Kriegsanleihen. Anhänger wie Gegner des Regimes rasselten mit dem Säbel. Selbst die Waffengängen und Blutvergießen abgeneigte Eugenie kam zu dem Schluß, daß der Krieg gegen das aggressive Rußland nicht nur notwendig, sondern auch »eine gute Sache« sei.

Doch sie war froh, daß Napoleon zu Hause blieb, ihr Mann sich keiner Gefahr aussetzte und der Empereur nicht den Beweis antreten mußte, wie viel er im Felde wert gewesen wäre. Da ein Rußlandfeldzug à la 1812 nicht in Frage kam, hätte der Neffe ein Debakel, wie es den Onkel getroffen hatte, nicht zu befürchten gehabt, aber auch kaum erwarten dürfen, im Handumdrehen Ruhm und Ehre an seine Fahne zu heften. Denn der Kriegsschauplatz lag viel zu weit von der Heimatbasis entfernt, das Kriegspotential war beschränkt, die Führung von Koalitionstruppen nicht einfach, und die Operationen gerieten schon bald ins Stocken.

Den Angreifer hatten die Verteidiger dort aufzuhalten, wo er eingedrungen war: an der unteren Donau und am Schwarzen Meer. Es dauerte und dauerte, bis 40 000 Franzosen und 20 000 Engländer den Türken zu Hilfe kamen. Als sie endlich zur Stelle waren, hatten sich die Russen aus den Donaufürstentümern zurückgezogen, weil sie befürchteten, die Österreicher könnten doch noch in den Krieg eintreten und ihnen in die Flanke fallen.

Die Verbündeten suchten die Kriegsentscheidung auf der Krim. Dort lag die russische Ausfallstellung am Schwarzen Meer, der Hafen, das Arsenal, die Festung Sebastopol. Im September 1854 landeten die Alliierten auf der Halbinsel. Nach dem Sieg an der Alma belagerten sie Sebastopol. Die Festung wurde hartnäckig verteidigt, unter den Angreifern wütete die Cholera, und die Russen setzten auf den Winter, der ein verläßlicher Verbündeter war. Prinz Napoléon-Jérôme, der als Divisionsgeneral ins Feld rückte, um sich als der wahre Erbe Napoleons I. zu erweisen, machte kehrt, als er merkte, daß keine Lorbeeren zu gewinnen waren.

Der Kaiser, der militärische Gloire benötigte, um im napoleonischen Glorienschein dazustehen, begann schwarzzusehen. Die Kriegsbegeisterung in Frankreich erlosch so schnell, wie sie aufgeflammt war. Kritisiert wurde die Beteiligung an einem Feldzug, der, auch wenn er erfolgreich verliefe, Rußland nicht für immer in die Schranken weisen würde, bei dem selbst ein Sieg die französischen Opfer an Menschen und Mitteln nicht wert gewesen wäre. Der Krimkrieg begann einem Faß ohne Boden zu gleichen, in dem mit dem militärischen das politische Prestige des dritten Napoleon zu verschwinden schien.

Die Kaiserin, die französische Männer ungern in den Krieg ziehen sah, schaute sich nach fremden Männern um, die ihnen helfen könnten, den Krieg schleunigst zu beenden. Doch die Österreicher blieben Gewehr bei Fuß, mit den Preußen war überhaupt nicht zu rechnen, und Hilfstruppen aus ihrem Heimatland waren nicht zu mobilisieren. Spanische Soldaten »würden sich brav an der Seite der unseren schlagen«, meinte sie und fühlte bei ihrem Schwager, dem Herzog von Alba, vor, wie die Regierung in Madrid dazu stehe. Diese sei nicht zu einem Engagement bereit, lautete die Antwort; denn sie befürchte eine auswärtige Einmischung in innere Angelegenheiten. Mehr als eine Einmischung, entgegnete Eugenie, solltet ihr fürchten, »plötzlich in Vergessenheit zu geraten«.

Von den Türken versprach sie sich nicht viel. Es blieben die Engländer, und die Kaiserin trug das ihre zur Aktivierung der Allianz bei. In den Tuilerien veranstaltete sie »englische Soireen«; am 16. April 1854 versuchte sie britische Generäle, den Herzog von Cambridge und Lord Raglan, zu becircen. Anwesend war auch der österreichische Botschafter, den sie fortwährend mit probritischen Bekenntnissen traktierte. Hübner bekam den Eindruck: »Sie ist mit den Unterhandlungen vollkommen vertraut, zu vertraut sogar, um in mir nicht den Verdacht zu wecken, daß sie ihre Lektion gut einstudiert habe, bevor sie mit mir anbindet.«

Die Engländer beteiligten sich am Krimkrieg nicht mit der von Kaiserin und Kaiser erwarteten Entschiedenheit. Das die Meere beherrschende Britannien, das gewohnt war, in Landkriegen den Landmächten den Vortritt zu lassen, bürdete den Franzosen die Hauptlast auf. Diese könnten und wollten sie auch tragen, meinte der Gemahl der Queen, dem der Empereur im September 1854 im Lager von Boulogne eine kampfbereite Armee vorführte.

Ohnehin hielt Prinz Albert diesen Konflikt für den »törichtsten Krieg« der englischen Geschichte, für »eine schwachköpfige Expedition ohne jeden vernünftigen Grund«. Weniger das zaristische Rußland als das bonapartistische Frankreich galt ihm als Störenfried der Balance of power. Sein Bruder, Herzog Ernst II. von Sachsen-Coburg-Gotha, hatte ihm über die Gespräche in Paris berichtet: Napoleon III. betrachte den Krimkrieg als ein Instrument, das Gleichgewichtssystem zugunsten Frankreichs zu verändern; grundsätzlich auf Grandeur bedacht, sei es ihm egal, ob er das linke Rheinufer oder Savoyen bekäme.

Vor seiner Abreise nach Boulogne hatte Albert der Königin Viktoria und Premierminister Aberdeen erklärt: Napoleon III. sei als »despotischer Herrscher« der »Feind einer konstitutionellen Regierung«; ein zu enges Bündnis mit ihm könnte die freiheitsliebenden Engländer über kurz oder lang gegen das eigene Government aufbringen. In Boulogne mißfiel ihm der neue Bonaparte auch persönlich: Er wisse zu wenig über die Geschichte der Neuzeit, sei eher ein »Amateurpolitiker, der sehr vernünftige Ansichten mit Unausgegorenem vermischt«.

Seine politische Beurteilung faßte Albert in einem Bericht an die Queen zusammen. Viktoria entnahm ihm, daß man diesen Alliierten vorerst brauche, den Mohren seine Schuldigkeit tun und nach getaner Arbeit gehen lassen solle. Um ihn angesichts des vor Sebastopol festgefahrenen Krieges zu weiteren Anstrengungen zu ermuntern, lud die Königin auf Drängen des Kabinetts Palmerston Napoleon III. zu einem Besuch nach England ein. »Der Empfang des Kaisers hier«, ließ sie ihren Außenminister Clarendon wissen, »soll eine Wohltat für ihn, nicht eine Wohltat für uns sein.«

In dichtem Nebel überquerte das Kaiserpaar den Ärmelkanal. Bei der Ankunft in Dover am 16. April 1855 konstatierte Eugenie, daß das Schiff mit ihrer Garderobe nicht eingetroffen war. Und am Abend war Galaempfang im Buckingham Palace! Eine ihrer Hofdamen lieh der Kaiserin das eigene, bescheidene Abendkleid. Das Blau stand ihr gut, und die Vergißmeinnicht, die man in einem Blumengeschäft auftrieb, unterstrichen den Eindruck von edler Einfalt und anmutiger Natürlichkeit.

Von der »sanften und reizenden Kaiserin« war Albert mehr angetan, als es Viktoria, der diese Eigenschaften mangelten, lieb sein konnte. Sie revanchierte sich mit Komplimenten für Napoleon: »Seine Gesellschaft ist seltsam angenehm. Er hat etwas Melancholisches, Sympathisches, das anzieht und festhält, im Widerspruch zu den Vorurteilen, die man haben könnte, und ohne größere äußere Vorzüge, obgleich ich, was mich betrifft, sein Gesicht liebe.«

Auch politisch kam man sich näher. Albert, der vor dem Eintreffen Napoleons III. geäußert hatte, er werde in der königlichen Gruft von Windsor Vorkehrungen treffen, damit sich Georg III., der erbitterte Feind Napoleons I., nicht im Grabe umdrehe, neigte nun zu der Annahme, daß dieser Bonaparte nicht der schlechteste Bundesgenosse sei. Viktoria lobte »sein loyales und verläßliches Verhalten uns gegenüber während des schweren und beunruhigenden Kampfes« im Orient und folgerte daraus, daß er dies bei entsprechender Behandlung durch England beibehalten würde. Die Queen resümierte: Der von ihr widerstrebend genehmigte Staatsbesuch sei nicht nur, wie angeordnet, »eine Wohltat für ihn«, sondern auch – cum grano salis – »eine Wohltat für uns« geworden.

Dazu trug Eugenie das ihre bei. Viktoria war auf den ersten Blick für sie eingenommen, und die Gespräche mit ihr festigten den positiven Eindruck: »Sie hat Herz und Temperament und ist auf eine unauffällige Art so aufrichtig, daß der Gesamteindruck gefällig ist.« Die Mater familias schätzte es, wie die junge Frau auf ihre Kinder einging, und gab ihr, die damals noch keinen Sohn hatte und sich einen wünschte, aus eigener Erfahrung den einen und anderen Ratschlag.

Viktoria sprach mit Eugenie von Frau zu Frau und von Queen zu Impératrice. Die Engländerin versuchte die Französin von der Abscheu gegen eine strenge Hofetikette abzubringen: Indem eine Herrscherin entsprechend der Etikette stets von Zeugen für ihr Tun und Lassen umgeben sei, werde sie vor Verdächtigungen bewahrt. Die Königin legte der Kaiserin nahe, sich für Politik zu interessieren und an deren Gestaltung mitzuwirken. Viktoria verwies auf das ihr geglückte Beispiel einer »Regierung der Ehepaare«; sie stimme sich in allen wichtigen Fragen mit ihrem Albert ab und empfehle Eugenie, dies vice versa mit Napoleon anzustreben.

Doch in Paris waren die Rollen anders verteilt und die Akteure unterschieden sich in wesentlichen Punkten. In England war die Frau die Monarchin und in Frankreich der Mann der Monarch. Viktoria konnte sich glücklich schätzen, im gleichaltrigen Albert nicht nur einen liebevollen Gatten, sondern auch einen politischen Mentor bekommen zu haben. Die siebenundzwanzigjährige Eugenie hatten den fünfundvierzigjährigen Napoleon kaum aus Liebe geheiratet, und der bescheidene Vorrat an Zuneigung war, vor allem wegen des ehewidrigen Verhaltens des Gemahls, bald aufgebraucht. Der Autokrat zeigte sich, solange er auf der Höhe war, nicht willens, seine Gemahlin in politicis mitbestimmen oder sich gar von ihr sich etwas vorschreiben zu lassen.

Könnte sich der Altersunterschied nicht eines Tages zugunsten der um achtzehn Jahre Jüngeren auswirken, dann nämlich, wenn der alternde und kränkelnde Kaiser nicht mehr in der Lage wäre, die Zügel straff zu führen, sie – ob nun de facto oder de jure – der Kaiserin als Regentin überlassen müßte? Bekäme sie dann im autoritären Kaiserreich nicht weit mehr Befugnisse in die Hand als Queen Viktoria in ihrem parlamentarischen Königreich?

So oder so: Mehr und mehr begann Eugenie am Geschick des Second Empire Anteil zu nehmen, sich mit innenpolitischen wie außenpolitischen Fragen zu beschäftigen. Wem das Engagement zu gelten habe, wurde ihr im Jahre 1855 auf der Weltausstellung in Paris demonstriert: dem bonapartistischen Frankreich, das sich der Welt als Musterreich für Fortschritt und Wohlfahrt vorstellte.

Kaiserin Eugenie erschien dem Vicomte Baumont-Vassy – und nicht nur ihm – als eine besondere Sehenswürdigkeit der Exposition universelle. Bei der Eröffnung am 5. Mai 1855 trug die Neunundzwanzigjährige »eine ihre auffallende Schönheit hervorhebende Toilette von unübertrefflicher Pracht«. Sie zog mehr Augen auf sich als ihr Gemahl, der sich für die Hauptperson der Feierlichkeit hielt, mit dieser zweiten Weltausstellung die erste von 1851 in London zu übertrumpfen und Paris als den Brennpunkt der Moderne hinzustellen suchte.

Der an den Champs-Elysées aus Stein, Eisen und Glas erbaute »Palais d'Industrie« stand auf symbolträchtigem Platz. Auf der einen Seite lag der Invalidendom, die Grabeskirche Napoleons I. und die Auferstehungskirche des Bonapartismus, auf der anderen Seite der Elysée-Palast, die letzte Residenz des Onkels, in dem der Neffe seinen Siegeszug zum Tuilerienschloß angetreten hatte, und in der Mitte sollte die von Napoleon III. geschaffene bonapartistische Realität demonstriert werden.

Über dem Hauptportal des Industriepalastes erhob sich die Figurengruppe »La France couronnant l'Art et l'Industrie«. Das war Programm: Frankreich wollte 1855 nicht nur – wie England 1851 – gewerbliche, sondern auch künstlerische Errungenschaften präsentieren, den Fortschritt in beiden Bereichen prämieren. Der monumentale Palast konnte nur einen Teil der 9500 französischen und 10500 auswärtigen Aussteller aufnehmen. Annexe wurden errichtet, so ein über einen Kilometer langer und 28 Meter breiter Bau, die »Galerie des Machines«, in der Isaac Singer, ein Amerikaner, seine Nähmaschine vorführte. In der Rotunde am Rond Point waren Erzeugnisse der »Industries de luxe« ausgestellt, so das vom Franzosen Charles Christofle für Napoleon III. gefertigte Tafelgeschirr aus Neusilber.

Den ersten Rundgang im »Palais d'Industrie« unternahmen am 5. Mai 1855 der Kaiser und die Kaiserin, gefolgt von den Spitzen des Staates und der Gesellschaft. Die Damen waren aufgefordert worden, in Abendroben zu erscheinen, die oben zu viel frei ließen und unten nicht genug wärmten. Sie froren, denn es war kühl, und es zog in der Halle. Eugenie, die mehr denn je weißem Marmor glich, hielt es nicht lange aus. Doch sie kam wieder. Im ersten Stock des Industriepalastes wurde für sie ein Kabinett eingerichtet. Darin demonstrierten die für

König Ludwig XV. geschaffenen Gobelins das künstlerische Erbe Frankreichs, und die Kaiserin höchstselbst präsentierte die Pariser Damenmode, die erste der Welt.

Das Paradestück war die Krinoline. Ein Gestell aus Stahlreifen ließ den Rock bauschig vom Leibe abstehen, so weit, daß darunter fünf bis sechs Unterröcke getragen wurden und die Damen wie Ballone in Parfümwolken von Moschus und Patschuli dahinschwebten. Eugenie rauschte in der Krinoline majestätisch einher, aber eingeführt hatte sie den »Fetisch des Zweiten Kaiserreiches« nicht. Fast zwei Jahrzehnte vor ihrer Thronbesteigung war der Reifrock der Rokokodamen wieder in Mode gekommen. Die Verehrerin des Ancien régime hätte ihn lieber getragen, wenn er nicht so unbequem gewesen wäre. Die Spanierin, die sich so lang und so gern frei bewegt hatte, fühlte sich im Steinkäfig des Schlosses wie im Stahlkäfig der Krinoline eingeengt. Doch die Kaiserin des Nouveau régime hielt sich für verpflichtet, mit der Mode zu gehen und als erstes Mannequin des Reiches »politische Roben« vorzuführen.

Denn die Krinoline war zu einem Faktor der Nationalökonomie geworden. Der wachsende Bedarf an Stoff und Zubehör förderte die Textilindustrie, das Metallgewerbe wie die Modebranche, kam Arbeitgebern wie Arbeitnehmern zugute und nützte damit dem cäsaristischen Regime, das den Untertanen Brot und Spiele zu bieten hatte.

Nicht weniger als 4 800 000 Krinolinengestelle wurden zwischen 1858 und 1864 alljährlich in den Fabriken von Peugeot in Valentigney im Doubs und von Thomson in Saint-Denis produziert. Die Hauptstadt des Second Empire brillierte als Modemetropole des 19. Jahrhunderts. Zum Modekaiser avancierte der nach Paris gekommene Engländer Charles Frédéric Worth. Zu seinen Kundinnen zählten Kaiserin Eugenie, Prinzessin Mathilde, neun Königinnen und dreihundert Fürstinnen aus ganz Europa, und auch Kurtisanen wie Cora Pearl und la Païva. Der Urheber der »Haute Couture« war – wie eine Käuferin klagte – »teuer, schrecklich teuer, vernunftwidrig teuer«. Aber es gab immer mehr Herrschaften, die sich seine Kreationen leisten konnten. Die Fabrikanten wie die Arbeiter in Lyon blieben ihm dankbar, daß er zur Rettung der Seidenindustrie beigetragen hatte.

Worth schuf die prächtigsten Krinolinen, von deren »majestätischer Eleganz« der Dichter Théophile Gautier hingerissen war. Nicht alle Zeitgenossen folgten ihm dabei. Der Kaiserliche Hausarzt Dr. Ernest Barthez konnte es nicht begreifen, daß Eugenie ihre »wohlgebaute Figur« in ein solches »ungraziöses und unbequemes« Stahlgerüst zwängte. Karikaturisten spitzten die modische Übertreibung noch weiter zu. Kritiker spotteten, die Straßenerweiterungen in Paris seien wegen der weitausladenden Krinolinen notwendig geworden. In den Drehkreuzen des Weltausstellungsgebäudes blieb so manche Dame stecken, und es wurde befürchtet, daß auch die Moral auf der Strecke bleiben würde. In einem Rundschreiben appellierte der Generalvikar von Tarbes an die Französinnen, nicht nur der Krinoline, sondern allen Modeexzessen abzuschwören, sich nicht mehr als acht bis zehn schlichte Kleider zuzulegen und als Schmuck eine Medaille mit dem Bild der heiligen Elisabeth und der Inschrift »Simplicité! Modestie!« zu tragen.

»Einfachheit« und »Bescheidenheit« an der Pariser Mode vermißten vor allem deutsche Beobachter. Die Krinoline sei in ihrer Aufgeblasenheit und Protzerei das Symbol des Zweiten Kaiserreiches, meinte Friedrich Theodor Vischer, dem als Ästheten der Bombast und als Schwaben die Aufwendigkeit mißfiel. Der französische Nationalcharakter scheine »in die Volants und Crinolines der Damen gefahren zu sein«, bemerkte der Schriftsteller Theodor Mundt und beurteilte den Reifrock des Zweiten Empire als »das Symbol der heutigen Gesellschaft« und »einer materiellen Zeit, in der alles nur noch stoffartig und geschäftsmäßig wirkt«. Die Krinoline »bezeichnet zugleich die Epoche der Maschinen«; denn die Französin habe damit einen wesentlichen Teil ihrer natürlichen Koketterie »an eine Maschine abgegeben«, die sie »mit ihren Reifen von Eisen und Stahl« für sich arbeiten lasse.

Die Damenwelt aller Herren Länder überging die Vorhaltungen und wallfahrte in das Mekka der Mode. Männliche Besucher der Weltausstellung 1855 gewahrten, daß sich eine Französin keineswegs, wie Theodor Mundt behauptete, auf die Automatik der Krinolinenmaschine verließ, sondern immer noch »mit allen Künsten der Grazie und des Gefallens jeden Sieg ihrer Person zu sichern« wußte.

Dies galt vornehmlich für die Kaiserin Eugenie. Sie wurde von allen bewundert, wenn sie sich in dem ihr von Königin Viktoria verehrten Wägelchen durch die Ausstellung fahren ließ. Im Pavillon der schönen Künste war zudem ein Gemälde des Hofmalers Franz Xaver Winterhalter zu sehen: »L'Impératrice Eugénie et ses dames d'honneur«. Auf ihm erschien die Kaiserin als die Schönste im Kreis ihrer Hofdamen und im ganzen Land, ihre Toilette als die schickste der Welt.

Auf eine Präsentation der Beaux-Arts war besonderer Wert gelegt worden. Dem Klassizisten Jean Auguste Dominique Ingres, der mehr die Form, und dem Romantiker Eugène Delacroix, der mehr die Farbe betonte, waren eigene Säle eingeräumt worden. Keinen Platz hatte ein Gemälde von Gustave Courbet gefunden, »Das Begräbnis in Ornans«, in dem die modern-naturalistische Kunstanschauung des Interpreten der sozial-revolutionären Ideen Proudhons zum Ausdruck kam. Vor dem offiziellen Pavillon errichtete der Abgewiesene auf eigene Kosten eine Baracke mit der Aufschrift: »Le Réalisme. Gustave Courbet«. Er schlug seine Bilder wie Plakate an, die auf Mißstände hinwiesen und zu deren Beseitigung aufriefen. Delacroix behauptete, er habe lange vor der Bude gestanden, ohne einen einzigen Menschen hineingehen zu sehen.

Sie strömten in den »Palast der Industrie«, der einem gigantischen Treibhaus glich, in dem die Gewächse der Technik zu bestaunen waren. Vor einem Portal standen vier Lokomotiven »wie jene großen Stiere von Ninive oder jene großen ägyptischen Sphinxe am Eingang der Tempel«, bemerkte einer der fünf Millionen Besucher. Lokomotiven – das waren die Dampfmaschinen des Fortschrittszuges, der in Frankreich in Fahrt gekommen war.

Das »Industrielle Frankreich« – wie es auf einem Glasgemälde im Industriepalast gleichnishaft dargestellt war – hatte das Kaiserpaar vor Augen. Auf dem »Chemin de fer« fuhren Franzosen Engländern und Deutschen hinterher. Während die nördlichen Nachbarn 1848 über 10 000 und die östlichen Nachbarn über 4 000 Kilometer Schienenwege verfügten, waren in der »Grande Nation« erst 1800 Kilometer befahrbar. Nun machte der Empereur Dampf. Ende der fünfziger Jahre zählte das Bahnnetz rund 9 000, Anfang 1870 über 17 000 Kilometer. Doch England mit 24 000 und Deutschland mit 20 000 Kilometern waren immer noch nicht eingeholt.

»An der Spitze der Armee« hatte Napoleon I. halb Europa erobert, »an der Spitze der Zivilisation« wollte Napoleon III. sein Reich in die moderne Welt führen. Zwar gelangte er mit dem Zug der Industrialisierung nicht an die anvisierte Endstation; denn Frankreich war und blieb weithin Agrarland. Doch Zwischenstationen wurden erreicht. Mehr und mehr Kohle und Erz wurden gefördert, Eisen und Stahl erzeugt, die Metallindustrie wuchs, und daneben entwickelten sich andere Branchen, vor allem Textil und Chemie. Mit dem Gewerbe blühte der Handel auf, Kreditinstitute pumpten Geld in den Wirtschaftskreislauf; Frankreich war dabei, die zweite Kapitalmacht nach England zu werden.

Errungenschaften des Second Empire wurden 1855 in Paris gezeigt. Ausgestellt waren auch die Kronen des Kaisers und der Kaiserin, unter denen der Fortschritt avancierte und das Reich sich stabilisierte. Der Welt wurde ein Regime vorgeführt, das, auf solidem wirtschaftlichen Grund stehend, gesellschaftlich und politisch festgefügt zu sein schien. Die Hauptstütze des auf einen Ausgleich von Autokratie und Demokratie angelegten bonapartistischen Systems war die konservative

Landbevölkerung, die 75 Prozent der 36 Millionen Einwohner des nach Rußland bevölkerungsreichsten Landes Europas ausmachte. Die staatliche Agrarpolitik blieb auf Vermehrung des Wohlstandes und damit auf Sicherung des Wahlverhaltens der Bauern bedacht.

Zwar war die Masse der Landbevölkerung in den Volksabstimmungen von großem Gewicht, aber die mit der Modernisierung zunehmenden Stadtbewohner wurden immer wichtiger. Hauptgewinner der staatlichen Wirtschaftspolitik war die Bourgeoisie, die das kapitalistische System mitschuf, mittrug und am meisten von ihm profitierte. Im Grunde regierte das Geld die Welt, und wenn es das schon früher getan hatte, so hatte man sich doch nie zuvor dazu so offen bekannt wie im Second Empire. Im Zweiten Kaiserreich begann der Franc der Maßstab der Dinge zu werden.

Auf der Strecke des praktischen Materialismus hinkte das Fußvolk der Industrialisierung hinterher, die wachsende Arbeiterschaft, deren Avantgarde sich durch die Verwirklichung eines theoretischen Materialismus eine Verbesserung der Lebensverhältnisse des Vierten Standes versprach. Die Probleme, die sich daraus für seine Herrschaft ergaben, waren Napoleon III. nicht unbekannt geblieben. Er hatte sich mit Saint-Simon beschäftigt, der an Arbeitsbeschaffung für alle und an eine gerechtere Verteilung des Arbeitsertrages dachte. In seiner 1844 veröffentlichten Schrift »Extinction du paupérisme« plädierte Louis Napoleon für die Überwindung der Massenarmut »durch Assoziation, Erziehung und Disziplin« mit dem Ziel, der arbeitenden Klasse alles zu geben, »was die Lage der Menschen verbessert, Wohlstand, Bildung, Ordnung und einem jeden die Möglichkeit, durch Verdienst und Arbeit sozial höher zu steigen«.

Dieses Programm, das er wie ein Wahlplakat angeschlagen hatte, förderte seinen Aufstieg; auch mit Stimmen von Arbeitern gelangte Napoleon III. an die Macht. Um diese zu festigen und zu erhalten, griff er zu einer Sozialpolitik, die nicht durch

Drosseln, sondern durch Beschleunigung des kapitalistischen Motors negative soziale Auswirkungen der Industrialisierung, wenn schon nicht zu beseitigen, so doch zu verringern suchte. Der Bonapartist erwartete von einer Förderung der Unternehmerwirtschaft im Verein mit staatlichen Aufträgen und öffentlichen Arbeiten eine Vermehrung der Arbeitsplätze und eine Steigerung des Sozialprodukts, von dem auch die Arbeiter einen größeren Anteil erhalten könnten.

Vorsichtshalber sorgte der Kaiser für soziale Hilfswerke. Häuser für Kranke, Waisen und Alte wurden gebaut, in Paris »Cités ouvrières«, Arbeiterquartiere, die Arbeiterkasernen glichen. In Vésinet entstand ein Hospital für von Arbeitsunfällen Betroffene und ein Genesungsheim für Arbeiterinnen, in Vincennes ein solches für Arbeiter. Im Hospice impérial des Quinze-Verts wurden Blinde, in Charenton Geisteskranke, in Bordeaux taubstumme Frauen und in Chambéry taubstumme Männer untergebracht. Die Kaiserin übernahm die Schirmherrschaft über mehrere Wohltätigkeitsanstalten, so für Wöchnerinnen und in Not geratene Familien.

Für Eugenie war die Caritas nicht nur ein Erfordernis der Staatspolitik, sondern auch ein Gebot der christlichen Nächstenliebe. »Häufig fühlte sich die Kaiserin zu der Rolle der unbekannten Wohltäterin hingezogen«, notierte Minister Ernest Pinard. »Sehr oft machte sie, nur von einer Hofdame begleitet, heimliche Besuche in den ärmsten Häusern, in denen sie bis in die obersten Stockwerke hinaufstieg. Eines Tages aber wurde sie erkannt und von der Menge bedrängt. Fortan wurden zwei Geheimpolizisten bestellt, die ihr überallhin zu folgen und auf sie aufzupassen hatten.«

Bei offiziellen Auftritten erschien die Kaiserin in Begleitung von Leibgardisten ihrer Dragons de l'Impératrice. Gern schaute sie den Kavalleristen beim Exerzieren zu, betrachtete die hellgrünen Röcke mit Schulterstücken und Achselschnüren, die krapproten Hosen, die kupfernen Helme mit den wehenden Büschen. Im Unterschied zu den auf strenge Kleiderordnung achtenden Militärbefehlshabern gefielen der zu Extravaganzen neigenden Eugenie die bombastischen Accessoires, die ihre Gardisten, die dann eher Operettenstatisten als Soldaten der Grande Armée glichen, nach Wunsch und Laune anlegten.

Auf der Fahrt zur Eröffnung der Weltausstellung eskortierten die Karosse des Kaiserpaares Napoleons Cent-Gardes in himmelblauen Röcken und schimmernden Brustharnischen; davor und dahinter ritten Kürassiere der Garde impériale in weißen Hosen und roten Mänteln. Franzosen waren begeistert, Ausländer beeindruckt und der Nachfolger des Soldatenkaisers Napoleon I. befriedigt. Wenn man eine Regierung führe, meinte Napoleon III., müsse man zwei Dinge tun: die breiten Massen zufriedenstellen und sich die oberen Klassen günstig stimmen. Dabei blieb ihm bewußt, daß Franzosen von einem Bonaparte noch mehr erwarteten: imperiale Größe und militärischen Ruhm für die Grande Nation. Daher hatte er ein ebenso prächtiges wie schlagkräftiges Heer aufgestellt, das auf der Krim erste Lorbeeren errang.

Das imponierte auch einem Berliner Fabrikanten, der auf der Pariser Weltausstellung von den von ihm gefertigten Zinnsoldaten die Schlacht an der Alma noch einmal schlagen ließ. Zum Sieg der verbündeten Franzosen und Engländer über die Russen am 20. und 21. September 1854 hatte der Sturmangriff der Zuaven, einer französischen Elitetruppe, entscheidend beigetragen. In Paris wurde mit dem Bau des Pont de l'Alma begonnen, der Brücke, die zwischen dem Pont des Invalides und dem Pont d'Iéna den Zugang zum Gelände der Weltausstellung erleichtern sollte. Zu deren Eröffnung war sie jedoch nicht fertig geworden; sie konnte erst am 2. April 1856 eingeweiht werden.

Eine neue Siegesnachricht erreichte am 18. August 1855 Paris: Die russische Armee, die den alliierten Belagerungsring um Sebastopol von außen her aufzubrechen versuchte, wurde zurückgeworfen. Mit der Siegesmeldung traf an diesem Sonnabend im August die Königin von England in der französischen Hauptstadt ein. Mit der Erwiderung des Staatsbesuches des Kaiserpaares in London wollte die Queen das Kriegsbündnis zwischen beiden Staaten befestigen und die Entente cordiale mit Napoleon III. im allgemeinen und mit Eugenie im besonderen bekunden. Es war das erstemal, daß ein britischer Souverän offiziell in Paris empfangen wurde, und nicht allein Empereur und Impératrice, die ganze Stadt wußte dieses Ereignis gebührend zu würdigen.

Unter Triumphbögen zogen die Queen, Prinz Albert und ihre beiden ältesten Kinder in der französischen Hauptstadt ein. Sie wurden von der Bevölkerung begeistert begrüßt und vom Kaiserpaar mit allen Ehren empfangen. Napoleon hofierte die Königin und schmeichelte ihrem vierzehnjährigen Sohn, dem späteren König Eduard VII., der Paris nicht mehr vergessen konnte. Eugenie schenkte der Queen einen Rosenfächer und ihrer fünfzehnjährigen Tochter Viktoria, der späteren Gemahlin des deutschen Kaisers Friedrich, ein Medaillon mit einer ihrer tizianroten Locken.

The Queen was amused. »Ich bin entzückt, bezaubert, es unterhält und interessiert mich alles, und ich glaube, ich habe nie etwas Schöneres und Fröhlicheres gesehen als Paris«, schrieb sie Onkel Leopold nach Belgien. »Meine Kinder sind ganz verliebt in den Kaiser, der so freundlich zu ihnen ist. Er hat wirklich sehr gute Manieren. Er und die teure und so reizende Kaiserin, die Albert besonders gefällt, machen die Honneurs auf sehr charmante Weise und erweisen die freundlichsten Aufmerksamkeiten aller Art.«

Sie wußten Feste zu geben, schöne in Saint-Cloud, das schönste im Schloß zu Versailles. Eugenie erschien ganz in Weiß, mit einem Blumenhut, auf dem Brillanten wie Tautropfen glitzerten. Viktoria trug ihr großes Diadem mit dem Kohinur, dem berühmten Diamanten aus Indien, der auf die Weltgeltung Britanniens verwies. In der Galerie des Glaces, deren Fenster geöffnet waren, vermehrten die Spiegel die Pracht des Feuerwerkes im Park, das – als Höhepunkt –

Schloß Windsor an den Himmel projizierte. Versailles und Windsor – die Eintracht zwischen Frankreich und England schien dauerhafter zu sein als die vom Dunkel der Nacht verschlungenen Leuchtraketen.

Nicht alle der zwölfhundert Geladenen fanden das Fest so feenhaft wie Königin Viktoria. Eugenie war verstimmt, daß ihrer in Paris weilenden Mutter, der Gräfin von Montijo, und ihrer Schwester, der Herzogin von Alba, vom Protokoll nicht gebührende Plätze angewiesen worden waren, sie – wie Madame Baroche, eine Ministergattin, beobachtete – im Gedränge »wie gewöhnliche Sterbliche gedrückt und gestoßen wurden«. So sah sich auch ein Besucher aus Preußen behandelt, Otto von Bismarck, der königliche Gesandte am Deutschen Bundestag, der wie die meisten anderen vor den Büfetts anstehen mußte. »Es kamen Zusammenstöße der gestickten und bebänderten Herren und reich eleganten Damen vor, die in Handgreiflichkeiten und Verbalinjurien übergingen«, erinnerte er sich. »Ich zog mich mit dem befriedigenden Eindruck zurück, daß trotz allen Glanzes des Kaiserlichen Hofes der Hofdienst, die Erziehung und die Manieren der Hofgesellschaft bei uns wie in Petersburg und Wien höher standen als in Paris.«

Einen Lichtblick nahm er war: »Die Kaiserin ist schöner als alle ihre Bilder, die ich von ihr gesehen habe«, schrieb Bismarck seiner Frau, »ungemein graziös und lieblich.« Man sah Eugenie nicht an, daß sie wieder schwanger war. Die eingeweihte Viktoria gab ihr Ratschläge: Wenn sie sich schone und ein Kind, gar einen Prinzen gebäre, müsse sie fortan mit dafür sorgen, daß dem Erben ein unversehrtes Reich hinterlassen werden könne – ein mit dem britischen Empire verbunden bleibendes französisches Empire.

Nach zehn Tagen, am 28. August 1855, verließen Viktoria und Albert das Paris Napoleons III., nicht ohne dem toten Napoleon I. ihre Reverenz erwiesen und unter den Klängen des von der Orgel des Invalidendomes gespielten »God Save the Queen« bezeugt zu haben, daß aus den Erzfeinden von gestern die Waffenbrüder von heute geworden waren.

Frankreich trug die Hauptlast im Krieg gegen Rußland und seine Truppen errangen den entscheidenden Sieg der Alliierten: Am 8. September 1855 erstürmten die Zuaven des Generals Patrice de Mac Mahon den Malakoff-Turm, die Schlüsselstellung von Sebastopol. Die Russen gaben Festung, Stadt und Hafen auf; der Krimkrieg, der ein Sebastopolkrieg geworden war, fand damit sein militärisches Ende.

Fast ein ganzes Jahr lang, 332 Tage, hatten Truppen Napoleons III., der Queen Victoria und Viktor Emanuels II., des Königs von Sardinien-Piemont, die russische Bastion am Schwarzen Meer belagert. Die Franzosen verloren 95 000 Mann, davon 75 000 durch Krankheit, die Engländer 22 000 und die Italiener 2 000 Mann. Ein »Rotes Kreuz« gab es noch nicht; Verwundete und Erkrankte wurden unzureichend versorgt, auch wenn die englische Diakonissin Florence Nightingale und ihre Helferinnen wie die französischen Schwestern von Saint-Vincent-de-Paul ihr Möglichstes taten.

Eugenie hatte die ins Feld ziehenden Soldaten bedauert und bei der Verabschiedung der Gardeoffiziere geweint. Sie spielte jedoch ihre Rolle als Kaiserin schon so gut, daß sie den Krimkrieg zwar nicht für eine erfreuliche, aber doch für eine notwendige Sache hielt. Sie hoffe, schrieb sie einem General, daß die napoleonischen Adler bald über Sebastopol fliegen werden, damit der Kaiser und sie all das, was sie durchgemacht hätten, vergessen könnten.

Beide hatten den Sieg herbeigesehnt, wobei Eugenie mehr an das Ende des Blutvergießens und der Empereur mehr an den Lorbeer dachte, den ein Bonaparte an die Trikolore heften mußte. Er hatte seinem Volke Frieden versprochen und dennoch einen Krieg geführt, dessen große Opfer das Konto des Zweiten Kaiserreiches belasteten. Nur durch einen Triumph über den reaktionären Zaren, der Napoleon I. 1812 versagt geblieben war, konnte das Manko einigermaßen ausgeglichen werden.

In einem Triumphzug kehrte die Garde impériale am 29. Dezember 1855 zurück. Zwischen der Bastille und der Place Vendôme standen jubelnde Pariser Spalier. Die Soldaten trugen ihre zerschlissenen Felduniformen, hatte ihre Bärte nicht abrasiert, und »die zerfetzten Fahnen«, so eine Augenzeugin, »erzählten von Kampf und Tod, doch die sie krönenden Lorbeerkränze berichteten von Gloire und Victoire«.

Der Empereur begrüßte die Heimkehrenden an der Vendôme-Säule, die vom Ruhm Napoleons I. und nun auch von seinem eigenen zeugte. Aber Napoleon III. wollte nicht nur als Soldatenkaiser, sondern auch als Friedenskaiser gelten, und so ging er daran, den militärischen zu einem politischen Erfolg auszubauen, mit dem Ziel, seine Person zum Primus und sein Reich zur Vormacht in Europa zu erheben.

Der Weg war durch den Tod des Zaren Nikolaus I. geöffnet und durch den Fall von Sebastopol geebnet worden. Alexander II. suchte Rußland aus der Sackgasse des Krieges herauszuführen. Napoleon III. trieb ihn an. Er gedachte die Polen gegen die Russen zu mobilisieren, und er lockte mit seiner Bereitschaft, wie seinerzeit Napoleon I. dem Herrscher aller Reußen die Hand zu reichen – nun nicht mehr in Tilsit, sondern in der Hauptstadt des Zweites Kaiserreiches. Alexander II. blieb in Petersburg, aber er schickte den Grafen Orloff in die französische Hauptstadt. »Sie bringen uns den Frieden?« fragte ihn der Empereur, und der Abgesandte des Zaren antwortete: »Ich komme, ihn zu suchen, denn in Paris ist alles zu finden.«

Im Jahre 1815 war der Friede in Wien gefunden und unter dem Präsidium des österreichischen Außenministers Metternich eine Friedensordnung erreicht worden, in der das besiegte Frankreich zwar gleichberechtigt behandelt, aber seines Vorrangs entkleidet worden war. Dessen Wiedergewinnung erstrebte Napoleon III. im Jahre 1856 auf dem Pariser Kongreß. Auch wenn ihm dies mehr protokollarisch als machtpolitisch gelang, so kam er doch seinem Ziel, das System von 1815 zugunsten des Second Empire und zuungunsten der alten Kaiserreiche Rußland und Österreich zu verändern, einen beachtlichen Schritt näher.

Der Pariser Kongreß wurde am 25. Februar 1856 im französischen Außenministerium am Quai d'Orsay eröffnet. Unter Vorsitz des französischen Außenministers Alexandre Walewski versammelten sich Minister und Diplomaten: die Briten Clarendon und Cowley, die Türken Ali Pascha und Mehmed Dschemil, die Russen Orloff und Brunnoff, die Österreicher Buol und Hübner.

»Die Reunion am grünen Tische war durch die Wichtigkeit der zu regelnden Angelegenheiten, die Stellung der Persönlichkeiten, aus denen sie zusammengesetzt war, und die Einfachheit, mit welcher vorgegangen wurde, eine imponierende«, notierte der österreichische Botschafter, der mit der eigenen Wichtigkeit und der Stellung seines Landes nicht zufrieden sein konnte. Die Schaukelpolitik Wiens hatte eine Distanzierung Rußlands von Österreich und eine Annäherung Rußlands an Frankreich bewirkt. Dies kam Preußen, dem Rivalen des Habsburgerreiches in Deutschland, zugute; seine Vertreter, Manteuffel und Hatzfeldt, wurden am 18. März hinzugezogen. Und dies nützte Sardinien-Piemont, dem italienischen Herausforderer des Vielvölkerreiches, dessen Bevollmächtigte, Cavour und Villamarina, als Kriegsverbündete Frankreichs und Englands von Anfang an am Verhandlungstisch saßen.

Auch der Pariser Kongreß tanzte. Die Exzellenzen, sagte man, seien auf einem »Congrès« und nicht »à la Diète«, und dies bedeutete – nach dem Doppelsinn des französischen Wortes »diète«, nämlich Reichstag und Diät – sie nähmen zwar an einem Kongreß teil, seien aber nicht auf Diät gesetzt. Ein Fest folgte dem anderen. Der Kaiser, der das Ganze dirigierte, empfing jeden Donnerstag und Sonntag in den Tuilerien. Die Kaiserin glänzte durch Abwesenheit. Sie stand vor der Niederkunft; am 16. März 1856 wurde sie von einem Sohn entbunden.

Für Napoleon III. war dies die Krönung des Kongresses. Die europäische Machtstellung des Zweiten Kaiserreiches wurde begründet, und mit dem Thronerben war ein Garant für dessen Zukunft geboren worden. Schon jetzt erwiesen ihm die Vertreter der Staaten ihre Reverenz, zogen am 18. März an der Wiege des Kindes vorbei, auf dessen Decke das Großkreuz der Ehrenlegion lag. Die Mutter bekamen sie nicht zu Gesicht; sie litt unter den Folgen der schweren Geburt. Die Nachricht vom Defilee der Minister und Diplomaten brachte ihr Genugtuung und bestärkte sie in ihrem Vorsatz, den Sohn so zu erziehen, daß er seiner Aufgabe gewachsen wäre, und sich der Geschicke des Kaiserreiches so anzunehmen, daß er es unbeschadet übernehmen könnte.

Am 30. März 1856, einem Sonntag, wurde der Pariser Friede mit der einem Adler im Jardin des Plantes ausgerissenen Feder unterzeichnet, die der Kaiser dann der Mutter des Aiglon verehrte. Die Glocken läuteten, die Kanonen vor dem Invalidendom gaben hunderstein Salutschüsse ab, und das Wetter war herrlich. Die Sonne schien für Frankreich aufzugehen, Italien und Preußen witterten Morgenluft, für die Türkei brach die Dämmerung an, und das Britische Empire lag im Abendrot, das einen neuen schönen Tag versprach.

Die Hauptverlierer des den Krimkrieg beendenden Friedensschlusses waren Alexander II. und Franz Joseph I. Rußland wurde in seine Schranken verwiesen. Mit der Neutralisierung des Schwarzen Meeres wurde seine Ausfallbasis zum Mittelmeer geschmälert, und durch die Abtretung der Donaumündungen an das aus den Donaufürstentümern Moldau und Walachei geschaffene, doch unter türkischer Oberhoheit verbleibende Rumänien verlor Rußland die Kontrolle über die Donauschiffahrt, die für frei erklärt wurde. Österreich durfte die Donaufürstentümer, die es als bewaffneter Friedensvermittler besetzt hatte, nicht behalten, vermochte seine Position auf dem Balkan nicht zu stärken, die durch ein gegen Wien nun feindselig gestimmtes Petersburg mehr denn je gefährdet war.

Hauptgewinner waren Frankreich und England. Napoleon III. konnte sich rühmen, die Mächtekonstellation von 1815 zu seinem Vorteil verschoben zu haben. Queen Viktoria war befriedigt, daß die Balance of power auf dem Kontinent bewahrt blieb, auch wenn sich das Schwergewicht von Rußland nach Frankreich verlagert hatte.

Zwei Tage nach der Unterzeichnung des Pariser Friedens, am 1. April 1856, führte Napoleon III. auf dem Champ-de-Mars den Franzosen und den Vertretern des Auslandes seine Truppen vor, die den Krimkrieg gewonnen hatten und die Einhaltung des in seiner Hauptstadt geschlossenen Friedenswerkes überwachen sollten. Zwar hatte er erklärt, mit dem Ergebnis des Kongresses könnten alle zufrieden sein, denn es sei »ehrbar für alle und für niemanden erniedrigend«. Aber er wußte, daß nur ein bewaffneter Frieden zustande gekommen war, und nahm sich vor, das Schwert scharf und das Pulver trocken zu halten.

»Seine Majestät war sehr heiter, was wohl begreiflich ist«, notierte der österreichische Botschafter Hübner, dem nicht so wohl zumute war. »Napoleon III. stand unbestritten auf dem Gipfel der Gloire«, konstatierte Comtesse de Damrémont. »Die Repräsentanten der größten Mächte der Welt«, die bei der Friedensparade auf dem Marsfeld hinter ihm standen, »bezeugten durch ihre Anwesenheit die Sympathien, die der Empereur jenen eingeflößt hat, die noch vor kurzem seine Feinde gewesen waren.«

Der Kongreß von Paris, resümierte der französische Offizier Charles Bocher, habe den Höhepunkt des Second Empire markiert. Seine Hauptstadt war ein Machtzentrum Europas und sein Kaiserhof der glänzendste der Welt geworden. In dessen Mittelpunkt stand ein Kaiser, der sein militärisches und politisches Fortune auskostete, und nach ihrer Genesung eine Kaiserin, die, wie eine Bewunderin Eugenies fand, durch ihre Schönheit und Vornehmheit den ersten Rang einnahm.

Fünftes Kapitel

Hof und Herrscherin

In der »großen Mietskaserne der Tuilerien« fühlte sich Eugenie nicht wohl. Sie meinte, »in einem Käfig« zu sitzen, der ihr, je länger sie in ihm einsaß, immer weniger als golden erschien. Denn der Anspruch, das höfische Zentrum eines mächtigen Reiches zu sein, stand in Widerspruch zu den Annehmlichkeiten, die es seinen Bewohnern bot.

Von Gold strotzten nur die Repräsentationsräume. Die Salle du Trône, das Grand Cabinet, die Salle des Maréchaux oder die Galerie de Diane waren noch im Stil Ludwigs XIV. und Ludwigs XVI. dekoriert, in dem sich Gepränge und Geschmack die Waage hielten. Die Adler und Bienen Napoleons I. hatten die Lilien der Bourbonen in den Hintergrund gedrängt. Das Mahagoni des Zweiten Kaiserreiches sollte Weltläufigkeit wie Großbürgerlichkeit und das auf den Empiretischen erscheinende Tafelgeschirr aus Neusilber und bald schon aus Aluminium die Aufgeschlossenheit des Nouveau régime für technische Neuerungen demonstrieren.

Jenseits der Repräsentationsräume traf man kaum mehr auf echten wie unechten Prunk und schon gar nicht auf modernen Komfort. In den langen und engen Gängen brannten Tag und Nacht unzählige Petroleumlampen, die, ohne das Halbdunkel zu verscheuchen, einen unangenehmen Geruch und eine unerträgliche Hitze verbreiteten. Ständig zog es in den Korridoren und auf den Wendeltreppen. Hofchargen mußten den hin- und hereilenden Hofbediensteten ausweichen, Holzträgern, Wasserschleppern und Abortreinigern; denn es gab nur offene Kamine, kein fließendes Wasser, und die Toiletten glichen Latrinen.

Gespenster der Vergangenheit geisterten durch die Zimmerfluchten. Am 10. August 1792 hatte, nach dem Sturm auf die Tuilerien, eine Marktfrau im Bett der Schloßherrin Marie Antoinette ihren Rausch ausgeschlafen; die Königin war in den Turm des Temple umquartiert, dann in den Kerker der Conciergerie geworfen und schließlich am 10. Oktober 1793 geköpft worden. Sie steige nie die Treppe der Tuilerien hinab, gestand die Kaiserin, ohne Angst zu haben, dem Schicksal der Königin entgegenzugehen.

Schon jetzt fühlte sie sich in den Tuilerien wie in einem Gefängnis, eingeschlossen mit Insassen, die sie nicht ausstehen konnte und die ihr nicht entgegenkamen. Wenn sie an Madrid denke, schrieb sie der Schwester, »wo ihr euch jeden Abend im trauten Kreis zusammenfindet, werde ich furchtbar traurig«. Um mit Paca öfter zusammenzusein, kaufte sie ihr 1855 ein Palais an den Champs-Elysées. Aber die Herzogin von Alba konnte nicht immer in Paris sein, so daß Eugenie nichts anderes übrigblieb, als der einzigen Vertrauten in Briefen ihr Herz auszuschütten. »Es ist schon lange her, daß ich sagen konnte: Ich will.« Nun hieß es für sie immerzu und auf immerdar: »Ich muß.«

Einen einzigen Menschen, der sie an die Heimat und an die schönen Tage erinnerte, als sie – wie sie seufzte – »noch in der Welt ging«, ihre eigenen Wege gehen durfte, hatte sie ständig um sich: ihre Kammerzofe Josepha Pollet, genannt Pepa. Der Kaiser hätte sie gerne entfernt, denn sie wußte zu viel aus dem früheren Leben der Kaiserin. Geschwätzig wie sie war, hielt sie damit nicht hinter dem Berg. Da sie ihre Augen und Ohren überall hatte, wußte sie Eugenie über die Liebschaften ihres Gatten auf dem laufenden zu halten. Die Kaiserin hatte es durchgesetzt, sie behalten zu dürfen, und genoß es, mit Pepa spanisch zu plaudern, der von ihr köstlich zubereiteten Schokolade zuzusprechen und sich anzuhören, was man am Hofe klatschte und tratschte.

Von ihrem Hofstaat fühlte sich Eugenie mehr eingeengt als

angeregt. An der Spitze der »Maison de l'Impératrice« stand die Fürstin von Essling, die »Madame Caporal« genannt wurde, weil sie wie ein Feldwebel die Befolgung der Dienstvorschrift, der Hofetikette, durchsetzte und die Hofdamen, sogar die Hofherrin, herumkommandierte. Es gab zunächst sieben, schließlich zwölf »Dames du Palais«. Der Schriftsteller Maxime Du Camp beschrieb sie als »elegante Tänzerinnen, gewandte Reiterinnen, ohne Geist und Witz, aber mit frechem Mundwerk«. Die Frauen in der Umgebung der Kaiserin, deren »wunderbare Schönheit« noch »durch ihre natürliche Heiterkeit und ihr bestrickendes Wesen« gewinne, machten im Gegensatz zu ihrer Herrin »einen sehr unangenehmen Eindruck«, bemerkte Lord Malmesbury, der englische Außenminister. Die Hofdamen »frisieren sich wie Chinesinnen, indem sie ihre Haare so fest in die Höhe ziehen, daß man meint, sie könnten ihre Augen nicht mehr schließen«.

Mandarinen glichen männliche Mitglieder der »Maison de l'Impératrice«. Erster Kammerherr war der Graf und spätere Herzog Charles Joseph Robert Philippe de Tascher de la Pagerie. Tagsüber stelzte er wie ein Pfau durch den Hof, an manchen Abenden holte ihn Eugenie von seinem Podest herunter und ließ ihn einen »dindon« mit Kollern imitieren, als Truthahn und – im doppelten Sinn des französischen Wortes – als Einfaltspinsel agieren.

Zum Amüsement Eugenies trug auch die Vorleserin Madame Pons de Wagner bei, die sich trotz ihres kanonischen Alters wie eine junge Frau anzog und wie ein »Golden girl« benahm. Ihren Bibliothekar Hortensius de Saint-Albin behandelte sie mit der Achtung, die ihr seine Gelehrsamkeit abnötigte, obgleich er sie mit seiner abgetragenen Kleidung und seiner professoralen Zerstreutheit zum Lachen reizte.

Damen der Kaiserin waren in den Tuilerien in einem Zwischenstock mit niedrigen Decken und winzigen Fenstern untergebracht. Die dürftigen Wohnungen, die in krassem Gegensatz zu ihren höfischen Ansprüchen standen, waren nicht dazu angetan, sie bei guter Laune zu halten. Mademoiselle Aurélie Bouvet, die spätere Madame Carette, die zweite Vorleserin der Kaiserin, haßte die dunklen Gänge, in denen ihre von allen, auch von ihr selber bewunderte Schönheit nicht zur Geltung kam, und die engen Wendeltreppen, auf denen sie mit ihren weiten Röcken stecken zu bleiben drohte.

Eugenie verfügte über höhere, hellere und ausgedehntere Räume, ohne sich in ihnen nach Gusto entfalten zu können. Ihr Appartement lag zum Garten hin im ersten Stock der Tuilerien, dort, wo die letzten Bourbonen, Ludwig XVI., Ludwig XVIII. und Karl X., gewohnt hatten und Louis-Philippe in bürgerlich-behaglichem Milieu zu Hause gewesen war. Die Architekten Louis Visconti und Hector Lefuel richteten für die Kaiserin zehn Zimmer ein. Im Zentrum lagen drei Salons, der Grüne für die Damen vom Dienst, der Rosa als Wartezimmer für Geladene, und der Blaue Salon, in dem die Herrscherin empfing.

Die Salons waren in einem Stil gehalten, den man »Louis XVI-Impératrice« nannte und damit zum Ausdruck brachte, daß es sich um eine Imitation von Historischem in zeitgenössischem Geschmack, genauer in jenem Eugenies handelte. Das Audienzimmer war mit Bildnissen von Damen des Hofes ausgestattet, die jedoch nicht so schön gestaltet waren, daß sich der Eintretende nicht der Schönsten in Person der Kaiserin gegenüber gesehen hätte. An den Wänden des Grünen und des Rosa Salons prangten bunte Vögel und üppige Blumen. Neben den schweren Sesseln à la Louis XVI. standen vergoldete Neo-Rokoko-Stühlchen, die nach Wunsch zu plazieren waren, so als symbolisierten sie den mobilen und wenig stabilen Charakter des neu-monarchischen Regimes.

Dies entsprach auch einer Eigenheit Eugenies. Sie liebte es, ihre Möbel mal hierhin, mal dorthin zu stellen, was ihre Unstetigkeit wie ihr Unbefriedigtsein in einem Schloß andeutete, in dem sie für sich nicht den richtigen Platz zu finden wußte. Sie konnte nie genug Möbel haben, die sie selber aussuchte oder nach ihren Vorgaben anfertigen ließ und mit denen sie ihre Zimmer so vollstopfte, daß man – wie gesagt wurde – sich in ihnen so vorsichtig wie ein Schiff zwischen Klippen zu bewegen hatte.

Das galt vor allem für ihre Privaträume, für ihren »stillen Garten«, in die sie sich, wann immer möglich, zurückzog, um für sich zu sein und allein zu bleiben. Das Studio und der kleine Salon unterschieden sich kaum von großbürgerlichen Wohnzimmern der Epoche, in denen die Quantität des Zusammengestellten die Qualität des Ausgewählten überwog. Die Möbel waren aus dem modischen Mahagoni, mit Ausnahme des Schreibtisches Ludwigs XVI., den sie eher als eine Art Hausaltar denn als ein Arbeitsutensil betrachtete. Polstersessel, Hocker und Lehnstühle standen herum, in Vitrinen waren Nippsachen angehäuft und Souvenirs ausgestellt. Das Alleinsein und die Ruhe, die Eugenie suchte, schien sie dort nicht unbedingt gefunden zu haben; denn am liebsten hielt sie sich hinter einer Spanischen Wand in einer Ecke auf, in der, neben einer Efeupflanze, nur ein Kanapee, ein Fauteuil und ein aus Weiden geflochtener Tisch vorhanden waren.

Die Wände des Studios und des Salons waren wie in einem jener Museen, in denen auf beschränktem Platz möglichst vieles und nicht immer zueinander Passendes untergebracht war, mit Gemälden bedeckt. Neben dem Porträt Napoleons III. von Alexandre Cabanel und dem der Herzogin Anna de Mouchy von Winterhalter hingen »Ludwig XIV. und Molière« von Ingres, Bilder des alten Holländers Philips Wouwermans, der am liebsten Pferde malte, und des zeitgenössischen Franzosen Ernest Hébert, der auf Szenen aus dem italienischen Volksleben spezialisiert war.

Im Kunstgeschmack war Eugenie ein Kind ihrer Epoche, die aus vielerlei Gebieten und Stilen das entnahm, was ihr gerade gefiel. Als Kaiserin neigte sie dazu, auch Künstlern ihren Willen aufzudrängen. An einer Skizze für das ein Herbstgedicht Alfred de Mussets interpretierende Gemälde, die ihr Cabanel vorlegte, mäkelte sie so sehr herum, daß sich der Hofmaler verstimmt zurückzog und auch durch einen Brief Eugenies kaum besänftigt wurde: Sie sei trostlos, weil er nicht ans Werk ginge, er solle ihr endlich das Bild malen, »sonst werden Sie an dem leergebliebenen Platz aufgehängt«. Als die Schönste im Lande schien sie es nicht dulden zu wollen, daß andere Frauen schöner als sie dargestellt wurden. An einem Tonmodell, das Jean Baptiste Carpeaux für ein Porträt-Medaillon ihrer Vorleserin Bouvet gemacht hatte, korrigierte sie, weil es ihr zu schön erschien, mit angefeuchtetem Finger herum. »Regen Sie sich nicht auf«, tröstete der Kaiser den Meister. »Sie versteht nichts. Ich übrigens noch weniger.«

In ihrem privat genutzten Studio und Salon standen in goldbronzierten Schränken viele Bücher, die sie kaum alle gelesen haben dürfte. Die Kaiserin nannte einen Grund: »Ich kenne jetzt kein Dolce far niente mehr, und die Tage gehen dahin, ohne daß ich einen Augenblick zum Lesen oder Schreiben gekommen wäre.« Einen weiteren Grund verschwieg Eugenie: Sie parlierte lieber stundenlang als sich in ein Buch zu vertiefen. Am ehesten gefielen ihr die in kleinen Portionen angebotenen Zeitungsromane, so »Trente et quarante« von Edmond About, den sie so spannend fand, daß sie sich, als sie verreisen mußte und das Blatt nicht zur Hand hatte, den Inhalt der Fortsetzungen telegraphieren ließ.

An Octave Feuillet, der in der »Revue des Deux Mondes« eine Reihe von Romanen veröffentlichte, goutierte sie, wie so viele Damen, die chevalereske Art des Autors und besonders die Komplimente, die er der ersten Dame machte: Ihre Gemächer seien »ein Traum, das Nest einer Fee, einer Königin, eines blauen Vogels«. Für Prosper Mérimée, der auch in den Tuilerien als Hausfreund ein- und ausging, schien sie sich mehr persönlich als literarisch zu interessieren. Als erste Bonapartistin schätzte sie Gedichte von Pierre Jean de Béranger, der die Erinnerung an Napoleon I. beschworen und so mitgeholfen hatte, Napoleon III. auf den Thron zu bringen. Der Dichter starb 1857 in dem Liegestuhl, den ihm die Kaiserin geschenkt hatte.

Die Spanierin verdrängte den Tod aus ihrem Dasein. Doch sie vergaß nicht, daß ihren irdischen Tagen ein Ende gesetzt war, sie bemühte sich, so zu leben, daß sie vor Gottes Gericht bestehen könnte, und suchte durch Gebete wie gute Werke die Gnade Gottes zu erlangen, das Heil im Jenseits zu erwerben. »Ich bin bis in die Wurzeln meines Wesens gläubig. Meine ganze moralische Persönlichkeit ist derart vom Katholischen durchtränkt, daß ich mir mich als Nichtkatholikin gar nicht vorstellen könnte«, bekannte Eugenie. »Ich bin daher meinen religiösen Pflichten stets pünktlich nachgekommen.«

Für »eine Betschwester« hielt sie sich nicht, und als »eine Klerikale« wollte sie nicht gelten, einen »widerrechtlichen Einfluß des Klerus auf die Politik« nicht dulden. Priester habe sie »nur zu meiner geistlichen Erbauung und zu meinem inneren Troste in der Einsamkeit meines Oratoriums aufgesucht«. Ihr Beichtvater wurde Abbé Marie Bernard Bauer. Den aus einer jüdischen Budapester Familie Stammenden und als Aktivist des niedergeschlagenen ungarischen Aufstandes von 1848/49 nach Frankreich Geflohenen hatte Eugenie bereits 1851 in Eaux-Bonnes kennen und schätzen gelernt. Sie bestärkte den jungen Mann in seiner Absicht, katholisch zu werden und in den Orden der Unbeschuhten Karmeliter einzutreten; sie selbst wäre gern ins Kloster gegangen, soll sie ihm versichert haben.

In ihrer Privatkapelle im Tuilerienschloß, in der sie sich in das Gebet versenkte und allein die Messe hörte, brannten immer Kerzen vor einem Bild der Madonna. Eugenie nahm Anteil an der Marienverehrung ihrer Zeit. 1854 verkündete Papst Pius IX. das Dogma von der Unbefleckten Empfängnis. 1858 erlebte Bernadette Soubirous ihre Marienerscheinungen in Lourdes, wo seitdem viele Menschen Heilung suchten und nicht wenige sie fanden. Die Öffnung der Grotte als Wallfahrtsstätte soll, wie später behauptet wurde, aufgrund einer Intervention der Kaiserin erfolgt sein – zum Dank dafür, daß ihr von heftiger Atemnot befallenes Kind nach Auflegung eines Grases aus der Erscheinungsgrotte genesen sei.

Napoleon III. gab seine Zustimmung weniger aus religiösen denn aus politischen Gründen. Die römisch-katholische Kirche betrachtete und behandelte er als Stütze der gesellschaftlichen und staatlichen Ordnung. Persönlich ein lauer Christ, suchte er als Herrscher einen Mittelweg zwischen den Gläubigen, die er umwarb, und den Freidenkern, die er nicht vor den Kopf stoßen wollte. So förderte er das katholische Schulwesen, ohne die »Université«, den Hort des laizistischen Bildungswesens, zu vernachlässigen. Die Zeitung »Le Siècle« ließ er antiklerikal und die Zeitung »L'Univers« klerikal schreiben; er erhoffte sich dadurch eine gewisse Balance der veröffentlichten Meinung.

Die Sonntagsmesse in der Hofkapelle der Tuilerien war für Napoleon eher eine Staatsaktion, für Eugenie jedoch kirchliche Pflicht und religiöses Bedürfnis. Auf zahlreiche Mitfeiernde wurde Wert gelegt; den schriftlich ergangenen Einladungen mochte sich niemand entziehen. Der Kaiser und die Kaiserin hatten ihre Plätze vor dem Altar, an dem der Premier Aumônier, der oberste Hofgeistliche, die Messe las. Ein Chor und Solisten sangen; »die Musik«, erinnerte sich Madame Carette, »war exzellent, das Amt sehr feierlich.« An bestimmten Festen wurde gepredigt, auch von Abbé Bauer, der als einer der besten Prediger seiner Zeit gerühmt wurde.

Der Empereur, der an der Messe in der Uniform eines Divisionsgenerals teilnahm, empfing anschließend das höhere Offizierskorps. Eugenie wäre auch zur Sonntagsmesse lieber in ihre Privatkapelle gegangen als dem als höfischen Akt inszenierten Hochamt beizuwohnen. Aber auch in dieser für sie so wesentlichen Angelegenheit hatte sie ihrer Pflicht als Kaiserin nachzukommen.

Ein Diplomat müsse dorthin gehen, wohin ihn seine Regierung schicke, ein Soldat müsse auf Befehl in den Krieg ziehen, »und wir«, erklärte die Kaiserin, »müssen Diners und Soupers ohne Ende geben, sowie Empfänge, bei denen man drei oder vier Stunden zu stehen und jedem ein passendes Wort zu sagen hat.« Ihr Posten war am Hof, ihr »Schlachtfeld die Gesellschaft«, an Festtagen stand sie an der Front und selbst im Alltag war sie nicht in die Etappe entlassen.

Gegen 8 Uhr wurde sie geweckt, aus Schlaf und Traum gerissen und in das Hofprotokoll eingespannt. Vor dem auf einer Estrade stehenden Bett, das eher einem Thron als einer Liegestatt glich, standen Pantoffel aus weißem Satin, jeden Morgen ein neues Paar. Sie legte ihr Nachtkorsett ab, das auch während der Ruhe ihre Figur in Form halten sollte, begab sich in das Cabinet de toilette, das einer kleinen Spiegelgalerie glich, und nahm ein heißes Bad. Mit Hilfe der Kammerzofe zog sie sich an, für den Morgen ziemlich einfach, oft ein Kleid aus geripptem schwarzen Taft. Sie puderte sich, zog mit einem Stift die Augenbrauen nach, ließ sich von Maître Leroy frisieren und begann den Tag mit einem Gebet in der Privatkapelle.

Den Vormittag verbrachte sie meist in ihrem Studio, besprach sich mit Sekretär Damas Hinard, empfing Lieferanten und ging mit Pepa, die sich um ihre Privatschatulle kümmerte, Rechnungen durch. Dabei war die Kaiserin, die als Gräfin mit ihren knappen Mitteln haushalten mußte und diese Angewohnheit nicht mehr ablegen konnte, so kleinlich, daß Prinzessin Mathilde daraus schloß: »Eine wirklich große Dame ist sie nicht.«

Anschließend fuhr Eugenie des öfteren in einer einfachen Kutsche aus, besuchte Wohltätigkeitsanstalten oder genoß das Leben und Treiben auf den Boulevards. Mitunter ging sie, unauffällig gekleidet und mit dunkler Brille, ein Stück zu Fuß, schaute in die Auslagen und freute sich über jeden bewundernden Blick und manches Kompliment, das sie als Frau und nicht als Herrscherin erhielt. Einmal stieg ihr ein Mann bis zu den Tuilerien nach und machte ihr ein galantes Angebot. Sie erzählte es ihrem Gemahl, der anordnete, daß sie fortan nicht nur von einer Hofdame, sondern auch von einem Leibwächter begleitet wurde.

Den Kaiser, der manchmal schon am Vormittag bei ihr vorbeigeschaut und ihr Zimmer mit Zigarettenqualm verpestet hatte, traf sie gewöhnlich zum Mittagessen, das sie zu zweit im Salon Louis XIV. einnahmen. Dessen Dekoration stand im Gegensatz zum Gehalt der Gerichte, die von einem Maître d'hôtel und vier Bediensteten serviert wurden. Eugenie legte noch weniger Wert auf das Essen als Napoleon, und nicht nur, weil sie auf ihre Linie bedacht blieb. Sie sei keine Feinschmeckerin gewesen, bemerkte Mérimée. »Die ekelhafteste Ratatouille, die man ihr vorsetzt, findet Gewogenheit bei ihrem Gaumen.« Die Formen der Präsentation waren ihr wichtiger als die Substanzen der Speisen. Diese kamen oft nur lauwarm auf den Tisch; die Küchen der Tuilerien lagen weit entfernt im Untergeschoß des Pavillon de Flore. Länger als eine Dreiviertelstunde durfte das Essen nicht dauern.

Nach dem Déjeuner begann für sie der offizielle Teil des Tages, den ihre Grande Maîtresse de la Maison de l'Impératrice dirigierte. Im Mittelpunkt standen Audienzen. Der Herrin waren Informationen über die Geladenen vorgelegt worden, die sie sich einzuprägen suchte, um den Empfangenen das Gefühl zu geben, daß sie deren Verhältnisse kenne und daran Anteil nehme. Indes kam es vor, daß sie die Notizen durcheinander brachte oder ihre Hofdame die Namen verwechselt hatte, so daß sie sich etwa bei einer Frau, die keine Kinder hatte, nach deren Befinden erkundigte. Aus Ärger über ihre Zerstreutheit biß sie sich dann auf die Lippen, und über der Hofdame, die an der Verwirrung schuld war, ging ein Gewitter in spanischem Stakkato nieder.

Eugenie atmete auf, wenn sie die Audienzen hinter sich gebracht hatte und die Zeit für die Ausfahrt der Kaiserin gekommen war. Im Unterschied zu der am Vormittag trug die Ausfahrt am Nachmittag offiziellen Charakter. In ihrem grünen Daumont, einem Vierergespann mit Stangenreiter, gefolgt von einem Hofwagen und eskortiert von Lanzenreitern, gelangte sie über die Champs-Elysées und die Avenue de l'Impératrice, die heutige Avenue Foch, zum Bois de Boulogne. »Auf der ganzen Fahrt wurde die Kaiserin begrüßt und bewundert«, berichtete der Journalist Gaston Jollivet, »und sie grüßte nach links und nach rechts mit einer Neigung des Kopfes«, so würdevoll und elegant, wie nur sie es zustande gebracht habe.

Zum Diner um 19 Uhr 30 legte sie Abendtoilette an. An gewöhnlichen Tagen wurde es, wie das Déjeuner, im Salon Louis XIV., nun aber unter Teilnahme der diensttuenden Hofchargen eingenommen. Kaiser und Kaiserin ließen sich nebeneinander am prächtig gedeckten Tisch nieder, auf dem das Menü rasch aufgetragen und wieder abgetragen wurde: zwei Suppen, zwei Zwischengerichte, vier Vorspeisen, zwei Braten, zwei Fische und eine Reihe von Desserts. Die Qualität der Gerichte, nicht jene der Weine, ließ zu wünschen übrig. Zu den Errungenschaften des Second Empire zählte das Classement der Bordeaux-Weine von 1855. Der »Vin ordinaire« an der kaiserlichen Tafel waren Château Mont-Rose und Saint-Estèphe »deuxième cru«. Für besondere Anlässe lagerten 1858 im Keller der Tuilerien 3356 Flaschen Château Margaux und 3331 Flaschen Château Lafite, »premier crus«.

Den Kaffee nahm man im Salon d'Apollon. Die Damen steckten die Köpfe zusammen, die Herren standen um Napoleon herum, der – nur ihm war das erlaubt – eine Zigarette nach der anderen rauchte. Dann setzte man sich zusammen, hielt ein Schwätzchen oder machte ein Kartenspielchen. Um 22 Uhr wurde der Tee serviert. Der Kaiser verabschiedete sich, um in sein Arbeitszimmer zu gehen oder sich auf Seitenwege zu begeben. Die Kaiserin blieb, wieder ganz Eugenie, mit den Gästen zurück, plauderte und plauderte, manchmal bis weit nach Mitternacht, ohne zu bemerken, jedenfalls nicht darauf zu achten, daß so manche Dame hinter ihrem Fächer gähnte und das bewundernde Lächeln der Herren eingefroren war.

Als ob sie noch Doña Eugenia wäre, lud sie an Montagen zu einer Tertulia in ihre Privatgemächer ein, zu einer geselligen, zwanglosen Zusammenkunft, bei der getrunken, gelacht, getratscht, gespielt und getanzt wurde. »Ich möchte hier keine alten Gestalten sehen«, sagte sie zu Mérimée. »Ich wünsche mir ein beschwingtes Haus, Jugend darin. Man muß tanzen können, wenn man hier willkommen sein will.« Mitunter war sie so ausgelassen, daß sie eine Kerze auf ungewöhnliche Weise löschte: durch einen mit dem Fuß zielsicher geschossenen Ball. Mit diesem Kunststück pflegte sie der Etikette wenigstens für einen Augenblick ein Schnippchen zu schlagen.

Einmal ließ sie Schloß und Protokoll ganz hinter sich, fuhr mit einer ausgelassenen Gesellschaft auf einem Seine-Boot durch Paris, wobei der Champagner in Strömen floß. »Wer weiß, ob mein Kahn immer friedlich dahintreiben und wo er bei einem Sturm hingeraten wird«, fragte sich Eugenie. Eine Antwort suchte sie in ihrer Religion: »Allein der Glaube an Gott läßt mich der Zukunft ohne Zittern entgegensehen.« Aber sie nahm auch Zuflucht zum Aberglauben, zum Spiritismus.

Schon die alten Römer hatten, um die Zukunft zu erforschen, dreifüßige Gestelle in Bewegung gesetzt. Nun war das Tischrücken in Mode gekommen, wodurch man Vergangenes zu beschwören und Aufschluß über das Heute wie Morgen zu erhalten suchte. »In Paris, die Tuilerien mit inbegriffen«, notierte Hübner im März 1857, dränge man sich um das »berühmte Medium« Douglas Hume. »Er läßt Tische rücken und verdreht gleichzeitig einer Menge ansonsten vernünftiger Leute die Köpfe.« Die Kaiserin sei »ganz vernarrt in diesen Schwindler«. Sie habe ihm von einer Séance mit Hume erzählt, bei der sie »eine Hand nicht nur gefühlt, sondern auch gesehen, die die ihre unter dem Tisch ergriff und die bald warm, bald kalt war«. Eugenie schien sie für die Hand ihres längst verstorbenen Vaters gehalten zu haben, von der sie sich als Mädchen hatte führen und von der sie sich auch als Kaiserin zu gerne den Weg hätte weisen lassen.

Ein Zurück gab es nicht, und nach vorne ging es im Galopp. Ihre »kleinen Montage« wuchsen sich zu »großen Montagen« aus, an denen sich Hunderte von Eingeladenen vergnügten, und mit ihnen und vor allen Eugenie. Im Salon d'Apollon wurden Walzer und Galopp getanzt, Scharaden gespielt, »lebende Bilder« dargestellt, die den Damen Gelegenheit boten, ihre Abendtoiletten wie Schaufensterpuppen zu präsentieren. Das Fest, das vor zehn Uhr abends begonnen hatte, endete nach einem Souper im Salon de la Paix gegen ein Uhr nachts.

An diesen »Montagen« drehte sich alles um die Kaiserin. Bei den offiziellen Festivitäten stand sie neben dem Kaiser, aber es war und blieb vornehmlich sie, welche die meisten Blicke auf sich zog, von Männern, die sie bewunderten, wie von Frauen, die sie beneideten. Ihren »weißen Hals« wie ihr »üppiges Haar« beschrieb eine Dame, und ein Herr bemerkte: »Ja, sie war schön. Der Schein unzähliger Kerzen ließ ihre Haut leuchten und machte das Gold ihrer Haare noch wärmer. Man hatte den Eindruck, daß Anmut und Würde nicht vollkommener sein könnten.«

Wer ganz genau hinsah, konnte erkennen, daß sie mehr Rasse als Schönheit besaß. Makellos waren Hals, Schultern und Büste, weshalb sie möglichst viel davon zeigte. Der Mund war wohlgestaltet, aber wenn sie ihn aufmachte und zu reden anfing, frappierte eine rauhe Stimme mit hartem spanischen Akzent. Die Beine, die etwas dünn gewesen sein sollen, kaschierte die Krinoline, in der sie wie eine von Velázquez gemalte Königin erschien.

Im roten, hermelinbesetzten Kaisermantel stand Eugenie am 2. Januar im Thronsaal der Tuilerien und nahm, in Anwesenheit des diplomatischen Korps, Neujahrsglückwünsche von bei Hofe vorgestellten in- und ausländischen Damen entgegen. In Hofmänteln, lange Schleppen hinter sich herziehend, schritten sie – 1854 waren es vierhundert – einzeln an der Majestät vorbei. Jede machte eine Verbeugung, die eine mehr, die andere weniger gekonnt. »Bei diesen fast gymnastischen Exerzitien« bemerkte der österreichische Botschafter Hübner nicht nur Damen wie die Gräfin Tascher de la Pagerie, die durch »die Gelassenheit ihrer Bewegungen und die Tiefe ihrer Verbeugung« angenehm auffiel. So »konnten wir uns beim Erscheinen der Frau eines Generals, die einer verkleideten Bäuerin ähnlich sah, und einer anderen, deren grotesker Aufputz lächerlich war, des Lachens nicht enthalten – ein zürnender Blick der Kaiserin war unsere Strafe«.

Nur wenige der defilierenden Damen trugen aristokratische Namen. Der Altadel mied den Hof der Emporkömmlinge, und mit neuen Nobilitierungen war Napoleon III. im fortgeschrittenen Jahrhundert des Bürgertums nicht mehr so großzügig wie Napoleon I. Immerhin zählte die Noblesse im Zweiten Kaiserreich 2 Fürsten, 25 Herzöge, 49 Marquis, 119 Grafen, 18 Vicomtes, 193 Barone und 24 Chevaliers. Ihre Titel hatten 296 durch Bestätigung und 134 durch Verleihung erhalten. Den Herzogtitel trugen 10 Adelige des Ancien régime, 11 bestätigte Aristokraten (10 französische und ein ausländischer); nur 4 waren nobilitiert worden, die Ducs Morny, Persigny, Pélissier und Mac Mahon.

Diese Herzöge von Napoleons III. Gnaden waren typische Vertreter und wichtige Stützen des Second Empire. Aimable Pélissier, Duc de Malakoff und Maréchal de France, hatte im Krimkrieg Lorbeeren für den Empereur errungen. Weitere sammelte im Italienkrieg Patrice de Mac Mahon, Duc de Magenta und Maréchal de France. Beide Militärs vermehrten die Gloire, und die Grandeur des Zweiten Kaiserreiches erweiterte Victor Fialin, Duc de Persigny. Der bonapartistische Ideologe und Agitator hatte Napoleon III. zur Macht verholfen, und als Innenminister blieb er auf die Festigung des Repressivsystems wie auf eine Ausschöpfung der Nationalressourcen bedacht, nach dem Motto: Die wahre Größe Frankreichs bestehe nicht im kriegerischen Erfolg und militärischen Ruhm, sondern in den Errungenschaften der Arbeit, des Geistes und der Wissenschaft, durch Einsatz aller Kräfte zur Vergrößerung des nationalen Reichtums.

Ganz wörtlich, mit Betonung der Vermehrung seines persönlichen Vermögens, nahm dies Charles Auguste Duc de Morny, der weniger als Präsident des Corps législatif denn als seine Beziehungen ausnützender Geschäftsmann und seine Möglichkeiten auskostender Lebemann als Prototyp des Second Empire, als Repräsentant von dessen Geldgier und Genußsucht erschien. Als unehelicher Sohn der Königin Hortense und des Grafen Charles de Flahaut, eines natürlichen Sohnes Talleyrands, war er durch seine Mutter ein Halbbruder Napoleons III. Vom kinderlosen Auguste Demorny adoptiert, trug er den Namen Morny, pflegte jedoch auf seine hohe Abstammung hinzuweisen, indem er sich ständig eine Hortensie ans Revers steckte. Beim Kaiser pochte er auf die Blutsverwandtschaft. Dem Machiavellismus seines Großvaters väterlicherseits, des Außenministers sowohl Napoleons I. wie auch Ludwigs XVIII., eiferte er mit pekuniärem Erfolg nach und stellte ihn in einer Gesellschaft, die auf diesen mehr und mehr Wert legte, gebührend zur Schau.

Mit Morny, der Napoleons Heirat mit Eugenie befürwortet hatte, verstand sich die Kaiserin besser als mit Persigny, der sie zu hintertreiben versucht hatte. Aber es befremdete sie, daß er als Kapitalist hinter dem Geld her war wie der Teufel hinter einer armen Seele und daß er, den Napoleon einen Orleanisten nannte, die bonapartistischen Kreise durch seinen aus der Zeit des Bürgerkönigtums herrührenden Laissezfaire-Liberalismus störte. Unverzeihlich fand sie es, wie er Frauen ausbeutete: die Freundin Fanny le Hon, die Tochter eines Krösus, die den Beginn seiner Karriere finanzierte, und die achtzehnjährige russische Fürstin Sophie Trubetzkoi, die der Vierundsechzigjährige samt ihrem stattlichen Vermögen von seiner diplomatischen Mission in Petersburg als Gemahlin mitbrachte. Zudem sah Eugenie in der jungen Frau eine Konkurrentin heranwachsen, die sie in der »Féerie impériale« als die schönste Fee auszustechen vermöchte.

Für die kaiserlichen Feste war nicht nur die Herzogin, sondern auch der Herzog von Morny eine Bereicherung. Seit 1837 Mitglied des exklusiven Jockey Clubs, gründete er 1857 das Hippodrom von Longchamps und 1859 die mondäne Badestation Deauville, führte in Paris ein großes Haus und besaß in Nades (Auvergne) ein 1001-Nacht-Schloß. Bei Festlichkeiten zog Morny, den Napoleon nur für eine Bonaparte-Kopie hielt, mehr Blicke auf sich als der Kaiser, der sich als das Bonaparte-Original bezeichnete; denn er war höher gewachsen, besser proportioniert, wußte sich vorteilhafter in Positur zu setzen. Dafür fand er bei Hofe hinreichend Gelegenheit.

Zu den vier großen Bällen in den ersten Monaten des Jahres kamen bis zu viertausend Geladene in die Tuilerien, eine »selten gut zusammengesetzte Gesellschaft«, wie Madame Baroche kritisierte; denn die Kammerherren hätten auf die Listen Verwandte, Freunde, Oppositionelle, Ausländer und »Modedamen aller Art« gesetzt. An der Kleidung waren sie kaum zu unterscheiden, denn Gala war für alle angesagt: Die Damen in Roben, die an die tausend Francs kosteten und nur einen Abend getragen wurden. Die Herren in goldstrotzenden Uniformen und reichbestickten Fräcken, in weißen Kniehosen und Seidenstrümpfen, und auch Zivilisten hatten sich Degen umgeschnallt.

Alle stiegen die große Schloßtreppe empor, und die Aufsteiger einer Gesellschaft, die ihre Ellenbogen zu gebrauchen wußte, drängten in die Salle des Maréchaux, suchten die besten Plätze zu ergattern und den Anblick der erscheinenden Kaiserin nicht zu versäumen. »Sie machte drei vom Protokoll vorgeschriebene Verbeugungen, die erste zu den Prinzen, die zweite zu den Diplomaten und die dritte zu den Eingeladenen hin«, berichtete ein Augenzeuge. »Wahrlich, die Kaiserin schien für die Rolle, die sie spielte, wie geschaffen zu sein.« Erst der zweite Blick galt dem Kaiser, der als Erster im Reich hinter die Erste beim Fest zurücktrat.

Die Majestäten eröffneten, zusammen mit prominenten Gästen, den Ball mit einer Quadrille, dem im Ancien régime in Paris entstandenen Kontertanz von je vier Paaren im Geviert. Anschließend begab sich das Kaiserpaar zu seinen auf der Estrade stehenden Thronsesseln und sah dem allgemeinen Tanze zu. Im Nouveau régime schwebte man im Walzer dahin, der einer Gesellschaft, die sich noch höfisch gab, aber schon bürgerlich benahm, angemessen war. Der Walzer war an die Seine von der Donau gekommen, wo ihn ein Wiener einen Beitrag »zur Auflösung der alten Ordnung« nannte; denn er habe das höfische und feudale Menuett verdrängt, in dem die einzelnen sich einordneten, gelassen dahinschritten, nicht ausgelassen dahinwirbelten. Im Walzertakt drehe sich nun jedes Paar für sich, ohne Beziehung zu den anderen, das Schwindelgefühl nicht scheuend, es suchend und genießend.

Am übermütigsten ging es bei den Maskenbällen zu. »Man konnte viele hübsche Frauen und viele schöne Kostüme sehen«, erzählte Mérimée. »Alle Frauen waren aber auf eine ganz gefährliche Art ausgeschnitten: nach oben und nach unten. So hatte ich Gelegenheit, während des Walzers viele hübsche Füßchen und viele Strumpfbänder bewundern zu können.« Die Kaiserin ging lieber im Reifrock à la Marie Antoinette, in höfischer Dezenz, oder, schon gewagter, als venezianische Dogaressa in schwarzem Samtkleid, aus dessen Seitenschlitzen ein Unterrock aus rotem Satin hervorblitzte, oder, noch gewagter, als Göttin Diana, ziemlich leicht geschürzt, aber mit Schmuck übersät. Stets legte Eugenie Wert darauf, daß man sie auch in der Verkleidung erkannte, im Gegensatz zu Napoleon, der maskiert Gelegenheiten suchte. »Während des Balles«, bemerkte Mérimée, »küßte ein Domino Madame de S., die vor Schreck laut aufschrie. Obwohl der Kaiser nachher den Domino wechselte, hatte ihn doch jedermann erkannt.«

Die »Fête impériale« wurde von Mitspielern genossen und gerühmt. Der Glanz der Uniformen habe das Feuer der Diamanten überstrahlt, schrieb der Journalist Philippe Busoni, der ein paarmal mitmachen durfte, und der Comte de Maugny, der zu den Habitués zählte, fand das Ganze zauberhaft, »féerique«, wie ein Märchen. Kritikern des Aufwandes wurde entgegengehalten: Verdienten nicht Textilhersteller, Tuchlieferanten und Schneider, Modistinnen und Schuhmacher, Friseure und Juweliere gut dabei, Bürger also, die das Kaiserreich mittrugen? War nicht die Pariser Mode, die Eugenie als erste Vorführdame präsentierte, für alle Welt vorbildlich, ja verbindlich geworden? Schaute nicht ganz Europa voller Bewunderung, in die Neid gemischt war, auf den Hof des Second Empire?

Dies sei ein Dilettantenhof, nörgelte Erzherzog Ferdinand Max, der spätere Kaiser Maximilian von Mexiko, in dem Laien spielten, die ihre Rollen nicht gelernt hätten und niemals lernen würden. Beim Ball, den man ihm zu Ehren gab, bemerkte er eine »über alle Begriffe gemischte Gesellschaft«, die »sich durch garstige Toiletten und taktloses Benehmen« hervorgetan habe. »Durch die Ungezwungenheit, welche man bei Hofe zu affektieren sucht, leuchtet die Parvenuetikette überall durch.«

Nicht einmal die Kaiserin fand Gnade vor dem Habsburger. Ihre Schönheit sei zwar nicht zu übersehen, aber ihrem ganzen Auftreten fehle »die kaiserliche Würde«. Prinz Friedrich Wilhelm von Preußen, der nachmalige Deutsche Kaiser Friedrich III., fand sie »merkwürdig unbefangen«. Sein Adjutant Helmuth von Moltke, der spätere preußische Generalstabschef, sah und hörte noch genauer hin: »Sie spricht viel und lebhaft und zeigt dabei mehr Lebendigkeit, als man an so hoher Stelle gewohnt ist.«

Es war ein Parvenuhof, an dem Parvenus alles, wie bei Neureichen üblich, aus Ungewohntheit und Unsicherheit übertrieben. Nicht allein Vertreter der alten Dynastien, wie der österreichische Botschafter Hübner, gewahrten »Theatralisches und Improvisiertes«, den »Mangel einer Vergangenheit«, der »an der Zukunft zweifeln« ließe. Auch Franzosen mißfiel das Gehabe der Emporkömmlinge. In den Tuilerien meinte der

Maler Eugène Delacroix nichts als »Schelmen und Schuften«, lauter »Hausbediensteten in Mogelpackung« zu begegnen; diese »Gemeinheit in Gold« sei ebenso jämmerlich wie langweilig. Die Schriftsteller Edmond und Jules Goncourt verabscheuten den »Hof des Zufalls und des Abenteuers«, an dem nicht wenigen – wer weiß wie – Arrivierten das Vertrauen der Kaiserin – wer weiß warum – zugefallen sei.

Eugenie fühlte sich als Volkskaiserin angehalten, Volksvertretern entgegenzukommen; sie war anfällig für Artigkeiten und Schmeicheleien, blieb bestrebt, das Nützliche mit dem Angenehmen zu verbinden, ihre Rolle als Hofherrin so zu spielen, wie es die Anhänger des Second Empire erwarteten.

Hof wurde in den Tuilerien zwischen Mitte Dezember und Anfang Mai, anschließend in Saint-Cloud und Fontainebleau gehalten. Im August war Biarritz, im November Compiègne an der Reihe. Allerorten wurde »Fête impériale« gespielt, in verschiedenen, den jeweiligen Bühnen angemessenen Akten.

In Saint-Cloud war man noch nahe an der Hauptstadt und den Regierungsgeschäften, doch schon so weit weg, daß Pensum und Etikette gelockert werden konnten. Wenn die Kaiserin aus den Fenstern ihres Schlafzimmers blickte, sah sie Paris, den Triumphbogen auf dem Sternenplatz und die Kuppel des Invalidendoms im Silberlicht verschwimmen. Präsent blieb die Erinnerung an die in Saint-Cloud erfolgte Verkündung des Ersten wie des Zweiten Kaiserreiches. Dessen Gegenwart entband Eugenie auch an diesem Ort, wo sie sich von den Strapazen der Tuilerien erholen wollte, nicht ganz von ihren Herrschaftspflichten. Auch hier mußte sie Empfänge durchstehen, bei Audienzen sich vieles anhören, und selbst Theaterabende trugen nicht unbedingt zur Entspannung bei, so wenn Pauline Virginie Déjazet, die in jungen Jahren männliche Helden gespielt hatte, noch mit siebenundfünfzig die Hauptrolle in »Die ersten Waffentaten Richelieus« übernahm.

Die Vergangenheit ließ sich aus Saint-Cloud nicht verscheuchen. Das Schloß war für »Monsieur«, den Bruder Ludwigs XIV., erbaut worden, in dessen Schlafgemach die Kaiserin nächtigte. In ihrem Arbeitszimmer stand ein Schreibtisch, der Marie Antoinette gehört hatte. Im Salon hingen Gobelins mit Bildnissen der Königin wie der Prinzessin Lamballe, die ebenfalls der Revolution zum Opfer gefallen war.

Mitunter fuhr Eugenie nach Versailles hinüber und ging den Spuren Marie Antoinettes nach. In Villeneuve-l'Etang, das ihr Napoleon III. geschenkt hatte, spielte die Spanierin, wie einst die Österreicherin im Hameau zu Trianon, die Landwirtin, richtete eine Molkerei ein und schenkte Milch aus, freilich nicht, wie weiland Marie Antoinette, in Tassen, die ihren Brüsten nachgeformt waren. Man spielte, wie Merimée sagte, bukolisches Leben à la Rokoko mit Zylinderhut. Die Frivolität hielt sich in Grenzen, man trieb es nicht weiter, wie 1857, als die Herren eine Böschung hinaufstürmten, die dort harrenden Damen bei den Füßen packten und zu Fall brachten.

Eugenie spielte am liebsten solo. Sie fuhr am Morgen in einem von ihr gelenkten Ponywagen aus, zog sich während der heißen Stunden in ihr Appartement zurück und hielt Siesta, wie sie es von Spanien her gewohnt war. Anschließend ging sie gern im Park spazieren. Nicht jeden Abend erwarteten sie gesellschaftliche Verpflichtungen. Am liebsten gab sie sich harmlosen Vergnügungen in gewohnter Umgebung hin. So mußten beim »Müllerspiel« die Teilnehmer versuchen, einen in einer mit Mehl gefüllten Schale versenkten Ring mit den Zähnen herauszuziehen, ohne sich die Nase weiß zu machen.

Feierlicher ging es in Fontainebleau zu. Das traditionsträchtige Schloß forderte zu höfischem Benehmen auf. Wenn die Geladenen aus dem Ehrenhof die Prunktreppe emporstiegen und der von tausend Kerzen erhellten Galerie Henri II zustrebten, schritten die Herren wie Renaissancefürsten und rauschten ihre Begleiterinnen wie Rokokodamen dahin. Comtesse Stéphanie Tascher de la Pagerie verirrte sich in der weitläufigen Schloßanlage und erklärte, sich an bayerische Verhältnisse erinnernd: Sie ziehe das letzte Chalet am Tegernsee dieser riesigen Baracke vor.

Das auf Franz I. zurückgehende Schloß war unter Louis-Philippe restauriert worden, nicht gekonnt, wie Hübner fand, der überdies ein Mißverhältnis zwischen dem höfischen Anspruch und dem höfischen Betragen konstatierte. Ein Diner in der Galerie Henri II wurde ihm durch eine Militärkapelle vergällt. Sie suchte die gebührende Distanz zu den Tafelnden durch eine gesteigerte Lautstärke auszugleichen; ihr Geschmetter schallte »von dem wunderbar geschnitzten Plafond« unerträglich zurück. Beim anschließenden Ball vermißte er ein Orchester. Man tanzte nach den Klängen einer Drehorgel, die Hofchargen lustlos bedienten. »Ich will keine Musikanten in den Salons«, erklärte der Kaiser. »Sie erzählen, was sie gesehen und was sie nicht gesehen haben.«

Zu betrachten und berichten hätte es so manches gegeben. Die Kaiserin verstand es, sich in Szene zu setzen, und wenn sie nicht alle Augen auf sich gerichtet sah, wußte sie Aufmerksamkeit zurückzugewinnen. So ließ sie ihren Fächer fallen und sogleich war sie von Kavalieren umringt, die sich danach drängten, ihn aufzuheben. Einmal sorgte der Kaiser dafür, daß der Älteste den Vortritt erhielt: Ein Sechsundachtzigjähriger im Hofrock aus der Zeit Ludwigs XVI., Jean Baptiste Isabey, der angeblich noch Marie Antoinette gemalt, jedenfalls als Hofmaler Napoleons I. reüssiert hatte.

Am Vorabend des Namenstages Eugenies am 15. November – der Hof pflegte auch im Herbst in Fontainebleau zu weilen – verteilte der Kaiser Blumensträuße an die Herren, die sie, an der Kaiserin vorbeidefilierend, ihr überreichten. Anschließend zog sie sich in den Saal Ludwigs XIII. zur Konversation zurück. »Doña Eugenia«, bemerkte Hübner 1853, »ist das geblieben, was sie immer war. Etwas ernsthafter, wenn sie sich in der Öffentlichkeit zeigt, liebt sie es, sich gehen zu lassen, wenn sie sich unter Leuten aus der Gesellschaft befindet.«

An der Reiterin hatte Helmuth von Moltke nichts auszusetzen. Mit Prinz Friedrich Wilhelm von Preußen, dem er als Adjutant diente, war er 1856 zu einer Hetzjagd nach Fontainebleau eingeladen. Die Kaiserin, in grüner Jagduniform und mit einem dreieckigen Federhut à la Louis XV, »führte das ganze Rennen im schärfsten Tempo; sie sitzt ruhig und elegant zu Pferde und sieht sehr gut aus.« Während der »Chasse à courre« auf den Hirsch im Wald von Fontainebleau, die eindreiviertel Stunden dauerte, zeigte Eugenie keinerlei Ermüdung; die Amazone war in ihrem Element.

In Fontainebleau fühlte sie sich wohler als in Saint-Cloud, am wohlsten aber in Biarritz. Im äußersten Südwesten Frankreichs war sie ganz weit weg von Paris und ganz nahe ihrem Spanien, nach dem sie sich ständig sehnte. Als die Kaiserin 1854 in dieses Seebad kam, stieg sie, kaum eingetroffen, auf die oberste Terrasse des Hotels, »um die Küste Spaniens zu sehen«.

Hier wollte sie ein Haus gebaut haben. Zwei Jahre später bezog sie ihre »Villa Eugénie«. Der eher bürgerliche als feudale Backsteinbau lag unmittelbar am Meer, was der Hausherrin, nicht aber einem der liebsten ihrer Gäste, dem Hausfreund Mérimée, gefiel: Die Wellen rauschten unaufhörlich, der Wind pfeife durch Türen und Fenster, der Sturm sei furchtbar, und selbst im Hochsommer fröstele man in den dunkelblau tapezierten Zimmern. Freilich sei die Schloßfrau so liebenswürdig und zuvorkommend, daß man sich dennoch nicht unwohl fühle. Die Culottes konnte man in Paris lassen, in Biarritz setzte man sich leger gekleidet zu Tisch, man durfte am Tage tun, was einem beliebte, und sich am Abend zwanglos unterhalten, kurzum: »Es gibt weder in Frankreich noch in England ein Schloß, wo man so frei und ohne Etikette lebt.«

Am meisten schätzte dies Eugenie. Sie ging im weißen Kleid und mit einem Spazierstock, an dem eine gelbe Quaste baumelte, durch den Ort, schaute in die Geschäfte, spazierte am Strand und badete auch. Ihr Badekostüm war so sittsam, wie es die Prüderie der Zeit erforderte, aber keineswegs so prätentiös wie jenes mancher Damen; eine Madame de X. hüllte sich von oben bis unten in Blau und puderte sich das Haar, bevor sie ins Wasser stieg. Mancher Abend war freilich zum Gähnen. Die Kaiserin tanzte nicht und schaute den Paaren ungern zu. Die Handarbeiten, mit denen sie sich die Zeit zu vertreiben suchte, legte sie bald wieder zur Seite. In der Bibliothek waren – wie die Goncourts behaupteten – nur fünfundzwanzig Bücher zu finden.

Bei Ausflügen in das Grenzgebiet zu Spanien fühlte sich Impératrice Eugenie beinahe wieder wie Doña Eugenia. Einmal suchte sie mit ihrem davon wenig erbauten Gefolge eine hoch in den Bergen gelegene Grotte auf, die Schmugglern als Depot und Refugium diente. Die Basken sangen und tanzten für sie zu Gitarrenklängen, und sie war so hingerissen, daß sie – in kurzem schwarzen Rock, in roter Flanellbluse und mit einem spanischen Hut – nach Kastagnetten griff und einen Fandango tanzte. Am liebsten wäre sie auf Schmugglerpfaden nach Spanien hinübergewandert. »Da ich aber an der Leine geführt werde«, klagte sie, »kann ich nur so weit gehen, wie sie reicht«, und sie reiche nun einmal nur bis zur französischen Seite der Pyrenäen.

Auch auf dem Meer waren ihrem Drang zum Ausreißen gewisse Grenzen gesetzt. Eine Seefahrt nach Fontarabie hätte beinahe unglücklich geendet. Die »Pélican« stach um 14 Uhr in eine ruhige See. Doch bald erhob sich ein Sturm, der das kleine Dampfboot stundenlang vor sich hertrieb und eine Rückkehr nach Biarritz unmöglich machte. Nach dramatischer Irrfahrt hatte man endlich gegen 23 Uhr an der Mündung des Adour wieder festen Boden unter den Füßen. Eugenie musterte lächelnd die bleichen Gesichter um sich; sie schien am Abenteuer Gefallen gefunden zu haben.

In Biarritz war sie in der Sommerfrische, in Compiègne oft in einer Stimmung, die zu den fallenden Blättern im Wald und zu den historischen Gespenstern im Schloß paßte.

Gesellschaftliche Verpflichtungen, die sie in Biarritz hinter sich gelassen hatte, holten sie in Compiègne wieder ein. Es begann damit, daß sie die Listen für die »Serien« zusammenstellen mußte, zu denen im November für je sechs Tage vier Gruppen, pro Saison bis zu vierhundert Personen aus verschiedenen Ständen und Berufen einzuladen waren. Jeder Minister schlug aus seinem Zuständigkeitsbereich in Frage kommende Namen der Kaiserin zur Auswahl vor. Dies war für sie eine heikle Aufgabe, denn niemand sollte zurückgesetzt, sich in eine »Serie« eingereiht fühlen, die als weniger vornehm als andere angesehen wurde. Auch die Zuteilung der Unterkünfte im Schloß, das bis unter das Dach zu belegen war, bereitete Kopfzerbrechen. Der Maler Thomas Couture, den Eugenie fragte, ob er sich in seinem Zimmer wohlfühle, entgegnete: »Ja, um so mehr, als es mich an die Mansarde erinnert, in der ich als Anfänger hauste.«

Es gab »bürgerliche« und »aristokratische« Séries, und auch Vertreter des kulturellen Lebens wurden herangezogen, so die Komponisten Auber und Gounod, die Schriftsteller Musset und Dumas Sohn, der Literaturkritiker Sainte-Beuve, der Bildhauer Carpeaux, der Architekt Viollet-Le-Duc und der Naturwissenschaftler Pasteur. Zu jeder Gruppe waren auch Studenten der Eliteschulen zugelassen. Die Volkskaiserin und der Volkskaiser bemühten sich, über den besitzenden und gebildeten Volksklassen ihre Gunst aufgehen zu lassen. Den alten Aristokraten sollte gezeigt werden, daß Frankreich auch gesellschaftlich eine »Nation une et indivisible« geworden sei, den miteingeladenen Diplomaten, daß Europa mit einem Empire aus einem politischen Guß zu rechnen habe, und tout le monde, daß man sich im Kaiserreich zu entspannen wüßte.

Für die Auserwählten stand an der Gare du Nord ein Sonderzug bereit, mit Salonwagen für die Herrschaften sowie Waggons für die Dienerschaft und das Gepäck. Künstler und Gelehrte begnügten sich mit einem Handkoffer, Madame Moulton benötigte mehrere Schrankkoffer für ihre siebzehn Roben samt Accessoires, und die Comtesse de Pourtalès beanspruchte einen halben Waggon für ihre Garderobe. Man brauchte Kleider für die Reise, den Morgen, den Mittag, den Nachmittag, für die Promenade und die Jagd, und Gala für den Abend. Große Damen trugen eine Robe nicht zweimal, Bürgerfrauen stürzten sich für weniger Aufwand in beträchtliche Unkosten.

Der Sonderzug fuhr in Paris um 14 Uhr ab. In Compiègne stieg man in Pferdewagen um, die gegen 16 Uhr im Schloßhof ankamen. Diener und Zofen rissen sich um das Gepäck, gerieten sich mitunter in die Haare, brachten vieles durcheinander, konnten das Gesuchte oft lange nicht finden. Die Damen, die zum Diner Abendtoilette anzulegen hatten, saßen wie auf Kohlen. Lady Dufferin regte sich so auf, daß sie eine Fehlgeburt hatte.

Es wurde manchmal 20 Uhr, bis man sich zur Tafel begab. Der Kaiser und die Kaiserin wählten jeden Tag andere Gäste als Tischnachbarn aus. Napoleon hofierte die Damen, Eugenie bemühte sich, allen ein höfliches Interesse entgegenzubringen und bei jedem passende Worte anzubringen. Das gelang ihr nicht immer. Der Historiker Pierre de la Gorce bemerkte: »Einmal war sie von einer Herablassung, die aller Regeln spottete, und ein andermal von einer hochmütigen Kühle, die sich mit all diesen Regeln zu schützen suchte.«

Die Auszeichnung, in Compiègne Gast zu sein, war mit der Erfahrung zu bezahlen, daß man nur eine Nummer in der Serie war, in deren Ablauf man sich einzufügen hatte, ob man als größere oder kleinere Zahl betrachtet und behandelt wurde. Den Komponisten Berlioz verdroß es, daß der Kaiser nur einmal und mit einer dummen Frage das Wort an ihn richtete: Ob sein Anzug nun blau oder schwarz sei? Der Schriftsteller Flaubert fühlte sich vom ständigen Umziehen und Umkleiden, der strikten Einhaltung des Programms wie erschlagen. Der »Possenreißer Ihrer Majestät«, wie sich Mérimée bezeichnete, klagte darüber, daß man an diesem Ort stets zu viel esse und kaum zum Schlafen komme.

Tagsüber war man – abgesehen von ein paar freien Stunden am Vormittag – mit allem möglichen vollauf beschäftigt. Man promenierte, zu Fuß, zu Pferd oder im Wagen, fuhr Karussell, schoß auf Tontauben oder beteiligte sich an einer Parforcejagd, aber nur, wenn man zum Tragen der kaiserlichen Jagduniform berechtigt war. In der Theorie wurden alle gleich behandelt, in der Praxis Unterschiede gemacht. Nur wenige Gäste genossen den Vorzug, mit der Kaiserin den Fünfuhrtee nehmen zu dürfen, in ihrem Privatkabinett, das sie mit Wandteppichen ausgestattet hatte, die biblische Szenen aus dem Leben der Esther zeigten.

Auch den Bevorrechteten war keine reine Freude beschieden. Man sei mehr strapaziert als amüsiert, seufzte Stéphanie Tascher de la Pagerie. Damen, die sich bei jedem Wetter den zu Fußmärschen ausartenden Spaziergängen der Kaiserin anzuschließen hatten, kamen rasch außer Atem, liefen sich die Füße wund und holten sich einen Schnupfen. Eugenie konnte es, als wollte sie vor sich davonlaufen, nie schnell genug gehen.

Ein Ziel strebte sie gerne an: Schloß Pierrefonds im Wald von Compiègne. Viollet-Le-Duc wurde beauftragt, die im 14. Jahrhundert begonnene und inzwischen verfallene Burg zu restaurieren. Der Modearchitekt ging mit mehr Vorliebe als Verständnis für das Mittelalter ans Werk, lieferte ein Meisterstück der Hofratsgotik, das die eher sentimentale als romantische Eugenie goutierte. Die Narzissin, die sich liebend gern auf dem Gemälde Winterhalters als die Schönste unter ihren Hofdamen betrachtete, konnte dies nun auch an einem Werk der Bildhauerkunst tun: Die neun Statuen der Heldinnen am monumentalen Kamin der Salle des Armures trugen die Gesichtszüge der Kaiserin, der Prinzessin Anna Murat, der Herzogin von Malakoff, der Marschallin Canrobert, der Herzogin von Bassano, der Herzogin von Cadore und der Damen de la Pouze, de Pierres und Carette. Letztere, die Vorleserin der Kaiserin, war damals, als sie Modell saß, noch unverheiratet, hieß Mademoiselle Bouvet und war ohne die Krone zu sehen, die Eugenie nur verheirateten Damen zugestand.

Weniger an das Mittelalter als an barbarische Vorzeiten fühlte sich der Schriftsteller Arsène Houssaye erinnert, als er einer Parforcejagd im Wald von Compiègne zusah. »Die Kaiserin war heldenmütig zu Pferd, wahrhaft Amazone, die allem Rotwild wie allen Hindernissen trotzte.« Der Hirsch wurde gehetzt, in einen See getrieben, von den Hunden wieder herausgejagt, blieb halbtot am Ufer liegen. Die Kaiserin, die zur Stelle war, sprang aus dem Sattel, zog ihren Hirschfänger und stach dem Tier mitten ins Herz. Die Befriedigung, die sie dabei zeigte, irritierte Houssaye: »Das war grausam, aber das war die Jagd!« Noch roher ging es am Abend bei Fackelschein im Cour d'honneur zu, als bei der Curée den Hunden ihr Anteil am erlegten Wild überlassen wurde, und sie sich mit blutigen Schnauzen in die Eingeweide des Hirsches verbissen.

Die Abende in Compiègne verliefen gewöhnlich gesitteter. Man tafelte, spielte Billard, legte Patiencen, tanzte zu den Klängen eines mechanischen Klaviers, dessen Kurbel mitunter der Kaiser bediente. Auch auf Fortbildung war man bedacht. So zeigte Le Verrier seine Mondphotographien, oder Pasteur demonstrierte seine Erkenntnisse über den Blutkreislauf. Eugenie war davon so beeindruckt, daß sie sich mit einer Busennadel in die Fingerspitze stach, um ein Bluttröpfchen für Forschungszwecke zur Verfügung zu stellen. Das Blut von Fröschen sei geeigneter, meinte der Gelehrte, und die Kaiserin ließ für ihn welche fangen. Als er abreiste, ließ er einen Sack Frösche im Zimmer liegen; die junge Dame, die es als nächster Gast bezog, erschrak über die Hinterlassenschaft fast zu Tode.

Bei einem von Mérimée mit vielen Fallen aufgesetzten Diktat wollte Eugenie zeigen, wie weit es die Spanierin im Französischen gebracht habe. Sie machte zweiundsechzig Fehler, konnte sich aber damit trösten, daß Napoleon fünfundsiebzig Fehler unterlaufen waren. Die Schriftsteller Dumas Sohn und Octave Feuillet irrten sich vierundzwanzig- beziehungsweise neunzehnmal. Es nagte am Selbstbewußtsein der Angehörigen der Grande Nation, daß der österreichische Botschafter, Fürst Richard Metternich, der Baron Hübner abgelöst hatte, nur drei Fehler machte.

Durchaus geschätzt wurde, daß seine Gemahlin, Fürstin Pauline Metternich-Sándor, als Animatrice zu den Lustbarkeiten des Hofes beitrug. Vornehmlich die Kaiserin wußte sie für sich einzunehmen, während der Kaiser sie, die mit ihrem stupsnasigen Gesicht zu darwinschen Vergleichen herausforderte, ein »kleines, umtriebiges Monster« nannte. Sie selbst sah sich gern, jedenfalls bei einem Maskenball, im silberbestickten Teufelskostüm mit diamantenbesetzten Hörnern. Zum Ausgleich erschien sie ein andermal in einem mit Gänseblümchen übersäten weißen Tüllkleid, das ebenso in Worths Maison de Haute Couture kreiert worden war.

Höhepunkte der »Serien« in Compiègne waren die Theaterabende. Schauspieler Pariser Bühnen führten Gesellschaftsstücke auf. Eugenie bevorzugte solche, bei denen es mehr zu Weinen als zu Lachen gab. Napoleon interessierte sich eher für die Actricen; einmal stieg er auf einen Stuhl, um über die Spanische Wand zu gucken, hinter der sich die Schauspielerinnen ankleideten. Als die Kaiserin auch einmal einen Blick hinter den Wandschirm warf, überraschte sie ein Pärchen in einer unzweideutigen Situation. Zur Rede gestellt, behauptete der Kavalier, man habe eine Szene aus dem auf dem Programm stehenden Stück von Jules Sandeau geprobt. Die Kaiserin ließ den Autor rufen und verbat es sich, daß er derartig Unmoralisches der Hofgesellschaft vorzuführen gedächte. Sandeau konnte nachweisen, daß eine solche Szene in seinem Werk nicht vorkam.

Die Hofherrin schien es übelzunehmen, daß sie in einem von Mérimée und Morny präsentierten Stück wegen ihres

Ticks, die Zimmer mit Möbel vollzustopfen, durchgehechelt wurde. Von schauspielerischem Ehrgeiz erfaßt, nahm sie Unterricht bei einem Star der Comédie-Française und ließ von Octave Feuillet ein Stück mit einer ihr auf den Leib geschriebenen Rolle verfassen: »Les Portraits de la Marquise«. Über zwei Wochen wurde geprobt, und als es endlich so weit war, wurde sie so vom Lampenfieber geschüttelt, daß sie am liebsten vor der Bühne kehrtgemacht hätte. Sie betrat sie dann doch, gab ihr Möglichstes, das den Sachverständigen nicht genügte, doch die Hofschranzen mit Beifall quittierten.

Eugenie gab sich keinen Illusionen über ihr Talent hin; sie entsagte der Art dramatique. Ihre Glanzrolle als Kaiserin mußte sie weiterspielen, unter abnehmendem Applaus von Bonapartisten und zunehmenden Pfiffen der Opposition. Selbst der von der »Féerie impériale« nicht unbeeindruckte Dichter Musset meinte: »All das ist schön heute, aber ich würde keine zwei Sous für den letzten Akt geben.«

Sechstes Kapitel

Auf dem Gipfel

»Chansons, Schellen, Maskeraden ... alles trägt die Spuren der Entartung; hier wird bis zur Selbstvergessenheit Dekadenz gespielt.« Diese Worte des Dichters Victor Hugo waren eigentlich auf das Rokoko gemünzt, aber der im Exil auf den britischen Kanalinseln lebende Republikaner dachte dabei auch an das Neo-Rokoko des Second Empire, den à la Ancien régime auftretenden Napoleon III. und die sich wie Königin Marie Antoinette gebärdende Kaiserin Eugenie.

Bereits in seinem 1852 veröffentlichten Pamphlet »Napoléon le Petit« hatte Victor Hugo geschrieben: »Monsieur Bonaparte, man ist wohl der Herrscher, man hat wohl acht Millionen Stimmen für seine Verbrechen und zwölf Millionen Francs für seine kleinen Vergnügungen; man gebietet über Armee, Kanonen, Festungen; man ist Despot, man ist allmächtig. Aber in der Dunkelheit richtet sich ein Passant, ein Unbekannter vor Ihnen auf und sagt zu Ihnen: ›Du wirst das nicht durchhalten!‹« Auf Dünndruckpapier vervielfältigt, in Anzugsfutter eingenäht oder in hohlen Napoleonbüsten versteckt, gelangte das Pamphlet Hugos in das Zweite Kaiserreich. »Man schreibt mir, daß meine Schrift in Frankreich durchsickert und tropfenweise auf den Bonaparte fällt. Vielleicht wird es den Stein aushöhlen.«

Die Tropfen fielen stetig und begannen das Regime anzugreifen. Der Aufwand, den der Parvenuhof trieb, erregte Ärgernis. Die Hofhaltung verschlang im Jahr acht Millionen Francs; zudem standen dem Kaiser über vier Millionen und der Kaiserin über eine Million Francs zur Verfügung.

Alexandre Dumas, der Vater, spottete auf einer Soirée bei der Prinzessin Mathilde, die als Mitglied des Kaiserlichen Hauses keineswegs zu kurz kam, die aber doch Salonfrondeure um sich sammelte:

»Der Glanz des Ruhms ist fast egal,
In welchem Neff' und Onkel strahlen:
Der Onkel nahm der Feinde Kapitalen,
Der Neffe nimmt sich Frankreichs Kapital!«

Die Kritik wurde lauter, als 1857 mit ganz Europa auch Frankreich in eine Wirtschaftskrise geriet, die überall Klagen hervorrief, namentlich aber im Zweiten Kaiserreich, das nicht zuletzt auf das Versprechen, allen Bürgern wachsende Wohlfahrt zu bringen, gegründet worden war. Ökonomische Rückschläge vermochten den materialistischen Geist der Zeit zu erschüttern und die kapitalistische Basis des Regimes zu untergraben. Der Journalist Émile de Girardin hatte einst die Losung ausgegeben: »Wir haben jetzt nichts anderes zu tun, als Millionäre zu werden!« Nun fielen die Börsenkurse, brachen Unternehmen zusammen, so eine Eisenbahngesellschaft, an deren Spitze Napoleons Halbbruder Morny stand, die Personifizierung der Companie von Bonapartismus und Kapitalismus. »L'Empire c'est la baisse«, meinte der Bankier James de Rothschild.

Die Gier nach Reichtum korrumpierte Spitzen der Gesellschaft. Der Direktor der »Caisse générale des chemins de fer«, Jules Isaac Mirès, der es zu bunt getrieben hatte, wurde zu fünf Jahren Gefängnis verurteilt. Die Korruption sei in der Provinz genauso zu finden wie in Paris, bemerkte ein Beobachter in Caen. Indessen schienen in der »France profonde« negative Auswirkungen des Systems die Anhänglichkeit an das Regime nicht beeinträchtigt zu haben. Diesen Eindruck gewann Eugenie, als sie mit Napoleon Cherbourg und die Bretagne besuchte. Obgleich man dort aus Tradition royalistisch gestimmt war, wurde das Kaiserpaar begeistert begrüßt, wohl auch deshalb, weil ihre Regierung den Schiffbau und die Seefahrt förderte.

In der von König Ludwig XIV. gegründeten Spiegelmanufaktur von Saint-Gobain, die im Second Empire als Spiegelfabrik reüssierte, war eine Visite Napoleons und Eugenies weniger erwünscht. Präsident Hély d'Oissel, ein Legitimist, der bourbonisch gesinnt geblieben war, weigerte sich, die Bonaparte zu empfangen. Ein Orleanist, der immer noch an Louis-Philippe hing, Charles Bocher, mußte feststellen: Im Jahre 1857 sei »die große Mehrheit des Landes Napoleon III. in Treue verbunden geblieben«. Indes hätten die alten Parteien ihre Überzeugungen nicht aufgegeben. Die Royalisten seien unbeweglich geworden, weil sich Legitimisten und Orleanisten gegenseitig blockierten. Die Republikaner jedoch, die sich auf die Revolutionen von 1792 und 1848 beriefen, verfügten über eine oppositionelle Keimzelle, die verspräche, »sich unaufhörlich zu vergrößern und in einigen Jahren formidabel zu werden«.

Dies kündigte sich schon in den Wahlen zum Corps législatif am 21. und 22. Juni 1857 an. Ein Drittel der Wahlberechtigten war, aus welchen Gründen auch immer, den Urnen ferngeblieben. Die Opposition erhielt 13 Prozent, 570 000 Stimmen, obschon ihre Propaganda, auf Anweisung der Regierung, von den Präfekten behindert, ja unterdrückt und die der Kandidaten der Regierung mit allen Mitteln gefördert worden war.

Dennoch gewannen die Republikaner an Boden, in erster Linie in Paris. Auch wenn 1857 nur fünf ihrer Abgeordneten in das 267 Mitglieder zählende Corps législatif kamen, so waren es doch Vollblutpolitiker, die rasch von sich reden machten und ihre Anliegen mit wachsender Zustimmung zu vertreten wußten. Da war Émile Ollivier, der als »Unversöhnlicher« begann, zur systemimmanenten Opposition überging und als Mitschöpfer eines »Liberalen Kaiserreiches« endete.

Entschiedener Republikaner blieb Jules Favre, der mithalf, das Second Empire ins Wanken und schließlich zu Fall zu bringen.

Bis auf weiteres funktionierte das autoritäre und plebiszitäre Herrschaftssystem. Die parlamentarischen Organe spielten eine untergeordnete Rolle: der Senat, der nur über die Verfassungsmäßigkeit, nicht über die Zweckmäßigkeit eines Gesetzes zu bestimmen hatte, und der Corps législatif, der keine Gesetzesinitiative besaß. Der Kaiser hatte nicht nur die ausführende, sondern faktisch auch die legislative Gewalt in Händen. Indessen mußte er mit der sich in Volksabstimmungen äußernden Volksstimmung rechnen, mit der öffentlichen Meinung, die von Zeitungsartikeln wie Parlamentsreden beeinflußt werden konnte.

Der Systemerhaltung hätte es gedient, wenn nicht nur die Presse dauernd im Zaum zu halten gewesen wäre, sondern der Kaiser außer über seinen Herrschaftsapparat auch über eine Parteiorganisation zur nachhaltigen Einwirkung auf die Volksstimmung wie Parlamentsabstimmungen verfügt hätte. Doch der Bonapartismus war nicht das Programm einer Partei, sondern die Gesinnung einer Bewegung. Die Bonapartisten waren Gläubige eines Evangeliums, die daran zweifeln würden, wenn der Messias das Heil nicht brächte, eine Gefolgschaft, die zum neuen Napoleon hielt, solange er die versprochenen Gegenleistungen erbrachte. Selbst deren Unterführer würden, was anzunehmen war, zu ihrem Oberbefehlshaber nur solange stehen, als sie mit ihm vorankamen, wobei sie nicht alle in die gleiche Richtung strebten.

»Man beklagt sich darüber, daß die Dinge unter meiner Regierung nicht ganz richtig liefen. Aber wie sollte es anders sein?«, seufzte der Kaiser. »Die Kaiserin ist Legitimistin, Morny Orleanist, Prinz Napoléon-Jérôme Republikaner, und ich selbst bin Sozialist. Nur Persigny ist wirklich Bonapartist, aber ein Narr.« Das war überspitzt, doch nicht ganz unrichtig. Persigny gebärdete sich immer noch wie der Putschist von Straßburg und Boulogne, Prinz Napoléon-Jérôme galt als bonapartistisch verkappter Jakobiner, Morny befolgte weiterhin das »Bereichert euch!«, die Devise des Bürgerkönigtums, die Kaiserin baute auf den Bund von Thron und Altar und der Kaiser war in Saint-Simonismus firm geblieben.

Für den »Sozialisten« Napoleon hatte Karl Marx nur Spott und Hohn übrig. »In Bonaparte«, erklärte der Mitverfasser des »Kommunistischen Manifestes« und Autor von »Der 18. Brumaire des Louis Bonaparte«, »verschmolz der kaiserliche Prätendent so innig mit dem heruntergekommenen Glücksritter, daß die eine große Idee, er sei berufen, das Kaisertum zu restaurieren, stets von der anderen ergänzt ward, das französische Volk sei berufen, seine Schulden zu bezahlen.« Tatsächlich förderte der Empereur, der seine als Prätendent verfaßte Schrift »Extinction du Paupérisme« nicht vergessen hatte, den Arbeiterstand, doch weit mehr die Bourgeoisie, den Erzfeind des Proletariats, das sich unter sozialistischem Programm zu vereinigen begann und nicht nur weitere soziale Verbesserungen forderte, sondern darüber hinaus politische Macht verlangte. Diese konnte der »Sozialist« Napoleon nicht gewähren, der zwar als Volkstribun auch um Stimmen der Arbeiter warb, aber Alleinherrscher sein und bleiben wollte.

Auf den in seinem plebiszitären Herrschaftssystem angelegten Widerspruch zwischen Autokratie und Demokratie wurde von Links wie Rechts hingewiesen. Der alte Metternich, der 1848 seine Erfahrungen mit der Unvereinbarkeit von Monarchensouveränität und Volkssouveränität gemacht hatte, stellte fest: »Napoleon III. ist eine Macht, mit der man rechnen muß. Aber er vergißt, daß man nicht gleichzeitig par la grâce de Dieu und par la volonté nationale Kaiser sein kann.« Und er sagte voraus: »An diesem Widerspruch wird er zugrunde gehen.«

Auf diesen vielleicht noch fernen Tag wollten linke Radikale nicht warten. In England, das ihnen Asyl bot, sammelten sich die französischen Besiegten von 1848 und Verbannten von 1851, und der Italiener Giuseppe Mazzini und seine Partisanen agitierten für einen sozialen und politischen Umsturz in ganz Europa.

Bereits 1852 deckte die Polizei in Frankreich ein in London angezetteltes Komplott auf und verhaftete wenig später Verschwörer, die in Paris zu einem Anschlag auf Kaiser und Kaiserin bereitstanden. Eugenie blieb nicht verborgen, daß ein Zusammenhang zwischen den repressiven Maßnahmen Napoleons und den revolutionären Aktivitäten von Republikanern bestand; sie begann zu ahnen, daß der Staatsstreich vom 2. Dezember 1851 den Regierenden wie eine Eisenkugel anhing, die ihre Bewegungen behindern und ihnen schließlich die Beine brechen könnte. »Gegen solche Fanatiker«, meinte sie 1853, »gibt es weder Mittel noch Schutz.« Immerhin zöge sie es vor, auf der Straße zu sterben als auf dem Schafott.

Auf den Champs-Elysées lauerte am 28. April 1855 der Italiener Giovanni Pianori dem Kaiser auf, der, nur von einem Adjutanten begleitet, in Richtung Bois de Boulogne ritt, wohin die Kaiserin vorausgefahren war. Am Rond-Point näherte sich ihm, als wollte er eine Bittschrift überreichen, der Attentäter und feuerte auf ihn zwei Pistolenschüsse ab. »Solche Anschläge gelingen niemals; der Dolch ist das beste Mittel, um sicherzugehen«, meinte der unverletzt gebliebene Napoleon, der nach der Festnahme Pianoris den unterbrochenen Ritt fortsetzte.

Die auf ihn im Bois wartende Eugenie erbleichte, als er ihr beiläufig erzählte, was vorgefallen war. Auf der gemeinsamen Rückfahrt in die Tuilerien vermochten sie Ergebenheitsbekundungen der über das Mißlingen des Attentats erleichterten Passanten nicht zu beruhigen. Als sie im Schloß die Glückwünsche zur Rettung des Kaisers entgegennahm, schluchzte sie heftig. Sie hatte ein Vorgefühl, daß es nicht bei einem Anschlag bleiben würde und es ein andermal nicht so glimpflich abgehen könnte.

Noch im selben Jahr wurde eine Höllenmaschine unter dem Wagen entdeckt, in dem sich der Kaiser nach Tournai begeben wollte. Zwei Jahre später, als Napoleon in der Morgendämmerung das Haus Nummer 28 in der Avenue Montaigne verlassen hatte und in sein wartendes Coupé eingestiegen war, stürzten drei Männer herbei. Der Kutscher trieb die Pferde an, der Wagen rollte davon, der Kaiser entging dem Überfall. Wenig später verhaftete die Polizei die Attentäter, drei Italiener, von denen einer, Paolo Tibaldi, gestand, ein Parteigänger Mazzinis zu sein.

Diesen Vorfall verschwieg Napoleon seiner Gemahlin. Denn er hatte sich ereignet, als er aus der Wohnung einer Maîtresse gekommen war, mit der er die Nacht verbracht hatte: der Gräfin Virginia Castiglione. Als sie im Januar 1856 von Turin nach Paris kam, war sie erst achtzehn, aber die fünfzehnjährig mit einem Hofchargen Viktor Emanuels II. Verheiratete hatte bereits als Kurtisane des »Re galantuomo« gelernt, einen Monarchen für sich einzunehmen und auszunützen.

Nun kam die Castiglione in die französische Hauptstadt, um mit ihren persönlichen Anliegen politische Interessen zu verfolgen. »Eine sehr schöne Gräfin ist in die Diplomatie Sardinien-Piemonts eingereiht worden«, meldete Viktor Emanuels Ministerpräsident Camillo Benso Cavour. »Ich habe sie ermutigt, mit dem Kaiser zu kokettieren, und, wenn nötig, ihn auch zu verführen.« Die Castiglione ging gleich aufs Ganze, und bald verehrten Italiener die »Notre-Dame de Cavour« als Nothelferin der italienischen Einigungsbewegung. Sie selber sah ihr Wirken prosaischer: Sie klatschte sich auf die Schenkel, wies auf ihre Arme, berührte ihre Lippen und erklärte, das und das und das habe sich Verdienste um das Vaterland erworben.

Die Florentinerin Castiglione wurde von der Florentinerin Marie Anne Walewska, der Gemahlin des Außenministers, in den französischen Hofkreis eingeführt. Napoleon bemerkte, als er ihr zum erstenmal begegnete: »Sie ist sehr schön, aber sie hat keinen Verstand.« Auf letzteren legte er bei einer Frau freilich wenig Wert, um so mehr weidete er sich an ihren körperlichen Vorzügen: blau-grüne Augen, edle Nase, volles Schwarzhaar, runde Schultern, stramme Brüste, geschmeidiger Leib, von dem man, da sie kein Korsett trug, mehr sah als ahnte. So bei einem Kostümball, als sie als Römerin in hemdartigem Kleid ging, barfuß in Sandalen mit Ringen an den Zehen. Männer waren hingerissen; Arsène Houssaye schwärmte: »Selbst die Kaiserin verbleicht vor diesem neuen Gestirn.«

Eugenie hatte Virginia anscheinend nicht genau angesehen, sonst hätte sie ihr wohl kaum eine freundliche Einladung zu einem Sommerfest am 27. Juni 1856 in Villeneuve l'Étang zukommen lassen. Die Kaiserin, die noch unter den Folgen der schweren Geburt ihres Sohnes litt, verhüllte ihre noch nicht wieder in die gewohnte Form gekommene Figur mit einer weißen, mit Rosen übersäten Robe. Die Gräfin Castiglione lenkte, wie ein Augenzeuge erzählte, durch »eine exzentrische und sehr verführerische Toilette die Aufmerksamkeit der Anwesenden auf sich. Sie trug ein vollständig durchsichtiges Kleid aus Seidenchiffon und einen Hut, dessen weiße Marabufedern sich wie ein Glorienschein um ihr Haupt legten.«

Der Erfolg blieb nicht aus. Der Kaiser bat die Gräfin in ein Boot, ruderte mit ihr über den Teich und verschwand dann, wie Lord Cowley, das wachsame Auge, bemerkte, mit ihr »in dunklen Regionen, wo sie zusammen den ganzen Abend verbrachten. Die arme Kaiserin, der dies nicht entgangen war, verlegte sich, um ihre überreizten Nerven zu beruhigen, aufs Tanzen. Immer noch sehr schwach, stürzte sie und fiel in Ohnmacht.« Die Geschichte mit der Castiglione gefalle ihm nicht, meinte der informierte Außenminister, Lord Clarendon, denn sie schade dem Kaiser und quäle die Kaiserin.

Die Pein schien kein Ende zu nehmen. Im Herbst 1856, bei einer »Serie« in Compiègne, galt Virginia als Napoleons Favoritin. Während einer Vorstellung der Comédie-Française im Schloßtheater verließ die Gräfin den Zuschauerraum. Der Kaiser ging ihr nach und kam lange nicht zurück. Der in der Loge allein gelassenen Kaiserin fiel es schwer, Haltung zu bewahren. Die Castiglione triumphierte. In ihrem teuersten Gewand, »im Batist- und Spitzennachthemd von Schloß Compiègne«, möchte sie begraben werden, verfügte sie in ihrem Testament.

Der Kaiser besuche die Gräfin in Paris »jeden Abend zwischen elf und zwölf«, berichtete Cowley im Januar 1857. »Wie lange er bleibt, kann ich nicht sagen.« Er blieb meistens lang. Ganz Paris sprach davon, und Eugenie überhörte es nicht. Sie erfuhr auch, daß ihr Gemahl die Geliebte mit Geschenken überhäufte, und mußte mit ansehen, wie die reich Bedachte den Liebeslohn demonstrativ zur Schau stellte. Auf dem Ball im Außenministerium am Quai d'Orsay am 17. Februar 1857 erschien die Maîtresse-en-titre als Herzkönigin; an ihrem Strumpfband, das unter dem hochgeschlitzten Rock zu sehen war, blitzte ein Diamantenherz. »Das Herz sitzt ein wenig tief«, sagte die Kaiserin zur Buhle.

Als Nebenbuhlerin mochte Eugenie die Favoritin ihres Gemahls nicht in erster Linie angesehen haben. An sexuellen Beziehungen war ihr nie viel und nach der schwierigen Schwangerschaft und schweren Geburt noch weniger gelegen. Durch die notorische Affäre des Kaisers mit der Gräfin fühlte sich die Ehefrau in ihrem Stolz verletzt, die Kaiserin in ihrem Ansehen geschädigt, und die Katholikin litt darunter, mit einem Ehebrecher verbunden zu sein. Zwar blieb sie bemüht, sich in der Öffentlichkeit nichts anmerken zu lassen, aber in ihren vier Wänden stellte sie Napoleon heftig zur Rede, so daß die allgegenwärtigen Lauscher »im Olymp die Klagen Junos den Donner Jupiters übertönen« hörten. Eines Tages soll die Kaiserin dem Kaiser bedeutet haben: Wenn er sie noch einmal im eigenen Haus beleidige, ginge sie auf und davon, jedoch nicht ohne vorher den Ministern die Gründe ihres Wegganges mitgeteilt zu haben.

Ihr Innerstes verschloß sie nach außen, nur ihrer Schwester Paca gewährte sie ab und zu, so am 31. Dezember 1857, einen Einblick. »Ich habe einen solchen Ekel vor dem Dasein! Dieses ist so leer in der Vergangenheit, bringt so viel Unangenehmes in der Gegenwart und ist vielleicht so kurz bemessen (was ich hoffen mag) in der Zukunft, daß ich mich frage, ob es sich überhaupt zu streiten lohne, denn all diese Scherereien zehren das ganze Leben auf.«

Immerhin war noch im Jahre 1857 die Castiglione aus dem siebten Himmel gefallen. Der Überfall auf Napoleon, als er am 4. April frühmorgens die Konkubine verlassen hatte, blieb nicht ohne Folgen. Nicht allein der Kaiser fragte sich, ob die Italienerin den italienischen Verschwörern nicht einen Wink gegeben habe, sie zumindest Ort und Zeit des Tête-à-tête ausgeplaudert hatte. Es galt, die Peinlichkeit zu vermeiden, daß im Prozeß gegen die Attentäter die ganze Affäre aufgerollt werden könnte. Vor dessen Beginn wurde der Gräfin Castiglione nahegelegt, Paris zu verlassen.

In die frei gewordene Position der Maîtresse-en-titre rückte die Florentinerin Marie Anne Walewska auf, die als Gemahlin des französischen Außenministers überdies den Vorteil mitbrachte, den Kaiser nicht mit landfremden Angelegenheiten zu behelligen. Aber die Kompatriotin Machiavellis begann sich in die französische Politik einzumischen, eiferte der Marquise de Pompadour nach, deren Landhaus Etioles die Walewskis bewohnten. Ihr Gemahl schien beide Augen zuzudrücken. Bei einem zufälligen Blick in ein Zimmer konnte ihm nicht entgangen sein, daß darin seine Frau in den Armen Napoleons lag. Seine Toleranz wurde in Paris verschieden gedeutet. Die einen meinten, der Außenminister verdanke die Verlängerung seiner Amtszeit dem Verhältnis seiner Gemahlin mit dem Staatschef, andere spotteten, dieses werde vom Sproß Napoleons I. und der Polin Walewska als Familienangelegenheit betrachtet.

Der kaiserliche Liebhaber gab sich keine Mühe, die Liaison zu verschleiern. Auf einer Eisenbahnfahrt von Paris nach Compiègne saßen in einem Abteil des Salonwagens die Kaiserin, Außenminister Walewski und Prinzessin Mathilde, in dem daneben der Kaiser allein mit der Gräfin Walewska. Bei jedem

Rumpeln des Waggons schlug die Klapptüre zwischen den beiden Kupees auf und zu. Mathilde, die direkt daneben saß, erblickte ihren »sehr teuren Cousin à cheval auf den Knien Marie Annes; er küßte sie auf den Mund und hatte eine Hand an ihrem Busen versenkt.«

Eugenie, die weiter entfernt saß, hatte dies nicht gesehen, aber das Verhältnis des Kaisers mit der Gattin seines Außenministers konnte ihr nicht verborgen geblieben sein. Wie jedoch die Kaiserin die Gräfin behandelte, gab Rätsel auf. Im Unterschied zur Castiglione schien sie über der Walewska nicht junonischen Zorn ausgegossen zu haben. Der Chronist Vieil-Castel führte dies 1858 weniger auf Eugenies Duldsamkeit als auf die Durchtriebenheit der Florentinerin zurück: »Marie Anne ist wirklich ausgekocht, denn sie hat es verstanden, während sie mit dem Kaiser schlief, sich bei der Kaiserin als Freundin einzuschleichen.« Jedenfalls wurde sie – indes erst 1868, also zehn Jahre später, als Gras über die Affäre gewachsen war – zur Dame d'honneur de l'Impératrice mit einer Pension von 20 000 Francs bestellt.

Vielleicht hatte Eugenie eingesehen, daß sie nicht die willigen Frauen, sondern den unersättlichen Mann hauptverantwortlich für die Ehebrüche zu machen hatte. Aber was nützte es, wenn sie ihn dauernd mit Vorwürfen überhäufte? Die Kaiserin konnte sich nicht von ihm trennen und die Katholikin wollte es nicht. Als Ausweg boten sich ihr zwei Möglichkeiten. Sie konnte versuchen, mit der Würde des Hauses die Beständigkeit des Regimes dadurch zu bewahren, daß sie dem physisch angeschlagenen und moralisch diskreditierten Kaiser das Zepter aus der Hand wand und es selber führte. Oder sie ließ den Dingen ihren Lauf.

Zunächst wählte sie die zweite Möglichkeit. Sie zog sich in ihre Ecke zurück und suchte alles andere zu vergessen. Die Traurigkeit konnte sie nicht ablegen, die Verzagtheit nicht abschütteln. »Ich vermag jene nicht zu beklagen, die schon in jungen Jahren dahingehen. Denn je länger ich lebe, desto mehr meine ich: Glücklich, wer sich bald von diesem Leben verabschiedet!« Die Zweifelhaftigkeit dieses Glücks erfuhr sie mit einunddreißig, als sie um ein Haar einem Attentat zum Opfer gefallen wäre.

In der Pariser Oper, damals noch in der Rue Le Peletier, stand am 14. Januar 1858 eine Benefizvorstellung für den in den Ruhestand tretenden Bariton Massol auf dem Programm. Napoleon und Eugenie hatten ihr Erscheinen zugesagt, das Theater war bis auf den letzten Platz ausverkauft, und die Zufahrtsstraßen waren von Schaulustigen gesäumt, die sich die Auffahrt der Haute volée und vornehmlich des Kaiserpaares nicht entgehen lassen wollten.

Der Ehrengast, Herzog Ernst II. von Sachsen-Coburg-Gotha, war vorausgefahren und erwartete die Gastgeber in der Eingangshalle. Als Trommelwirbel und der Ruf »Vive l'Empereur! Vive l'Impératrice« die Ankunft der Herrscher ankündigten, warf der Herzog seine angerauchte Zigarre weg und stellte sich zum Empfang bereit. Da schreckte ihn eine Detonation auf und dann eine zweite und eine dritte. »Von der Straße her ertönte Geschrei; man hörte Wehklagen und Hilferufe.«

Die erste Bombe explodierte hinter der letzten Reihe der eskortierenden Lanzenreiter und vor der kaiserlichen Kutsche, die zweite in deren nächster Nähe und die dritte direkt unter ihr. Von sechsundsiebzig Splittern getroffen, war der Wagen buchstäblich durchsiebt. Wie durch ein Wunder blieben Napoleon und Eugenie unverletzt. Dieses Glück hatten viele andere nicht: Es gab hundertfünfzig Verletzte und acht Tote, darunter Frauen, Kinder, Lanzenreiter und Polizisten.

Der Hut des Kaisers war ramponiert, und unter der Nase hatte er einen Kratzer, die Kaiserin einen am Ohr; ihr weißes Kleid war mit dem Blut anderer bespritzt. Beide stürzten von der Straße in das Theater. »Sie schienen zusammenzubrechen«, berichtete der Coburger. »Die Kaiserin ergriff mich gleichsam mechanisch am Arm und sagte ziemlich gefaßt: Retten Sie mich.« Der Herzog riß sie mit sich fort, brachte sie in ihre Loge. Als sie eintraten, ging gerade der Rütlischwur aus Rossinis »Guillaume Tell« über die Bühne, der an ein einig Volk von Brüdern erinnerte, das sich in keiner Not und Gefahr trennen wollte. Auch eine Arie aus Donizettis »Maria Stuarda« erklang wie bestellt: »Nur vor dem Arm des Meuchelmörders bangt mir!«

Im ersten Zwischenakt, als sich die Kunde vom Attentat bereits im Zuschauerraum verbreitet hatte, traten Napoleon und Eugenie an die Brüstung der Loge. »Es fand aber keine Begrüßung statt«, berichtete der Coburger. »Nicht eine Hand wurde gerührt, kein Laut erhob sich. Der Kaiser sagte deutsch zu mir, wie er in den folgenden Stunden fast nur deutsch mit mir sprach: ›Da sehen Sie die Pariser – man ist nie hart genug mit ihnen verfahren‹.« Dies künftig zu tun, schien er sich an diesem Abend vorgenommen zu haben.

Napoleon blieb »furchtbar aufgeregt«, während Eugenie bald »wieder die volle Fassung erlangte«. Vielleicht erinnerte sie sich daran, was sie zwölf Tage vorher Paca geschrieben hatte: Die Welt sei ihr Schlachtfeld, und sie fühle sich wie ein Soldat am Tage der Schlacht; die Schwester solle sich nicht sorgen: »Gott schenkt immer die nötige Gesundheit, wenn man Pflichten hat.«

Zwei Tage nach der Schlacht, die sie unversehrt überstanden hatte, informierte sie Diplomaten »mit Lebhaftigkeit und einer gewissen Koketterie« über das Ereignis. Der Schock, scherzte sie mit dem Schrecklichen, habe mit einem Schlag ihre Grippe vertrieben; dennoch möchte sie dies nicht allen als wirksames Mittel gegen hartnäckige Katarrhe empfehlen. Im Ernst räumte sie ein, daß sie Angst gehabt habe. Unmittelbar nach dem Attentat, als sie zum Theatereingang stürzten, habe der Kaiser umkehren und sich um die Verwundeten kümmern wollen, aber sie habe ihn in den Schutz des Gebäudes fortgerissen. War dies ein Versuch, Napoleon als den Helden des

Tages hinzustellen? In der Öffentlichkeit wurde sie als Heldin gefeiert.

Man verglich sie mit der Habsburgerin Maria Theresia. Im »Moniteur« erschienen Ergebenheitsadressen von Generälen, Offizieren und Unteroffizieren mit dem Tenor: Wenn der Kaiser fiele, bliebe die Kaiserin, um die sich das Militär zur Bewahrung des Reiches scharen würde – wie seinerzeit der ungarische Adel um seine Königin, die ihn, ihr Söhnchen auf dem Arm, um Hilfe in der Not gebeten hatte. »Die Kaiserin«, bemerkte Hübner, »genießt auf kindliche Weise ihren Triumph als Heldin. Sie ist gehobener Stimmung und sieht gut aus.«

»Gegenüber Bonaparte und seiner Regierung hat der Bürger, der dieses Namens wert ist, nur eins zu tun: sein Gewehr zu laden und auf die Stunde zu warten. Louis Napoleon steht außerhalb des Gesetzes, steht außerhalb der Menschlichkeit«, rief Victor Hugo in der Hoffnung aus, daß sich ein Citoyen fände, der lieber heute als morgen auf den Empereur feuere. Das Attentat bedrückte jedoch fast alle Franzosen, aber es erleichterte sie ein wenig, daß die Attentäter keine Landsleute, sondern – schon wieder – Italiener waren.

Die dingfest gemachten Täter hießen Orsini, Pieri, Gomez und de Rudio. Sie bekannten sich zu Mazzini, waren aus London, dem Sammelplatz der europäischen Verschwörer, nach Paris gekommen und hatten die in England gefertigten Bomben mitgebracht. Alle anständigen französischen Republikaner, konstatierte Charles Bocher, hätten sich »von den kriminellen Machenschaften Mazzinis und seiner Genossen distanziert«. Nicht allein in der kaiserlichen Regierung, auch in der französischen Öffentlichkeit wurde es den Engländern übel vermerkt, daß sie das Schlangennest in London nicht ausräucherten.

»Um die Aufregung und Verstimmung in Frankreich zu besänftigen«, sollte etwas unternommen werden, fand Königin Viktoria. »Wenn derartige Mörder in Frankreich geduldet würden, zu uns herüber kämen und gegen uns vorgingen, würde die gesamte britische Nation unverzüglich Genugtuung fordern.« Aber Premierminister Palmerston konnte entsprechende Maßnahmen im Unterhaus nicht durchsetzen und trat zurück. Ein in London verhafteter Helfer Orsinis, der französische Emigrant Bernard, wurde zwar vor Gericht gestellt, aber – unter dem Beifall englischer Blätter – von den Geschworenen für nicht schuldig erklärt.

Der Freispruch Bernards stürze sie in schwer zu beschreibendes höchstes Erstaunen, ließ Kaiserin Eugenie Königin Viktoria und ihren Botschafter in Paris wissen. Da seien zwei Männer: der eine ein Mörder, der vom englischen Staatsanwalt angeklagt worden sei, der andere der französische Kaiser, dem Bernards Verteidiger die moralische Schuld an dem Verbrechen zugesprochen habe. »Der erste wurde freigesprochen; was kann ich, die Gemahlin des zweiten, dazu sagen?« Hatte sie aber nicht, wie in Paris gemunkelt wurde, im ersten Schock nach dem Attentat zu einem in zerfetztem Mantel dastehenden Adjutanten, auf ihren Gemahl hindeutend, gesagt, er sei es, dem sie dies verdankten?

Der Anschlag sei möglich gewesen, weil er die Repressionsschraube nicht fest genug angezogen habe, meinte Napoleon und beschloß, dies schleunigst nachzuholen. »Der soziale Körper wird von einem Ungeziefer zernagt, dessen wir uns um jeden Preis entledigen müssen«, sagte General Esprit Charles Marie Espinasse, der zum Minister des Innern und der öffentlichen Sicherheit bestellt wurde. »Die Partei der Roten soll wissen, daß wir uns ihr entgegenstellen werden«, erklärte Präsident Morny, das Rote Gespenst wieder als Bürgerschreck beschwörend, vor dem Corps législatif, der wußte, was er zu tun hatte: Bereits am 19. Februar 1858, einen Monat nach dem Attentat in der Rue Le Peletier, nahm er das vorgelegte »Gesetz zur öffentlichen Sicherheit« mit 221 gegen 24 Stimmen bei 14 Enthaltungen an.

Die »Loi de sûreté générale« gab der Staatsgewalt die Handhabe, jeden Oppositionellen als Verschwörer zu verfolgen, mit Gefängnis oder Deportation zu bestrafen. Das traf unmittelbar vierhundertdreißig Personen. Danach habe es zwar – wie ein Kritiker des Regimes, Pierre de la Gorce, bemerkte – als Androhung fortbestanden, sei aber kaum je angewandt worden. Jedenfalls verstieß es – wie General Mac Mahon, der als einziger im Senat dagegen gestimmt hatte, ausführte – durch die Übertragung richterlicher Befugnisse an die Exekutive gegen die Gewaltenteilung, ein Grundsatz der Demokratie, die Napoleon ursprünglich in Einklang mit der Autokratie zu bringen gesucht hatte. Nicht allein ihm, auch Eugenie begann zu schwanen, daß das Kaisertum sich nach dem Staatsstreich durch das Sicherheitsgesetz eine zweite Eisenkugel an die Beine gebunden hatte.

Wie sie sich dadurch behindert fühlten und wieder mehr Bewegungsfreiheit zu gewinnen versuchten, zeigte bereits das Verhalten des Kaisers und vornehmlich der Kaiserin während des Prozesses gegen Orsini und Komplizen, der am 25. Februar 1858 begann. Die Verteidigung hatte Jules Favre übernommen, einer der fünf »unversöhnlichen« republikanischen Abgeordneten. Mit Erlaubnis des Kaisers, wie der Anwalt betonte, verlas er einen Brief seines Klienten Orsini an Napoleon III., dem der Anschlag gegolten hatte. »Mögen Eure Majestät sich erinnern, daß die Italiener, unter denen auch mein Vater war, mit Freuden ihr Blut für Napoleon den Großen vergossen haben«, hieß es darin. »Mögen Sie nicht vergessen, daß, solange Italien nicht unabhängig ist, die Ruhe Europas sowie die Ihre nur ein Trugbild ist.«

Dieses Schreiben des Angeklagten wie auch die Plädoyers der Verteidigung wurden im »Moniteur« veröffentlicht. Der Öffentlichkeit sollte bedeutet werden, daß dem Kaiser an einem fairen Prozeß gelegen sei, ja, daß er ein gewisses Verständnis für die Motive der Attentäter aufbringe. Mit Napoleons Wissen sprach Pierre Marie Pietri, der Pariser Polizeipräsident, mehrmals mit dem Gefangenen und berichtete darüber dem Kaiserpaar. Orsini mahnte ein zweites Mal den Empereur: Napoleonische Macht leite sich von der Revolution ab, und sie könne nur dauern, wenn Napoleon III. dies in tätiger Erinnerung behielte.

War aber von »Napoleon dem Großen« nicht der Krater der Revolution von 1789 und von »Napoleon dem Kleinen« jener von 1848 geschlossen worden? Eigentlich hatte Orsini mit der Beseitigung des Kaisers den Weg für eine französische Republik freibomben wollen, die einer italienischen Republik die Bahn ebnen sollte. Nachdem dies mißlungen war, faßte er den Davongekommenen am Portepee des Bonapartismus, verwies ihn auf das in Louis Napoleons Schrift »Idées Napoléoniennes« verkündete Programm, jeder Nation zu einem Nationalstaat zu verhelfen, ob nun in monarchischer oder republikanischer Form, mit friedlichen Mitteln und, falls nötig, mit Waffengewalt.

Mit dreiundzwanzig hatte sich Louis Napoleon, wenn auch mehr passiv als aktiv, an einem Aufstandsversuch in der Romagna beteiligt. Hatte nun der Bonaparte seinen revolutionären Sinn und der Italienfreund sein Herz für das Risorgimento wiederentdeckt? Jedenfalls dachte er an eine Begnadigung Orsinis, der Reue gezeigt zu haben schien und seine Landsleute aufgefordert hatte, fortan nicht durch Attentate, sondern mit tätigen Tugenden die Befreiung Italiens anzustreben. Vielleicht hoffte der Kaiser, dem der Schrecken vom 14. Januar noch in den Gliedern saß, daß er durch einen Gnadenerweis weiteren Anschlägen entgehen könnte. Ein Märtyrer des italienischen Nationalismus, so war zu befürchten, würde Nachfolger finden.

Daran mochte auch die Kaiserin gedacht haben, die entschieden für eine Begnadigung Orsinis eintrat. Aber das war nicht der einzige und nicht der wichtigste Beweggrund. Ihr imponierte der Mann mit dem schwarzen Haar, den großen, melancholischen Augen und dem würdevollen Auftreten. So manche Pariser Dame mochte den aus altem römischen Geschlecht stammenden Meuchler für einen mutigen Ritter gehalten haben, die

Spanierin Eugenie, wenn schon nicht einen Cid, so doch einen Don Quichote in ihm gesehen haben. Sie hatte Mitgefühl mit Orsinis und Rudios Frauen und Kindern, die bei ihr vorsprachen und Gnade für ihre Männer und Väter erflehten. Die Tochter Orsinis konnte »die Freundlichkeit, welche die gütige Frau uns armen Waisen erwies«, nie vergessen.

Vielleicht brachte Eugenie Verständnis für die Motive des italienischen Patrioten in Erinnerung an ihren Vater auf, der seinerzeit für eine Liberalisierung und Demokratisierung des nationalen Staates eingetreten war. Einen solchen besaßen die Spanier schon lange, aber den Italienern wurde er immer noch vorenthalten. So mochte es ihr nicht ganz abwegig erschienen sein, daß ein Mann, der so glühend die Einheit und Freiheit seines Vaterlandes erstrebte, zu einem Mittel gegriffen hatte, dessen Anwendung, wenn auch nicht zu verzeihen, so doch zu verstehen war. Schuldig habe sich Orsini gemacht, aber er verdiene mildernde Umstände, keinesfalls die Todesstrafe, meinte Eugenie. Sie, die ebenfalls um ein Haar dem Anschlag zum Opfer gefallen wäre, glaubte zu diesem Plädoyer berechtigt zu sein. »Ich habe«, resümierte sie, »entgegen der öffentlichen Meinung Gnade für Orsini erbeten; denn ich verabscheue Blutvergießen.«

In erster Instanz wurden Orsini, Rudio und Pieri zum Tode und Gomez zu lebenslänglicher Deportation verurteilt. Napoleon, erzählte Prinzessin Mathilde, sei von der weinenden Eugenie auf den Knien gebeten worden, von seinem Gnadenrecht Gebrauch zu machen. Der Kaiser, halb hingezogen, schien ihr willfahren zu wollen. Er sei von Orsini, »diesem Schurken, regelrecht besessen«, fand der britische Botschafter, und sein österreichischer Kollege notierte, die Kaiserin habe ernstlich daran gedacht, den Verbrecher im Kerker aufzusuchen. So weit dürfe sie nicht gehen, meinte ihr Gemahl, und General Espinasse erklärte ihr frank und frei: Wenn sie das Unglück hätte, Orsinis Begnadigung zu erhalten, könnte sie sich in Paris nicht mehr sehen lassen, ohne ausgepfiffen zu werden.

Die Urteile der ersten Instanz wurden am 11. März 1858 vom Berufungsgericht bestätigt. Am 12. März eröffnete der Kaiser, dem die Kaiserin in den Ohren gelegen hatte, dem Conseil privé, er wolle Gnade vor Recht ergehen lassen. Er stieß auf Widerstand. Achille Fould gab zu bedenken, daß in der Rue Le Peletier französisches Blut vergossen worden sei. Der Erzbischof von Paris, Monsignore Morlot, schlug vor, Rudio, der als einziger um Gnade gebeten hatte, diese zu gewähren. Rudio wurde mit Gomez deportiert, Felice Orsini und Giuseppe Pieri mußten am 13. März den Gang zu der auf der Place de la Roquette errichteten Guillotine antreten. Wie es das »Gesetz für die Todesstrafe der Vatermörder« vorschrieb, trugen sie lange weiße Hemden, hatten die Köpfe mit schwarzen Schleiern bedeckt und gingen barfuß. »Wenn ich das gewußt hätte, hätte ich mir die Füße gewaschen«, sagte Pieri. Bevor das Fallbeil niedersauste, rief Orsini den schweigend Zuschauenden zu: »Vive l'Italie, vive la France!«

Für Frankreich wie Italien zeitigte der Fall Orsini schwerwiegende Folgen. Am 1. Februar 1858, neunzehn Tage nach dem Attentat, wurde das Regentschaftsgesetz erlassen: Im Fall der Abwesenheit, der Verhinderung oder des Ablebens des Kaisers vor Erreichung der Volljährigkeit des Kronprinzen sollte die Kaiserin als Regentin amtieren, unterstützt von dem zum Conseil de régence umfunktionierten Conseil privé. Diesem gehörten Persönlichkeiten an, die als Garanten des Second Empire galten: Morny, der Präsident des Corps législatif, Troplong, der Präsident des Senats, Baroche, der Präsident des Staatsrats, Fould, der Minister des Staates und des Kaiserlichen Hauses, Marschall Pélissier, Duc de Malakoff, als Repräsentant des Militärs, Kardinal Morlot, Erzbischof von Paris, als Vertreter der Kirche und – last but not least – der Erzbonapartist Persigny.

Diese Paladine des Empereurs sollten der Impératrice mit Rat und Tat zur Seite stehen, aber im monarchischen System mußte die Regentin das erste und das letzte Wort haben. Daß sie immer das richtige zu finden vermöchte, schien ihr Napoleon nicht zuzutrauen, und er war sich nicht sicher, ob die Franzosen die Autorität, die sie ihm zubilligten, einer, wenn auch seiner Frau zugestehen würden.

Der an Maria Theresia denkende Österreicher Hübner war anderer Meinung: Eine schöne Frau, ihr Kind auf dem Arm, die Frankreich mit Hilfe einer bewährten Armee sichere und rette, sei ein so erhebender Anblick für die Franzosen, daß der Kaiser, den eine Bombe jeden Augenblick hinwegfegen könne, »praktisch ein zu vernachlässigender Faktor geworden sei«.

Der Deutsche Theodor Mundt, ein kluger Beobachter der französischen Szene, gewann 1858 den Eindruck, »daß die Kaiserin nicht bloß die Rolle der naiven Gurli an dem heutigen napoleonischen Hof übernommen haben kann«. (In Kotzebues »Indianer in England« trat eine naive, aber nicht unschlaue Frau namens Gurli auf). »Da sie ohne Zweifel das napoleonische Programm in seinen tiefsten Gründen kennt und mit jeder Falte desselben sich versteht, so wird sie mit der eigentümlichen weiblichen Feinheit auch gewiß stets die Gelegenheit zu finden wissen, wo sie unter dem Anschein, keine Politik zu machen, doch einen bedeutungsvollen Finger auf die Staatsgeschäfte legt.«

Nicht erst seit dem Erlaß des Regentschaftsgesetzes meinte Eugenie, sich um die Politik kümmern zu müssen. Als Frau des Kaisers konnte sie sich nicht von ihr fernhalten, als Mutter des Thronfolgers wollte sie sich für ein gesichertes Erbe einsetzen, und nun, als voraussichtliche Regentin, mußte sie sich in die Staatsgeschäfte einarbeiten, um sie im Fall des Falles führen zu können. Schon jetzt, da sich außenpolitische Konsequenzen der Affäre Orsini abzeichneten, fühlte sie sich gehalten, die Entwicklung nicht nur zu verfolgen, sondern auch dazu Stellung zu nehmen.

Das Attentat hatte Napoleon auf drastische Weise daran erinnert, daß er als Thronprätendent versprochen hatte, dem

Nationalstaatsprinzip in Europa zum Durchbruch zu verhelfen, und ihn nachhaltig daran gemahnt, daß er als Kaiser der Franzosen Macht für die Durchsetzung des bonapartistischen Programms gewonnen hatte. Dem stand die europäische Staatenordnung von 1815 entgegen, in die sich das Second Empire bei ihrer Verteidigung im Krimkrieg eingefügt hatte. Aber es war nicht möglich, das Nationalstaatsprinzip in einer Staatenwelt zur Geltung zu bringen, in dem Italienern, Deutschen und Polen mit der nationalen die demokratische Selbstbestimmung vorenthalten wurde.

So begann Napoleon III. gegen das System des Wiener Kongresses vorzugehen und glaubte damit zwei Ziele auf einmal erreichen zu können: Innenpolitisch eine Untermauerung des bonapartistischen Regimes, indem er, wenn schon nicht im eigenen Lande, so doch in anderen Ländern uneingeschränkt für die Ideen der Französischen Revolution eintrat. Und außenpolitisch glaubte er das Kaiserreich zur Vormacht in Europa erheben zu können: durch eine Schwächung der mit ihm rivalisierenden Staaten und eine Vergrößerung Frankreichs durch von geförderten Nationen erlangte territoriale Kompensationen.

Im Jahre 1858 ergab sich eine erste Gelegenheit: Napoleon meinte durch ein Engagement für das Risorgimento innenpolitische Scharten auswetzen und außenpolitische Chancen ausnützen zu können. Das habsburgische Vielvölkerreich, der »Rocher de bronze« des Staatensystems des Wiener Kongresses und das Haupthindernis der Nationalstaatsbewegungen, vor allem der italienischen, würde geschädigt, Frankreich mit einem befreiten und geeinten Italien einen dankbaren und ergebenen Bundesgenossen bekommen, ein erster Schritt zur Hegemonie des Second Empire wäre getan, dem weitere folgen könnten, bis eines Tages der dritte Napoleon der Machtstellung des ersten Napoleons näher gekommen wäre, sie womöglich sogar erreichen würde.

Der dem Attentat italienischer Republikaner entgangene

Napoleon wandte sich jedoch nicht, wie es diesen vorschwebte, an die Nationalrevolutionäre vom Schlage Mazzinis und Garibaldis, die den französischen Jakobinern nacheiferten. Der Kaiser verbündete sich, wie es ihm die Gräfin Castiglione nahegelegt hatte, mit König Viktor Emanuel II. von Sardinien-Piemont, der als konstitutioneller Monarch das erste, gemäßigte Programm der Französischen Revolution übernommen hatte, und mit dessen Ministerpräsidenten Cavour, der die Macht des Königreiches zur Einigung der Nation einzusetzen und dessen Verfassung auf ganz Italien auszudehnen gedachte.

Insgeheim trafen sich am 21. Juli 1858 Napoleon und Cavour im Vogesenbad Plombières. Da sie nicht erwarteten, daß Wien mit friedlichen Mitteln zur Aufgabe der Lombardei und Venetiens zu bewegen wäre, heckten sie einen Kriegsplan gegen das Habsburgerreich aus. Seite an Seite sollte eine französische Armee von 200 000 Mann und eine italienische Armee von 100 000 Mann die Österreicher aus Norditalien vertreiben und den Weg für eine Einigung Italiens unter König Viktor Emanuel II. freikämpfen. Die politische und militärische Allianz sollte durch eine Eheverbindung zwischen Napoleons Vetter Napoléon-Jérôme und der sardinischen Königstochter Clotilde ergänzt werden. Der Empereur vergaß nicht, das Honorar für seine Bemühungen festzusetzen: Die Abtretung der piemontesischen Gebiete Savoyen und Nizza an Frankreich.

Die Vereinbarung von Plombières verheimlichte Napoleon vor Europa, Frankreich und zunächst auch vor seiner Frau. Er wollte rechtzeitige Gegenmaßnahmen der am Friedenssystem von 1815 festhaltenden Mächte ausschließen, die Franzosen, denen er versprochen hatte, daß das Kaiserreich der Frieden sei, nicht vorzeitig alarmieren, und Eugenie schien ihm schon so weit Politikerin geworden zu sein, daß sie ihn auf Fußangeln in seiner Italienpolitik hätte hinweisen können.

»L'Empire c'est la paix!« – das hielt die Kaiserin immer noch für das Palladium des Zweiten Kaiserreiches. Einen Krieg, in dem viele Menschen sterben müßten, verabscheute sie nach wie vor, und selbst wenn er unvermeidbar wäre, was würde er Frankreich für all seine Opfer an Blut und Gut schon einbringen? Durch den Krimkrieg wurde immerhin das europäische Friedenssystem wiederhergestellt und Frankreich darin die ihm zustehende Rolle zugewiesen. Ein Italienkrieg jedoch würde diese Friedensordnung aufbrechen und ein neues Zeitalter bewaffneter Konflikte heraufbeschwören, die nicht nur Frankreichs Machtstellung, sondern auch das bonapartistische Regime gefährden könnten.

Selbst wenn Eugenie nicht so weit gedacht hätte, so wäre ihr doch nicht verborgen geblieben, daß die meisten Franzosen einen Krieg nicht wünschten. »Hier denken die Leute nur daran, welche Wirkung der Krieg auf Staatspapiere und Eisenbahnaktien haben könnte«, konstatierte Eugenies Vertrauter Mérimée. »Hättest Du die Furcht vor dem Krieg gesehen, die zu einer wahren Panik wird«, schrieb Eugenie an Paca, »Du würdest verstehen, daß es hier viele Widerwärtigkeiten gibt.« Sie seufzte: »Ich fühle mitunter ein unwiderstehliches Verlangen, mich in die alten Tage von Carabanchel zurückzuversetzen und alles zu vergessen, auch das Vorhandensein von Italien und Österreich.«

Sie wünschte sich Frieden und hoffte, daß der Konflikt mit diplomatischen Mitteln beigelegt werden könnte. Doch dies schien seit Anfang 1859 immer unwahrscheinlicher zu werden, und selbst wenn es möglich gewesen wäre, was hätte Frankreich schon dabei gewonnen? Als ehrlicher Makler könnte es sich nur zwischen alle Stühle setzen. Die italienischen Nationalisten, denen nicht alles, was sie verlangten, gegeben würde, könnten die Hand beißen, die ihnen geholfen hatte, zumal wenn italienische Gebiete als Maklergebühr entrichtet werden müßten. Würden sich die extremen Nationalisten in Italien und Frankreich nicht gegenseitig hochschaukeln? »Man will unsere Brüder in Italien befreien, auch für unsere Befreiung ist die Zeit gekommen«, höre man in französischen Arbeiterkreisen, warnte Marschall Boniface de Castellane, der Militärbefehlshaber in der Industriestadt Lyon.

Donoso Cortés, den Eugenie schätzte, hatte vorausgesagt, daß in nicht allzu ferner Zukunft »Plebejer teuflischer Macht« und »Verbrecher aus dem Abschaum der Massen« in Europa ans Ruder kämen. Selbst wenn in einem italienischen Nationalstaat nicht revolutionäre Republikaner, sondern konstitutionelle Monarchisten die Oberhand behielten, wäre der einem Einheitsstaat im Wege stehende Kirchenstaat in seiner Existenz und das Papsttum in seiner Präponderanz gefährdet. Die Katholikin sorgte sich um die Zukunft der römischen Kirche und die Legitimistin, wie Napoleon sie nannte, um den Fortbestand des Bundes von Thron und Altar.

»Meine Pläne sind zur Zeit schwer festzulegen. Wenn wir Frieden behalten (lo que Dios quiera), so werde ich im Mai nach Fontainebleau gehen«, schrieb Eugenie am 15. April 1859 an Paca. »Wenn es aber Krieg gibt, so werde ich wahrscheinlich in Paris bleiben müssen, wo man mir ich weiß nicht was zu tun geben wird.«

Sie mußte in der Hauptstadt bleiben. Denn die Österreicher, dem Nervenkrieg der Franzosen und Italiener nicht gewachsen, ließen sich zum Präventivkrieg gegen Sardinien-Piemont hinreißen. Für Frankreich war der Bündnisfall gegeben, und sein Kaiser zog als Verteidiger des Völkerrechts wie der Nationenrechte in den Krieg und ließ die Kaiserin als Regentin zurück.

»Meine Verantwortung ist groß«, schrieb die Regentin ihrer Schwester. »Aber Gott wird mir, wie ich hoffe, all die Kenntnisse geben, die mir fehlen. Wie merkwürdig ist doch das Schicksal! Wer hätte mir gesagt, was uns erwartete, als den aufmerksam zuhörenden Kindern Monsieur Beyle von den Feldzügen des Empire erzählte, auch von der Verachtung, die man für Marie Louise hatte. Wer hätte mir da gesagt: Du wirst im zweiten Teil des Dramas eine aktive Rolle spielen, und Du wirst genauso streng beurteilt werden wie Marie Louise, wenn Du wie sie handelst? Das bringt einen zum Nachdenken.«

Marie Louise, die zweite Gemahlin Napoleons I., war vom Kaiser, der in der Schlußphase des Empire um Thron und Reich kämpfte, als Regentin eingesetzt worden, hatte Paris den Alliierten überlassen und den besiegten Gemahl aufgegeben. Die Spanierin Eugenie, die dritte Kaiserin der Franzosen, nahm sich vor, sich im Glück wie Unglück anders zu verhalten als die Österreicherin Marie Louise: »Ich kann nicht umhin, einen gewissen Stolz zu empfinden, wenn ich durch meine Anwesenheit in Paris die tapfere Gesinnung Frankreichs bekräftigen kann.«

Auch sie, die den Krieg nicht gewollt hatte, nahm nun, da er nicht vom kampflustigen Napoleon III., sondern vom friedenswilligen Franz Joseph I. begonnen worden war, genauso Haltung an wie die überwältigende Mehrheit der Franzosen. Noch vor kurzem habe er geglaubt, daß es in Frankreich keinen einzigen Menschen gebe, der den Krieg wolle, schrieb Mérimée. »Heute trifft das Gegenteil zu, der gallische Instinkt regt sich. Es herrscht eine Begeisterung, die etwas Großartiges, aber auch etwas Erschreckendes hat.« Der Kaiser sei populärer denn je, und die Soldaten gingen ins Feld wie zum Tanz.

»Unsere arme Eugenie«, bemerkte Mérimée, »hat vor Weinen ganz dick verschwollene Augen; tränenüberströmt sagt sie allen abziehenden Regimentern Adieu.« Auch Napoleon mußte an die Front. Die Minister wollten ihn zurückhalten, wohl weil sie von den militärischen Fähigkeiten dieses Bonaparte, der es nur zum Schweizer Artilleriehauptmann gebracht hatte, nicht überzeugt waren, vielleicht auch, weil sie der Regentin nicht viel zutrauten. Den General Espinasse, der anderer Meinung zu sein schien, fragte Eugenie, warum er so unruhig hin- und hergehe wie ein Löwe in seinem Käfig. »Ich sage Ihnen«, grollte der Haudegen, »wenn der Kaiser, der diesen Krieg will, nicht mit uns nach Italien geht, beträgt er sich wie der letzte faule und feige König.« General Espinasse habe recht, fand Napoleon III., der wußte, daß er sich nicht länger auf Napoleon I. berufen könnte, wenn er nicht an der Spitze seiner Armee ins Feld rückte und Siegeslorbeeren nach Hause brächte.

Als er am 10. Mai 1859 in Felduniform die Tuilerien verließ, stimmte die Menschenmenge die Marseillaise an, die Revolutionshymne, die von ihm abgeschafft worden war. Auf dem Weg zur Gare de Lyon wurde er, wie sich der Oppositionsabgeordnete Émile Ollivier wunderte, besonders in den Volksvierteln begeistert gefeiert. Der Empereur, der nun nicht nur ein Caesar mit Staatsmacht, sondern auch ein Imperator mit Feldherrngewalt war, hielt vor dem Hause des Photographen Disderi an und ließ sich im Waffenrock ablichten, um dieses Bild der Nation zu hinterlassen.

Die Kaiserin begleitete den Kaiser im Zug bis Montereau, speiste mit ihm im Bahnhofsrestaurant zu Mittag und kehrte nach Paris zurück, um die Zügel der Regentschaft zu ergreifen. Wenn es schon sein mußte, dann wollte sie auch allein auf dem Kutschbock sitzen. So hatte sie darauf bestanden, daß der Platz neben ihr frei blieb und nicht von Napoleons Onkel, Prinz Jérôme, dem Gouverneur von Paris und Oberbefehlshaber der Garnisontruppen und der Nationalgarde, eingenommen würde. Hatte sie an die Regentin Marie Louise gedacht, der Napoleon I. seinen Bruder Joseph daneben gesetzt, genaugenommen vorgesetzt hatte? Jedenfalls nahm sie sich vor, sich so weit in die Regierungsgeschäfte einzuarbeiten, daß sie Vorschläge richtig beurteilen und sachgerechte Entscheidungen treffen könnte.

Eugenie lernte die Verfassung auswendig, vermochte, wie Mérimée staunte, »Dekrete und Senatskonsulte wie der älteste Staatsrat zu zitieren«. Sie las Berichte der Präfekten und Depeschen der Diplomaten, hörte sich Vorträge von Sachverständigen an, saß dreimal in der Woche dem Conseil vor. Sie habe ebenso locker wie würdig präsidiert, »gewissenhaft zugehört und bei den Erörterungen Scharfsinn und Sachverstand bewiesen«, wußte Madame Baroche, die Gemahlin eines Ratsmitgliedes, zu erzählen. Wie bisher empfing die Kaiserin, was sie am liebsten tat und am besten konnte, in den Tuilerien, sprach mit ihren Gästen auch über den Krieg und die Politik, wobei sie so manchen mit ihren Kenntnissen und Beurteilungen in Erstaunen setzte.

Die Regentin wußte sich Sympathie und Respekt, ja Autorität zu verschaffen. Am Ende der bis 28. Mai laufenden Sitzungsperiode trat sie, den dreijährigen Prince impérial an der Hand, vor die Mitglieder des Corps législatif, des Senats und des Conseil d'État. »Ich zähle auf Ihren Patriotismus«, erklärte sie, »damit das Vertrauen in das Heer und, wenn die Zeit kommt, der Glaube an die Mäßigung des Kaisers lebendig bleibt.«

Der Kaiser behielt die Amtsführung der Regentin im Blick, aus dem Felde ergingen Weisungen und aus Paris Anfragen. So hatte ihm Eugenie telegraphisch den von ihr entworfenen Text der Rede vor den Vertretern des Volkes und des Staats vorgelegt und erhielt den Bescheid: Er sei gut, außer einer Stelle, in der sie die Angesprochenen um Unterstützung bei der Erfüllung einer Aufgabe bitte, »die viel zu schwer für so ungeschickte Hände wie die meinen« sei. »Man sagt derartige Dinge nicht, wenn sie nicht wahr sind«, ließ Napoleon sie wissen, der im großen und ganzen mit dem Wirken der Regentin zufrieden sein konnte.

In der Innenpolitik ging alles glatt. Die Opposition wollte sich nicht mangelnden Patriotismus vorwerfen lassen. Kritische Presseorgane waren blau-weiß-rot gestimmt, aus der Provinz wurde gemeldet, die Leute marschierten im Geiste mit dem Heer und dem Heerführer in Italien mit. Und Paris, stellte die Regentin fest, »ist ganz ruhig; man kann sagen, der Zustand Frankreichs ist nie zufriedenstellender gewesen ... Ich blicke zuversichtlich in die Zukunft.«

Über Frankreich strahlte die Sonne, aber an der Ostgrenze zogen Gewitterwolken auf. Das Königreich Preußen schien seine Rivalität mit dem Kaiserreich Österreich zurückzustellen, dem neuen Napoleon, wenn schon nicht am Po, so doch am Rhein entgegentreten zu wollen. Deutsche Patrioten drängten den Hohenzollern, dem Habsburger gegen den »Erbfeind« der Nation beizustehen. Schon machte Berlin mobil, bereit zur »Wacht am Rhein«, die nicht nur defensiv aufgefaßt wurde.

Napoleon gedachte dieser Gefahr eine Reaktivierung der Allianz mit England entgegenzusetzen. Eugenie, die sich mit Viktoria gut verstand, schrieb der Queen zum Geburtstag am 24. Mai 1859: »Ich habe vom Kaiser gute Nachrichten. Er hofft – dank der Haltung uns günstig gesinnter Mächte – den Konflikt eingrenzen zu können. Denn ein allgemeiner Kriegsbrand wäre ein unübersehbares Übel für die ganze Welt. Wir zählen darauf, Eure Majestät, der stets der Weltfrieden am Herzen liegt, werde ihren persönlichen Einfluß geltend machen, ebenso wie Prinz Albert, dessen Einfluß in Deutschland so groß ist, auf daß dieses Ziel erreicht werden kann.«

Der Kaiser der Franzosen vermöchte dazu mehr zu tun als die Königin von England, entgegnete Viktoria, denn er könne den Krieg dadurch eingrenzen, daß er zwar die österreichischen Invasoren aus Piemont vertreibe, aber sich hüte, den Krieg über dessen Grenzen hinaus in die norditalienischen Gebiete des Habsburgers hineinzutragen. Ein Angriff auf Österreich würde nicht nur Deutschland, sondern ganz Europa alarmieren, weil dann die Verträge von 1815, »auf denen sein Friede und sein politisches System beruhen, in Frage gestellt wären. Möge Gott Sie erleuchten und Europa beschützen.«

Die Queen machte auf den Unterschied aufmerksam, der zwischen 1854 und 1859 bestand. Im Krimkrieg war England an der Seite Frankreichs, weil es das europäische Staatensystem von 1815 zu verteidigen galt. Den Italienkrieg führte

Napoleon für das Nationalstaatsprinzip wie den französischen Imperialismus, aus zwei Motiven, die dem Ordnungsprinzip des Wiener Kongresses entgegenliefen, und mit zwei Zielen, die der bisherigen Staatenordnung entgegengesetzt waren. So war es zwangsläufig, daß die drei anderen Mächte der europäischen Pentarchie der Konflikt zwischen Frankreich und Österreich beunruhigte: England, das sich um die Balance of power sorgte, Rußland, das eine Nationalrevolution fürchtete, und Preußen, das sich – Bismarck war noch nicht am Ruder – mehr als Großmacht des Systems von 1815 denn als Einigungsmacht Deutschlands verstand.

Einer Einmischung europäischer Mächte in seinen Italienkrieg entging Napoleon durch eine rasche militärische Entscheidung. Dies überraschte, denn der Zustand seiner Armee ließ zu wünschen übrig. Die Regimenter waren nicht vollzählig, es fehlte an schwerem Geschütz und sogar an Kochtöpfen. Die im Kriegsplan von Plombières festgelegten Sollziffern wurden nicht erreicht. Die Franzosen setzten statt 200 000 nur 104 000, die Italiener statt 100 000 nur 60 000 Mann in Marsch. Napoleon III. war nicht Napoleon I., und seine Generäle, die de facto das Kommando führten, glichen nicht den Marschällen des Onkels.

Doch der Neffe hatte Fortune. Die österreichischen Staatsmänner standen nicht mehr auf dem Niveau des Staatskanzlers Metternich, und die österreichischen Militärs nicht mehr auf der Höhe des Feldmarschalls Radetzky. Der erste, der 1859 starb, hatte zwar fähige Diplomaten wie Joseph Alexander von Hübner herangebildet, aber dessen Mission in Paris war gescheitert, und in Wien zählte die Stimme des Exbotschafters nicht mehr, der sich mit Kaiserin Eugenie gut verstanden hatte. Der bereits 1858 verstorbene Radetzky, der 1848 und 1849 die Italiener besiegte, hatte zwar ein schlagkräftiges Heer, aber keinen ihm ebenbürtigen Heerführer hinterlassen.

Oberbefehlshaber Graf Franz Gyulai, der mit 150 000 Mann als erster vollzählig auf dem Kriegsschauplatz erschien, wußte diese Chance nicht zu nutzen. Anstatt unverzüglich auf Turin, die Hauptstadt Sardinien-Piemonts, vorzustoßen, marschierte er plan- und ziellos in der Po-Ebene auf gegnerischem Gebiet hin und her und ließ dem Feind genügend Zeit, sich zu sammeln und gegen ihn vorzurücken. Dann zog er sich über den Ticino in die Lombardei zurück. Auf dem österreichischen Ufer des Grenzflusses, bei Magenta, wurden am 4. Juni 1859 seine 56 000 Österreicher von 48 000 Franzosen geschlagen. Diese verdankten ihren Sieg nicht Napoleon III., der die Schlacht schon verloren gegeben hatte, sondern General Mac Mahon, der daraufhin zum Marschall und Herzog von Magenta ernannt wurde. Der Verlierer Gyulai räumte die Lombardei und zog sich auf die Festungen in Venetien zurück.

In Paris nahm die Regentin auf einer Fahrt über die Großen Boulevards die Ovationen siegestrunkener Franzosen entgegen. Auch die neben ihr im Wagen sitzende Prinzessin Clotilde, die Tochter Viktor Emanuels II., wurde gefeiert. Noch wußte man nicht, daß der König von Sardinien-Piemont mit seinen Truppen erst nach Magenta gelangte, als die Schlacht bereits entschieden war. Aber am 8. Juni war er in Mailand rechtzeitig zu Stelle, um mit Napoleon III. in die Hauptstadt der Lombardei einzuziehen.

An der nächsten, der entscheidenden Schlacht nahmen die Piemontesen teil. Bei Solferino, südlich des Gardasees, siegten am 24. Juni 1859 an die 100 000 Franzosen und 50 000 Italiener über 130 000 Österreicher. Es war eine Zweikaiserschlacht, denn auf der einen Seite hatte Napoleon III., auf der anderen Franz Joseph I. den Oberbefehl inne. Und es war ein Massenschlachten: Die Franzosen zählten am Ende 12 000, die Italiener 5 500 und die Österreicher 13 000 Tote und Verwundete. Man hatte moderne Waffen mit verheerenden Wirkungen eingesetzt, es aber versäumt, im Geiste der beschworenen Humanität für die medizinische Versorgung der Opfer zu sorgen. Ein Augenzeuge des Elends auf dem Schlachtfeld, der

Schweizer Henri Dunant, gab das Signal zur Gründung des Roten Kreuzes.

In das fortgeschrittene 19. Jahrhundert, sagte General Fleury seinem Kaiser, passe ein solches Gemetzel nicht mehr. Beim Ritt über das zum Leichenfeld gewordene Schlachtfeld schlug wohl auch Napoleon, dem Hauptverantwortlichen für diesen Krieg, das Gewissen. Niedergedrückt von den Anstrengungen wie den Erfahrungen des Tages, saß er am Abend in dem Zimmer in Cavriana, in dem noch am Morgen Franz Joseph geweilt hatte, und raffte sich schließlich zu einem Telegramm an die Regentin auf: »Große Schlacht, großer Sieg!«

Einzelheiten ersparte er sich: die Zahl der Opfer, die Eugenie schockiert hätte, und die Folgen des Sieges, die in eine Richtung wiesen, die ihr, und auch ihm, nicht gefallen konnte. Das nationalrevolutionäre Feuer, das er zwar geschürt hatte, aber unter Kontrolle halten und für seine imperialistischen Zwecke nutzen wollte, drohte sich in Italien in einen Steppenbrand zu verwandeln und das mehrgeschoßige Staatenhaus auf der Apenninenhalbinsel in Flammen aufgehen zu lassen. Schon hatte es die Toskana, Parma, Modena und Teile des Kirchenstaates erfaßt. Das war in seinem Kriegsplan nicht vorgesehen gewesen. Napoleon dachte an die Vertreibung der Österreicher aus Norditalien und an den Anschluß der Lombardei und Venetiens an Sardinien-Piemont, nicht an die Ausdehnung der Macht Sardinien-Piemonts auf ganz Italien. Nach dem Vorbild des Deutschen Bundes schwebte ihm ein Italienischer Bund vor, keinesfalls ein Einheitsreich, das sich neben den Staaten anderer Fürsten auch den Kirchenstaat des Papstes einverleibt hätte.

Ziel dieses Krieges sei, so hatte Napoleon III. bei Kriegsausbruch proklamiert, »Italien sich selbst wiederzugeben, aber nicht, einen Wechsel seiner Herrscher herbeizuführen«. Er marschiere 1859 nicht, um Unordnung zu stiften oder den Thron des Heiligen Vaters, den er 1849 mit französischer Truppenmacht gesichert habe und weiterhin zu sichern gedenke, ins Wanken zu bringen. Dies wollten vor allem französische Katholiken und Konservative hören, auf deren Zustimmung er seinen eigenen Thron gegründet hatte – und die Kaiserin, die für die Bewahrung des Patrimonium Petri weniger aus Staatsräson, wie der Kaiser, denn aus Kirchentreue eintrat. Es müsse eine Ehrensache Frankreichs sein und bleiben, dem Papst die weltliche Macht zu erhalten, sagte Eugenie zu Lord Malmesbury. Es wäre vernünftiger, die Italiener gäben sich zufrieden und versuchten ihre neu erworbenen Länder zu organisieren, statt weitere Eroberungen machen zu wollen.

Bereits am 16. Juni 1859 hatte die Regentin dem Kaiser telegraphiert, die Aufstände in der päpstlichen Romagna gäben ihr Anlaß zur Sorge. »Bitte sag mir, ob der König von Piemont die Diktatur übernommen hat?« Sie konnte beruhigt werden. Vertretern des zum Kirchenstaat gehörenden Bologna, das sich Viktor Emanuel zu unterwerfen gedachte, erklärte Napoleon: »Ich bin nicht nach Italien gekommen, um dem Papst seine Besitzungen wegzunehmen.« In Paris verwarnte die Regentin den »Siècle«, ein linkes Blatt, das für die Aufständischen in der Romagna Partei ergriffen hatte: Der Artikelschreiber habe »die edle Sache der italienischen Unabhängigkeit mit der Revolution verwechselt. Achtung vor dem Papsttum und dessen Schutz stehen auf dem Programm, zu dessen Verwirklichung der Kaiser nach Italien gezogen ist.«

Den Sieg bei Solferino galt es mit einem Tedeum in Notre-Dame zu feiern. Der Erzbischof von Paris war davon nicht angetan, weil damit dem Allmächtigen auch Dank für die Erhebung von Italienern gegen den Papst gesagt werde. Die Regentin stellte bei diesem Anlaß die Staatsräson über die Kirchentreue. Am 3. Juli 1859 fuhr sie, den dreijährigen Thronfolger an ihrer Seite, zur Kathedrale. Der Siegesjubel der Pariser übertönte die Militärmusik, Mutter und Sohn wurden mit Blumen überschüttet. Die Spanierin schien endgültig die Herzen der Franzosen gewonnen zu haben.

Wahrscheinlich wurde Solferino nicht nur aus Stolz auf den

französischen Waffenerfolg, sondern auch in der Hoffnung auf ein durch diesen entscheidenden Sieg näher gerücktes Ende des Krieges so begeistert gefeiert. Auf Eugenie traf dies zu. »Ich hoffe«, schrieb sie Paca, »der Friede wird nicht mehr allzu fern sein; denn mit den jetzt eingesetzten Vernichtungswaffen wird jede Schlacht zu einem Massaker.«

Auch Napoleon war friedensbereit, weil er seine wichtigsten Ziele erlangt hatte und es eine Fortsetzung zu verhindern galt, die ihm geschadet hätte. Napoleon III. hatte sich auch als Feldherr ausgewiesen, Lorbeer für das Zweite Kaiserreich errungen, das reaktionäre Österreich geschlagen und dem Nationalstaatsprinzip im Rahmen seiner imperialistischen Interessen Anerkennung verschafft. Doch diese Interessen durften nicht durch Einmischung europäischer Staaten, vielleicht sogar eine »bewaffnete Vermittlung« Preußens und des Deutschen Bundes gefährdet werden. Und die italienische Nationalstaatsbewegung mußte in für die alten Mächte hinnehmbaren Grenzen gehalten werden, auch wenn sie Viktor Emanuel und Cavour und erst recht Mazzini und Garibaldi nicht akzeptieren mochten.

Als Friedenskaiser hatte Napoleon III. den Thron bestiegen, und nun, da er sich als Kriegskaiser bewährt hatte, versuchte er die erste und für ihn innen- wie außenpolitisch nützlichere Reputation wiederherzustellen. So bot er Franz Joseph I. einen Waffenstillstand an und traf mit ihm am 11. Juli 1859 in Villafranca bei Verona zusammen. »Der Friede ist so gut wie geschlossen«, berichtete Napoleon nach der Unterredung unter vier Augen seiner Suite. Österreich trat die Lombardei, aber nicht Venetien an Sardinien-Piemont ab. In Europa wurde das Maßhalten des Franzosen begrüßt, in Italien fühlten sich Patrioten übers Ohr gehauen. Der Kaiser hatte ihnen versprochen, Norditalien »bis zur Adria« zu befreien, ihnen nun aber nur Mailand und nicht Venedig gegeben, ohne für sich auf Nizza und Savoyen zu verzichten. König Viktor Emanuel stimmte zähneknirschend zu, Ministerpräsident Cavour trat zurück. In Schaufenstern italienischer Städte wurden Porträts Napoleons III. durch Bilder Orsinis und Mazzinis ersetzt.

Unter dem Motto »Italia farà da sè« – »Italien wird es allein fertigbringen« verfolgten die Italiener weiter ihr nationales Ziel. Im Frieden von Zürich mußte nicht alles so heiß gegessen werden, wie es im Vorfrieden von Villafranca gekocht worden war. Die vom Volk in der Toskana, in Parma und Modena verjagten Fürsten wurden nicht wieder eingesetzt und die Romagna nicht dem Kirchenstaat zurückgegeben. Diese mittelitalienischen Gebiete votierten für Sardinien-Piemont. Der Freischarenführer Garibaldi eroberte Sizilien und Neapel für ein Italien, zu dessen König sich Viktor Emanuel II. am 14. März 1860 proklamierte. Cavour war wieder auf seinem Posten und wachte darüber, daß die Einigung in konstitutionell-monarchischen und nicht in revolutionär-republikanischen Bahnen verlief.

Dagegen hatten der Kaiser und vornehmlich die Kaiserin der Franzosen nichts einzuwenden. Die Legitimistin sah in Italiens Hauptstadt lieber Viktor Emanuel, der ihr persönlich zuwider war, als den Revoluzzer Garibaldi, den sie menschlich und politisch haßte, an der Macht. Die Katholikin bedauerte es, daß dem Kirchenstaat außer der Romagna auch noch die Marken und Umbrien weggenommen wurden, aber sie tröstete sich damit, daß dem Papst, von französischen Truppen beschützt, wenigstens »eine Handbreit Land als Eigentum belassen« wurde, mit Rom, der Ewigen Stadt, die sie sich nur als dauernden Sitz des Oberhauptes ihrer Kirche wie des Souveräns des Kirchenstaats vorstellen mochte.

»Endlich ist er fort«, sagte Viktor Emanuel, als Napoleon nach Frankreich zurückkehrte. Die Dankbarkeit, daß ihm vom Kaiser der Weg zum italienischen Königsthron freigekämpft worden war, wurde durch die Verärgerung darüber beeinträchtigt, daß er auf halbem Wege haltgemacht, ihm Savoyen und Nizza abgenommen und Rom als Hauptstadt vorenthalten hatte.

»Endlich ist er wieder da«, sagten noch lange nicht alle Franzosen. Der Empfang Napoleons III. war nicht mehr so begeistert wie seine Verabschiedung. Die Kehrseite der Kriegsmedaille war sichtbar geworden: der Verlust an Menschenleben und Finanzmitteln, die außenpolitische Isolierung, die Feindschaft von Österreichern und Deutschen, und doch keine Freundschaft mit den enttäuschten Italienern. Bonapartisten hielten das Empire nicht für gefestigt, Katholiken verübelten dem Empereur die mangelhafte Unterstützung des Papstes, und Monarchisten sahen den von Napoleon indirekt geförderten Republikanismus auf dem Vormarsch.

Französische Oppositionelle, die gehofft hatten, daß sein Engagement für die Freiheit Italiens Rückwirkungen auf eine Liberalisierung Frankreichs haben könnte, erwarteten nun vom Autokraten, der sich dem italienischen Konstitutionalismus nur halb zugewandt und vom italienischen Republikanismus ganz abgewandt hatte, keine Fortschritte mehr hin zu einer zeitgemäßen Verfassung. Auch eine Amnestie für politisch Verfolgte und Verurteilte vermochte den harten Kern der Opposition nicht umzustimmen. Von denen, die aus der Verbannung heimkehrten, betrachteten sich die meisten, wie es Alexandre Auguste Ledru-Rollin ausdrückte, »als Soldaten für den kommenden Tag«. Erst wenn dieser Tag angebrochen sei, werde er zurückkehren, erklärte Victor Hugo. »Ich werde bis zum Schluß das Exil mit der Freiheit teilen.«

Die Reichsregie inszenierte einen triumphalen Einzug des Empereurs in die Hauptstadt. Auf der Place Vendôme, wo Napoleon I. hoch oben auf seiner Säule stand, nahm Napoleon III. eine Parade der Italienkämpfer ab. Der Kaiserin entging nicht, daß es in den Reihen viele Lücken gab; denn die Plätze der Toten und Verwundeten waren frei gelassen worden. Die Uniform gab dem Oberbefehlshaber einigen Halt, aber er war von Erschöpfung und Krankheit gezeichnet. Obwohl sie Gefallen an Regierungsgeschäften gefunden hatte, war Eugenie erleichtert, daß ihre Regentschaft zu Ende war. Mit dem

Einblick in das Staatsgetriebe war ihr die Einsicht nicht erspart geblieben, daß das Empire – im Innern wie nach außen – nicht so glänzend dastand, wie sie es angenommen hatte. Wie sich herausstellen sollte, markierte das Jahr 1859 in der Tat, wie im klassischen Drama, die Peripetie, den Gipfelpunkt und zugleich den Wendepunkt im Schicksal des Second Empire, für dessen Kaiser und Kaiserin der Abstieg begann.

Siebtes Kapitel

Wege zur Politik

Der Glorienschein lag noch über dem Reich, als im Spätsommer 1860 das Kaiserpaar zu einer Reise in die neuen französischen Provinzen Savoyen und Nizza und weiter nach Korsika und Algerien aufbrach. Eugenie trat sie mit gemischten Gefühlen an. Einerseits freute sie sich auf die Abwechslung und die Gelegenheit, sich den neuen wie alten Untertanen zu präsentieren. Andererseits trennte sie sich schweren Herzens von ihrer Schwester Paca, die in Paris krank darniederlag; sie versprach ihr, oft zu schreiben und immer für sie zu beten, und ahnte nicht, daß sie ihre Paquita nicht wiedersehen würde.

Ihr fehlten die Worte, teilte sie der Schwester mit, um die Begeisterung zu beschreiben, die ihr in den vordem piemontesischen Gebieten entgegenschlage. Napoleon hatte Savoyen und Nizza zur Entschädigung für seine Kriegsanstrengungen annektiert, und deren Bewohner hatten durch Volksabstimmung die Angliederung an das große und reiche Frankreich gebilligt. Was sie von ihm erwarteten, kam in den Ovationen für Kaiser und Kaiserin zum Ausdruck.

»Vive l'Impératrice!« riefen sie in Annecy, als sich bei einem nächtlichen Bootskorso Eugenie, mit funkelndem Diadem, im großen Abendkleid, einen scharlachroten Burnus über die nackten Schultern geworfen, in der kaiserlichen Gondel erhob. Sie sehe wie eine Dogaressa aus, sagte Napoleon zu ihr. Noch als alte Frau erinnerte sie sich, sie habe sich wie auf dem Bucentaurus gefühlt und sei nahe daran gewesen, ihren Ring wie ein Doge, der damit die Verheiratung Venedigs mit dem Adriatischen Meer symbolisierte, zum Zeichen der »immerwährenden Vermählung Frankreichs mit dem Kaisertum« in das Wasser zu werfen.

An die bonapartistische Begeisterung ihrer Jugend wurde Eugenie auf der Fahrt in den Süden in Grenoble erinnert. Im Museum entdeckte sie ein Porträt von Stendhal, des »Monsieur Beyle«, der ihr und Paca das napoleonische Heldengedicht vorgesagt hatte. »Unsere ganze Kindheit wurde lebendig«, schrieb sie der Schwester. »Wie fern aber lag uns damals der Gedanke, daß eines Tages mein Sohn der Nachkomme und Fortsetzer der napoleonischen Dynastie sein würde!«

Von Marseille ging es mit der kaiserlichen Jacht »Aigle« nach Nizza, wo Blumen über die Impératrice herabregneten, und weiter nach Korsika, von dem Napoleone Buonaparte ausgezogen war, ganz Frankreich zu gewinnen und halb Europa zu erobern. Der Neffe und seine Gemahlin pilgerten in Ajaccio zum Geburtshaus des großen Korsen. Hier gebar am 15. August 1769, am Fest Maria Himmelfahrt, Letizia Buonaparte, die in der Messe von den Wehen überrascht worden war, ihren Sohn auf einem Teppich, den, wie man erzählte, Helden aus Homers »Ilias« zierten.

Über das Mittelmeer, das Napoleon III. als Binnenmeer seines Empire ansah, fuhr das Kaiserpaar nach dem Frankreich der Gegenküste, in die Départements Algier, Oran und Constantine. Dort hatte der Bürgerkönig Louis-Philippe die Trikolore aufgepflanzt, von der Zweiten Republik war Algerien zum »integrierenden Bestandteil« der einen und unteilbaren Nation erklärt worden, und der 1852 zum Generalgouverneur ernannte Kriegsminister César Randon hatte die Kabylen niedergeworfen und den französischen Herrschaftsbereich bis an die Sahara ausgedehnt. Nach Algerien hatte die Zweite Republik Arbeitslose geschickt, und nach dem Staatsstreich waren Oppositionelle dorthin deportiert worden. Kaiser Napoleon suchte Kolonisten nicht nur aus Frankreich, sondern auch aus Spanien und Italien zu gewinnen. Ihre Zahl stieg nur langsam: von 131 000 im Jahre 1851 auf 193 000 im Jahre 1860. Die meisten waren keine Anhänger des napoleonischen Regimes, und die Einheimischen, denen Land für die Siedler weggenommen wurde, standen ihnen feindselig gegenüber. Eine starke französische Armee – zunächst 60 000, später 85 000 Mann – wurde zur Aufrechterhaltung der Ordnung für notwendig erachtet.

»Algerien ist keine Kolonie im eigentlichen Sinn, sondern ein arabisches Königreich«, erklärte Napoleon III. »Die Einheimischen haben das gleiche Recht auf meinen Schutz wie die Kolonisten. Ich bin ebenso der Kaiser der Araber wie der Kaiser der Franzosen.« Um dies zu demonstrieren, erschien er 1860 in Algerien, und die Araber empfingen »den Sultan und die Sultana« mit einer Fantasia, einem Reiterkampfspiel. Zu Beginn des Spektakels stiegen die Anführer von ihren Pferden und beugten die Knie vor der Kaiserin. Bewunderung für deren Schönheit, so ein Hofbericht, »spiegelte sich in den bronzefarbenen Gesichtern der algerischen Stammesfürsten«. Diese Huldigung gefiel Eugenie, weniger die Versuchung, der sie bei einer islamischen Hochzeitsfeier ausgesetzt war: zuckersüße Konfitüre, die sie nicht vertrug.

Der Kaiser, der den imperialistischen Grundsatz »Teile und herrsche« in »Eine und herrsche« umdeutete, tat sich schwer bei seinen Bemühungen, Einheimische und Siedler zu versöhnen. Um deren Fortgang nicht zu beeinträchtigen, zeigte er der Kaiserin nicht das am 17. September eingegangene Telegramm mit der Nachricht vom Tode Pacas, Eugenies Schwester, am 16. September in Paris. Am 18. September, als sie sich nach dem Ende der Fantasia bei Napoleon nach neuen Nachrichten über das Befinden der Schwerkranken erkundigte, sagte er ihr, es sei keine Besserung eingetreten. Immerhin kürzte er den Aufenthalt in Algerien auf Betreiben Eugenies, die so schnell wie möglich nach Paris zurückwollte, um zwei Tage ab. Aber erst am 21. September, kurz bevor sie in Marseille an Land gingen, erklärte er ihr, daß Paca bereits vor fünf Tagen gestorben und das Totenamt am 20. September in der Madeleinekirche gehalten worden sei.

In die Trauer um die Schwester, den einzigen Menschen, dem sie sich ganz und gar anvertraut und geöffnet hatte, mischte sich der Zorn auf ihren Gemahl, der ihr aus Gründen der Staatsräson, oder was er dafür gehalten haben mochte, eine für sie so wichtige Nachricht vorenthalten hatte. Diese Kränkung verzieh sie ihm nie. Ihr Verhältnis zu Napoleon, das bereits abgekühlt war, begann eisig zu werden.

Immerhin hatte der Kaiser von Algier aus den Herzog von Alba telegraphisch gebeten, mit der Überführung der Leiche der Herzogin nach Spanien bis zur Rückkehr der Kaiserin zu warten. Pacas Sarg war in die Kirche von Rueil gebracht worden, wo Kaiserin Josephine, die erste Gemahlin Napoleons I., und Königin Hortense, die Mutter Napoleons III., zur letzten Ruhe gebettet worden waren. Eugenie ging täglich dorthin, um für die Schwester zu beten und daran zu denken, was sie mit der Gefährtin und Vertrauten verloren hatte. Das Haus in Paris, das sie 1855 für sie gekauft hatte, erinnere sie nur noch an die letzten Tage Pacas, an denen sie nicht bei ihr sein durfte, schrieb sie dem Schwager. Sie konnte den Anblick des Palais an den Champs-Elysées nicht mehr ertragen, ließ es abreißen und die Möbel des Zimmers der Herzogin in einen Raum der Tuilerien bringen, zu dem sie allein den Schlüssel hatte.

»Ich habe das Gefühl, eine Reise würde mir guttun«, bekannte sie dem Schwager; »denn ständig an meinen Verlust erinnert zu werden, das macht mich ganz krank – aber wohin kann ich gehen? Ich möchte fliehen und weiß nicht wohin.« Bald wußte sie es: Am 14. November 1860 reiste sie nach Schottland ab.

Die Ärzte hätten der Kaiserin »in Anbetracht der Wirkung, die der Tod ihrer Schwester auf Ihre Majestät gehabt hat«, eine Luftveränderung angeraten, wurde offiziell mitgeteilt. Über weitere, vielleicht tiefere Gründe wurde gerätselt. War sie von Napoleon, der ihr die Nachricht vom Tode ihrer Schwester tagelang vorenthalten hatte, so sehr verletzt worden, daß sie auf und davon ging und – wenn es in Paris nicht ihren Sohn gegeben hätte – am liebsten gar nicht zurückgekommen wäre? Hatte sie den Gatten, der ohne Rücksicht auf seine angeschlagene Gesundheit seine Liebesaffären intensivierte, in flagranti ertappt? Dachte sie gar an Scheidung und daran, sich mit Loulou nach Spanien zurückzuziehen?

Warum aber floh sie ausgerechnet nach Schottland? »Sie hat einen bösen Husten, aber ich habe noch nie vernommen, daß man im November nach Schottland geht, um ihn loszuwerden«, wunderte sich Leopold, König der Belgier, und suchte nach einer Erklärung: »Der Tod ihrer Schwester hat sie sehr mitgenommen. Überdies scheint es zwischen ihr und ihrem Herrn und Meister gewisse Meinungsverschiedenheiten wegen des Papstes gegeben zu haben.« Auf der Fahrt nach Schottland stieg Eugenie unter dem Namen Gräfin von Pierrefonds in London im Hotel Claridge ab. Sie bat Königin Viktoria schriftlich um Verständnis, daß sie inkognito zu bleiben beabsichtige, versprach ihr jedoch, auf dem Rückweg bei ihr in Windsor vorbeizuschauen. Lord Clarendon meinte der Queen, außer den Unstimmigkeiten zwischen Eugenie und Napoleon, ein weiteres Motiv für die Reise der Kaiserin nennen zu können: Die Schwester sei an einem Rückgratleiden gestorben, und da sie selber an Rückenschmerzen leide, hielte sie eine Konsultation bei Dr. Simpson in Edinburgh für ratsam. Tatsächlich besuchte sie den Spezialisten, der sie physisch in bester Verfassung fand. Ihr schlechter psychischer Zustand fiel Lord Lamington auf, der zum Essen geladen war, das die Herzogin von Hamilton ihrer Freundin Eugenie auf Schloß Hamilton in Lanarkshire gab. Er fand die Kaiserin und ihr Gefolge, zwei Damen und zwei Herren, in tiefster Trauer vor, so daß er glaubte, einem Leichenmahl beizuwohnen. Im Schloßpark hatten sich viele Menschen versammelt, um die Impératrice zu sehen, die jedoch »einen so dichten Schleier trug, daß von ihrem Gesicht nichts zu erkennen war«.

Das Inkognito ließ sich nicht durchhalten. Im Palast von Holyrood, der ehemaligen Residenz der schottischen Könige, erinnerte sich die unglückliche Kaiserin an die unglückliche Königin Maria Stuart. In Glasgow sprach sie die Hoffnung aus, daß die Freundschaft zwischen England und Frankreich andauern möge. Die Politik hatte sie wieder eingeholt. Am 23. Januar 1860 war in Compiègne der französisch-englische Freihandelsvertrag unterzeichnet worden. Damit wollte Napoleon den traditionellen Protektionismus aufbrechen, einer liberalen und zugleich sozialen Marktwirtschaft den Weg bahnen, eine herausgeforderte französische Industrie zu der englischen Industriemacht in Wettbewerb treten lassen und durch den Warenaustausch einen Schlagabtausch verhindern. Mit dem wirtschaftlichen verfolgte er ein politisches Ziel: Der in den letzten Jahren gestörte Gleichklang zwischen Paris und London sollte wieder voll ertönen.

Während Prinz Albert der »wandelnden Lüge«, wie er den Kaiser nannte, immer weniger über den Weg traute, schloß Königin Viktoria die Kaiserin am 4. Dezember 1860 in Windsor wie immer in die Arme. Sie fand Eugenie »mager und blaß« und »ungewöhnlich traurig«. Als sie von der Rückreise aus Algier erzählte, »standen ihr die Tränen in den Augen«; erst in England habe sie wieder zu schlafen und zu essen vermocht. Die Queen fand es merkwürdig, daß die Kaiserin »nur einmal, und zwar um seine Komplimente zu überbringen«, vom Kaiser sprach. Beim Gegenbesuch Viktorias im Hotel Claridge erwähnte Eugenie ihren Gemahl überhaupt nicht mehr.

Napoleon hatte ihr einen Brief nach dem anderen geschrieben, in denen er beteuerte, daß nicht nur er, sondern vor allem der kleine Sohn sehnlichst die baldige Rückkehr der Frau und Mutter erwarteten. »Kommt denn Mama niemals wieder?«, soll der Vierjährige zum Papa gesagt haben. Der Kaiser zog alle Register, um die Kaiserin zur Rückkehr zu bewegen, bevor sich die Gerüchte zum Skandal verdichteten. Eugenie blieb verstimmt. »Ich hoffe, daß meine Rückkehr nach Paris nicht zu traurig sein wird«, schrieb sie Schwager Alba, »ich werde gegen meinen Kummer ankämpfen.«

Dazu brauchte sie mehr Kraft, als sie in England und Schottland gesammelt hatte. Die Überführung ihrer toten Schwester von Rueil nach Madrid stand bevor und würde die Wunde wieder aufbrechen lassen. Überdies hatte der Kaiser während ihrer Abwesenheit eine Politik eingeleitet, die zu akzeptieren ihr schwerfallen mußte. Am 24. November 1860 hatte Napoleon III. ein Dekret unterzeichnet, daß künftig Corps législatif und Senat »in direkterer Weise« an der Regierung beteiligt würden: Die gesetzgebenden Körperschaften könnten in einer Adresse ihre Gesichtspunkte über Regierungsakte darlegen, und die Debatten sollten in vollem Wortlaut in der Presse, deren Zensur gelockert würde, veröffentlicht werden.

Die Beteiligung des Parlaments an den Regierungsgeschäften hielt sich in Grenzen, aber für die Kaiserin waren sie schon zu weit gezogen. Während es Napoleon für nötig fand, innenpolitischen Dampf abzulassen, befürchtete Eugénie, daß die Regierungsmaschine an Kraft verlieren und ins Stocken geraten würde. Sie hatte ihre bonapartistische Lektion gelernt und interpretierte sie im Sinne des monarchischen Prinzips. Für sie war und blieb das Wesenselement des bonapartistischen Systems die Autokratie, die sich zwar durch Plebiszite bestätigen lassen konnte, aber das Volk nicht auf parlamentarische Weise mitbestimmen oder gar mitwirken lassen durfte. So und nicht anders sollte das Kaisertum auf ihren Sohn, den künftigen Napoleon IV., übergehen. Daher nahm sie sich vor, Napoleon III., dem ein »liberales Kaiserreich« vorzuschweben schien, von diesem Ziel abzubringen, ihm zumindest Steine in den Weg zu legen.

Mit diesem Vorsatz kam sie am 12. Dezember 1860 aus England und Schottland zurück. Napoleon fuhr ihr bis Boulogne entgegen, weniger, um die Gemahlin so bald als möglich in die Arme zu schließen, als coram publico die Eintracht des Kaiserpaares zu demonstrieren. Am 19. Dezember wurde die sterbliche Hülle Pacas in die spanische Heimat überführt. Eugenie legte ihr als letzten Gruß Blumen auf den Sarg. Als sich der Leichenwagen in Bewegung setzte, sei dies für sie ein schrecklicher Moment gewesen, schrieb sie dem Schwager und Witwer. »Es war mir, als risse man mir die Seele aus dem Leib.«

Sie kam lange nicht darüber hinweg, eigentlich nie. »Nun bin ich auf traurige Weise zu mir selbst zurückgekehrt.« Sie habe schmerzlich erfahren, was man für eine hohe Position in der Welt an Opfern bringen müsse, und sie frage sich, »ob die Güter dieser Erde die Mühe lohnen, die man sich zu ihrem Erwerb und ihrer Erhaltung macht«. Das Kaisertum, das sie mit zu tragen hatte, und das Kaiserreich, das sie für ihren Sohn bewahren wollte, verlangten von ihr jedoch weitere und größere Anstrengungen, die sie wohl oder übel auf sich nehmen mußte und – als sie erste Erfolge ihrer politischen Aktivitäten wahrzunehmen meinte – auch auf sich nehmen wollte.

Der Kaiser kam immer weniger darum herum, in politicis auf die Kaiserin zu hören und die eine oder andere ihrer Forderungen zu erfüllen. Dazu trieb ihn weniger das schlechte Gewissen wegen seiner ständigen Seitensprünge oder das Bestreben, die ihr beim Ableben ihrer Schwester zugefügte Kränkung wiedergutzumachen. Der alternde Napoleon, von Krankheit geschwächt und zunehmend von Resignation erfaßt, war ihrem Drängen kaum noch gewachsen; er gab ihr lieber nach, als sich drangsalieren zu lassen. Dazu hatte die temperamentvolle Spanierin schon immer geneigt und nun, nach dem Tode Pacas, die ihre Schwester immer wieder zu mäßigen verstanden hatte, mehr denn je.

Immerhin hatte Eugenie als Regentin keine ungeschickte Hand bei Regierungsgeschäften gezeigt. Nun ließ Napoleon sie an Kabinettsitzungen teilnehmen. Welcher Minister den größten Einfluß auf den Kaiser habe, fragte Madame Baroche ihren Ministergatten, und dieser antwortete: »Die Kaiserin.« Der Eugenie nahestehende Augustin Filon erinnerte sich: Ab 1860 habe die Impératrice eine politische Rolle zu spielen begonnen und danach gestrebt, eine »regierende Fürstin« zu werden.

»Partant pour la Syrie«, das angeblich von Königin Hortense komponierte Marschlied, war das Kampflied der Bonapartisten und die Hymne des Zweiten Kaiserreiches geworden. Napoleon III. und Eugenie hörten sie gern, vor allem den Refrain: »Amour à la plus belle, honneur au plus vaillant«.

Das Lied von Liebe und Ehre erklang auch im Sommer 1860, als 6000 Soldaten unter General Beaufort d'Hautpoul von Toulon nach Syrien aufbrachen. In dem unter türkischer Hoheit stehenden Land waren islamische Drusen über christliche Maroniten hergefallen, im Libanon und in Damaskus wurde geplündert, geschändet und gemordet. Eugenie war entsetzt, und Napoleon ergriff die Gelegenheit, ihr und allen wegen seiner Italienpolitik verstimmten Katholiken zu beweisen, daß der Kaiser »par la grâce de Dieu et la volonté nationale« willens und in der Lage sei, Anliegen der Christenheit wie Interessen Frankreichs zu wahren. Da diese sich im Nahen Osten mit jenen Englands überkreuzten, mußten die französischen Truppen im Juni 1861 aus Syrien zurückbeordert werden, nachdem Ruhe und Ordnung wiederhergestellt worden waren.

Königin Viktoria äußerte Unmut über den »universalen Agitator« Napoleon, der sich auf allen Kontinenten einzumischen und die weltpolitische Kreise Großbritanniens zu stören begann. »Dampf ist hauptsächlich schuld daran«, bemerkte die Queen und meinte damit den von Marineminister Dupuy de Lôme vorangetriebenen Bau von dampfgetriebenen Handels- und Kriegsschiffen, die eine schnellere Expansion Frankreichs in Übersee ermöglichten. Napoleon III. betrieb sie – wie John Bull – unter dem Vorwand, den Völkern der Erde die Zivilisation zu bringen, und in der Absicht, das Imperium zu vergrößern und der Industrie Rohstoffquellen zu erschließen und Absatzmärkte zu verschaffen. Über kurz oder lang, so hoffte man in Paris und befürchtete in London, würde Frankreich mit England konkurrieren können.

In Nordafrika war Algerien zu einer französischen Bastion geworden. In Westafrika wurde vom Senegal aus die französische Position ausgebaut, im Osten, im Sudan und im Somaliland, faßten die Franzosen ebenfalls Fuß. Schon visierte Napoleon III. Ägypten an. Auch hier hatte er Napoleon I. vor Augen, der diese türkische Provinz vorübergehend für Frankreich gewonnen und ein nachhaltiges Interesse der Franzosen am Lande der Pyramiden geweckt hatte. Bereits der Onkel hatte an einen die Landenge von Suez durchschneidenden Kanal zwischen dem östlichen Mittelmeer und dem Roten Meer gedacht. Der Neffe engagierte sich für dieses Projekt, dessen Wegbereiter, Ferdinand de Lesseps, von Kaiserin Eugenie protegiert wurde.

Lesseps, der Sohn einer Schwester ihrer Mutter, wurde von Eugenie als Familienmitglied geachtet und gefördert. Im diplomatischen Dienst hatte er Ägypten kennengelernt und die Freundschaft von Mohammed Said gewonnen, der 1854 Statthalter von Ägypten wurde und ihm die Konzession zur Gründung und Leitung einer Kompanie »für den Durchstich des Isthmus von Suez und den Betrieb eines Kanals zwischen den beiden Meeren« erteilte. Der Sultan in Konstantinopel zögerte zuzustimmen, beeinflußt von den Engländern, die Ägypten, den »Schlüssel zum Orient«, begehrten.

Eugenie verhalf Lesseps im Jahre 1855 zu einer Audienz bei ihrem Gemahl. Sie verstand wenig vom Kanalprojekt, aber sie vertraute der Energie ihres Vetters: Er habe dasselbe Temperament wie ihre Mutter, vermöge wie sie Schwierigkeiten zu überwinden und Unmögliches zu erreichen. Mehr aus Höflichkeit gegenüber einem Verwandten seiner Gemahlin als aus Begeisterung für dessen Vorhaben wurde Lesseps von Napoleon angehört. Noch war der Kaiser um Aufnahme in die europäische Monarchengesellschaft bemüht und benötigte dabei die Unterstützung Englands, das ein Engagement Frankreichs in Ägypten zu verhindern suchte. Nachdem er 1856, auf dem Pariser Kongreß, dieses Ziel erreicht hatte, begann er Gefallen am Bau des Suezkanals mit und für Frankreich zu finden.

Das Kapital für die von Lesseps 1858 gegründete »Compagnie universelle du canal maritime de Suez« wurde hauptsächlich von französischen Aktionären aufgebracht, so daß das Vorhaben im Inland wie im Ausland vornehmlich als Angelegenheit des Second Empire erschien. Der ein Geschäft witternde Sultan gab sein Einverständnis. Am 25. April 1859 tat Lesseps, der sein Ziel mit dem Elan eines französischen Patrioten und technischen Pioniers verfolgte, in Port-Said den ersten Spatenstich.

Erst zehn Jahre später sollte das Werk vollendet werden. Natürliche Schwierigkeiten, materielle Komplikationen, finanzielle Probleme wie politische Hindernisse waren zu überwinden. London blockierte, Konstantinopel war mal dafür, mal dagegen, Kairo stellte immer neue Forderungen, und in Paris opponierte Morny, der das Geschäft selber machen wollte. Unterstützung fand Lesseps in der französischen Öffentlichkeit, bei Kaiserin Eugenie wie Prinz Napoléon-Jérôme, die einmal am gleichen Strang zogen, und bei Kaiser Napoleon, der durch den Suezkanal zu Weltgeltung zu gelangen dachte.

Seit 1858 wehte die französische Flagge über Tourane in Annam, seit 1859 über Saigon in Cochinchina; 1863 wurde das französische Protektorat über Kambodscha errichtet. Kaiserin Eugenie war primär am Schutz der dortigen, von einheimischen Machthabern verfolgten Christen gelegen. Sie begann sich für ferne Länder zu interessieren, in denen es das Kreuz hochzuhalten und den napoleonischen Adler heimisch zu machen galt. Sie lud Francis Garnier, einen Wegbereiter des französischen Indochina, zum Tee in Compiègne.

Mit dem Königreich Siam schloß das Kaiserreich 1856 einen Vertrag, der die Tätigkeit der französischen Missionare absicherte und den Handelsaustausch erleichterte. Zur Bekräftigung des Einvernehmens erschien 1861 eine siamesische Gesandtschaft in Frankreich und wurde in Schloß Fontainebleau feierlich empfangen. Die Zeremonie hielt Jean Léon Gérôme auf einem Gemälde fest. Prosper Mérimée lieferte einen Kommentar: an die zwanzig dunkelhäutige, »Affen sehr ähnliche«, in Goldbrokat gehüllte Menschen seien auf Knien und Ellenbogen die Galerie Henri II entlanggekrochen, hin zu dem auf einer Estrade thronenden Kaiserpaar, dem der erste Gesandte eine Goldschale mit Botschaften der siamesischen Majestäten überreichte. »Die Kaiserin umarmte ein Äffchen, das sie mitgebracht hatten, den Sohn eines Gesandten.«

Eugenie mokierte sich nicht über die exotischen Gestalten und wußte ihre kostbaren Geschenke zu schätzen. Sie wurden in dem von ihr 1863 geschaffenen »Musée chinois« im Schloß Fontainebleau ausgestellt. Die wertvollsten Exemplare waren nicht geschenkt, sondern geraubt worden: aus dem bei Peking gelegenen Sommerpalast des Kaisers von China, der 1860 von französischen und englischen Truppen geplündert und angezündet worden war.

Die edelsten Beutestücke erhielt Kaiserin Eugenie von General Charles Guillaume Cousin de Montauban und Königin Viktoria von Kommisar Lord James Elgin zum Geschenk. Der Engländer war der Sohn des ehemaligen Botschafters in der Türkei, der antike Kunstwerke aus Athen nach London entführt hatte. Der Franzose wurde von Napoleon nach dem Ort seines Sieges zum Grafen von Palikao ernannt, Eugenie behielt den Mann im Blick, und Victor Hugo hatte wiederum Grund zur Kritik an Bonaparte, der nun auch im Ausland wie ein Gewaltverbrecher aufgetreten sei.

Den Vorwand für ein erstes Eingreifen in China hatte die Ermordung eines französischen Missionars geliefert, aber das eigentliche Motiv war das Bestreben, im Reich der Mitte mehr europäische Waren abzusetzen. Franzosen und Engländer, deren Interessen in diesem Punkt übereinstimmten, hatten zu ihrer Durchsetzung im Jahre 1858 Kanonenboote entsandt, die jedoch von chinesischen Küstenbatterien zurückgeschlagen worden waren. 1860 kamen sie wieder, 12 000 Briten und 8 000 Franzosen, mit mehr Schiffen und mehr Soldaten, erzwangen die Einfahrt in den Peiho, besetzten Tientsin, siegten bei Palikao, zogen in Peking ein und diktierten den Frieden: China mußte dem westlichen Handel weitere Häfen und das ganze Land christlichen Missionaren öffnen.

Wirtschaftsinteressen verfolgten Frankreich wie England auch in Amerika, in Mexiko. Seit 1821 von Spanien unabhängig, schien dieses Land mit seinen 2 Millionen Quadratkilometern und einer wachsenden Bevölkerung – 1860 schon 8,5 Millionen – einen vielversprechenden Markt zu bieten. Noch waren die Perspektiven durch den permanenten Bürgerkrieg beeinträchtigt, der von größeren Investitionen abschreckte und bereits eingesetztes Kapital gefährdete.

Der Schweizer Bankier Jean Baptiste Jecker hatte mit dem rechtsgerichteten Präsidenten Miguel Miramon ein betrügerisches Anleihegeschäft abgeschlossen, das nach dessen Sturz vom neuen Präsidenten, dem linksgerichteten Benito Juarez, nicht anerkannt wurde. Jecker verlangte 14 Millionen Francs für mexikanische Schatzscheine, auf die er nur 3,75 Millionen gezahlt hatte. Der von Juarez zurückgewiesene Wucherer trat 30 Prozent seiner Forderung an Morny ab. Der Halbbruder Napoleons, der sich kein Geschäft entgehen ließ, besorgte Jecker die französische Staatsbürgerschaft und setzte bei der Eintreibung der Schuld auf politische Mittel.

Nicht allein Franzosen, auch Engländer und Spanier waren von der Einstellung der Rückzahlung ausländischer Anleihen betroffen. Die drei Regierungen schlossen am 31. Oktober 1861 die Konvention von London, mit dem Ziel, »ihre Untertanen zu schützen und die Republik zur Erfüllung ihrer Verpflichtungen zu zwingen«. Als Juarez ein Ultimatum nicht beantwortete, holten sie den imperialistischen Knüppel aus dem Sack, schickten 3 000 Franzosen, 6 000 Spanier und 700

Engländer nach Mexiko. Noch war es weniger eine Intervention als eine Demonstration. Bei dieser ließen es Engländer und Spanier bewenden, als sich Juarez auf Verhandlungen einließ und ihre finanziellen Ansprüche zu befriedigen versprach. Die Franzosen blieben, um mit der Eintreibung von Außenständen eine Außenstelle des Second Empire in Mittelamerika einzurichten.

Einen Traum Louis Napoleons sah Napoleon III. in Erfüllung gehen. Nach dem Putschversuch in Straßburg war der Prätendent nach Amerika abgeschoben worden. Auch wenn er es dort, im Jahre 1837, nur einige Monate ausgehalten hatte, so gewann er doch einen Eindruck, der von Alexis de Tocqueville bestätigt wurde: in der wirksamen Verbindung von Demokratie und Autorität, wie sie George Washington zum erstenmal in der Geschichte eingeführt hatte, könnten die USA zur Weltmacht aufsteigen und die europäischen Mächte überflügeln. Dies ging dem Europäer Napoleon gegen den Strich, und der Kaiser der Franzosen fühlte sich gefordert, den Nordamerikanern Paroli zu bieten.

Großbritannien, die Weltmacht der Gegenwart, hatte die Entfaltung des Sternenbanners nicht zu verhindern vermocht. Spanien, die Weltmacht der Vergangenheit, war vom amerikanischen Kontinent vertrieben worden. Schon hatten die USA mit Texas, Neu-Mexiko und Kalifornien der Republik Mexiko einen Großteil ihres Gebietes abgenommen und würden sich damit kaum begnügen. Eine weitere Expansion könnte – so der Empereur – durch ein Engagement Frankreichs in Mexiko aufgehalten werden, und das Second Empire auf dem Weg zur Weltmacht ein gutes Stück vorankommen. Die Gelegenheit war günstig: Seit 1861 hielt der Sezessionskrieg die Nordamerikaner von der Durchsetzung der Monroe-Doktrin ab, die europäischen Staaten jegliche Einmischung in Amerika untersagte.

Mexiko als Dependance des Kaiserreiches – »dieser größte Gedanke« der napoleonischen Herrschaft, wie Handelsminister Eugène Rouher sagte, – wurde vom Kaiser auch aus innenpolitischen Gründen verfolgt. Die Aussicht auf Ausbeutung von Bodenschätzen, Ausschöpfung von Rohstoffquellen und Gewinnung von Absatzmärkten könnte die durch die Wendung zum Freihandel irritierten Industriellen auf bonapartistischem Kurs halten. Konservative und Katholiken, die der Alliierte des Risorgimento verstimmt hatte, könnten durch einen Einsatz zugunsten der von Juarez entmachteten Oberschicht und verfolgten Kirche wieder nach napoleonischen Noten instrumentiert werden.

Letzteres war ein Motiv, das Kaiserin Eugenie bewog, sich für den »größten Gedanken« zu begeistern und auf dessen Umsetzung in Taten mit dem ihr eigenen Temperament zu drängen. Beim Gemahl hielten sich Romantik und Realismus die Waage, mit dem Ergebnis, daß er zu Unschlüssigkeit neigte. Hingegen gaben bei der Gemahlin oft, und auch jetzt, Emotionen den Ausschlag. So wurde sie in der mexikanischen Affäre eine treibende Kraft. »Eugenie«, sagte Napoleon, »nicht Du hast eine Idee, sondern die Idee hat Dich.«

Sie geriet in Rage, als sie von Monsignore Labastida, dem von Juarez ausgewiesenen Erzbischof von Mexiko, vernahm, daß die Klöster aufgehoben, die Kirchengüter eingezogen worden waren und die verkündete Religionsfreiheit für Katholiken eingeschränkt blieb. Das Land werde von Juarez ruiniert, die Bevölkerung drangsaliert, erzählte ihr der Jugendfreund José Hidalgo, der als mexikanischer Diplomat die Sache der emigrierten Konservativen vertrat und dafür seine Beziehungen zur Kaiserin einsetzte, die durch den Dienst, den er ihr bei der Überführung des Leichnams Pacas von Rueil nach Madrid erwiesen hatte, bekräftigt worden waren. Im September 1861 verschaffte ihm Eugenie in Biarritz die Gelegenheit, seinen »grand dessin« dem Kaiserpaar vorzutragen: die Errichtung eines mexikanischen Kaiserreiches als französisches Satellitenreich.

Napoleons amerikanischer Traum begann zu glühen, Eugenie war schon Feuer und Flamme. Die Spanierin dachte an das Imperium Karls V., das sich von Mitteleuropa bis Südamerika erstreckt hatte, ein Reich, in dem die Sonne nicht unterging. Die Französin hielt das aufgestiegene französische Kaiserreich für verpflichtet, die historische Sendung des herabgesunkenen spanischen Königreiches in Lateinamerika fortzuführen.

Die Kaiserin errichtete bei Biarritz eine Kapelle für Notre-Dame von Guadalupe, die wundertätige Patronin Mexikos. Die französische Patronin der mexikanischen Geistlichen und Adeligen hatte bereits einen Monarchen in petto, der mit Flammenschwert und Rosenkranz die ihm zugedachte Aufgabe erfüllen könnte: Erzherzog Ferdinand Maximilian von Österreich. Dem Zweitgeborenen war im Kaiserreich Franz Josephs I. eine seinen Ambitionen entsprechende Laufbahn verschlossen; durch den Italienkrieg Napoleons III. hatte er auch noch sein Amt als Generalgouverneur des habsburgischen Lombardo-Venetien verloren.

Eugenie gefiel der Mann, in dessen stattlicher Gestalt ein schwärmerischer Geist steckte, dessen Ritterlichkeit sie anzog und dessen Donquichoterien sie übersah. Sie schätzte seine Frau Charlotte, die ehrgeizige Tochter des ehrgeizigen Königs der Belgier, eine Frau, die – wie sie selbst – in der Politik mitreden und mitbestimmen wollte und willens und in der Lage zu sein schien, die Zügel in die Hand zu nehmen, wenn sie der Gemahl nicht mehr richtig zu führen vermöchte. Als Habsburger war Ferdinand Maximilian ein geborener Cunctator, aber auch ein Nachfahre Karls V., dem das ihm von Bonaparte verpaßte Kaiserkostüm auf den Leid geschneidert zu sein schien.

Ein Kaiser Maximilian sei »so viel wert wie eine Armee von 100 000 Mann«, meinte Eugenie. Napoleon wollte sich lieber auf seine Grande armée verlassen und mußte es auch, denn dem mexikanischen Kaiser von seinen Gnaden war der Weg zum Thron mit französischen Waffen zu bahnen. Die mit den Spaniern und Engländern gekommenen 3000 Franzosen wurden nach dem Abzug der Alliierten laufend verstärkt, noch 1862 auf 30 000 Mann, ein Fünftel der einsatzfähigen Truppen Frankreichs. Die militärische Schwierigkeit und politische Aussichtslosigkeit, den Krieg gegen die sich im weiten Land in Feldgefechten und Guerillakämpfen hartnäckig verteidigenden Republikaner zu gewinnen, deutete sich schon im ersten Jahre an. Er habe keinen einzigen Anhänger der Monarchie angetroffen, meldete General Lorencez, der bei seinem Vorstoß von der Küstenstadt Veracruz auf die Hauptstadt Mexiko bei Puebla zurückgeworfen wurde.

Eugenie, der von den Emigranten weisgemacht worden war, daß beim Anblick der Rothosen der republikanische Spuk zerstieben würde, vermochte die Hiobsbotschaft kaum zu fassen. Die steigende Zahl der im Kampfe Gefallenen und Verwundeten sowie der an Krankheit Dahinsiechenden machte ihr zu schaffen. Dabei dachte sie weniger an die anonym bleibenden Soldaten, die Bauernopfer der Reichsgeschichte, als an den einen und anderen ihr bekannten Offizier, der als Springer im Schachspiel um Grandeur und Gloire eingesetzt war.

Die Blessur des Marquis Gaston de Galliffet rührte sie ganz besonders. Der flotte Reitersmann, der sie bei einem Maskenball in Paris als gallischer Hahn amüsiert und beeindruckt hatte, sei, wie Militärärzte meinten, nur zu heilen, wenn man seine Wunde unausgesetzt mit Eis, in Mexiko rar, bedecke. Diese Nachricht erreichte Eugenie bei Tisch, als gerade Eis zum Dessert serviert wurde. Sie könne jetzt kein Eis zu sich nehmen, sagte sie, so Madame Carette, »wenn ich bedenke, daß das Leben eines so tapferen Offiziers aus Mangel an diesem kleinen Hilfsmittel gefährdet ist. Und sie aß wirklich, solange die Mitteilungen über den Zustand Galliffets schlecht lauteten, kein Eis.«

Je deutlicher es wurde, daß das in Mexiko Angerichtete Frankreich nicht bekommen würde, um so mehr meinte die Kaiserin Flagge zeigen zu müssen. Wenn ihr Sohn größer wäre, würde sie ihn an die Spitze des Expeditionsheeres stellen, das dabei sei, eine der großartigsten Seiten in der Geschichte Frankreichs zu schreiben, bedeutete sie dem diplomatischen Vertreter der USA, der entgegnete: »Madame, danken Sie Gott, daß der Prince impérial noch ein Kind ist.« Der Amerikaner und seine Töchter wurden nicht mehr zu den Montagabenden der Kaiserin eingeladen. Als Abbé Bauer es wagte, sie auf die Gefahren des Unternehmens für Kaiser und Reich hinzuweisen, fuhr sie ihn an: Er solle sich nicht in Dinge einmischen, die er nicht verstünde und die ihn nichts angingen.

Napoleon merkte bald, daß er sich auf eine Sisyphusarbeit eingelassen hatte. Doch Frankreich sei nun einmal nach Mexiko gegangen und könne nicht mehr zurück. Immerhin schien im Jahre 1863 der Felsblock die steile Höhe hinangewälzt zu sein. General Forey, der den erfolglosen General Lorencez abgelöst hatte, eroberte Puebla und besetzte die Hauptstadt Mexiko.

Die von ihm ernannte Junta bestellte eine konservativ-klerikale Regierung, und die einberufene Notabelnversammlung, die nur eine kleine Oberschicht repräsentierte, bestimmte Erzherzog Ferdinand Maximilian von Österreich zum Kaiser Maximilian I. von Mexiko.

Solange dieser die Wahl nicht angenommen hatte und im Lande eingetroffen war, führte sich der zum Marschall ernannte Élie Frédéric Forey als Militärstatthalter auf, ließ Güter von Oppositionellen beschlagnahmen und Widerstand leistende Mexikaner erschießen. Das ging Napoleon zu weit; er löste Forey ab und berief General Achille Bazaine zum Oberbefehlshaber. Der Haudegen hatte in Algerien gelernt, Einheimische mit Gewalt einzuschüchtern und mit List zu überrumpeln. Seinem auf Volksabstimmung bedachten Kaiser verschaffte er ein Scheinplebiszit mit mehr oder minder erpreßten »Zustimmungserklärungen« von angeblich sechs Millionen Mexikanern.

»Was Mexiko braucht, ist eine liberale Diktatur«, sagte Napoleon zu Maximilian, der sich, schon um sich von seinem

Bruder Franz Joseph abzuheben, mit Fortschrittsfedern schmückte, doch ein Habsburger blieb, der auf das Gottesgnadentum pochte und daraus autokratische Ansprüche ableitete. Eugenie glaubte in ihm jene Kombination aus »par la grâce de Dieu« und »par la volonté nationale« wahrzunehmen, die ihr Bonaparte im Second Empire gefunden hatte. Den zaudernden Österreicher beschwor sie: In einem Lande unbegrenzter Möglichkeiten könne er sich ein Reich nach seinen Vorstellungen und den Erfordernissen des fortgeschrittenen 19. Jahrhunderts schaffen. An dessen Gemahlin Charlotte schrieb sie: »Nur eine starke und mächtige Hand vermag das Werk der Erneuerung dieses Landes zu einem erfolgreichen Ende zu führen«, deshalb sei eine rasche Annahme der Kaiserwürde und sofortige Abreise nach Mexiko vonnöten.

Von Eugenie wie Charlotte gedrängt, stimmte Maximilian schließlich zu. Am 14. April 1864 fuhr das neue Kaiserpaar vom Adriaschloß Miramar dem Luftschloß Mexiko entgegen. »Am Erfolg des Unternehmens habe ich nie gezweifelt«, schrieb die Kaiserin der Franzosen dem Kaiser von Mexiko. In dieser Unternehmung habe es nichts gegeben, was Frankreichs nicht würdig gewesen sei, erklärte vierzig Jahre später die Exkaiserin Eugenie. »Aber ich vermag nicht zu begreifen, daß die praktische Unmöglichkeit eines Erfolges nicht sofort aufgefallen ist«, daß Mexiko weder zu erobern noch zu beherrschen gewesen sei.

Schlimm genug, daß er Krieg für eine ungerechte Sache führe, sagte Jules Favre zu Napoleon bereits 1863, als die französische Flagge noch stolz im mexikanischen Winde wehte. »Am schlimmsten jedoch würde ein Sieg sein, denn nach diesem käme die Verantwortlichkeit, das Regime, das Sie eingesetzt haben, auch zu halten.«

Schon jetzt zahlte sich der Einsatz in Mexiko innenpolitisch nicht so aus, wie es sich Napoleon und Eugenie vorgestellt hatten. Im Mai 1863 stimmten von 9,9 Millionen Wahlberechtigten fast 2 Millionen für die Opposition; 2,7 Millionen enthielten sich. 1857 hatten sich nur 665 000 Franzosen für Gegner des Systems entschieden. Indessen kamen – aufgrund des die Regierungspartei begünstigenden Wahlsystems – nur 17 Republikaner sowie 15 Orleanisten und Legitimisten, die »Unabhängigen«, in das Corps législatif. In Paris waren alle 9 Mandate an mehr oder weniger entschiedene Oppositionelle gefallen, und in der Regierungsfraktion war die Anzahl der auf eine Liberalisierung des autokratischen Regimes drängenden Abgeordneten gewachsen.

Wie konnte es dazu kommen? Auf diese Frage hatte Eugenie die Antwort parat: man habe, durch die Erweiterung der Kompetenzen der Kammern, der Opposition den kleinen Finger gereicht, die sich damit nicht begnüge, immer mehr und schließlich die ganze Hand wolle. Weitere Reformen, so der Republikaner Hippolyte Carnot, würden die Forderungen steigern; »befriedigen kann die Regierung sie nicht; sie wird also zurückweichen, und das wird das Zeichen ihres Sturzes sein.«

Noch beschränkte sich die Opposition auf Worte, bemerkte Mérimée, doch in Frankreich pflegten den Worten die Revolutionen zu folgen. Ein halbes Jahr nach dem Gewitter der Maiwahlen schloß Eugenie zwei Lebensversicherungen auf ein Kapital von 200 000 und 500 000 Francs ab. Die Frau sorgte vor, und die Kaiserin bemühte sich, mit Unterstützung von Gleichgesinnten ein Zurückweichen und damit den Niedergang des Regimes zu verhindern, zumindest aufzuhalten und aufzuschieben.

Den Erzbonapartisten Persigny ließ sie rechts liegen. Sie konnte es nicht vergessen, daß er gegen ihre Verheiratung mit Napoleon gewesen war, und nicht verzeihen, daß er den Kaiser ständig beschwor, sie von der Politik fernzuhalten. Eugenie revanchierte sich mit Intrigen und Attacken und trug zu seinem Sturz im Jahre 1863 nicht unerheblich bei. Der Empereur stehe unter dem Pantoffel »seiner dummen Frau«, konstatierte

Persigny. Indessen gebot auch die Staatsräson seine Entlassung als Innenminister nach dem Wahldebakel von 1863.

Beim Ränkeschmieden gegen Persigny war der Kaiserin der nach Höherem strebenden Eugène Rouher beigestanden. Der bisherige Wirtschaftsminister wurde 1863 als Staatsminister eine Schlüsselfigur des Regimes. Eugenie hatte einen idealen Bundesgenossen gefunden. Der Mann war ihr sympathisch, und der Politiker verteidigte nicht minder leidenschaftlich, doch sachkundiger das »autoritäre Kaiserreich« gegen alle Versuche, es zu einem »liberalen Kaiserreich« umzugestalten. Dessen Vorkämpfer Émile Ollivier bezeichnete Rouher öffentlich als »Vizekaiser«; insgeheim wurde er für den Vize der Kaiserin gehalten.

Der entschiedenste, jedenfalls der ungeniertste Gegner der »Legitimistin« Eugenie war und blieb der »Republikaner« Napoléon-Jérôme. Am 15. November 1863, als in den Tuilerien das Fest der heiligen Eugenia begangen wurde, kam es zu einem Eklat. Gegen Schluß des Diners bat der Kaiser den Prinzen, einen Toast auf die Gesundheit der Kaiserin auszubringen. »Ich möchte davon absehen«, erwiderte Plon-Plon und überließ es Joachim Murat, Eugenie an ihrem Namenstag hochleben zu lassen. »Die Majestäten«, berichtete Mérimée, »bewahrten wie gewohnt ruhig Blut.« Die Kaiserin stand nicht an, Napoléon-Jérôme den Arm zu bieten, um sich von ihm aus dem Speisesaal in den Salon geleiten zu lassen. Sie versuchte feurige Kohlen auf seinem Haupt zu sammeln, Unfreundlichkeit mit Freundlichkeit zu vergelten, doch zu beschämen vermochte sie ihren Intimfeind nicht.

Auch gegen den Kaiser schoß Plon-Plon seine Giftpfeile ab. »Vom großen Empereur – Napoleon I. – haben Sie nichts!«, schleuderte er Napoleon III. entgegen. »Ich habe seine Familie«, erwiderte der neue Empereur, der immer weniger Lust und auch Kraft hatte, Gleiches mit Gleichem zu vergelten. Sein phlegmatisches Naturell neigte zum Gehenlassen, Nachgeben und Zurückweichen. Einen bezeichnenden Vorfall erzählte Marschall Canrobert: Nero, der Windhund des Kronprinzen, sprang auf den Sessel, hinter den Rücken des Kaisers, den er mit den Pfoten anstieß, damit er ihm mehr Platz mache. Napoleon rückte immer weiter nach vorne, bis er nur noch halb auf dem Rand saß und hinunterzufallen drohte.

Die Kaiserin meinte mit ansehen zu müssen, wie der Kaiser, gedrängt von der liberalen und republikanischen Opposition wie von bonapartistischen Opportunisten, immer weiter an den Rand des Thrones geriete, so daß es nur eine Frage der Zeit wäre, bis er hinabstürzen und sie und ihren Sohn mitreißen würde.

Die Einsicht, daß er als Empereur Frankreich und den Rest der Welt nicht nach den »Idées Napoléoniennes« des Prätendenten zu gestalten vermochte, begann Napoleons Geist zu schwächen und seinen Willen zu lähmen. Sein Gesundheitszustand verschlechterte sich immer mehr. Bereits 1856 war der Badearzt in Plombières über den »Zustand des kaiserlichen Innern« beunruhigt gewesen; die Folgen, befand ein englischer Spezialist, könnten »Apathie, Reizbarkeit, Launenhaftigkeit und Unentschlossenheit« und »furchtbare politische Konsequenzen sein«. 1863 schleppte er sich auf der Kurpromenade in Vichy gebeugt dahin; ein Jahr später, als er »furchtbare Schmerzen im Unterleib« bekam, wurde ein Blasenstein diagnostiziert.

Sexuelle Ausschweifungen zehrten ihn aus. Der Mittfünfziger verausgabte sich im Verhältnis mit der kaum fünfundzwanzigjährigen Marguerite Bellenger. Julie Lebœuf, wie sie eigentlich hieß, war aus dem Schauspielfach ins Maîtressenmilieu gewechselt. Im Bett erfolgreicher als auf der Bühne, becircte sie auch den Kaiser der Franzosen, der sie in einer Villa in Montretout bei Saint-Cloud aushielt und sie 1863 mit nach Vichy nahm. Auch die Kaiserin war zur Kur gekommen. Als sie eines Tages mit dem Kaiser im Park promenierte, kam auf diesen ein Hund zugelaufen und rieb sich schwanzwedelnd an dessen Knien; vergeblich versuchte ihn die in der Nähe stehende Marguerite Bellenger zurückzupfeifen.

Eugenie fand bestätigt, was ihr zu Ohren gekommen war. Sie machte Napoleon eine Szene und verließ Vichy noch am selben Abend. In diesem Jahr, berichtete der britische Botschafter Cowley, seien in Compiègne die Differenzen zwischen Kaiserin und Kaiser offen zu Tage getreten. Sie hätten kaum ein Wort miteinander gewechselt, aber Eugenie habe Dritten von der Liaison ihres Gemahls mit der Bellenger, »diesem Abschaum der Welt«, erzählt. »Glaubt nicht, daß ich nicht stets über die Treulosigkeit dieses Menschen im Bilde gewesen wäre«, sagte sie den Walewskis. Sie hinzunehmen, sei ihr immer schwerer gefallen, »und jetzt, da er sich zu diesem liederlichen Frauenzimmer herabgelassen hat, kann ich es nicht mehr ertragen«.

Diesmal war es mehr als die Eifersucht einer Älteren auf eine Jüngere, mehr als nur der Unmut einer Adelsstolzen, daß Napoleon nun nicht eine Dame von Stand, sondern eine Kokotte zur Maîtresse-en-titre erhoben hatte. Die Kaiserin befürchtete, die »lustige Marguerite« könnte den alternden Kaiser dermaßen entkräften, daß er überhaupt nicht mehr in der Lage wäre, den Niedergang des Reiches aufzuhalten, den Thron für den Sohn und für sie als Regentin zu erhalten.

An einem Sommerabend des Jahres 1864 erlitt der sechsundfünfzigjährige Napoleon bei Marguerite in Montretout einen Herzanfall. Ein verängstigter Diener eilte in das Schloß und informierte die Kaiserin. Am nächsten Morgen stürzte sie in die Villa der Maîtresse und fuhr sie an: »Sie töten den Kaiser. Wenn Sie nur einen Funken Zuneigung zu ihm haben, geben Sie ihn sofort auf!« Zurück in Saint-Cloud, verlangte sie vom Gemahl, die zur Meduse werdende Maîtresse fahren zu lassen; wenn nicht, werde sie sich mit ihrem Sohn nach Spanien zurückziehen.

Da er Marguerite nicht gehen lassen wollte, ging sie. Am 5. September 1864 verließ Eugenie, ohne den Kronprinzen, Saint-Cloud. Sie fuhr mit dem Hofzug nicht nach Spanien, sondern nach Deutschland. Offiziell wurde mitgeteilt, die angeschlagene Gesundheit der Kaiserin erfordere eine Kur in Bad Schwalbach in Hessen-Nassau. Verschwiegen wurde, daß die Magenkrämpfe, die sie befallen hatten, eine Folge der »schmerzlichsten Krise im persönlichen Leben Ihrer Majestät« waren, wie es ihrer Begleiterin Mademoiselle Bouvet, der nachmaligen Madame Carette, nicht verborgen blieb.

Unter dem Pseudonym Gräfin von Pierrefonds hoffte Eugenie in dem kleinen Badeort Balsam für Leib und Seele zu finden. Aber die Kaiserin der Franzosen, die in der Villa abstieg, in der die russische Kaiserin gewohnt hatte, vermochte ihr Inkognito nicht zu wahren und Ruhe und Erholung kaum zu finden. Die Königin der Niederlande, die in ihrer eigenen Ehe schlechte Erfahrungen gemacht hatte, eilte herbei, um der Leidensgenossin beizustehen und sie mit Jammern und Trösten zu belästigen.

Kaum hatte Eugenie sie abgeschüttelt, schaute König Wilhelm I. von Preußen in Schwalbach vorbei. An den roten Rosen, die ihr der siebenundsechzigjährige Kavalier überreichte, übersah sie nicht die Dornen. Preußen, das ihr als »eine Art deutsches Piemont« erschien, ging daran, Deutschland von Berlin aus zu einigen, wie Italien von Turin aus geeint worden war. Schon hatte Preußen im Verein mit Österreich, das der »preußische Cavour«, Otto von Bismarck, als nächste Etappe aus Deutschland verdrängen wollte, den Krieg gegen Dänemark gewonnen. Eugenie vermutete, daß der in Zivil und mit dem Ordensband der Ehrenlegion bei ihr erscheinende Wilhelm I. mit der Höflichkeitsvisite den politischen Zweck verfolgte, ihren Argwohn gegen die deutschen Einigungsbestrebungen zu zerstreuen.

Jedenfalls bewog sie der Rosenkavalier, nach Baden zu kommen, um dort seine Gemahlin Augusta kennenzulernen, deren Abneigung gegen Bismarck und Zuneigung zu Frankreich offenkundig waren. Auf dem Bahnhof in Karlsruhe wurde die Kaiserin der Franzosen vom König von Preußen und seinem Schwiegersohn, dem Großherzog Friedrich von

Baden, empfangen; die Hymne »Partant pour la Syrie« erklang, und die Menge brachte Hochrufe aus. In Baden-Baden wurde die Kaiserin von Königin Augusta und ihrer Tochter Luise, der Großherzogin von Baden, erwartet. Nach dem Diner am Abend und einem Gabelfrühstück am Morgen machte sich Eugenie auf den Heimweg nach Paris.

Vier Wochen war sie Napoleon ferngeblieben. Nun veranlaßte sie weniger das Drängen des Gemahls als ihre Einsicht, daß ein längeres Fernbleiben die Probleme der Kaiserherrschaft vermehrt hätte, zur baldigen Rückkehr.

Dies wurde ihr dadurch erleichtert, daß Napoleon zur Kur nach Plombières gegangen war, sie ihn nicht mehr in Saint-Cloud antraf und unbehelligt ihren Gedanken nachhängen konnte. Sie verschaffte sich Bewegung, ging im Schloßpark spazieren, fuhr in den Bois de Boulogne, wanderte nach Versailles, wo ihr durch die Erinnerung an die unglückliche Marie Antoinette und das traurige Schicksal des Dauphins das Herz noch schwerer gemacht wurde. Der Kronprinz war acht gewesen, als Vater und Mutter auf dem Schafott starben, genauso jung wie jetzt Eugenies Sohn, den Franzosen noch als Napoleon IV. hochleben ließen. Würde er jedoch wirklich die Krone aufgesetzt bekommen, die an seiner Wiege die La France symbolisierende Frauengestalt über ihn gehalten hatte? Und wenn, vermöchte er sie in Würde zu tragen?

Schon daß ihn der Vater Loulou nannte, hielt sie für unangebracht, und erst recht, daß er ihn in einer Weise verwöhnte, die befürchten ließ, daß aus dem verhätschelten Knaben kaum ein selbständiger und selbstbewußter Mann werden könnte. Die Mutter versuchte gegenzusteuern, behandelte ihn so streng, wie sie es übers Herz brachte, entwarf Erziehungspläne und überwachte deren Ausführung, ohne mit den Resultaten zufrieden zu sein. Die Bildung des Thronfolgers blieb mangelhaft, zu früh wurde er in Uniform gesteckt, mit sieben in die Hofetikette gezwängt. »Ein armer kleiner Tropf«, sagte Prinz Napoléon-Jérôme, der selbst gern Thronfolger geworden wäre.

Eugenie liebte ihr einziges Kind, den Jungen mit den blauen Augen und dem gewellten braunen Haar. Auf seine Stirn machte sie oft mit dem Daumen das Kreuzzeichen. Sie betete für ihn zum Allmächtigen und nahm sich vor, alles in ihrer Macht Stehende zu tun, um ihn auf einen unbeschädigten Thron zu bringen. Deshalb griff sie mehr und mehr in die Staatsgeschäfte ein, bereitete sich auf ihre Aufgabe als Regentin für einen noch minderjährigen Napoleon IV. vor. Denn mit dem Ableben Napoleons III. mußte in nicht allzu ferner Zeit gerechnet werden.

Sein Blasenleiden verschlimmerte sich. Der körperliche Verfall wurde durch sexuelle Strapazen beschleunigt. Zwar bemerkte Mérimée Anfang 1865: »Caesar denkt nicht mehr an Kleopatra« und meinte damit, daß der Kaiser auf Druck der Kaiserin die Bellenger als Maîtresse aufgegeben hatte. Aber auf Liebesdienerinnen wollte und konnte er nicht verzichten, mit der Folge, daß Don Juan in der Politik zunehmend zum Fabius Cunctator wurde. Das Dahinschwinden seines Caesarismus schien er durch eine Rückbesinnung auf Leben und Taten des geschichtlichen Caesar kompensieren zu wollen. Mit Hilfe von Fachleuten verfaßte Napoleon III. eine »Histoire de Jules César«.

Der Geschichtsschreiber verfolgte mit seinem 1865/66 erschienenen zweibändigen Werk einen politischen Zweck. Die Franzosen sollten daran erinnert werden, daß Louis Napoleon wie einst Gaius Julius mit der Republik die Anarchie beseitigt hatte, und daraus schließen, daß ein Rückfall in das Chaos nur durch weitere Zustimmung zum caesaristischen Regime Napoleons III. zu vermeiden wäre. War aber der römische Vorgänger nicht durch eigene Leute beseitigt worden? Die Kaiserin vergaß das nicht, und auch der Kaiser begann daran zu denken. Am 24. April 1865 machte er sein Testament.

»Ich vertraue meinen Sohn den großen Körperschaften des Staates, dem Volke und der Armee an«, hieß es darin. »Die Kaiserin Eugenie hat alle notwendigen Eigenschaften, die

Regentschaft gut zu führen.« Das Testament machte er vor seiner Abreise nach Algerien; während der Abwesenheit des Empereurs war die Impératrice als Regentin eingesetzt. Dies wäre nicht notwendig gewesen. Denn in Algerien befand er sich noch auf französischem Boden, und der Aufenthalt sollte nicht lange dauern. Doch mit dieser Verfügung wollte er demonstrieren, daß Eugenie schon jetzt die Geschäfte zu führen verstünde und imstande sei, nach seinem Ableben die Regierung für einen noch minderjährigen Napoleon IV. zu übernehmen.

Sie hatte verstanden: »Es gibt keine Eugenie mehr, es gibt nur noch eine Kaiserin«, bemerkte Mérimée, und Viel-Castel notierte: Während der Kaiser »die Reize des algerischen Himmels und der braunen Schönen genießt, bemächtigt sich die Kaiserin zu Hause aller Regierungsgeschäfte«. Sie übernahm mit dem Vorsitz die Leitung des Conseils und überraschte die Mitglieder mit Sachkenntnis und Entscheidungswillen. Minister begannen sich daran zu gewöhnen, sie auf dem laufenden zu halten, ihrer Meinung zuzuhören, ja, ihre Zustimmung einzuholen. Sogar Deputierte, die dem von ihr vertretenen autoritären Kaiserreich kritisch gegenüberstanden, verstand sie persönlich für sich einzunehmen, wenn auch nicht politisch auf ihre Seite zu ziehen.

Die Abgeordneten Émile Ollivier und Alfred Louis Darimon, die bereits so weit waren, das Second Empire nicht mehr abzulehnen, sondern an seiner Gestaltung mitzuwirken, wurden von der Regentin zum Diner in ihre Privaträume in die Tuilerien geladen. Darimon, der im Corps législatif das Gesetz über den Scheckverkehr durchbrachte, zeigte sich von den Kenntnissen der Kaiserin auf diesem komplizierten Gebiet überrascht. »Mehr als ihre Schönheit«, bemerkte Ollivier, »imponierte mir ihre Auffassungsgabe, ihr beweglicher Verstand, ihr lebhaftes Gespräch, sprühend von originellen, geistreichen Einfällen.« Weniger gefiel ihm ihre Abneigung gegen

Pressefreiheit, überhaupt gegen liberale Reformen, die sie in dem Gespräch nicht verhehlte.

Soziale Reformen strebte sie an. Als sie bei einem Besuch im Jugendgefängnis La Roquette fünfhundert Insassen, viele noch Kinder, in Einzelzellen vorfand, verlangte sie eine Erleichterung der Haftbedingungen. Das würde Verwaltungsprobleme aufwerfen, wurde ihr entgegengehalten, und sie antwortete: »Es geht nicht um Administration, es geht um Humanität.« Man schloß La Roquette, die Insassen kamen in Besserungsanstalten in der Provinz, wo sie zu landwirtschaftlichen Arbeiten herangezogen wurden.

Die Kaiserin billigte die Reformen des Erziehungsministers Victor Duruy, der in erster Linie das Grundschulwesen modernisierte. Auch die Katholikin Eugenie hielt es für an der Zeit, gegen das Erziehungsmonopol des Klerus anzugehen, auch im Bildungswesen dem Staate zu geben, was dem Staate zukam. Unter ihrer Regentschaft wurden zwei fortschrittliche Gesetze über die Elementarschule beschlossen. Dies sei »ihrer klaren und festen Sprache im Conseil« zuzuschreiben, bedankte sich Duruy. Der Minister wußte es zu würdigen, daß die Kaiserin seine Bestrebungen um eine bessere, auch höhere Bildung der Mädchen unterstützte, mit denen er das Ziel verfolgte, »die Würde der Ehefrauen zu erhöhen, die Autorität der Mütter zu stärken und die gesellschaftliche Stellung der Frauen zu heben«.

Gab Eugenie nicht ein Beispiel, daß sie sich als Frau durchzusetzen, als Mutter einzusetzen und als Kaiserin zu regieren verstand? Sie habe allein schon durch ihr Beispiel ungerechtfertigte Angriffe gegen die Bemühungen um eine Gleichberechtigung der Frau abgewehrt, lobte Duruy. Historiker sahen in ihr eine Avantgardistin der Frauenbewegung. Jedenfalls gab sie Signale zur Emanzipation. Die Regentin verlieh im Juni 1865 das Kreuz der Ehrenlegion der ersten Frau: der Malerin Rosa Bonheur, deren Pferdebilder wie feministische Ansichten ihr gefielen. Die Zeitung »L'Opinion nationale« überschlug sich diesmal fast vor Lob wie sonst vor Tadel: »Wir klatschen mit beiden Händen Beifall. Unsere Zivilisation beginnt tatsächlich zu verstehen, daß Frauen eine Seele haben. Und die Unterschrift unter der Verleihungsurkunde beweist, daß selbst Frauen, die auf dem Throne sitzen, Verstand haben.«

War die Kaiserin, wie einige meinten, in die Fußstapfen des am 10. März 1865 verstorbenen Herzog von Morny getreten, der sich auf den Weg zu einem reformierten Kaiserreich begeben hatte? War sie gar dabei, sich Prinz Napoléon-Jérôme anzunähern, als dessen Sprachrohr »L'Opinion nationale« galt? Doch die »Legitimistin« Eugenie hielt Distanz zum »Orleanismus« Mornys wie zum »Republikanismus« Plon-Plons. Dieser nützte die kurze Abwesenheit des Kaisers und die Regentschaft der Kaiserin zu einer Attacke gegen das von ihnen verkörperte Regime.

Als Mitglied des Kaiserhauses hatte er am 15. Mai 1865 ein Denkmal Napoleons I. in dessen Geburtsort Ajaccio einzuweihen. Prinz Napoléon-Jérôme ergriff die Gelegenheit, sich als derjenige Bonaparte in Pose zu setzen, der dem großen Vorbild am nächsten stehe, und sich von Napoleon III. abzusetzen, jenem Bonaparte, der – ohne dem großen Korsen auch nur entfernt zu gleichen – auf den Thron gekommen sei und »die Regierung von Frankreich einer femme à la mode überlassen« habe.

Mit einer Brandrede suchte Plon-Plon die Gemüter des Volkes zu erhitzen und Positionen der Herrschenden zu beschädigen. Er schlug auf den Papst in Rom ein und wollte damit das Kaiserpaar treffen: Napoleon III., der aus innenpolitischem Grund den Kirchenstaat gegen die italienische Nationalstaatsbewegung, und Eugenie, die aus religiösem Motiv das Papsttum gegen alle Kirchenfeinde in Schutz nahm. Im Jahr 1865, als sich ein Konflikt zwischen Preußen und Österreich abzeichnete, verwarf Plon-Plon den Gedanken, das Kaiserreich solle sich gegen das für Frankreich gefährlich werdende Preußen mit dessen Rivalen Österreich alliieren. Der bonapartistische Ideologe hatte gesprochen: Das Habsburgerreich, der Gegenspieler aller nationalen und demokratischen Bewegungen, sei als Bundesgenosse des Second Empire nicht geeignet.

Plon-Plons Polemik schlug in Paris wie eine Bombe ein. Im Conseil wurde gefordert, im »Moniteur« die Rede zurückzuweisen und den Redner zurechtzuweisen. Doch die Regentin war dazu nicht bereit und bewies damit politische Klugheit. Sie überließ es dem Kaiser, das heiße Eisen anzufassen. Noch aus Algier rüffelte er den Vetter und befahl, den Brief im »Moniteur« zu veröffentlichen. Darin hieß es, der Prinz habe mit seinen Äußerungen Wasser auf die Mühlen der Regimefeinde geleitet; Napoleon III. werde sich an Napoleon I. halten, der – um die Anarchie der Geister, diese furchtbare Feindin der Freiheit fernzuhalten – in seiner Regierung wie in seiner Familie nur einen, seinen Willen gelten ließ. Napoléon-Jérôme verstand, demissionierte als Vizepräsident des Conseil privé und zog sich in die Schweiz zurück.

Eugenie war, freilich nur vorübergehend, einen Gegner losgeworden und in der Achtung der Anhänger gestiegen. Als die Regentin am Abend der Veröffentlichung im »Moniteur« eine Theatervorstellung im »Odéon« besuchte, wurde sie mit Beifall bedacht. Der nach einmonatiger Abwesenheit aus Algier nach Paris zurückgekehrte Kaiser lobte seine Vertreterin. Voll Genugtuung konstatierte die Kaiserin: Sie habe die Minister so fest in der Hand gehabt, daß sie es bedauere, die Zügel wieder hergeben zu müssen; sie werde jedoch den Kaiser bitten, die Zügel so straff wie sie zu halten. In der Tat ließ er am 13. September 1865 verkünden: Weder in den Personen noch im Programm des Regimes werde es eine Veränderung geben.

Ein strenges Regiment erschien Eugenie nötiger denn je. Innenpolitisch war man, wie sie meinte, der Opposition schon zu weit entgegengekommen, so durch eine Erweiterung der Befugnisse der Kammern und die Gewährung des Streikrechtes. Innenpolitische Schwächen traten in einem Moment zu Tage, an dem außenpolitische Stärke angesichts eines sich zu

Deutschland vergrößernden und Frankreich herausfordernden Preußen geboten gewesen wäre.

Achtes Kapitel

Am Abhang

Die zwei Herzen in der Brust des Bonapartismus stritten sich immer heftiger. Autokratie und Demokratie waren innenpolitisch immer weniger auf einen Nenner zu bringen. Und die beiden Komponenten der Außenpolitik widersprachen sich immer mehr: das Versprechen, den noch geteilten Nationen zur Einheit zu verhelfen, und der Anspruch auf eine imperiale Vormachtstellung Frankreichs in der europäischen Staatenwelt.

»Die Verträge von 1815 haben aufgehört zu bestehen. Die Macht der Ereignisse hat sie umgestürzt oder arbeitet daran, sie umzustürzen«, erklärte Napoleon III. im Jahre 1863 und verwies auf die Schläge, die er der Staatenordnung des Wiener Kongresses zugefügt hatte. Durch den Krimkrieg war das von Metternich ausbalancierte Gleichgewicht der Mächte beeinträchtigt, der Zusammenhalt der konservativen Mächte Rußland und Österreich gelöst und Frankreich eine Schlüsselstellung eingeräumt worden. Durch den Italienkrieg hatte Napoleon das Nationalstaatsprinzip auf der 1815 wiederum geteilten Apeninnenhalbinsel weitgehend durchgesetzt und zugleich durch die Angliederung Savoyens und Nizzas die Machtposition des Second Empire gestärkt.

In Italien war die Zwiespältigkeit der bonapartistischen Außenpolitik offenkundig geworden. Um dem Kaiser zu bewahren, was er gewonnen hatte, konnte er dem König von Italien nicht geben, was dieser als Folge des französischen Engagements für das Risorgimento verlangte: Rom als Hauptstadt des neuen Nationalstaates. Eine Preisgabe des von französischen Truppen geschützten Kirchenstaates hätten ihm

Katholiken und Konservative, auf die er seine Herrschaft stützte, übel genommen und wäre auf Widerspruch bei der Kaiserin gestoßen. Andererseits hätten ihm die Italiener ein Ausharren in Rom nicht verziehen, und mit Viktor Emanuel wäre ihm ein erwünschter Alliierter abhanden gekommen. Wofür er sich auch entscheiden würde, es beeinträchtigte sein Prestige und beschädigte seine Macht.

Napoleon suchte dadurch, daß er mal der einen, mal der anderen Seite entgegenkam, der Zwickmühle zu entgehen. Im Jahre 1861 begann er Verhandlungen mit der italienischen Regierung über eine Lösung der römischen Frage, die es ihm ermöglichen würde, die französischen Truppen abzuziehen, ohne die Souveränität des ohnehin zusammengeschrumpften Kirchenstaates aufzugeben. Als die Kaiserin davon im Ministerrat erfuhr, verließ sie mit Tränen in den Augen den Sitzungsraum. Nur französische Bajonette, nicht italienische Garantien könnten dem Papst mit der weltlichen Herrschaft den geistlichen Freiraum erhalten, meinte Eugenie, die den Piemontesen, diesen »Preußen jenseits der Alpen«, nicht über den Weg traute. Gegenüber dem italienischen Botschafter in Paris, Constantin Nigra, nahm sie kein Blatt vor den Mund: Sie halte Viktor Emanuel für einen Straßenräuber, der Fürsten ihren Besitz abgenommen habe und nun nach dem Patrimonium Petri greife. »Wenn man euch aufhängen wollte, würden wir euch nicht zu Hilfe kommen!«

Nicht der König, sondern der Freischärler Garibaldi marschierte 1862 mit dem Ruf »Rom oder Tod!« auf die Ewige Stadt. Bei Aspromonte stoppten ihn Truppen Viktor Emanuels, der die Rothemden beargwöhnte und es sich mit den Franzosen nicht verderben wollte. Ohne den Draht zur königlichen Regierung abreißen zu lassen, gab Napoleon den französischen Katholiken und deren kaiserlicher Protektorin ein positives Signal. Noch 1862 entließ er den »italienisch« gesinnten Außenminister Édouard Thouvenel und ersetzte ihn durch den »päpstlich« gesinnten Édouard Drouyn de L'Huys. Aber auch der Vertraute Eugenies mußte einen Kompromiß mit Italien suchen, der am 15. September 1864 gefunden wurde: Frankreich verpflichtete sich, seine Truppen binnen zwei Jahren aus Rom abzuziehen, und Italien, jeden Angriff auf den Kirchenstaat zu unterlassen oder zu unterbinden. Dieser Kompromiß fand wenig Zustimmung. In Turin kam es zu Unruhen, bei denen fünfundzwanzig Menschen getötet und über hundert verletzt wurden. Pius IX. protestierte gegen die hinter seinem Rücken geschlossene Septemberkonvention und fühlte sich von Napoleon verraten und verkauft. Französische Katholiken sahen bereits die päpstliche Fahne auf der Engelsburg eingeholt und durch die italienische Trikolore ersetzt. Und Eugenie sah den Pontifex Maximus als Emigranten auf Malta, in Wien oder gar als Asylsuchenden im protestantischen England.

Pius IX., dessen weltliche Macht dahinschwand, griff zu einer ihm verbliebenen geistlichen Waffe. Am 8. Dezember 1864 erließ der Papst die Enzyklika »Quanta cura« mit dem »Syllabus«, einem »Verzeichnis der hauptsächlichsten Irrtümer unserer Zeit«, in dem neben Rationalismus, Liberalismus und Sozialismus auch die Volkssouveränität, ein Grundsatz des Second Empire, angeprangert wurde. Der Kaiser ließ die Veröffentlichung des »Syllabus« in Frankreich verbieten und Geistliche, die ihn trotzdem von den Kanzeln verkündeten, von den Staatsbehörden verfolgen. Im katholischen Lager brach ein Meinungsstreit aus: die einen waren mit Monsignore Dupanloup, dem Bischof von Orléans, eher dafür, die anderen mit Monsignore Darboy, dem Erzbischof von Paris, eher dagegen. Die Kaiserin stand in der Mitte: Sie konnte die das bonapartistische Regime betreffenden Passagen nicht annehmen und wollte die Warnungen vor einer Entchristlichung der Gesellschaft nicht ablehnen.

Eugenie war gläubig, aber nicht bigott, und ihre Treue zum Papsttum fand dort ihre Grenze, wo ihre Loyalität zum Kaisertum berührt wurde und die Erfordernisse eines modernen Staates wie religiöse Toleranz, Gleichberechtigung der Konfessionen und weltliches Bildungswesen in Frage gestellt wurden. Ihre Sympathie für Pius IX. wurde gedämpft, als dieser ihren Vorschlag verwarf, die verfallene Grabeskirche in Jerusalem in ökumenischer Gemeinschaftsarbeit wiederaufzubauen und darin alle christlichen Konfessionen ihre Gottesdienste abhalten zu lassen. Auch der kirchliche Widerstand gegen die von Minister Duruy geforderte und von ihr gebilligte Modernisierung des Erziehungswesens gab ihr zu denken.

Die Kaiserin war und blieb der Meinung, daß man dem Papst belassen müsse, was ihm zustehe, aber dem Kaiser geben solle, was er benötige. Bezeichnend für diese Auffassung war 1865 die Aufforderung der Regentin an den zögernden Präfekten, an den Feierlichkeiten anläßlich der Seligsprechung der Salesianerin Marguerite Marie Alacoque in Paray-le-Monial teilzunehmen. Die Beweggründe lagen nicht nur in ihrer Religiosität; sie ging davon aus, daß Repräsentanten des Staates allen nationalen Ereignissen, zu denen auch kirchliche Begebenheiten gehörten, beizuwohnen hatten.

Als der Zeitpunkt der Räumung Roms durch die Franzosen näherrückte, trug sie sich mit dem Gedanken, nach Rom zu reisen, um dem Papst den Rücken gegen die »Italianissimi« zu stärken, aber auch, um Pius IX. von seiner ultrakonservativen Kirchenpolitik abzubringen und ihn zu Reformen im Kirchenstaat zu bewegen. Die Regierung in Florenz war nicht dagegen – und Prosper Mérimée dafür: Es könne nicht schaden, wenn Eugenie mit eigenen Augen die Unordnung und Unwissenheit in Rom gewahre und dadurch »von ihrer ritterlichen Begeisterung« für das Papsttum abrücke. Den Finanzminister Pierre Magne, der ihr die Reise auszureden suchte, ließ die Kaiserin wissen: Pius IX. müsse um jeden Preis davon abgehalten werden, die Ewige Stadt zu verlassen. »Niemand außer mir kann ihn zum Bleiben überreden und gewisse Konzessionen von ihm erlangen.«

Sie fuhr dann doch nicht, obwohl die Abreise angekündigt worden war. Ihre »ritterliche Begeisterung« für den Heiligen

Vater wurde durch das wenig chevalereske Verhalten Pius' IX. gegenüber den französischen Schutztruppen und seinen Protektor Napoleon III. gedämpft, dem er auszurichten auftrug: »Die Franzosen sind ein christliches Volk, und auch ihr Oberhaupt sollte ein Christ sein.« Den Kaiser verdroß diese Vorhaltung nicht. Doch er wollte, in Übereinstimmung mit den Diplomaten, die verwickelte Italienpolitik durch eine persönliche Intervention der Kaiserin nicht noch mehr verwirren lassen.

Überdies lag wieder Pulverdampf in der Luft. Am 13. Dezember 1866 zogen die letzten Franzosen aus Rom ab. An ihrer Stelle sollte eine rasch zusammengetrommelte und wenig schlagkräftige päpstliche Truppe einen neuen »Sacco di Roma« verhindern. Dazu setzten sich die Rothemden Garibaldis in Marsch, und die königlich italienische Armee schien entgegen den in der Septemberkonvention eingegangenen Verpflichtungen nicht bereit zu sein, die Freischärler aufzuhalten. Die Kaiserin verlangte im Ministerrat die Entsendung von Truppen, und der Kaiser, der dem Frieden nicht getraut und aus Rom abgezogene Regimenter zwischen Toulon und Marseille in Bereitschaft gehalten hatte, ließ sie nach Civitavecchia zurückbringen. Viktor Emanuel wagte es nicht, den Franzosen entgegenzutreten, und Garibaldi wurde am 3. November 1867 bei Mentana, dreiundzwanzig Kilometer vor Rom, geschlagen und zurückgeworfen.

Die Franzosen blieben und spielten wieder Schweizer Garde, zur Genugtuung der Kaiserin, deren Mitstreiter Rouher vor dem Corps législatif erklärte: »Italien wird sich nicht Roms bemächtigen. Niemals, niemals wird Frankreich einen solchen Angriff auf seine Ehre und seine Katholizität dulden.« In der Politik dürfe man nie niemals sagen, bedeutete der Kaiser dem Staatsminister, der die Empörung der Italiener geschürt hatte. Mentana habe Magenta getötet, tönte es aus Florenz, und damit war gemeint: Napoleon III., der 1859 an der Seite des Risorgimento die italienische Einigung vorangetrieben hatte, behindere nun deren Vollendung, indem er der

Nation die Hauptstadt Rom vorenthalte und ihr nicht helfe, das immer noch österreichische Venetien zu gewinnen. Auch in Frankreich gab es Kritik: Die »klerikale Kaiserin« habe sich in der Italienpolitik durchgesetzt; von nun an, so eine Zeitung, triumphiere die Spanierin, habe eine Herrschaft à la Philipp II. begonnen.

Sie taten ihr unrecht. Eugenie war Französin geworden, die sich Gedanken machte, wie die Quadratur des Kreises der bonapartistischen Außenpolitik zu lösen wäre: den Nationen entgegenzukommen, dem Empire die Schiedsrichterrolle zu verschaffen und ihm damit zu Machtsteigerung zu verhelfen. Im Jahre 1863 entwickelte sie einen Plan, dessen – freilich unmögliche – Verwirklichung die Landkarte Europas unter Napoleon III. beinahe so einschneidend wie unter Napoleon I. verändert hätte.

Zur Bereinigung des Konfliktes zwischen Italien und Österreich, in den Frankreich verwickelt war, machte Eugenie den verwegenen Vorschlag, Österreich solle Venetien an Italien abtreten und dafür Bayern bekommen. Im Gegenzug müsse Italien auf den Kirchenstaat und auch auf das Königreich Neapel verzichten. Florenz und München erfuhren davon nichts, aber der österreichische Botschafter Metternich wurde eingeweiht. Er sprach zwar der Kaiserin »diplomatisches Geschick, ein Gefühl für die feinen Nuancen und einen Sinn für die richtige Gelegenheit« ab, fand aber den Plan deshalb nicht uninteressant, weil er auf ein Bündnis zwischen Frankreich und Österreich zielte, das den Einfluß Österreichs in Deutschland zu stärken versprach. In Wien wurde nicht einmal der Allianzvorschlag ernst genommen.

Schon gar nicht war man in Wien bereit, für einen polnischen Nationalstaat das österreichische Galizien beizusteuern, wie es der Kaiserin vorschwebte. Im Jahre 1863 versuchten die Polen erneut, das sie am schwersten bedrückende Fremdjoch, das russische, abzuschütteln. Ein gutes Gelingen wünschten ihnen mit Eugenie und Napoleon III. alle Franzosen, welche die Anhänglichkeit der Polen an Napoleon I. vor Augen und die Polonaisen Frédéric Chopins im Ohr hatten. Doch der Neffe fand auch in dieser Angelegenheit nicht aus dem Circulus vitiosus der bonapartistischen Außenpolitik heraus: Der Ideologe wollte die polnische Nation unterstützen, aber der Realpolitiker konnte sich eine Konfrontation mit Rußland nicht leisten. Eugenie glaubte Rußland zur Anerkennung der polnischen Unabhängigkeit bewegen zu können, wenn man ihm freie Bahn gegen die Türkei, im Nahen und Fernen Osten ließe. Der Zar ging seinen eigenen Weg und schlug den polnischen Aufstand mit Hilfestellung Preußens nieder.

Napoleon III. stand wieder einmal ohne die Kleider Napoleons I. da: Die Polen hatte er enttäuscht, sich Österreichs nicht versichert, und Rußland wandte sich Preußen zu.

In Eugenies Utopia war auch an Preußen gedacht: Gegen eine Abtretung Schlesiens an Österreich und des linken Rheinufers an Frankreich sollte ihm eine Ausdehnung über Norddeutschland bis zur Mainlinie gestattet werden. Das Sandkastenspiel der Kaiserin, an dem der Kaiser den Hinweis auf die »natürliche Grenze« Frankreichs goutierte, wurde von Otto von Bismarck zunächst mit diplomatischen und schließlich mit militärischen Mitteln durchkreuzt. Als preußischer Gesandter in Paris hatte er die bonapartistischen Pappenheimer kennengelernt, und als preußischer Ministerpräsident begann er sie auszumanövrieren.

Der Preuße setzte den Hebel an der Schwachstelle des Franzosen an, an dessen Verlangen, das System von 1815 zu überwinden, den in der Staatenordnung des Wiener Kongresses benachteiligten Nationen zu staatlicher Einheit zu verhelfen und damit die durch den Sturz Napoleons I. verlorene Vormachtstellung Frankreichs für Napoleon III. wiederzugewinnen. Dieses Ziel gedachte ihm Bismarck zu verbauen, die Verfolgung des anderen suchte er für die Einigung Deutschlands durch Preußen auszunützen.

Am 1. Juni 1862 überreichte der Gesandte Bismarck sein Beglaubigungsschreiben in den Tuilerien. Der Kaiser habe ihn freundlich empfangen, schrieb er nach Haus, »die Kaiserin ist noch immer eine der schönsten Frauen, die ich kenne; ... sie hat sich eher embelliert seit 5 Jahren«, als er sie zum letztenmal gesehen hatte. Am 27. Juni nahm Napoleon den Gesandten in Fontainebleau zur Seite und schnitt die Frage eines französisch-preußischen Zusammengehens zur Überwindung des Systems von 1815 an. »Beim Kaiser kam ich etwas in die Lage Josephs bei der Frau von Potiphar. Er hatte die unzüchtigsten Bündnisvorschläge auf der Zunge«, berichtete Bismarck seinem Außenminister Bernstorff. Der Kaiser »ist ein eifriger Verfechter deutscher Einigungspläne, d. h. kleindeutscher, nur kein Österreich darin«. Merkwürdig sei jedoch »die abweichende Politik der Kaiserin; sie ist katholisch, päpstlich, konservativ für das Ausland; sogar österreichisch.« Bismarck ahnte, was ein französischer Minister wußte: »Ihre Majestät verhehlt nicht ihre Abneigung gegen das Nationalstaatsprinzip. Sie meint, die italienische Einigung sei für uns eher eine Quelle der Gefahr als der Stärkung und die deutsche Einheit werde sich als direkte Bedrohung ausweisen.«

Im Herbst 1865 erschien Bismarck wieder in Frankreich, nun als preußischer Ministerpräsident und Außenminister. Am 4. Oktober sprach er in Biarritz in der Villa Eugénie vor. Da Kaiserin und Kaiser zur Messe gegangen waren, wurde er von Mérimée empfangen, der ihn ganz anders fand, als er sich einen Teutonen vorgestellt hatte: »Von Gemüt hat er keine Spur, aber viel Geist.« Jedenfalls bewies der Preuße in der noch am selben Tag zustande gekommenen Unterredung mehr Verstand als der Franzose Napoleon, bei dem die seiner Nation zugeschriebene Ratio durch Emotion verdrängt zu werden schien.

Für Bismarcks Vorhaben, im sich anbahnenden Konflikt Preußens mit Österreich sich der wohlwollenden Neutralität Frankreichs zu versichern, war die lockere Atmosphäre in der

Villa Eugénie günstig. Als Mérimée bemerkte, daß Madame de La Bédoyère, eine Palastdame der Kaiserin, mehr als nur ein politisches Interesse an dem nordischen Hünen zeigte, wurde ihr ein Streich gespielt: Er zeichnete den Kopf Bismarcks auf Pappe, schnitt ihn aus und legte ihn heimlich auf das Kopfkissen der Dame. Die Bettdecke stopfte er so aus, daß man einen Körper darunter vermuten konnte. Kaum hatte Madame La Bédoyère ihr Schlafzimmer betreten, stürzte sie mit dem Ruf »Es ist ein Mann in meinem Bett!« wieder heraus – zum Ergötzen der im Korridor versammelten Hofgesellschaft.

Eugenie lachte nicht so laut wie Napoleon über den Bismarck aus Pappe. Sie dachte an den »eisernen« Bismarck, an seinen Ausspruch, daß nicht durch Reden und Majoritätsbeschlüsse, sondern mit Eisen und Blut die großen Fragen der Zeit entschieden würden, und an die Konsequenzen, die er bereits daraus gezogen hatte und noch daraus ziehen könnte. Schon hatte er in einem ersten Krieg gegen Dänemark gesiegt, ein zweiter, gegen Österreich, zeichnete sich ab, und ein dritter war nicht auszuschließen, für den Fall daß sich Frankreich einem Aufstieg Preußen-Deutschlands zu einer dem Second Empire gleichrangigen, ja überlegenen Großmacht widersetzen würde.

Aber war nicht zu befürchten, daß Napoleon III., dem ein – freilich von Frankreich geführtes – Europa der Nationen vorschwebte, die Einigung Deutschlands durch Preußen unterstützen, zumindest hinnehmen würde? Könnte er dem preußischen Versucher widerstehen, wenn dieser ihm vorgaukelte, seine Hinnahme, ja Förderung der deutsch-national verbrämten preußischen Großmachtpolitik würde mit Gebietsgewinnen am Rhein belohnt werden?

Aus Biarritz berichtete Bismarck, der Kaiser habe seine Bereitschaft angedeutet, »die Freundschaft und die Sympathie zu betätigen, von denen er für Preußen beseelt sei«. Vorerst genügte es Bismarck, daß Napoleon ihm Neutralität in dem für ihn unvermeidlichen Krieg gegen Österreich versprach und keine Bedenken gegen seine Deutschlandpläne erhob. »Die Gesundheit des Kaisers«, schloß der Bericht, »läßt nichts zu wünschen übrig, wenn man von der bekannten Schwierigkeit absieht, mit der sich der Kaiser zu Fuß bewegt.« Eugenie, die besser Bescheid wußte, sorgte sich, daß die angeschlagene Gesundheit des Gemahls zwar nichts für Preußen, aber viel für Frankreich zu wünschen übrig lasse, Napoleon dem Schrittmacher Bismarck hinterherhinke.

Keine Annäherung an Preußen, aber eine Allianz mit Österreich – das war und blieb das Ceterum censeo der Kaiserin der Franzosen. Sie möge Adolphe Thiers nicht, doch seiner am 3. Mai 1866 im Corps législatif gehaltenen Rede könne sie zustimmen: Nicht Wien, sondern Berlin gefährde den Frieden, erklärte der liberale Deputierte, nicht Österreich, sondern Preußen sei dabei, mit militärischer Gewalt ein Imperium zu schaffen, das eine Gefahr für ganz Europa sein werde; darum müsse Bismarck deutlich gesagt werden, daß Frankreich dies nicht dulden werde.

Der Kaiser der Franzosen blieb im Widerspruch zwischen der Gloire des Befreiers und der Grandeur des Empereurs verstrickt: Die Verträge von 1815 müßten endgültig zerrissen werden, und dabei könne das der Zukunft zugewandte Preußen behilflich sein, während Österreich, mit dem Rücken zur Wand, die zeitwidrig gewordene Staatenordnung des Wiener Kongresses zu verteidigen suche. War Napoleon nicht 1859 Viktor Emanuel gegen Franz Joseph beigestanden, hatte er nicht jetzt dafür gesorgt, daß Italien im Bunde mit Preußen endlich Venetien bekommen könnte? War es nicht konsequent, daß er auch der deutschen Nation entgegenkam, und angebracht, wenn er dafür Kompensationen verlangte, um – wie er erklärte – durch territoriale Korrekturen die Ostgrenze Frankreichs sicherer zu machen?

Für den Kaiser waren dies genug Gründe, Österreich die kalte Schulter zu zeigen und Preußen den Rücken zu decken, sich zwar aus einem Krieg zwischen den Rivalen herauszuhalten, aber als Vermittler aufzutreten, wenn sich die Kampfhähne ineinander verbissen hätten.

Hingegen fürchtete die Kaiserin mit Thiers und vielen Franzosen, aus der Asche des Systems von 1815 würde ein preußischdeutsches Reich emporsteigen, das die Grande Nation überschatten und übertrumpfen könnte. Um diese Gefahr zu bannen, versuchte sie im Verein mit dem österreichischen Botschafter Richard Metternich, dem Gatten ihrer Busenfreundin Pauline Metternich, die private Entente cordiale zu einer politischen und militärischen Allianz zwischen Frankreich und Österreich zu erweitern, die Preußen von Aggression und Expansion abzuhalten vermöchte. In ihrer – wie sie zugab – »furia francese« schreckte sie nicht davor zurück, Österreich einen Präventivkrieg nahezulegen, in der Hoffnung, daß die Österreicher dann mit Unterstützung der Franzosen die Preußen in die Schranken wiesen. Am 21. Mai 1866 sagte Eugenie zu Metternich: Der Kaiser sei an die Politik der Neutralität nur solange gebunden, bis der erste Schuß gefallen sei; deshalb müsse Franz Joseph den ersten Gewehrschuß abgeben, damit Napoleon seine Kanonen für ihn sprechen lassen könne. Also: »En avant, en avant ...«.

Doch nicht Österreich marschierte gegen Preußen, sondern – am 16. Juni 1866 – Preußen gegen Österreich und die an dessen Seite verbliebenen Staaten des 1815 gegründeten Deutschen Bundes. Die Preußen schossen so schnell, besiegten die Österreicher am 3. Juli 1866 bei Königgrätz in Böhmen so rasch, daß Napoleon nur noch zu stammeln vermochte: »C'est une déroute, c'est une déroute.« Eugenie suchte nach Möglichkeiten, die Preußen von ihrem Triumphzug abzubringen und die Folgen von Sadowa – die Franzosen bevorzugten diesen für sie leichter als Königgrätz auszusprechenden Namen – für Österreich und vor allem für Frankreich in Grenzen zu halten.

Zwei Tage nach Königgrätz-Sadowa, am 5. Juli 1866, trat in Saint-Cloud der Ministerrat unter Vorsitz des Kaisers und in Anwesenheit der Kaiserin zusammen. Napoleon verwies auf erzielte Erfolge. Am Tag zuvor hatte der Kaiser von Österreich dem Kaiser der Franzosen Venetien zur Weitergabe an den König von Italien abgetreten, und den Empereur ersucht, zwischen den kriegführenden Parteien zu vermitteln. Kam dies aber nicht einem Pyrrhussieg gleich? Eugenie verlangte keine Mediation, sondern eine Aktion zugunsten Österreichs, um den Marsch der Preußen auf Wien aufzuhalten und ihre Ausdehnung auf Deutschland zu verhindern. Unterstützung fand sie bei Außenminister Drouyn de L'Huys, der eine militärische Demonstration am Rhein vorschlug, und Kriegsminister Randon, der dafür 80 000 Mann zu mobilisieren versprach. Innenminister La Valette widerriet einer bewaffneten Intervention. Der Kaiser erinnerte sich an sein Versprechen, daß sein Kaiserreich auf Frieden programmiert sei, und unternahm den Versuch, mit den Mitteln der Diplomatie für Frankreich zu retten, was noch zu retten war.

»Meine Stimme hat kein Gewicht mehr«, klagte die Kaiserin dem österreichischen Botschafter, »ich bin mit meiner Ansicht fast allein. Man untertreibt die Gefahr von heute, um die Gefahr von morgen zu vergessen.« Doch allein der Gedanke, Frankreich könnte sich einmischen, veranlaßte Bismarck, am 26. Juli 1866 mit Österreich den maßvollen Vorfrieden von Nikolsburg zu schließen. Rückblickend, als die von ihr befürchteten Folgen der Großmachtpolitik Preußens eingetreten waren, fühlte sich Eugenie durch eine Äußerung Bismarcks aus dem Jahre 1874 bestätigt: 1866 hätten 15 000 französische Soldaten, Seite an Seite mit den süddeutschen Truppen, Preußen zwingen können, alle in Böhmen und Bayern errungenen Erfolge preiszugeben, um seine Hauptstadt und seine Kernlande zu schützen. Die Exkaiserin erklärte: Ab Sadowa, das eine Niederlage Frankreichs wie Österreichs gewesen sei, »befanden wir uns am Abhang, den man nicht mehr hinaufsteigt«.

»Es geht mit uns abwärts«, hatte die Kaisern am 26. Juli 1866 zu Richard Metternich gesagt. »Am besten wäre es, wenn der Kaiser schnell verschwände, wenigstens eine Zeitlang. Er kann weder schlafen noch gehen und vermag kaum etwas zu essen. Seit zwei Jahren lebt er in völliger Erschlaffung dahin, hat sich nicht mit der Regierung befaßt und stattdessen ›Jules César‹ geschrieben.« Eugenie sah nur einen Ausweg: Napoleon müsse abdanken und ihr die Regentschaft für ihren zehnjährigen Sohn überlassen. Wie seinerzeit Anna von Österreich die Herrschaft Ludwigs XIV. vorbereitet habe, so wolle sie die Thronbesteigung Napoleons IV. sichern, erklärte sie Napoleon III.

Der Kaiser wich aus und zog sich nach Vichy zurück, in der Hoffnung, durch eine Kur wieder zu Kräften zu kommen, und in der Erwartung, nach seiner Rückkehr die politischen wie häuslichen Wogen geglättet vorzufinden, auf daß er sein Reichsschiff zwischen der preußischen Skylla mit der bellenden Stimme und den scharfen Waffen und der französischen Charybdis, den Strudeln der wachsenden Opposition, hindurchsteuern könne.

Eugenie hatte schon recht: Durch Sadowa war mit dem persönlichen Ansehen des Kaisers das politische Prestige des Kaiserreiches verdunkelt worden. Nicht nur ein undankbares Italien, nun auch noch ein lebensgefährliches Preußen an Frankreichs Grenzen – dies sei das Ergebnis der bonapartistischen Außenpolitik, hielt Pierre Magne, ein aktiver Anhänger des Regimes, dem Kaiser vor. Die liberal-bonapartistische Zeitung »L'Époque« nahm kein Blatt vor den Mund: »Wenn man ein Neffe Napoleons I. ist, darf man nicht ungestraft die Verringerung Frankreichs hinnehmen. Ebensowenig würde die französische Nation sich die Wiederherstellung des deutschen Reiches gefallen lassen«.

Durch Sadowa war Bismarck diesem Ziel einen Riesenschritt nähergekommen. Preußen annektierte Schleswig-Holstein, Hannover, Kurhessen, Nassau und Frankfurt am Main, schmiedete den Norddeutschen Bund und wappnete sich für den Anschluß der süddeutschen Staaten. Für Napoleon war es höchste Zeit, »die Verringerung Frankreichs« durch eine territoriale Vergrößerung zu kompensieren. Eugenie bestärkte ihn darin und drängte ihn dazu. Sie verlangte die preußischen Städte Saarbrücken und Saarlouis, das linksrheinische Hessen mit der Festung Mainz und die bayerische Rheinpfalz. Nicht ein einziges deutsches Dorf werde er abtreten, entgegnete Bismarck und widersetzte sich dem Bemühen Napoleons, das aus dem von ihm zerstörten Deutschen Bund ausgeschiedene Luxemburg von dessen Souverän, dem König der Niederlande, käuflich zu erwerben. Im Mai 1867 wurde von den europäischen Mächten auf der Londoner Konferenz, wo Frankreich nicht mehr – wie 1856 auf dem Pariser Kongreß – als Primus, nur noch als Partei auftrat, die Neutralität des Großherzogtums Luxemburg erklärt.

Ein Jahr nach Sadowa veröffentlichte Alexandre Dumas, der Vater, den Roman »Der preußische Schrecken«, in dem ein durch »Graf Bösewerk« (Bismarck) betriebener Blitzkrieg gegen Frankreich vorweggenommen wurde. Adolphe Thiers malte das Menetekel an die Wand des Empire: Seine Tage seien gezählt, wenn sich der Empereur auch nur einen weiteren außenpolitischen Fehler leiste. Um begangene gutzumachen und ein Verlieren der Partie zu vermeiden, spielte er einen ihm verbliebenen Trumpf aus: Mit der Weltausstellung 1867 wollte er demonstrieren, daß Paris im Zweiten Kaiserreich zwar noch nicht die Hauptstadt Europas, aber schon die Metropole der Zivilisation geworden war.

Das Marsfeld war zum Friedensfeld geworden, auf dem die Nationen verträglich miteinander wetteiferten, gemeinsam dem Ziel einer besseren Welt entgegenstrebten – in Paris, das nicht nur von Franzosen als der geeignetste Schauplatz einer Leistungsschau des 19. Jahrhunderts angesehen wurde. »Paris bedeutet Fortschritt«, ließ sich Viktor Hugo aus dem Exil vernehmen. »Möge Europa Paris in Besitz nehmen, denn Paris gehört Europa wie Europa Paris gehört.« In der Vision des Dichters war eine neue Nation im Werden. »Diese Nation wird Paris zur Hauptstadt haben und sich keineswegs Frankreich nennen. Sie wird sich Europa nennen.«

Der Verbannte prophezeite, was sich Napoleon III. erträumte: das Zweite Kaiserreich als Modell der Zukunft und die Reichshauptstadt als Mittelpunkt eines neuen Europa. Daher sollte diese Exposition universelle alle vorausgegangenen Weltausstellungen übertreffen. Zur Eröffnung am 1. April 1867 in der neuen Ausstellungshalle auf dem Champ-de-Mars kam der Kaiser im Frack, um zu demonstrieren, daß die Zivilisation in Zivil zu avancieren habe. Indessen hätte die Uniform besser als der Habit noir die hinfällige Gestalt des Achtundfünfzigjährigen kaschiert und ihn eher als ein herausragendes Exponat der Ausstellung erscheinen lassen.

Die Kaiserin kam zur Eröffnung im schillernden Seidenkleid, mit Spitzenumhang und einer Capote mit Veilchenkranz und Reiherbusch. Eugenie war zwar nicht mehr so schön, wie sie – in beschönigender Hofmalermanier – Winterhalter oder Dubufe porträtiert hatten, aber immer noch schöner als auf den Photographien, die schon so perfektioniert waren, daß sie die Spuren der Zeit und der Sorgen überdeutlich hervortreten ließen. Aber waren es nicht die Zeichen der Reife, die Beachtung fanden? So manchem mochte es wie dem jungen Julien Viaud, der sich als Romanschriftsteller Pierre Loti nennen sollte, ergangen sein: »Ich verliebte mich mit einem Schlage in die Kaiserin – ein Fall, der bei meinen Zeitgenossen oft vorkam –, ich verlor kostbare Arbeitszeit in der Erwartung ihres Landauers und hielt mich in der Menge versteckt ... Sie war ideal anzusehen im Vorüberfahren und kein Frauenantlitz dem ihren vergleichbar.«

Eugenie galt vielen Besuchern der Weltausstellung als besondere Sehenswürdigkeit, vornehmlich am Eröffnungstag, als in dem nicht rechtzeitig fertiggestellten Hauptgebäude die meisten Stände noch mit grauen Tüchern verhängt waren. Wenige Wochen später, als alle Exponate zur Stelle waren, wurde demonstriert, daß das Frankreich Napoleons III. an der Spitze des Fortschritts gesetzten Planzielen entgegenzog.

Französische Erfinder hatten ihren Beitrag geliefert: Michaux das Velociped, Lenoir die Gaskraftmaschine, Monier den Zementeisenbau, und schon hatte Eiffel, der zur Errichtung der Galerie des Machines herangezogen worden war, mit der Entwicklung von Eisenkonstruktionen begonnen, die in dem zur Weltausstellung 1889 hochgezogenen Eiffelturm gipfelten. Die Kaiserin interessierte sich für Experimente des Chemikers und Bakteriologen Pasteur, der Kaiser finanzierte Forschungen des Chemikers Sainte-Claire Deville.

»Der Dampf, der Telegraph sind die Instrumente der Herrschaft geworden«, konstatierte der Oppositionspolitiker Léon Gambetta. Napoleon III. stellte sie in seine Dienste, spannte Naturwissenschaft, Technik und Industrie vor seinen Kaiserwagen und führte auf der Weltausstellung vor, wie weit er damit schon gekommen war und wie weit er dadurch noch zu kommen hoffte.

Erzeugnisse französischer Industrieunternehmen wurden bestaunt, so Lokomotiven von Schneider-Creusot, Frankreichs größter Eisen-, Stahl- und Maschinenfabrik, oder Gegenstände aus einem neuen Metall, dem Aluminium; aus dem »Silber aus Lehm« ließ sich der Kaiser ein Tafelgeschirr anfertigen. Zulauf fanden nach wie vor Luxusprodukte: Spiegel von Saint-Gobain, Porzellan aus Sèvres und Bestecke aus Christofles Neusilber. Für die Minderbemittelten gab es Leuchter aus Zinkguß und Tapeten um fünfzehn Centimes die Rolle zu sehen. Napoleon legte besonderen Wert auf ein von ihm entworfenes Musterhaus für Arbeiter und die Sonderausstellung »Geschichte des Arbeiterwesens«; er wollte demonstrieren, daß im Zweiten Kaiserreich das Fußvolk der Industrialisierung nicht vergessen war.

Seite an Seite mit der Industrie stand die Kunst, »weiße Statuen erhoben sich neben schwarzen Maschinen«, bemerkte der Dichter Théophile Gautier, der sich auch als Maler versucht hatte und in der Galerie der Schönen Künste mit dem Porträt einer Tochter, »Melancholie« genannt, vertreten war.

Vor allem waren Werke von Künstlern zu sehen, die das Second Empire repräsentierten: Büsten der Hofgesellschaft von Jean Baptiste Carpeaux, das Ikonenbild »1814« von Ernest Meissonier und Gemälde von Alexandre Cabanel, der, wie ein Kritiker schrieb, »die Stabilität, das süße Leben und den Wohlstand des Empire« darzustellen verstand. Die immer noch tonangebenden Akademiker hatten auch Théodore Rousseau und Camille Corot zugelassen, aber nicht Gustave Courbet, den Avantgardisten des Realismus, und Édouard Manet, den Vorläufer des Impressionismus, die in eigenen Pavillons in der Stadt ausstellten.

Napoleon III. hatte zugesagt, Paris größer und schöner zu machen, und die elf Millionen Besucher der Exposition universelle konnten feststellen, daß er dieses Versprechen gehalten hatte. Die vom Kaiser gewünschte und von seinem Präfekten Georges Eugène Haussmann verwirklichte Umgestaltung und Modernisierung der Hauptstadt galt als das beeindruckendste Exponat der Weltausstellung und blieb ein imponierendes Denkmal des Zweiten Kaiserreiches.

Nicht allein das Bedürfnis Napoleons, das Prestige von Empereur und Empire zu befestigen, war der Beweggrund der »Transformation« von Paris. Für die von 1 055 000 (1851) auf 1 825 000 (1866) angestiegene Bevölkerung war Lebensraum und Lebensqualität zu schaffen. Die 1861 erfolgte Erweiterung des Stadtgebietes von zwölf auf zwanzig Arrondissements mußte städtebaulich verkraftet werden. In eine schöne, reinliche und gesunde, eine moderne Großstadt sollte die »größte Schmutzstadt der Welt« umgewandelt werden, wie der Zeitgenosse Theodor Mundt bemerkte, der ein weiteres Motiv herausfand: Mit den Häuserballungen des Zentrums sollten die Brutstätten der Revolution beseitigt werden. »Das neue Straßensystem, das in die bisherige Wildnis von Paris Licht, Luft und Offenheit brachte«, sollte »die politischen Leidenschaften des Volkes« in Schranken halten. Napoleon habe

»das Divide et impera auch in der räumlichen Zerteilung der Volksmassen« anzuwenden verstanden.

Haussmann bilanzierte: 117353 Familien wurden, vor allem aus der Innenstadt, in deren Neubauten sich nur noch Betuchte einmieten konnten, hinaus in die Volksquartiere im Osten und Norden umquartiert, weit genug entfernt vom Zentrum der Regierung und der Bourgeoisie. Napoleon, der sich gerne einen »Sozialisten« nannte, war bemüht, nicht zuletzt durch Beschäftigung auf der Riesenbaustelle Paris, Arbeiter in Lohn und Brot zu bringen – nicht ohne Erfolg, wie Mérimée meinte: Der kaiserliche Urbanist mache sich nicht nur das Bürgertum geneigt, sondern auch bei Handwerkern und Arbeitern beliebt.

Bauherr des neuen Paris war der Kaiser, Architekt, Bauführer und Geldbeschaffer der Präfekt, der in siebzehn Jahren, zwischen 1853 und 1870, eine Herkulesarbeit vollbrachte. Haussmann demolierte 15 000 alte und errichtete 24 000 neue Häuser, sorgte für 80 Schulen, mehrere Krankenanstalten und Kasernen, Schlachthöfe und Markthallen, 12 Brücken, 22 Parkanlagen, ein Kanalisationssystem und 165 Kilometer Straßen. Die breitesten und belebtesten waren die neuen Boulevards. Ihre Namen erinnerten an die Siege bei Sebastopol und Magenta oder an Bonaparte wie der Boulevard Prince-Eugène (heute Voltaire) und die Avenue de l'Impératrice (heute Foch).

Kirchenneubauten repräsentierten den napoleonischen Bund von Thron und Altar: Baltards Saint-Augustin, eine Eisenkonstruktion, oder Ballus La Trinité im Stil der Neo-Renaissance. Notre-Dame wurde vom Wildwuchs der sie umgebenden und bedrängenden mittelalterlichen Häuser befreit. Die dem Andenken Ludwigs XVI. und Marie Antoinettes geweihte Sühnekapelle in der Rue d'Anjou wurde restauriert; Eugenie betete für die hingerichtete Königin, aber vermied es, in deren Marmorantlitz, das Schmerz und Schmach ausdrückte, zu oft und zu genau zu blicken. Napoleon III. dachte an

Napoleon I., den er im Invalidendom aus der Jérôme-Kapelle in die Marmorgruft unter der Kuppel umbetten ließ.

Das Kaiserschloß des ersten wurde vom dritten Napoleon erweitert. Die Architekten Visconti und Lefuel vereinigten die Tuilerien und den Louvre zu einem Komplex, der mit einer Fläche von fast 198 000 Quadratmetern dreimal so groß wie der Vatikan nebst Peterskirche war. Mit sechsundachtzig Standbildern berühmter Franzosen und dreiundsechzig Statuengruppen wurden Geschichte wie Gegenwart der Grande Nation an die Fassaden kommandiert. Der Bildhauer Carpeaux schuf die Allegorie: »La France impériale erleuchtet die Welt und beschirmt Wirtschaft und Wissenschaft.«

Als größtes Opernhaus im Erdenrund und als typisches Bauwerk des Zweiten Kaiserreiches entstand die Grand-Opéra. Charles Garnier griff tief in den Fundus der Kunstgeschichte und holte für das Second Empire Angemessenes hervor: Kolossales aus dem antiken Rom und Schwülstiges aus dem Barock. Als ihr der Bauplan vorgelegt wurde, rief Eugenie aus: »Aber das hat doch keinen Stil!« Der Architekt entgegnete: »Pardon, Madame, das ist der Stil Napoleons III.«

Das Kaiserpaar konnte nie die Doppelauffahrt benutzen, den Pavillon d'honneur betreten, in der Hofloge eine Oper des Hofkapellmeisters Auber, des mit der Ehrenlegion dekorierten Rossini oder des in die Akademie der Künste gewählten Gounod beiwohnen. 1861 begonnen, wurde die Grand-Opéra erst 1874, vier Jahre nach dem Sturz des Empereurs, fertiggestellt und blieb als grandioses Abbild des Second Empire, seines Glanzes und seines Flitters stehen.

Spektakuläre »Große Opern«, wie sie im alten Haus an der Rue Le Peletier aufgeführt wurden, entsprachen Pomp und Posen der Kaiserherrschaft. Das Pariser Leben fand Widerhall und zugleich Anreiz in den Operetten von Jacques Offenbach. Nach einer Premiere in den »Bouffes parisiennes« begegnete die Kaiserin dem Komponisten, dessen spritzige Musik sie nicht goutierte und dessen frivole Bühnenhandlungen sie verabscheute, und sah sich bemüßigt, ein paar Worte an ihn zu richten. »Sie sind, wie ich meine, Rheinländer, Monsieur Offenbach?« – »Gewiß, Madame.« – »Nicht wahr, Sie sind in Bonn geboren?« – »O nein, ich kam in Köln zur Welt. Der Komponist, der in Bonn geboren wurde, heißt ... warten Sie, ach ja, er hieß Beethoven.«

Mit Beethoven wollte und konnte Offenbach nicht in einem Atemzug genannt werden, aber er hörte es gern, wenn man ihn als »Mozart der Champs-Elysées« bezeichnete. Indessen zog er dem Florett, mit dem der Klassiker in der »Hochzeit des Figaro« die Haute volée reizte, den Degen vor, mit dem er jene des Second Empire ritzte.

In »Orpheus in der Unterwelt« führte Offenbach Götter vor, die wie Gott in Frankreich lebten und sich wie die Halbgötter benahmen, die das Land regierten: ein Jupiter-Napoleon, der jeder Schürze nachjagte, eine grollende Juno-Eugenie, Hofschranzen, die sich öffentlich der Hofherrschaft anpaßten und heimlich gegen sie aufbegehrten. Im Visier hatten Offenbach und seine Librettisten Halévy, Crémieux und Meilhac den kaiserlichen Libertin, die kaiserliche Matrone und die bürgerliche Gesellschaft, die sich über Einschränkungen der politischen Freiheit mit persönlichen Ausschweifungen hinwegzusetzen, im Wirbel des Cancan hinwegzutanzen suchte. »Man muß sich amüsieren«, animierte in der »Schönen Helena« der Chor, und Jupiter mahnte: »Laßt uns den Schein wahren!«

In der Operette »Die Großherzogin von Gerolstein«, die während der Weltausstellung 1867 im Théâtre des Variétés Furore machte, persiflierten Offenbach und Kompanie das Militär. Der Bühnengeneral Bumm, dessen Bravour in Mißverhältnis zu seiner Begabung stand, schnupfte Pulver statt Tabak. »Diesmal«, erklärte Halévy, »nahmen wir den Krieg aufs Korn, der vor unserer Türe steht.«

Selbst auf der Exposition universelle, die dem Weltfrieden dienen sollte, roch es nach Pulver. Die Franzosen zeigten Chassepotgewehre, die Preußen Zündnadelgewehre und eine Kanone aus Kruppstahl, die 47 454 Kilo wog und Geschosse von einer halben Tonne abfeuern konnte. Im Wettbewerb der Militärmusiken erhielt die Kapelle des ersten preußischen Pionierregiments genauso viele Stimmen wie jene der Pariser Nationalgarde, die Richard Wagners Lohengrinmarsch spielte.

Martialischer Höhepunkt war am 6. Juni 1867 die Truppenparade auf der Pferderennbahn in Longchamp. »Vive l'Empereur!« riefen die 30 000 französischen Soldaten, die an Kaiser und Kaiserin vorbeizogen. 60 000 Mann waren vorgesehen gewesen, aber nur die Hälfte konnte zusammengetrommelt werden. Das Manko wurde in den Augen Eugenies durch genug stattliche Männer in bunten Uniformen ausgeglichen: Gardisten in grünen Röcken, Infanteristen in roten Hosen und Zuaven mit weißen Turbanen. Und erst recht die stolzen Reiter: Husaren und Chasseurs, Dragoner und Lanciers, Kürassiere und Carabiniers!

Der neben ihrem Obersten Kriegsherrn stehende König Wilhelm I. war von der Truppenrevue nicht so beeindruckt, wie es sich der Kaiser der Franzosen vorgestellt hatte. Die Franzosen marschierten nicht so stramm, wie der Hohenzoller es von seinen Preußen gewohnt war. Seinem Generalstabschef Moltke imponierten zwar die Chassepotgewehre, aber nicht die auf Hochglanz geputzten Messingkanonen. Ministerpräsident Bismarck, der seine weiße Kürassieruniform trug und, wie Émile Zola bemerkte, seinen König und Herrn wie eine Dogge bewachte, mochte beim Anblick der Turkos in Pumphosen, der bärtigen Sappeurs in weißen Lederschürzen und der Marketenderinnen, die Branntweinfäßchen wie Bernhardiner umgehängt hatten, an Statisten aus Offenbachs »Großherzogin von Gerolstein« gedacht haben.

Die schlechte Laune des Zaren Alexander II. wurde beim Anblick der Feldzeichen, unter denen 1855 auf der Krim Franzosen über Russen gesiegt hatten, nicht gehoben. Er hatte es Napoleon III. immer noch nicht verziehen, daß er 1863 mit den sich gegen die russische Herrschaft erhebenden Polen sympathisiert hatte. Als der Zar am 5. Juni 1867 den Justizpalast in Paris besichtigte, rief ihm der französische Advokat Floquet »Vive la Pologne!« entgegen. Als er am 6. Juni von Longchamp in die Stadt zurückfuhr, schoß der polnische Emigrant Berezowski auf den in der Kutsche neben Napoleon III. sitzenden Alexander II., traf aber nur das Pferd des Stallmeisters Raimbaud.

»Sire, wir haben gemeinsam im Feuer gestanden, jetzt sind wir Waffenbrüder«, sagte der Empereur zum Zaren, der dem Kaiser der Franzosen die kalte Schulter zeigte und sich mehr denn je dem König von Preußen zuwandte, dazu entschlossen, diesem, wie im Krieg gegen Österreich, in einem künftigen Konflikt mit Frankreich den Rücken zu decken. Daran vermochte auch Eugenie nichts zu ändern. Als sie, die später von Longchamp abgefahren war, von dem Attentat erfuhr, eilte sie sogleich in den Elysée-Palast, die Residenz des russischen Gastes, und schloß Alexander in ihre Arme. Der Zar war geschmeichelt, aber nicht so sehr, daß er sich von der Kaiserin hätte umgarnen lassen. Immerhin war er so angetan, daß er Paris nicht auf der Stelle verließ.

Gar nicht erst gekommen war Viktor Emanuel II., dem Napoleon III. zum Königreich Italien verholfen und nun auch noch Venetien verschafft hatte, der aber am liebsten die Hand gebissen hätte, die ihm Rom vorenthielt. Alexander II. blieb noch ein paar Tage. Wilhelm I. genoß die Reichshauptstadt, ohne das Kaiserreich zu goutieren. Königin Viktoria blieb daheim, schickte Kronprinz Edward, der sich im lockeren Paris wohler als im strengen London zu fühlen begann. An gekrönten Häuptern war kein Mangel: Die Könige von Schweden und Portugal, die Königspaare von Belgien und Spanien, der Khedive von Ägypten und der Sultan des Osmanischen Reiches trugen zum gesellschaftlichen Glanz der Weltausstellung bei.

Bayern war mit zwei Königen vertreten. Ludwig II., unter

dem Namen eines Grafen von Berg, war mehr an der französischen Geschichte als an der französischen Gegenwart interessiert, wollte politische Gespräche mit dem Kaiser vermeiden und sich von der Kaiserin nicht blenden lassen. Als er Eugenie dennoch begegnete, soll er, wie erzählt wurde, wie vom Blitz getroffen und unfähig gewesen sein, ein Wort herauszubringen. Sein Großvater, Exkönig Ludwig I., suchte die Nähe der schönen Eugenie und versuchte sich mit ihr auf Spanisch zu unterhalten. »Ich liebe Spanien und seine Sprache, und die Spanierinnen habe ich immer bewundert«, sagte der einundachtzigjährige Schwerenöter und dachte an Lola Montez: »Von den Spanierinnen, da kann ich was erzählen! Eine hat mich meine Krone gekostet.«

Schließlich erschien noch der Eugenie hochwillkommene Kaiser Franz Joseph von Österreich. Sie empfing ihn im Elysée-Palast und küßte ihn auf beide Wangen. Am liebsten wäre sie mit dem Gegner von 1859 und dem Geschlagenen von 1866 Arm in Arm den Preußen entgegengetreten, um »Rache für Sadowa« zu nehmen. Der Habsburger, dem die militärische Niederlage in den Knochen steckte und der die ihm danach aufgezwungene Reichsteilung zwischen Österreich und Ungarn noch nicht verkraftet hatte, sprach jedoch nur vom zusammen Marschieren auf der Straße der Zivilisation.

Napoleon hatte einen französischen Beitrag zur Exposition universelle vor Augen: die Statue einer über einen ruhenden Löwen geneigten Frauengestalt, in der er keine Amazone, sondern den Friedensengel sah und gesehen haben wollte. Während der Weltausstellung, die er dem Weltfortschritt und dem Weltfrieden gewidmet hatte, fühlte er sich inmitten der Kaiser und Könige, die in seine zu einer Weltmetropole gewordene Reichshauptstadt gekommen waren, als Erster unter Gleichen, noch einmal, zum letztenmal, als Primus der Monarchen.

Die Fête impériale war zur Fête universelle geworden. Ein Höhepunkt war das nächtliche Fest in den Tuilerien, auf dem der Kaiser der Franzosen von allen geehrt und die Kaiserin der

Franzosen von jedem bewundert wurde. Vor dem erleuchteten Schloß drängten sich Franzosen und Fremde, die sich an der heller denn je strahlenden Sonne des Second Empire ergötzten. War es Wirklichkeit oder nur ein Traum? Auf einer Soirée in der österreichischen Botschaft, bei der Eugenie in einem Überwurf aus blauem Tüll erschien und Johann Strauß seinen Walzer »An der schönen blauen Donau« erklingen ließ, verschwand um Mitternacht plötzlich eine Zwischenwand des Saales und gab den Blick frei auf einen aus Seide und Gaze errichteten Märchenpalast à la Tausendundeine Nacht.

Auch Eugenie war hingerissen, aber sie mußte dennoch an den Morgen nach der Soirée und die Tage und Jahre nach der Fête der Exposition universelle denken. Zu dieser hatte sie einen eigenen Beitrag geliefert: im Petit Trianon eine Ausstellung von 144 Erinnerungsstücken an Marie Antoinette. Mehr und mehr bedrückte die zur Französin gewordene Spanierin die Vorstellung, ihr könnte es wie der Französin gewordenen Österreicherin ergehen.

Besorgt betrachtete Eugenie die Wolken, die bereits am Sommerhimmel über der Weltausstellung aufgezogen waren. Sie überschatteten am 1. Juli 1867 die Preisverteilung an die Ausgezeichneten der 33 000 Aussteller. Im Palais des Arts et de l'Industrie stand die Kaiserin neben Kaiser und Kronprinz unter einem riesigen, in einer Krone gipfelnden Baldachin. Blickte sie auf die Festversammlung – darunter der Sultan der Türkei und die Kronprinzen von Großbritannien, Preußen, Italien und der Niederlande – mochte sie von Stolz über die Weltgeltung des Second Empire erfüllt sein. Wenn sie jedoch auf ihren Mann und ihren Sohn schaute, schwante ihr Unheil.

Der neunundfünfzigjährige Napoleon war von Krankheit gezeichnet. Blasenstein, Harnverhaltung, Erweiterung und Vereiterung der Harnleiter und Nierenbecken machten ihm zunehmend zu schaffen; die Schmerzen waren auch durch

Opiumpräparate kaum zu mildern. Loulou, nun elf, hatte die Folgen eines Unfalls noch nicht überstanden. Der an einem Schwebereck zu keck turnende Prinz war zu Boden gestürzt und bewußtlos liegengeblieben. Ein Abszeß an der Hüfte erforderte eine Operation, die zwar – die Mutter lag im Nebenraum betend auf den Knien – gut verlief, aber einen blassen und schwachen, nur langsam Genesenden hinterließ. Er werde nicht lange leben, wurde geraunt, nicht leise genug, als daß Eugenie es nicht vernommen hätte und ihre Sorgen nicht vermehrt worden wären.

Das weiße Festkleid, das sie an diesem 1. Juli 1867 trug, paßte nicht zu ihrer düsteren Seelenstimmung. Eben hatte sie erfahren, daß in Mexiko der Republikaner Juarez den in seine Hände gefallenen Kaiser Maximilian in Queretaro hatte erschießen lassen. Eugenie schlug das Gewissen. Sie war es gewesen, die den Habsburger zur Annahme einer Kaiserkrone gedrängt hatte, die er aus eigener Kraft nicht zu tragen vermochte. Sie hatte es für notwendig erachtet, daß französische Truppen zum Schutze des von mexikanischen Republikanern entschieden bekämpften und von mexikanischen Monarchisten nur halbherzig unterstützten Maximilian entsandt wurden. »Nun adieu, belle Eugénie, wir werden in einem Jahr zurück sein«, sangen 1862 die Soldaten, die in einen Krieg gingen, der sich jahrelang hinziehen sollte. Schließlich standen 35000 Mann im fremden Land; 7000 kamen um.

Eugenie hatte es beklagt, daß Napoleon dem Kaiser von Mexiko seinen Schutz auf Druck der angewachsenen Opposition in Frankreich und der nach Beendigung des Civil War gestärkten nordamerikanischen Union entzog. Im Januar 1866 teilte er Maximilian mit, daß im Herbst dieses Jahres der Abzug der französischen Truppen beginnen und im Frühjahr 1867 beendet sein müsse. Die Impératrice hatte sich damit abzufinden, daß man nicht länger Menschen und Mittel in einen Krieg investieren konnte, der nicht zu gewinnen war und für ihr Land innenpolitische wie außenpolitische Konflikte heraufzubeschwören drohte.

Die Kaiserin der Franzosen hatte sich der Reichsräson zu beugen, doch auf Eugenie lastete die Erinnerung an die Begegnung mit Charlotte, der Gemahlin Maximilians, im August 1866. Die ehrgeizige Frau, die sich an die von ihr so heiß begehrte Krone klammerte, war nach Paris geeilt, um die Franzosen zum Ausharren in Mexiko zu bewegen. In Saint-Cloud redete sie zwei Stunden lang auf Empereur und Impératrice ein, bat, flehte und weinte. Napoleon fiel es schwer, ihr zu sagen, daß er nichts mehr für sie tun könne. Die peinlich berührte Eugenie hüllte sich in Schweigen. Charlotte geriet außer sich, schrie den Kaiser an: Wie hätte sie, die Tochter einer bourbonischen Prinzessin, vergessen können, wer sie sei und wer dieser Bonaparte sei, dem sie vertraut habe! Dann fiel sie in Ohnmacht. Eugenie knüpfte ihr das Korsett auf, griff zu Riechsalz und reichte ihr ein Glas Wasser. Die Gekränkte stieß es zurück, so daß sich sein Inhalt über das Kleid der Samariterin ergoß. »Mörder!«, schrie Charlotte, »laßt mich fort! Weg mit dem Gift!«

Er habe der Gemahlin Maximilians erklärt, schrieb Kaiser Napoleon an Marschall Bazaine nach Mexiko, daß er keinen einzigen Franc und keinen einzigen Mann mehr in ein Faß ohne Boden stecken werde. Die Kaiserin von Mexiko reiste weiter nach Rom, wo ihr der Papst nur sein Gebet offerieren konnte. Die sechsundzwanzigjährige Charlotte wurde wahnsinnig. Die belgische Familie brachte sie in das Wasserschloß Bouchoute bei Brüssel, wo sie, in geistiger Umnachtung, noch bis 1927 lebte und damit Napoleon und auch Eugenie überlebte. Jahr für Jahr war sie im Frühling in einen Kahn im Schloßgarten gestiegen und hatte gesagt: »Heute fahren wir nach Mexiko!«

Kaiser Maximilian, auf verlorenem Posten stehend, hatte sich am 15. Mai 1867 in Queretaro dem Präsidenten Juarez ergeben. Sein Gefängnis wurde das örtliche Kapuzinerkloster, eine Durchgangsstation zur Kapuzinergruft in Wien. Wenn er wieder frei sei, sagte der Fünfunddreißigjährige seinem Sekretär, werde er den »Don Quichote« lesen. Der habsburgische »edle Ritter von der traurigen Gestalt« wurde am 19. Juni 1867 standrechtlich erschossen – als Werkzeug einer ausländischen Intervention und als Usurpator der mexikanischen Souveränität, wie es im Todesurteil hieß.

»Wäre ich nicht gewesen, so lebten die beiden heute noch glücklich auf Schloß Miramar an der Adria«, seufzte Eugenie, legte Trauerkleidung an, betete stundenlang in der Hauskapelle für Maximilian und Charlotte, und als sie nach Tagen wieder in der Öffentlichkeit erschien, fiel auf, daß sie mager und bleich geworden war und den Kopf hängen ließ. Bald jedoch war sie wieder obenauf und bewog ihren Gemahl, dem Bruder des unglücklichen Maximilian, Kaiser Franz Joseph I. von Österreich, und der Mutter, Erzherzogin Sophie, einen Kondolenzbesuch abzustatten.

»Es wird für mich die schmerzlichste Sache der Welt sein, einem Bruder und einer Mutter gegenüberzutreten, zu deren Kummer ich beigetragen habe, indem ich die mexikanische Expedition durchsetzte«, sagte Eugenie dem österreichischen Botschafter Metternich. Doch verlor sie darüber die Politik nicht aus den Augen: Die gemeinsame Trauer, meinte sie, sollte einem gemeinsamen Vorgehen förderlich sein – nicht gegen Mexiko, das unerreichbar blieb, doch gegen Preußen, das bei Königgrätz/Sadowa mit Österreich auch Frankreich besiegt und das habsburgische Kaiserreich aus Deutschland verstoßen hatte und von dem sich das bonapartistische Kaiserreich zunehmend bedrängt fühlte.

Am 18. August 1867 empfingen Kaiser Franz Joseph und Kaiserin Elisabeth den Empereur Napoleon und die Impératrice Eugenie in Salzburg. Erzherzogin Sophie, die Mutter Maximilians, war in Bad Ischl geblieben, da sie den »Mörder ihres Sohnes« nicht sehen wollte. Franz Joseph fiel es nicht leicht, dem »Erzschuft«, der ihn aus Italien verdrängt hatte, die Hand zu geben, aber die gemeinsamen Interessen, die Wien und Paris heute hatten, wogen schwerer als die Differenzen von gestern. Elisabeth schwankte zwischen Unlust – »alles ist mir auf der Welt Pomade« – und der Neugier zu sehen, ob Eugenie wirklich so schön sei, wie man behauptete, und womöglich noch schöner als sie.

Nicht weniger gespannt auf das Zusammentreffen mit ihrer Rivalin in der Schönheitskonkurrenz der Monarchinnen war Eugenie. Die Einundvierzigjährige mußte erkennen, daß die dreißigjährige Sisi, die einen Kopf größer war als sie und sich weniger gravitätisch als graziös bewegte, Vorzüge aufwies, mit denen sie schwerlich mithalten konnte. Daher bemühte sie sich, zum Ausgleich ihre Vorteile hervorzuheben, und nicht ohne Erfolg. Kavalieren gefiel ihr kokett aufgeschürzter Rock, der mehr sehen ließ – die Füße, die Knöchel, den Ansatz der Beine –, als es sich die Kaiserin von Österreich hätte erlauben dürfen. Obschon Eugenie elf Jahre älter als Elisabeth sei, bemerkte Prinz Kraft zu Hohenlohe-Ingelfingen, müsse man sagen, »daß es noch eine schöne Frau sei und daß sie jedenfalls bezaubernd schön gewesen sein müsse. Was aber ihren Zügen einen besonderen Reiz verlieh, war ein Ausdruck von Geist und Sicherheit, den man bei ihrer stets verlegenen Nachbarin vermißte.«

Die Nachbarin wollte sich nicht auf Urteile von Dritten verlassen. Graf Johann Wilczek wurde unabsichtlich Zeuge eines privaten Schönheitswettbewerbs der beiden Damen. Der Kämmerer hatte in Salzburg Wache vor den Gemächern zu halten, in die sich Eugenie und Elisabeth, die nicht gestört werden wollten, zurückgezogen hatten. Als Kaiser Napoleon Einlaß begehrte, meinte der Graf nachfragen zu müssen, ob er ihn eintreten lassen dürfe. »Ich öffnete ganz still die Türe und mußte durch zwei leere Zimmer des Appartements gehen, sogar durch das Schlafzimmer bis zum Toilettenkabinett, dessen Türe halb offen stand. Ihr gegenüber befand sich ein großer Spiegel, und mit dem Rücken gegen die Tür gewendet, hinter welcher ich stand, waren die beiden Kaiserinnen damit beschäftigt, sich mit zwei Zentimetermaßen die schönsten Wadenbeine, die damals wohl in ganz Europa zu finden waren, abzumessen.«

Wie auch das – geheimgehaltene – Ergebnis ausgefallen, sich die Wadenmaße zum Vorteil der einen oder der anderen Konkurrentin unterschieden haben mochten: In ihrem Wesen hatten sie manches und in ihrem Verhalten vieles gemeinsam, und deshalb verstanden sie sich besser, als angenommen wurde. Beide fühlten sich in ihren Hofkäfigen eingesperrt, erinnerten sich wehmütig an unbeschwerte Jugendzeiten, litten unter ihren Ehemännern und Ehepflichten, waren mit der Gegenwart unzufrieden und ängstigten sich vor der Zukunft. Doch sie unterschieden sich in der Art und Weise, wie sie darauf reagierten. Sisi riß so oft wie möglich aus, Eugenie versuchte so weit wie möglich die Geschicke in Ehe und Staat in die Hand zu nehmen, um sich privat zu emanzipieren und politisch die Monarchie nach ihren Vorstellungen zu gestalten und zu erhalten.

In Salzburg kam Eugenie bei ihrem Vorhaben, den Kaiser von Österreich und den Kaiser der Franzosen zu einem gemeinsamen Vorgehen gegen den König von Preußen anzuspornen, keinen Schritt weiter. Franz Joseph I. war es nicht gewohnt, in der Politik auf eine Frau zu hören, nicht willens, ihr eine Einmischung in Regierungsgeschäfte zu gestatten, und überhaupt nicht in der Lage, nach den Rückschlägen von 1866 sich auf gewagte Unternehmen einzulassen. Napoleon III. traf keine Anstalten, den Habsburger zu einem Bündnis gegen den Hohenzollern zu bewegen – einmal, weil er sich dazu aus krankheitsbedingter Schwäche nicht aufraffen konnte, zum anderen, weil er sich immer noch von Bismarck Kompensationen für sein Stillhalten im preußisch-österreichischen Krieg versprach, und nicht zuletzt, weil er für das zeitwidrige Habsburgerreich weder Respekt noch Sympathie hegte.

Jene Franzosen, die am lautesten nach einer »Rache für

Sadowa« schrien, hätten die Bemühungen ihrer Kaiserin um eine antipreußische Allianz gutheißen, ja unterstützen müssen. Aber gerade in diesen Kreisen wurde ihr verübelt, daß sie durch das von ihr betriebene Engagement in Mexiko die französische Wehrkraft geschwächt und als Schildhalterin des autoritären Regimes eine Mobilisierung der gesamten Grande Nation, eine demokratische »Levée en masse« vereitelt hatte. Schon wurde der »Spanierin« vorgeworfen, daß sie wie einst die »Österreicherin« Marie Antoinette keinen Sinn für nationale Anliegen habe und zur Vertretung fremder statt französischer Interessen neige.

»Was sagt das Volk?«, fragte Napoleon den Chef seiner Geheimpolizei, Alphonse Louis Hyrvoix. »Es spricht über die unglückliche Angelegenheit – über Mexiko. Es sagt, es sei alles die Schuld ...« – »Die Schuld von wem?«, wollte der Kaiser wissen und bekam Bescheid: »Zu Zeiten Ludwigs XVI. sagte man, die Österreicherin ist schuld. Heute sagt man: Es ist die Schuld der Spanierin.« Da flog die Tür auf, hinter der Eugenie gelauscht hatte, sie stürzte mit hochrotem Kopf und bebend vor Zorn herein und schrie Hyrvoix an: »Wiederholen Sie, was sie eben gesagt haben!« – »Ich sagte, die Pariser sprechen jetzt von der ›Spanierin‹, wie sie früher von der ›Österreicherin‹ sprachen.« Eugenie zischte: »Die Spanierin, die Spanierin! Ich bin Französin geworden, aber ich werde meinen Feinden zeigen, daß ich, wenn es erforderlich ist, auch noch Spanierin sein kann!«

Ganz leidenschaftliche Spanierin, ließ sie den Worten Taten folgen. Geheimpolizeichef Hyrvoix wurde als Steuereinnehmer in den Jura versetzt. Altbonapartist Persigny, der gegen die »Spanierin« aufgetreten war, erhielt Hofverbot und mußte erfahren, wie richtig seine in einer Denkschrift für Napoleon geäußerte Meinung gewesen war: Die Kaiserin greife ungebührlich und verhängnisvoll in Kompetenzen des Kaisers ein.

Andererseits erhielt die »Spanierin« Zuspruch von Franzosen, die wie sie dem kranken und schwachen Napoleon keine notwendigen Entscheidungen mehr zutrauten und die Kaiserin ermunterten, diese an Stelle des Kaisers zu treffen. Auf keinen Fall dürfte sie den Mut verlieren, sich aus den Regierungsgeschäften zurückziehen. »Gott hat Sie auserwählt, zum Glanz und zum Wohl des Empire beizutragen«, schrieb ihr im November 1867 der Vizeadmiral Jurien de la Gravière. All die politische Erfahrung, die sie erworben habe, müsse sie jetzt zu Frankreichs Nutzen anwenden. Wenn sie dies unterlasse, auch nur vorübergehend resigniere, »so wird die Nachwelt, fürchte ich, Sie für das Versäumnis zur Rechenschaft ziehen«.

Sie fühle sich wie in einer belagerten Festung, seufzte Eugenie; kaum habe sie einen Angriff abgeschlagen, beginne schon ein neuer. Oppositionsblätter, in erster Linie »La Lanterne« und »Le Nain jaune« nahmen die Kaiserin aufs Korn. Pariser sangen Spottlieder auf die »Spanierin«, und in London und Brüssel gedruckte Schmähschriften wurden in Frankreich verbreitet. Ein Pamphlet war »Die Verbrechen der Montijo« überschrieben. »Ich mag diese Schmierfinken noch so sehr verachten, die Ohrfeige fühle ich doch«, gestand Eugenie ein.

Am meisten schmerzte es sie, daß auch der Sohn, um die Mutter zu treffen, geschlagen wurde. Als der Prince impérial die Preise des Concours général, eines allgemeinen Schülerwettbewerbs, verteilte, weigerte sich einer der Gewinner, der Sohn des 1848 von Napoleon besiegten und 1851 verfolgten Republikaners Cavaignac, die Auszeichnung aus den Händen des Sohnes des Empereurs entgegenzunehmen. Als Eugenie davon erfuhr, schloß sie Loulou schluchzend in die Arme und stammelte: »Mein armer Kleiner, jetzt erspart man uns nichts mehr.«

Aber sie kapitulierte nicht, entschloß sich vielmehr, noch entschiedener als bisher allen Angriffen zu widerstehen. Weder ein zweites Mexiko noch ein zweites Sadowa wollte sie erleben. Sie nahm sich vor, sich nicht noch einmal einem imperialen Traum in Übersee hinzugeben, es nicht wie 1866 hinzunehmen, daß der Kaiser keine entschiedene Haltung gegenüber

Preußen einnahm, und es nicht zuzulassen, daß durch eine Lockerung innenpolitischer Bremsen der Kaiserwagen schneller dahinrollte und Gefahr lief, außer Kontrolle zu geraten.

Er brauche keine neuen Kaiserkutschen mehr bauen lassen, man könne die alten aufbrauchen, fand Großstallmeister Fleury. Die wachsende Opposition hoffte, daß dafür nicht mehr viel Zeit und Gelegenheit bleiben würde. Die Kritik wurde nicht nur im republikanischen Lager immer vernehmlicher, was Eugenie nicht verwunderte, sondern auch im bonapartistischen, was sie aufbrachte. In diesem wurde weniger der Kaiser, der alten Kämpfern als sakrosankt galt, als die Kaiserin angegriffen – von Plon-Plon und Persigny, aber auch zunehmend von Abgeordneten der Regierungspartei, die bisher verläßlich gewesen waren. Als das Kaiserpaar im November 1867 vor den wiedereröffneten Kammern erschien, wurde Napoleon mit Achtungsapplaus und Eugenie mit eisigem Schweigen empfangen.

Die Kaiserin sammelte letzte Getreue um sich. Auf Staatsminister Rouher, den hartnäckigen Verteidiger des autoritären Kaiserreiches, konnte sie nach wie vor zählen, und auch auf eine Partei in der Regierungspartei, die »Mamelouks«. Nach ihrem Versammlungsort, dem Cercle de l'Arcade, auch »Arcadiens« genannt, hielten sie das Banner hoch, unter dem sie angetreten und vorangekommen waren, sich aber nun in die Nachhut versetzt sahen. Als letztes Aufgebot des orthodoxen Bonapartismus fochten sie für die Kaiserin und auch für den Kaiser, den sie gegen sich selbst verteidigen zu müssen glaubten.

Denn Napoleon III., den die fortschreitende Krankheit und eine letzte Maîtresse, die dreißigjährige Gräfin Louisa de Mercy-Argenteau, arg zusetzten, fand nicht mehr die Kraft, an seinen zu Machtpositionen geronnenen »Idées Napoléoniennes« festzuhalten. Er gab Émile Ollivier und anderen Reformern nach, die ihm bedeuteten: Der autoritäre Damm könne nicht länger der angestauten Oppositionsflut standhalten. Wenn er nicht brechen, die Monarchie nicht hinweggeschwemmt werden solle, müsse man die Wasser kanalisieren und das Empire liberalisieren.

Die Zeit sei gekommen, die Institutionen des Kaiserreiches fortzuentwickeln, erklärte Napoleon III. am 19. Januar 1867. Dem ersten Schritt, der Gewährung des Interpellationsrechtes für die Kammern, folgten bald weitere. Das Pressegesetz vom 11. Mai 1868 lockerte die Repression der Publikationsorgane, denen jedoch Verfassungsdiskussionen weiterhin untersagt blieben. Das Vereinsgesetz vom 6. Juni 1868 erleichterte Versammlungen, in denen aber nicht über Religion und Politik gesprochen werden durfte. Das war schon etwas, doch für die Altbonapartisten bereits zu viel und für die Republikaner noch zu wenig. Weitere Konzessionen ließen nicht lange auf sich warten, ohne jene zu beruhigen und diese zu befriedigen.

Eine ökonomische Krise leitete Wasser auf die Oppositionsmühle. Produktion und Export gingen zurück, die Bank Crédit mobilier brach zusammen, und die Börsenkurse stürzten ab. Jeder habe Angst, keiner den Mut, sein Geld auch nur auf wenige Monate anzulegen, bemerkte Mérimée. Soziale Konflikte verschärften sich; 1867 streikten 32000, 1869 40600 Arbeiter. Überdies trieb eine schlechte Ernte den Brotpreis in die Höhe. »Tod den Reichen!« stand an Pariser Mauern geschrieben. Eugenie dachte wieder an Marie Antoinette, die von hungernden Frauen aus der Sicherheit von Versailles in die Unsicherheit von Paris geholt worden war.

Auch die Kaiserin und ihre Paladine konnten die sich immer schneller drehenden Flügel der Oppositionsmühle nicht anhalten. Gegen sie anzureiten glich immer mehr einer Donquichoterie, von der sich die Spanierin nicht abhalten ließ. »Gemeinsam mit Rouher«, resümierte Eugenie, »habe ich mit allen meinen Kräften gegen die Wiederauferstehung des Parlamentarismus angekämpft« – ohne Erfolg, weil das Rad nicht mehr zurückzudrehen war.

Eine Liberalisierung des Kaiserreiches mit den von ihr befürchteten inneren Folgen war nicht zu verhindern, und eine hinreichende Verstärkung der Militärmacht, um äußere Gefahren abzuwenden, nicht durchzusetzen. Kriegsminister Adolphe Niel scheiterte mit seinem Vorhaben, die allgemeine Wehrpflicht einzuführen und ein Heer von 884 000 Mann aufzustellen. »Sie wollen Frankreich aus einer Werkstatt zu einer Kaserne machen«, rief ihm Jules Favre zu, und Adolphe Thiers meinte: »Unsere Armee wird genügen, um einen Angreifer aufzuhalten.« Diese Armee bestand 1866 bei 38 Millionen Einwohnern aus 385 000 Aktiven. Im selben Jahr hatte das 20 Millionen zählende Preußen 700 000 Mann aufgeboten. Wenn Frankreich gegen Preußen bestehen wolle, erklärte Marschall Niel, müsse es auf die von Franzosen erfundene »Levée en masse« zurückgreifen und sein Heer nach preußischem Muster organisieren.

Die Kaiserin, die Preußen fürchtete und Frankreich für einen Verteidigungskrieg, womöglich auch für einen Präventivkrieg wappnen wollte, unterstützte den Plan des Kriegsministers. Auf eine Frau wurde in Militärdingen nicht gehört, und ihr Gemahl war nicht imstande, der sich selbst in der Regierung regenden Opposition entgegenzutreten, ihr »seinen Willen aufzuzwingen«, wie sie ihn immer wieder mahnte. Das Wehrgesetz vom 1. Februar 1868 gestattete weiterhin die Stellvertretung, die Möglichkeit des Loskaufens von der Dienstpflicht; immerhin wurde die Heeresstärke auf 750 000 Mann festgesetzt. Die aktive Armee wurde keine Volksarmee, und die Mobilgarde, eine Art Landwehr, blieb eine Sonntagstruppe.

Die militärischen Lorbeeren von Sebastopol und Solferino eigneten sich nicht mehr als Ruhekissen. Auch eine zivilisatorische Leistung, auf die Kaiser und Kaiserin stolz waren, wurde nicht mehr gebührend gewürdigt: die Umgestaltung der Hauptstadt Frankreichs zur Lichterstadt Europas. »In Paris arm zu sein bedeutet doppelt arm zu sein«, bemerkte Émile Zola, der die Schattenseiten der Ville lumière zu beschreiben begann, in oppositionellen Blättern und im Roman »Thérèse

Raquin«, der in einer düsteren Wohnung und Straße in Paris spielte.

Die Kaiserin, schrieb Victor Henri de Rochefort am 3. Oktober 1868 in seiner »Lanterne«, »die, wie es scheint, schon zu Lebzeiten des armen Kaisers die Regentschaft angetreten hat, bezeugte den Wunsch, daß Straßen die Namen von Männern erhalten sollten, die dem Volke edle Beispiele gegeben hätten. Ich bin vollständig derselben Meinung wie die Frau Regentin. Ich wundere mich auch schon lange, daß wir keine Victor-Hugo-Straße und keine Garibaldi-Straße haben.«

Eine Prachtstraße hieß Boulevard Haussmann. Aber der Name des Umgestalters von Paris verlor an Glanz. Auf dunkle Punkte verwies 1868 Jules Ferry in den »Comptes fantastiques d'Haussmann«, auf zwielichtige Finanzierungsmethoden und Enteignungspraktiken. »Osman Pascha«, wie sie ihn nannten, fiel bei seinem den Jungtürken entgegenkommenden Sultan in Ungnade, wurde reif für die Seidene Schnur. Am 5. Januar 1870 entließ Napoleon seinen Préfet de la Seine. Mit ihm trat ein Architekt des Kaiserhauses ab, das einzustürzen drohte.

Ins Wanken gebracht hatten es die Wahlen am 23. und 24. Mai 1869. Von 10 Millionen Wählern stimmten nur noch 4,4 Millionen für die Kandidaten der Regierung und schon 3,3 Millionen für jene der Opposition; 2,3 Millionen enthielten sich. Im Département Seine, im Hauptstadtbezirk, hatte das Regime mit 77 000 gegen 234 000 Stimmen verloren. Dank des Mehrheitswahlrechtes bildete die Regierungspartei immer noch die weitaus stärkste Fraktion. Von ihren 216 Abgeordneten verlangten 136 eine weitere Liberalisierung des autoritären Kaiserreiches.

Übriggeblieben waren 80 »reine Bonapartisten«, die »Mamelouks«, Eugenies mit dem Rücken zur Wand stehende Prätorianer. Ihr treuester Paladin im Ministerium, Eugène Rouher, trat am 13. Juli 1869 zurück, nachdem er am Vortag vor dem Corps législatif eine Botschaft des Kaisers, die dem fordernden Parlament mehr Kompetenzen zusagte, verlesen hatte müssen. Die Kaiserin haderte mit Napoleon, der den »parlamentarischen Staatsstreich« nicht verhindert hatte und sich, von Selbstvorwürfen und Nierenschmerzen gepeinigt, ins Bett legte und im Fieber nach dem starken Mann seines Staatsstreiches von 1851 verlangte, Marschall Saint-Arnaud, der schon fünfzehn Jahre tot war.

Die Kaiserin, die lieber heute als morgen die Regentschaft angetreten hätte, hielt es trotzdem für angebracht, dem alarmierten Publikum den noch lebenden Kaiser vorzuführen. Sie ließ ihn in einem Fauteuil in den Conseil tragen; kaum angekommen, fiel er in Ohnmacht. Am Tage darauf, am 8. September 1869, wurde das »liberale Kaiserreich« verkündet. Der Corps législatif erhielt – gemeinsam mit dem Kaiser – die Gesetzesinitiative und die Befugnis, das Budget in Einzelpositionen zu bewilligen. Die Minister blieben vom Kaiser abhängig, mußten jedoch im Corps législatif Rede und Antwort stehen.

Es war nur eine halbe Sache. Nun war das Kaiserreich nicht mehr ganz autoritär, aber noch lange nicht parlamentarisch, so etwas wie eine konstitutionelle Monarchie, von der sich die einen erhofften, daß »Konstitution« das Hauptwort, und die anderen befürchteten, daß »Monarchie« ein Beiwort werden würde. Dessen Streichung sah Eugenie voraus, und als es beseitigt, Frankreich Republik geworden war, erklärte die Exkaiserin: Sie habe nie und nimmer geglaubt, daß das napoleonische Kaisertum mit der Liberté vereinbart werden könne.

Er könne nicht zwei Gesichter tragen, hatte Napoleon noch vor kurzem gesagt, aber nun mußte er sie aufsetzen. Einen Januskopf schien Émile Ollivier mitzubringen, der sich in der Kunst geübt hatte, zugleich rückwärts auf das »autoritäre Kaiserreich« und vorwärts auf ein »liberales Kaiserreich« zu blicken. Am 2. Januar 1870 visierte er als neuer Regierungschef einen Mittelweg an, der zur Gratwanderung zwischen Autokraten und Demokraten wurde.

Die Mauern des Second Empire stürzten ein; Mérimée vermeinte die Posaunen von Jericho zu vernehmen. Die Fête impériale verklang; der Hof feierte 1869 weder in Fontainebleau noch in Biarritz noch in Compiègne, und in den Tuilerien hatte der Kehraus begonnen. Bei einem zu Ehren der niederländischen Königin Sophie und der russischen Großfürstin Marie gegebenen Ball tanzten nur noch wenige zu den Walzerklängen des Hofkapellmeisters Émile Waldteufel, und beim Souper blieben Tische unbesetzt. »Jedermann hat Angst«, bemerkte Mérimée. »Man hat dasselbe Gefühl wie im letzten Akt von Mozarts ›Don Juan‹, bevor der Komtur erscheint« – der »steinerne Gast«, der ein Ende mit Schrecken bringt.

Neuntes Kapitel

Der Sturz

Ein letzter Triumph war der Kaiserin im Zweiten Kaiserreich vergönnt. Am 17. November 1869 fuhr Eugenie auf dem »Aigle« vor dem »Greif« des Kaisers von Österreich und der »Grille« des Kronprinzen von Preußen in den Suezkanal ein. Die hunderteinundsechzig Kilometer lange Verbindung zwischen dem Mittelmeer und dem Roten Meer, dieses »neueste Wunderwerk unseres Zeitalters«, wie es der Hohenzoller nannte, wurde von der Kaiserin der Franzosen eröffnet.

Die Weihe des nach zehnjähriger Bauzeit vollendeten Werkes vollzog Abbé Bauer, Eugenies Hausgeistlicher. Ihrem Vetter Lesseps, dessen Projekt sie gefördert hatte, schenkte sie ein kleines Silberschiff, das die Frères Fannière in Paris gefertigt hatten. Auf dem Deck standen triumphierende, die Pioniere und Profiteure des Kanals symbolisierende Figuren. Die Ruderer sah man nicht, die Arbeiter, die das Werk mühsam vorangebracht hatten. 20 000 Fellachen hatten sich als Zwangsarbeiter in die Riemen gelegt, und auch die sie ablösenden Kontraktarbeiter, 7 000 Europäer und 7 000 Orientalen, hatten kräftig rudern müssen.

Man brauche viel Mut, ein solches Unternehmen zu wagen, allen zu sagen, in dieser Wüste, »wo alles tot ist, werde ich Leben säen, und die Schiffe der Welt werden durch den Kanal fahren«, würdigte Eugenie die Pionierarbeit ihres Vetters. Die Kaiserin, erklärte der zu Hause bleibende Kaiser, sei besonders geeignet, »die Sympathie Frankreichs einem Werk zu bezeugen, das man der Weitsicht und dem Genie eines Franzosen verdankt«.

Sie nahm auf den »friedlichen ägyptischen Feldzug des Second Empire« zweihundertfünfzig Kleider mit. Prinzessin Mathilde, der sie ihre Garderobe gezeigt hatte, erzählte den Goncourts: Eugenie sei nur daran gelegen, wie sie sich herausputzen könne, um alle Blicke auf sich zu ziehen und »irgendeinem orientalischen Prinzen schöne Augen zu machen«. Die mißgünstige Mathilde übersah, daß es Eugenie bei dieser Reise um mehr ging: Sie wollte politische und häusliche Widrigkeiten hinter sich lassen, Abwechslung und Zerstreuung finden, einen Zipfel des Kaisermantels festhalten, der ihr zu entgleiten drohte.

Mit der Eisenbahn fuhr sie nach Norditalien, besichtigte bei Fackelschein das Schlachtfeld von Magenta, auf dem die Franzosen gesiegt hatten, ging in Venedig, das mit diplomatischer Hilfe Frankreichs italienisch geworden war, an Bord der kaiserlichen Jacht »L'Aigle« und dampfte mit fünfhundert Pferdestärken und einer Höchstgeschwindigkeit von fünfzehn Knoten, fünfzehn Seemeilen pro Stunde, gen Griechenland. »Welch ein Traum, immerzu auf dem Meer umherzufahren«, sagte Eugenie.

Athen war für sie keine Traumstadt. Ruinen waren eben Ruinen, für die Reste edler Einfalt und stiller Größe hatte sie keinen Sinn, und im Gegensatz zu den alten Römern gefielen ihr die alten Griechen nicht, »diese unsympathischen Leute, unerträglichen Schwätzer, die sich unaufhörlich bekämpften, gegeneinander intrigierten und sich als unregierbar erwiesen«.

Märchen aus Tausendundeiner Nacht meinte sie in Konstantinopel zu erleben: Die Kuppeln und Minarette der Moscheen, die sich im Goldenen Horn spiegelten, der üppige Luxus des Beylerbey-Palastes, in dem sie Wohnung nahm, der Sultan Abd ul Aziz, der sich dreimal mit eigener Hand den Bart zurechtgestutzt und sein prächtigstes Gewand angelegt hatte, um der Schönen aus dem Abendland zu gefallen. »Es scheint mir«, sagte sie ihm, »daß ich träume, und ich fürchte mich, aufzuwachen.« Einen Moment lang wurde sie aus dem

Traum gerissen, als der Sultan sie im Serail durch den Harem führte, ihr seine dritte Hauptfrau vorstellte und die Nebenfrauen samt Eunuchen Revue passieren ließ. Die Sultanmutter, wenig erbaut von der von ihrem Sohn am Arm geführten Fremden, versetzte ihr einen Schlag »sur l'estomac«, auf den Magen. Der Sultan besänftigte die Kaiserin mit Geschenken im Wert von 80 000 Goldstücken.

In Kairo wollte der Vizekönig nicht hinter dem Großherrn in Konstantinopel zurückstehen. Die Eröffnungsfeier des Suezkanals ließ sich Ismail Pascha 20 Millionen Francs kosten; allein für die zu diesem Anlaß von Giuseppe Verdi komponierte Oper »Aida« zahlte er 150 000 Francs, die höchste Summe, die je für eine Oper gefordert worden war. Die Uraufführung in Kairo erfolgte erst am 24. Dezember 1871, als Eugenie schon über ein Jahr lang nicht mehr Kaiserin der Franzosen war.

Das Ägypten der Pharaonen, Ort und Zeit der Handlung der Oper »Aida«, bestaunte sie im Herbst 1869. Sie besuchte Memphis, die Pyramiden und die Sphinx, fuhr den Nil hinauf, besichtigte Karnak, Luxor und Abu Simbel. Die alten Ägypter, bemerkte Eugenie, »waren uns darin überlegen, daß sie den Toten den Anschein des Lebens gegeben haben. Der Verfall im Grabe ist so abscheulich.« Schon kurz nach dem Tode werde ein schöner Körper »ein Gegenstand des Entsetzens. Der Gedanke der vollständigen Auflösung ist für mich unfaßbar.« Sie dachte an ihre Schwester und an sich selbst.

Noch wurde ihre Schönheit bewundert, auch vom Vizekönig von Ägypten. »Der Khedive sagt mir Sachen, daß Dir die Haare zu Berg stehen würden«, schrieb Eugenie an Napoleon. Doch das Protokoll erlaubte ihm nicht einmal, ihr die Hand zu küssen. Ismail Pascha erwies ihr anderweitig seine Gunst. Er stellte ihr das Schloß von Gesireh als Residenz zur Verfügung. Als sie ihm eines Abends von den Orangenhainen in Granada vorschwärmte, ließ er über Nacht unter ihren Fenstern Orangenbäume aufstellen, damit sie sich am Morgen daran ergötze.

Als sie zur Eröffnungsfeier des Suezkanals in Port-Said erschien, salutierten ihr Schiffe vieler Nationen. Zur Begrüßung kamen hohe Festteilnehmer an Bord ihres »Aigle«, an der Spitze Kaiser Franz Joseph und Kronprinz Friedrich Wilhelm, der notierte: »Die Kaiserin Eugenie empfing uns mit liebenswürdiger Grazie« und »heiter wie immer, führte sie eine dreiviertelstündige Unterredung mit uns«. Erwähnenswert fand er ihre Garderobe: Das grauseidene kurze Spitzenkleid, »halb dekolletiert, nebst Hütchen auf dem Kopf«, in dem sie – etwas unpassend, wie der Preuße fand – zum Tedeum erschien, oder die Robe in Rot und die »Diamant-Smaragd-Tiara«, die sie beim Ball in Ismailia trug. Als der Kronprinz sich zum »Aigle« begab, um sich von der Kaiserin zu verabschieden, traf er sie »mit einer Marine-Offiziersmütze, nebst blauem Schleier coiffiert, hoch aufgeschürzt und mit hellgelben Lederjambieres« an, »als sie eben im Begriffe stand, ans Ufer zu fahren, um sich die Wüste in der Nähe anzusehen. Sie war heiter und liebenswürdig, und beim Besteigen der Schiffstreppen und Leitern, die eben beschriebene Tracht erwogen, merkwürdig unbefangen.«

Verwunderlich fand es Friedrich Wilhelm, daß man immer und überall von der Impératrice sprach, aber den Empereur mit keinem Wort erwähnte. Wenn Eugenie sich die Zeit nahm, an Frankreich zu denken oder gar dorthin zu schreiben, fielen Wermutstropfen in den ägyptischen Freudenbecher. Er solle auf den Vater aufpassen, ermahnte sie den Sohn; er möge stets darauf achten, »daß die Türen geschlossen seien und man nicht den Schal und den Pelz vergesse«. Sie sorgte sich um die Gesundheit des Gemahls und um das Schicksal des Reiches. »Wenn man andere Völker sieht, so erkennt man um so mehr die Ungerechtigkeit unseres eigenen Volkes. Trotzdem dürfen wir uns nicht entmutigen lassen und müssen den Weg weitergehen, den Du eingeschlagen hast«, schrieb sie dem Kaiser. Sie sei »im Innersten überzeugt, daß unsere wahre Stärke in den konsequent verwirklichten Ideen liegt«. Dachte sie dabei an die »Idées Napoléoniennes«, das Programm des »autoritären Kaiserreiches«, und war sie besorgt, daß der Weg zum »liberalen Kaiserreich«, den Napoleon entgegen ihren Vorhaltungen eingeschlagen hatte, zu weit davon wegführen würde? Jedenfalls meinte sie, daß man nicht zweimal in einer Regierungszeit »einen Staatsstreich machen kann«.

Resignation klang an. »Ein beständig quälender Gedanke könnte das widerstandsfähigste Gehirn zermürben. Ich habe selbst an mir diese Erfahrung gemacht und will die Erinnerung an alles das in meinem Leben, das meine schönen Illusionen getrübt hat, nicht länger behalten. Mein Leben habe ich hinter mir, aber in meinem Sohne lebe ich noch einmal auf, und ich glaube, die wahren Freuden sind die, welche aus seinem Herzen dem meinen zukommen.«

Die schönen blauen Augen Loulous seien »leer und glanzlos« geworden, hätten »jenen unglücklichen Ausdruck angenommen, der von mangelndem Verständnis herrührt«, bemerkte sein Erzieher Augustin Filon, der mit den schulischen Leistungen des Vierzehnjährigen nicht zufrieden war. Gemüt war ihm nicht abzusprechen. Die von Carpeaux angefertigte Marmorstatue, die Loulou mit seinem Hund Nero zeigte und in zahlreichen Kopien in Bronze, Terrakotta und ungebranntem Sèvres-Porzellan verbreitet war, fanden viele Franzosen rührend, vor allem die Kaiserin. Der Kaiser schätzte an seinem Kronprinzen eine Errungenschaft, die Filon weniger guthieß: »Es bereitete ihm das größte Vergnügen, absichtlich und kaltblütig Gefahren herauszufordern.«

Einen solchen Wagemut hatte der Vater längst verloren. Den zweiundsechzigjährigen Napoleon fand Dr. Germain Sée in Saint-Cloud, in Decken gehüllt, in einem zugigen Zimmer vor, das ihm wie die Place de la Concorde im Winter vorkam. Die Diagnose des Spezialisten schreckte die Leibärzte auf: Ein Stein habe zu einer Entzündung der Blase und des Nierenbeckens geführt; im Urin sei Eiter. »Wenn der Kaiser ein gewöhnlicher Kranker wäre, zum Beispiel Nummer Vierzehn in einem Hospital, hätten sie ihn schon längst mit der Sonde untersucht.«

Napoleon war aber kein gewöhnlicher Kranker, vielmehr die wichtigste Person in Frankreich. Die Leibärzte konnten sich nicht zu einer schwierigen Untersuchung und schon gar nicht zu einer gefährlichen Operation entschließen. So blieb an der Spitze des Second Empire ein kranker und immer kränker werdender Mann, der sein Regime nicht mehr energisch verteidigte, zum Nachgeben neigte und Entscheidungen anderen überließ.

Dazu meinte in erster Linie die Kaiserin berufen zu sein, doch nach ihrer Rückkehr aus Ägypten mußte sie erkennen, daß andere ihr diesen Rang streitig machten, vor allem Émile Ollivier, der sich seine liberalen Kreise nicht durch die autoritäre Impératrice stören lassen wollte. Er gedachte, Napoleon, dem Herrscher im Austrag, »ein glückliches Alter zu bereiten« und Eugenie, der Herrscherin ante portas, die Türe nicht zu öffnen.

Ollivier verlangte von ihr, den Sitzungen des Ministeriums fernzubleiben. Vorerst hielt sie sich daran, weil ihr die offizielle Begründung nicht ungelegen kam: Die Kaiserin halte sich den Beratungen fern, »damit ihr nicht Ansichten zugeschrieben würden, die sie nicht hege, und ein Einfluß, den sie nicht auszuüben wünsche«. Natürlich wollte sie auch weiterhin mitreden und mitbestimmen, aber sich im Moment nicht mit dem »liberalen Kaiserreich« identifizieren lassen. Sie blieb auf Distanz zum neuen Kurs, den sie für gefährlich, und zu den neuen Rudergängern, die sie für ungeeignet hielt. »Wir haben nicht ihr Vertrauen«, stellte Ollivier fest.

Die Kaiserin teilte nicht seine Erwartung, das Kaiserreich könne durch eine Liberalisierung einer sicheren Zukunft entgegengeführt werden. Sie befürchtete, es würde sich die Hoffnung des Republikaners Gambetta erfüllen, der den Reformern zurief: »Zwischen der Republik von 1848 und der Republik der Zukunft seid ihr nur eine Brücke, die wir überschreiten werden.«

Schon gingen Linke beim Begräbnis des Journalisten Victor Noir, der von Prinz Pierre Bonaparte, einem Vetter von Napoleon III., erschossen worden war, auf die Straße. »Ich hatte die Schwäche zu glauben, daß ein Bonaparte etwas anderes als ein Mörder sein könne«, schrieb Henri Rochefort in seinem Kampfblatt »La Marseillaise«, für das Noir gearbeitet hatte. »Französisches Volk, findest du nicht, daß es damit endgültig genug ist?« Tausende von Parisern, die dem toten Noir das letzte Geleit gaben, riefen »Nieder mit dem Kaiser!«.

Der Kaiser zähle nicht mehr, fand die Kaiserin, er sei nur noch eine Unterschriftsmaschine und habe schon zu viel unterschrieben, was dem Regime schade und der Opposition nütze, vor allem die Verfassungsrevision: Pressefreiheit, Redefreiheit, Versammlungsfreiheit, erweitertes Wahlrecht, geheime Abstimmung, Verantwortlichkeit der Minister, Kompetenzerweiterung des Senats. Am 8. Mai 1870 wurden die Wähler aufgefordert: »Das französische Volk billigt die liberalen Reformen, welche seit 1860 vom Kaiser unter Mitwirkung der großen Staatskörperschaften in der Verfassung vollzogen worden sind, und genehmigt den Senatskonsult vom 20. April 1870.« Damit sollte, wie es hieß, das bonapartistische Regime »mit Freiheit gekrönt« werden. In der Kammer entgegnete Gambetta: »Nur *eine* Regierungsform paßt zu der Volksabstimmung ... Es ist die Republik.«

Mit Bangen sah Eugenie dem Plebiszit entgegen. Im Wahlkampf zogen die Republikaner alle Register. Die Kaiserin wurde mehr denn je verleumdet, der Kaiser in einer fingierten Gerichtsverhandlung zu lebenslänglicher Zwangsarbeit verurteilt; ein verhafteter Mann gestand, er habe ein Revolverattentat auf Napoleon geplant, im Quartier Père-Lachaise wurden einundzwanzig Bomben entdeckt. Eugenie getraute sich kaum mehr auf die Straße. Die Spuren, die Sorgen in ihr Gesicht gezeichnet hatten, suchte sie mit dick aufgetragener Schminke zu verdecken.

Am Abend des 8. Mai 1870 warteten Kaiserin und Kaiser in den Tuilerien auf das Ergebnis der Volksabstimmung. Die ersten Resultate, aus Paris, waren niederschmetternd. 184 000 Wähler sagten Nein zur Verfassungsrevision und damit zur Bonapartemonarchie und nur 138 000 Ja. Auch in Lyon, Marseille, Bordeaux, Toulouse, Nîmes und Metz triumphierte die Opposition. »Die Pariser waren immer Frondeure«, tröstete sich Napoleon. Loulou, der nicht ins Bett zu bringen war, schimpfte auf die Undankbaren. Eugenie geriet außer sich: Nur noch ein Krieg könne das Kaiserreich retten!

»Beruhige Dich, Eugenie«, meinte Napoleon, der auf seine Anhänger in den ländlichen Gebieten setzte, und nach wenigen Tagen, als das Gesamtergebnis vorlag, sagen konnte: »J'ai mon chiffre.« Von 11 Millionen Stimmberechtigten hatten sich 7 358 000 für ihn und 1 572 000 gegen ihn entschieden. Bezüglich der Armee war er mit seiner »Chiffre« nicht zufrieden: Auch wenn 278 644 Soldaten mit Ja stimmten, so hatten doch 47 757 Nein gesagt.

Alles in allem: Der Kaiser und seine Dynastie waren von Volkes Stimme, die er wieder einmal für Gottes Stimme hielt, bestätigt worden. »Mein Sohn, durch dieses Plebiszit bist Du gesalbt und gekrönt«, sagte Napoleon zu Loulou; »das ›liberale Kaiserreich‹, das bin ich, das bist Du!« Dabei stand er mit dem Rücken zum Glasschrank, in dem Souvenirs aus Sankt-Helena aufbewahrt waren. So wurde Napoleon III. nicht daran erinnert, daß auch Napoleon I., als ihm 1815 das Wasser bis zum Hals gestanden hatte, in das Rettungsboot eines »liberalen Kaiserreiches« stieg, mit dem er kurz darauf unterging.

Eugenie atmete auf, als das Plebiszit nicht so negativ ausgefallen war, wie sie befürchtet hatte. Aber zu viele positive Seiten vermochte sie ihm nicht abzugewinnen. Die Liberalisierung war und blieb für sie eine Sünde wider den heiligen Geist des Bonapartismus, für die das Regime zu büßen haben würde. Sie teilte nicht Gambettas in der ersten Enttäuschung geäußerte Meinung: »Das Empire ist stärker denn je«, stimmte eher Favres Ansicht: »Das ist ein neuer Aufschub« zu, ein nicht allzu langes Hinausschieben des Endes der Monarchie und des Anfangs der Republik.

Am 21. Mai 1870 überreichten der Staatsrat, Senat und Corps législatif im Louvre dem auf zwei gleichen Thronen sitzenden Kaiserpaar offiziell das Resultat der Volksabstimmung. Eugenie trug über einem weißseidenen Kleid einen Umhang von gelber Seide mit weißen Spitzen und langer Schleppe, und ein »Fichu Marie Antoinette« genanntes Schultertuch. »Wir müssen der Zukunft furchtlos ins Auge blicken«, erklärte der Kaiser, aber die Kaiserin hätte davor am liebsten die Augen geschlossen.

Die Ohren klangen ihr von dem, was über Kaiser und Reich geredet und gesungen wurde. Der Dichter Victorien Sardou und der Komponist Jacques Offenbach arbeiteten an einer »Opéra-Bouffe-Féerie« mit dem Titel »Le Roi Carotte«: Der Züge Napoleons tragende König Fridolin, der seine Herrschaft durch Annäherung an die Linken zu verlängern sucht, wird von deren Führer Carotte entthront, der sich die Krone aufsetzt und das Land vollends ruiniert. Im Théâtre des Variétés wurde die von Offenbach und seinen Librettisten Meilhac und Halévy geschaffene Buffo-Oper »Les Brigands« aufgeführt. Darin wurden die Kapitalisten, die nach wie vor das System finanzierten und vom Regime profitierten, aufs Korn genommen. »Man muß je nach der Position stehlen, die man in der Gesellschaft einnimmt«, hieß es darin, und je höher man gestiegen sei, um so mehr dürfe man an sich raffen. Carabiniers, die Staatsgewalt vertretend, marschierten auf; durch das ganze Stück zog sich das Lied: »Die Stiefel, sie trappen, sie trappen, sie trappen, sie trappen ...«.

Franzosen, die das hörten, klangen dabei die schweren Schritte französischer Polizeistiefel und zunehmend jene preußischer Soldatenstiefel in den Ohren. »Wohin ziehen diese in ihrer teutonischen Wildheit?«, fragte sich Charles Hugo, der Sohn Victor Hugos, und fand die Antwort: »Sie ziehen in den Krieg« – gegen Frankreich. Das befürchtete auch die Kaiserin der Franzosen.

Preußen sei aus einer Kanonenkugel ausgebrütet, hatte Napoleon I. gesagt, eine Äußerung, die Napoleon III., von Bismarck abgelenkt, vergessen zu haben schien. Eugenie hatte von Madame Carette gehört: Ein preußischer General, Leonhard von Blumenthal, sei bei einer Jagd in England vom Gastgeber, Lord Albermale, gebeten worden, einmal einer Truppenrevue in Berlin beiwohnen zu dürfen. Er brauche sich nicht so weit zu bemühen, sei ihm bedeutet worden. »Wir werden bald eine große Parade für Sie auf dem Champ-de-Mars in Paris abhalten.« Die Preußen, wußte die aus Berlin zurückgekommene Madame de Pourtalès zu erzählen, wollten Frankreich das Elsaß wegnehmen.

Für einen Staatschef, ob nun Monarch oder Präsident, gebe es nichts Schlimmeres, »als ein Staatsgebiet weiterzugeben, das kleiner geworden ist, seit er es übernahm«, meinte Eugenie. Sie gedachte ihrem Sohn ein ungeschmälertes Erbe zu hinterlassen, doch sie befürchtete, daß Preußen den bei Sadowa begonnenen Siegeszug fortsetzen, Deutschland unter seiner Führung zu einem Militär- und Machtstaat zusammenschmieden und Frankreich erniedrigen, wenn nicht gar unterdrücken würde.

Preußen war der Alp der Kaiserin und vieler Franzosen geworden. Anatol Prévost-Paradol, ein liberaler Publizist, der in Berlin die Soldaten marschieren gesehen hatte, hielt, wie er in seinem 1868 erschienenen Buch »La France nouvelle« schrieb, einen Krieg zwischen Preußen und Frankreich für unvermeidlich. Die beiden Rivalen würden wie Lokomotiven aufeinander zu rasen, und die französische, die nicht mehr genug Dampf habe, würde beim Zusammenprall aus dem Gleis geworfen werden. Auch der liberale Politiker Adolphe

Thiers warnte vor dem auf Aggression und Expansion angelegten Preußen und empfahl ein Verteidigungsbündnis mit England, dem sich – wie er hoffte – Belgien, die Niederlande und Dänemark anschließen und Österreich und Italien nicht fernhalten würden. Eine Defensivallianz könnte entstehen, die Preußen von einem Angriff abzuhalten vermöchte.

Aber Frankreich war und blieb allein auf europäischer Flur. Das Verhältnis zwischen England und Frankreich hatte sich längst abgekühlt und war auch durch Interventionen Eugenies bei der ihr wohlwollenden Viktoria nicht zu erwärmen. Bereits im Juli 1867 war die Kaiserin bei der in Osborne auf der Insel Wight weilenden Königin erschienen. Die Queen erneuerte die persönliche Entente, blieb aber politisch auf Distanz. »Niemand hätte anmutiger und liebenswürdiger sein können als die Kaiserin«, notierte Viktoria. »Ich benützte die Gelegenheit, um dringend zum Frieden zwischen Frankreich und Preußen zu raten.« Auch ein weiterer Besuch der Kaiserin in Osborne, im August 1869, brachte nur Übereinstimmung darin, daß beide – wie die Königin feststellte – die Erhaltung des Friedens wünschten.

Von Österreich, dem direkten Sadowa-Geschädigten, hatte Frankreich, der indirekte Sadowa-Geschädigte, keine Unterstützung bei einer Auseinandersetzung mit Preußen zu erwarten. Das war dem Kaiserpaar schon 1867 bei seinem Besuch in Salzburg bedeutet worden. Eugenie versuchte vergebens, mit Hilfe des Botschafters Richard Metternich und ihrer Freundin Pauline Metternich die österreichische Karte als Trumpf gegen Preußen ins Spiel zu bringen. Von Erzherzog Albrecht, dem Generalinspektor der k. u. k. Armee, der im März 1870 nach Paris kam, versprach sich Napoleon mehr, als dieser versprechen durfte. Sein Generaladjutant Lebrun, den er im Mai 1870 nach Wien schickte, kehrte lediglich mit der Andeutung einer wohlwollenden Neutralität Österreichs im Falle eines Konflikts zwischen Frankreich und Preußen nach Paris zurück.

Franz Joseph hatte an das österreichfeindliche und preußenfreundliche Rußland zu denken, das sich bereithielt, dem Habsburger in den Rücken zu fallen, falls dieser mit dem Bonaparte gegen den Hohenzollern marschierte. Zar Alexander II. verwand es nicht, daß 1867, während der Weltausstellung in Paris, ein Pole auf ihn geschossen hatte und dieser Berezowski von einem französischen Gericht, das ihm mildernde Umstände zubilligte, nicht zum Tode, lediglich zu Zwangsarbeit verurteilt worden war.

Mit Italien war nicht zu rechnen. Napoleon III. hatte keine Waffenhilfe von einem Volk zu erwarten, dem er Rom immer noch vorenthielt. Eugenie, die entschiedenste Verteidigerin des Kirchenstaates, war in Italien unbeliebt und bekam dies 1869 zu spüren, als sie auf der Reise in den Orient in Venedig Station machte. König Viktor Emanuel II. hatte zwar der protokollarischen Pflicht zu genügen und die Kaiserin der Franzosen zu begrüßen, aber die – auf Gegenseitigkeit beruhende – persönliche wie politische Antipathie war nicht zu verhehlen gewesen.

Jeder Franzose sehe mit Besorgnis das Auftreten zweier neuer Akteure auf der europäischen Bühne: Preußen als Beherrscher Deutschlands und Italien als Verbündeter Preußens, hatte der Publizist Anatole Prévost-Paradol 1866 geschrieben und 1868 hinzugefügt: Frankreich, dessen »großes Herz« immer schwächer schlage, werden gegen Preußen den kürzeren ziehen. Zum Gesandten in Washington ernannt, wurde Prévost-Paradol am 26. Juni 1870 von der Kaiserin empfangen. Dem Besucher imponierte ihre Sachkenntnis über Amerika und ihre Haltung gegenüber Preußen: Dessen Anmaßung dürfe nicht länger hingenommen werden, wenn Frankreich nicht Gefahr laufen solle, seinen Rang in der Welt zu verlieren; denn wenn er verlorenginge, müsse das Empire zugrunde gehen.

Eine Woche danach sah sich die Kaiserin der Franzosen aufs neue mit einer Zumutung konfrontiert. In der Nacht vom 2. auf den 3. Juli 1870 telegraphierte der französische Botschafter Henry Mercier de Lostende aus Madrid: Spanien habe dem

Prinzen Leopold von Hohenzollern-Sigmaringen seine Königskrone angeboten. Der Deutsche habe sie angenommen, meldeten am 3. Juli französische Nachrichtenagenturen, und am nächsten Tag wunderte sich die offiziöse Zeitung »Le Constitutionnel«, daß die Spanier das Zepter Karls V. einem preußischen Prinzen übergeben wollten. Am 5. Juli erklärte das Oppositionsorgan »Le Siècle«: Ein kaiserliches Frankreich, das von Preußen und seinem spanischen Satelliten eingekreist wäre, würde so bedroht sein wie damals, als das königliche Frankreich von Habsburg umklammert gewesen war. Das bonapartistische Blatt »Le Gaulois« meinte: Wenn wir diesen Affront hinnähmen, würde sich auf der ganzen Welt keine einzige Frau mehr finden, die ihre Hand einem Franzosen reichen würde.

Nüchtern betrachtet, schien die spanische Thronkandidatur eines Hohenzollern nicht so heiß gekocht zu sein, als daß sich Franzosen daran den Mund verbrennen müßten. Erbprinz Leopold aus der schwäbischen, katholischen Linie der Hohenzollern war mit einer Infantin von Portugal verheiratet und mit den französischen Beauharnais und Murat verwandt. Die Geschichte bot Beispiele, daß ausländische Prinzen, auf den Thron einer anderen Nation gesetzt, deren Interessen und nicht jene ihres Heimatlandes vertraten. Dies aber trauten die meisten Franzosen, Anhänger der Regierung wie der Opposition, dem Hohenzollern nicht zu. »Alles, was sie seit 1866 hinuntergeschluckt haben, kommt jetzt heraus«, bemerkte Alfred von Waldersee, der preußische Militärattaché in Paris.

»Preußen, das neunzehn Millionen Einwohner zählte, steht jetzt an der Spitze von vierzig Millionen«, erklärte der Liberale Thiers, »und glauben Sie nicht, daß Graf Bismarck sehr stark sein muß, um eine tapfere, kriegerische und ehrgeizige Nation im Zaum zu halten?« Wollte er dies überhaupt, gedachte er nicht die geballte deutsche Macht gegen Frankreich einzusetzen, wenn dieses sich der Ausdehnung des Norddeutschen Bundes auf Süddeutschland widersetzen sollte? Dies wurde Bismarck zugetraut – von Napoleon, den der geschickte Diplomat

1866 wie 1867 hereingelegt hatte, und von Eugenie, die dem Hünen in den Kürassierstiefeln von Anfang an mißtraut hatte.

Sie ahnten Schlimmeres, wußten aber nicht, was Otto von Bismarck bereits 1868 dem Deutsch-Amerikaner Carl Schurz gesagt hatte: Er glaube nicht, daß Napoleon persönlich einen Krieg mit Preußen herbeiwünsche, »ich glaube sogar, er würde ihn lieber vermeiden, aber seine unsichere Lage wird ihn dazu treiben. Nach meiner Berechnung wird diese Krisis in etwa zwei Jahren eintreten, wir müssen natürlich darauf vorbereitet sein, und wir sind es auch. Wir werden siegen, und das Ergebnis wird gerade das Gegenteil von dem sein, was Napoleon anstrebt, nämlich die vollständige Einigung Deutschlands außerhalb Österreichs und wahrscheinlich auch der Sturz Napoleons.« Der Reichskanzler in spe benützte die von ihm geförderte spanische Thronkandidatur als Instrument, um die erwartete Reaktion der Franzosen herbeizuführen; er habe es, bemerkte sein Mitarbeiter Friedrich von Holstein, in die Hand genommen, »so wie wenn jemand mit brennendem Schwefelholz über einen Gashahn fährt, um zu sehen, ob derselbe auf oder zu ist«.

Am Nachmittag des 5. Juli 1870 erschienen in Saint-Cloud die Minister, um die Interpellation eines Abgeordneten des linken Zentrums, Louis Adolphe Cochery, zu beraten: »Wir wünschen die Regierung wegen der Nominierung eines Prinzen der königlichen Familie von Preußen für den spanischen Thron zu befragen.« Unter Vorsitz des kranken, auf Moll gestimmten Kaisers wurde eine in gemäßigtem Ton gehaltene Regierungserklärung beschlossen. Dabei blieb es nicht. In einer neuen Konferenz am Vormittag des 6. Juli wurde die Antwort in Dur gesetzt. War der Conseil von den in der Presse und auf der Straße angeschwollenen Emotionen mitgerissen worden? Hatte er sich von Kriegsminister Le Bœuf überreden lassen, daß die Armee keinen Feind, auch Preußen nicht, zu fürchten habe? Hatte die Kaiserin den Kaiser bekniet, der Herausforderung energisch entgegenzutreten, weil – wie sie rückblickend meinte – das Kaiserreich kein zweites Sadowa ausgehalten hätte?

Am Nachmittag des 6. Juli 1870 erklärte der Außenminister Herzog von Gramont vor dem Corps législatif: »Wir glauben nicht, daß die Achtung vor den Rechten eines Nachbarvolkes uns verpflichtet zu dulden, daß eine fremde Macht einen ihrer Prinzen auf den Thron Karls V. setzt und dadurch zu unserem Schaden das gegenwärtige Gleichgewicht der Mächte Europas in Unordnung bringen (stürmischer Beifall) und die Interessen und die Ehre Frankreichs gefährden könnte (neuer Beifallssturm). Dieser Fall wird nicht eintreten; dessen sind wir ganz gewiß. Damit er nicht eintrete, zählen wir zugleich auf die Weisheit des deutschen und auf die Freundschaft des spanischen Volkes. Sollte es anders kommen, so würden wir, stark durch Ihre Unterstützung und durch die der Nation, unsere Pflicht ohne Zaudern und ohne Schwachheit zu erfüllen wissen (langanhaltender Beifall).«

Die Hohenzollern begnügten sich nicht mehr mit der Eroberung Deutschlands, sie wollten Europa beherrschen, und dies sei unerträglich, meinte das Linksblatt »Le Rappel«, und das Rechtsblatt »La Liberté« tönte: »Man muß der Sache ein Ende machen und den Rhein wegnehmen, wenn man ihn braucht, man muß die Gelegenheit benutzen, um auf diplomatischem Wege oder durch den Krieg Preußen für sein Verhalten gegen Dänemark und Österreich zu strafen und dahin zu bringen, daß es in Zukunft nicht mehr zu fürchten ist.«

Eugenie reagierte »en espagnol«, was weniger bedeutete, daß sie um das Schicksal ihres Mutterlandes besorgt gewesen wäre, als daß sie sich für die Sache des französischen Vaterlandes mit spanischem, überschäumendem und überbordendem Temperament einsetzte. Er habe sie zum Krieg bereit gefunden, berichtete Botschafter Metternich am 8. Juli, als die französische Regierung noch dabei war, mit diplomatischen Mitteln die preußische Regierung zu veranlassen, die Thronkandidatur zurückzuziehen und damit einen Konflikt zu vermeiden.

Was aber, wenn Preußen nicht zurückwiche? Diese Frage wurde am 11. Juli in der Teegesellschaft der Kaiserin in Saint-Cloud aufgeworfen. Wenn Preußen nachgäbe, wäre das ein großer diplomatischer Sieg für Frankreich, meinte der in Florenz geborene kaiserliche Stallmeister Fürst Stanislaus Auguste Poniatowski. »Sie sind Italiener«, fuhr ihn Eugenie an. »Sie verstehen nichts von den Angelegenheiten unseres Landes!« Als sie am nächsten Tag, dem 12. Juli, im Billardsaal von Saint-Cloud die Nachricht erhielt, daß der Hohenzollernprinz auf die Thronkandidatur verzichtet habe, rief Eugenie auf Spanisch: »Qué vergüenza!« – »Welche Schmach!« Sie zerknüllte die Depesche und warf sie zu Boden. Im Gegensatz zu Kaiser Napoleon, der aufatmete, war die tonangebende öffentliche Meinung mit der Kaiserin der Auffassung, daß nicht Preußen, sondern Frankreich sich schämen sollte. Ein Ministerium, das sich mit dem Verzicht des Hohenzollern zufrieden gebe, sei »ein Ministerium der Schande«, schrieb der Publizist und Politiker Granier de Cassagnac und meinte, die Schande müsse in einem Krieg mit Blut abgewaschen werden.

Zumindest habe man von Preußen eine Garantieerklärung einzuholen, daß es Frankreich nie mehr mit einer Zumutung wie der spanischen Thronkandidatur konfrontiere, meinte die Kaiserin. Auch als sich diese Forderung als nach hinten losgegangener Schuß erwiesen hatte, blieb die Exkaiserin bei dieser Auffassung: Wie Außenminister Gramont, den sie »mit allen meinen Kräften« unterstützt habe, sei sie überzeugt gewesen: »Wenn wir diese unerläßlichen Bürgschaften nicht erlangen, ist Frankreich erniedrigt, vor ganz Europa lächerlich gemacht; in allen französischen Herzen wird es zu einer Explosion gegen den Kaiser kommen; es wird das Ende des Kaiserreiches sein.«

Am Abend des 12. Juli gab Napoleon dem Drängen Eugenies und Gramonts nach. Die einer Entschuldigung gleichkommende Garantieerklärung sollte jedoch – darauf bestand der Kaiser – nicht schriftlich, sondern mündlich verlangt werden. Kabinettschef Ollivier, von dem Einspruch zu erwarten gewesen wäre, hatte man zu dieser Entscheidung nicht herangezogen. Sie war im kaiserlichen Küchenkabinett zustandegekommen, ganz so, als habe sich – was Eugenie keineswegs bedauerte – das »liberale Kaiserreich« zum »autoritären Kaiserreich« zurückentwickelt.

Der französische Botschafter Vincent Benedetti wurde angewiesen, von dem in Bad Ems weilenden Wilhelm I. die Garantieerklärung einzuholen. Am Vormittag des 13. Juli sprach er deswegen auf der Kurpromenade den Monarchen an, der ihm bedeutete, daß für ihn durch den Verzicht des Sigmaringers die Angelegenheit erledigt sei und er »kein neues unerwartetes Zugeständis« machen könne. Unbefriedigt von dieser Antwort, ersuchte der Botschafter am Nachmittag um eine Audienz. Der König schickte ihm seinen Flügeladjutanten mit dem Bescheid, daß die am Morgen gegebene Antwort sein letztes Wort in dieser Sache gewesen sei.

»Hat man je eine solche Insolenz gesehen?«, fragte Wilhelm I. seine Gemahlin Augusta. Er fand es unerhört, daß ihm, der um des lieben Friedens willen dem Sigmaringer den Verzicht nahegelegt hatte, eine Entschuldigung abverlangt wurde, mehr noch, die Versicherung, »daß er diese Bewerbung nicht von neuem zulassen werde«.

Der König informierte seinen Ministerpräsidenten. Bismarck, am 12. Juli vom Verzicht des Hohenzollernprinzen überrascht, war so ungehalten darüber gewesen, daß ihm durch die mit der Thronkandidatur aufgestellte Rechnung ein Strich gemacht worden war, daß er an Rücktritt dachte. Nun war er wieder obenauf. Noch am 13. Juli stellte er die Vorkommnisse im Kurbad in der »Emser Depesche« in einer Art und Weise dar, die in Deutschland nationale Entrüstung und in Frankreich chauvinistische Reaktionen hervorrufen sollte.

In Berlin wurde die »Wacht am Rhein« gesungen, in Paris die bislang verbotene »Marseillaise« angestimmt: »Allons enfants de la patrie le jour de gloire est arrivé ...« Auf den Boulevards erschollen die Rufe »Zum Rhein! Nach Berlin! Nieder mit Preußen! Es lebe der Krieg!«. Ganz Paris sei auf der Straße, berichtete der Korrespondent der spanischen Zeitung »La Época«; der Forderung nach Krieg werde überall applaudiert. »Das Land ist einmütig dafür, die dem französischen Botschafter durch den König von Preußen zugefügte Beleidigung zu rächen.«

Die öffentliche Meinung sei so erhitzt, konstatierte Gramont, »daß wir nicht wissen, ob wir sie unter Kontrolle halten können«. Die anschwellende Flut würde das Kaisertum verschlingen, wenn es nicht mit ihr dem Krieg entgegenschwämme, meinte die Kaiserin. Der Kaiser versuchte mit diplomatischen Mitteln gegenzusteuern. Am Nachmittag des 14. Juli beschloß der in den Tuilerien unter seinem Vorsitz tagende Ministerrat, die Streitfrage vor einen europäischen Kongreß zu bringen.

Erleichtert fuhr Napoleon nach Saint-Cloud zurück, wo ihm Eugenie entgegentrat. Sie bezweifle, ob diese Entscheidung »der Stimmung in der Kammer und im Lande gerecht wird«, sagte sie und bedeutete ihm: Die Zeit des Verhandelns sei vorbei und die Zeit des Handelns gekommen. Wenn sich der Kaiser nicht an die Spitze der nationalen Bewegung stelle, werde diese über ihn und seinen Sohn hinwegstürmen.

Am späten Abend des 14. Juli fand in Saint-Cloud eine weitere Sitzung des Ministerrats statt, an dem die Kaiserin teilnahm. Napoleon und Ollivier suchten immer noch nach einem friedlichen Ausweg, aber Eugenie war mit Kriegsminister Le Bœuf der Meinung, daß man um den Waffengang nicht mehr herumkomme. Am Morgen des 15. Juli trat der Conseil erneut in Saint-Cloud zusammen. Die Kaiserin war wieder dabei, und der Kaiser, der letztlich die Entscheidung über Krieg und Frieden zu treffen hatte, zeigte sich nun wie auch Ollivier bereit, das Schwert zu ziehen. Vergebens hatte Charles Ignace Plichon, der Minister für öffentliche Arbeiten, dem Empereur zu bedenken gegeben: »Zwischen Ihnen und König Wilhelm ist die Partie nicht gleich. Der König kann mehrere Schlachten verlieren. Für Eure Majestät bedeutet die Niederlage die Revolution.«

Am Nachmittag des 15. Juli 1870 informierte Ollivier den Corps législatif, daß die Reserven einberufen und Maßregeln getroffen seien, »welche durch das Interesse und die Ehre des Landes geboten sind«. Er erklärte: »Wohl ruht auf uns eine starke Verantwortung, aber wir nehmen sie leichten Gemütes auf uns; jawohl, leichten Gemütes, nämlich vertrauend in die Gerechtigkeit unserer Sache und überzeugt, daß dieser Krieg uns aufgezwungen wird.« – »Sie haben ihn provoziert«, rief der Republikaner Arago, und der Liberale Thiers sagte: »Ich bin gewiß, daß Sie eines Tages diese Überstürzung bereuen werden.«

»Wir mußten den Fehdehandschuh aufheben, wir hatten nur noch die Wahl zwischen dem Krieg und der Schande«, meinte die Kaiserin. Sie konnte darauf verweisen, daß diese Auffassung von der Volksvertretung und dem französischen Volk, jedenfalls von dessen Pariser Avantgarde, geteilt zu werden schien. Der Corps législatif billigte einen ersten Kriegskredit von fünfzig Millionen Francs mit zweihundertfünfundvierzig Stimmen (darunter die des Republikaners Gambetta) gegen zehn (darunter die des Republikaners Favre). Noch am 15. Juli tönte ein Extrablatt des »Constitutionnel«: »Preußen beschimpft uns; gehen wir also über den Rhein!« Dieser Ruf wurde von der Menge aufgenommen, die Trikoloren schwenkend durch Paris zog, Arbeiter und Bürger, Blusenmänner und Stutzer des Jockey-Clubs Arm in Arm. Am 16. Juli 1870 erschien der Senat vollzählig in Saint-Cloud, Präsident Rouher verneigte sich vor Kaiser, Kaiserin und Kronprinz und erklärte: »Die Würde Frankreichs ist mißachtet. Eure Majestät zieht das Schwert. Das Vaterland ist mit Ihnen, bebend vor Unwillen und Stolz.«

Die Kaiserin sei angesichts des Krieges um zehn Jahre jünger geworden, bemerkte der österreichische Botschafter Metternich. Seine Gemahlin Pauline, die sie besser zu kennen meinte, schrieb im Rückblick: Es sei nicht wahr, daß Eugenie »verbissen« auf den Krieg hingearbeitet habe. Sie könne versichern, daß Kaiserin wie Kaiser den »brennenden Wunsch empfanden, diese Geißel möge ihnen erspart bleiben«. Aber sie hätten die nicht mehr lenkbare öffentliche Meinung berücksichtigen müssen. Eugenie habe zu ihr gesagt: »Gebe es Gott, daß es nicht zum Krieg kommt, aber ein Friede der Schande wäre ein ebensolches Unglück, und Frankreich wird ihn nicht hinnehmen.«

Eugenie war, wie so oft, zwischen Entschlossenheit und Verzagtheit hin- und hergerissen. »Wir haben alle Möglichkeiten, die man bei einem menschlichen Unternehmen auf seine Seite bringen kann. Es wird gutgehen.« Doch bereits am 19. Juli 1870, als die Kriegserklärung in Berlin übergeben wurde, war von ihr zu hören: »Nie habe ich einem Krieg mit solcher Beklemmung entgegengesehen.«

»Ein großes Volk, welches eine gerechte Sache verteidigt, ist unbesiegbar«, hieß es in der Kriegsproklamation des Kaisers. Ob es stimme, daß er den Oberbefehl über die Armee übernehmen wolle, fragte Prinzessin Mathilde Napoleon III., den sie in Saint-Cloud, blaß und schlaff in einen Sessel versunken, antraf. Auf sein schwaches »Ja« entgegnete sie: »Aber dazu bist Du ja gar nicht imstande. Du kannst nicht mehr zu Pferde steigen. Du kannst nicht einmal das Rütteln eines Wagens ertragen. Was wirst Du am Tage einer Schlacht machen?« Hinfällig, wie er war, vermochte Napoleon beim Spaziergang im Park mit Eugenie und Mathilde nicht mehr Schritt zu halten. »Ist das der Mann, den Sie in den Krieg schicken?«, fragte die Prinzessin die Kaiserin, die antwortete: »Nun denn, der Wein ist gezapft, er muß getrunken werden.« Sie spiele die Heldin, lasse ihren Mann nicht ungern ins Feld rücken, sei voller Genugtuung, daß sie nach 1859 und 1865 zum dritten Mal mit der Regentschaft betraut werde. »Das macht mich trauriger denn je«, resümierte Mathilde, die sich lieber auf die Lippen gebissen hätte, als ein gutes Wort über Eugenie zu äußern.

»Indem wir Unserer vielgeliebten Gemahlin, der Kaiserin, Zeichen Unseres in Sie gesetzten Vertrauens geben wollen, und in dem Vorhaben, Uns an die Spitze der Armee zu stellen, haben wir Uns entschlossen«, dekretierte Napoleon III., »Unserer vielgeliebten Gemahlin, der Kaiserin, den Titel der Regentin zu verleihen, um die Handlungen einer solchen von dem Augenblick an zu vollziehen, in welchem wir Unsere Hauptstadt verlassen haben.«

Am 28. Juli 1870 ging der zweiundsechzigjährige Kaiser an die Front und nahm den vierzehnjährigen Kronprinzen mit. Den Sohn ließ Eugenie schweren Herzens ziehen. Aber, schrieb sie ihrer Mutter, »es gibt Namen, die verpflichten, und der seinige legt ihm eine schwere Bürde auf«. Doña Manuela solle froh sein, daß ihr nur Töchter und kein Sohn gegeben worden seien; den ihren möchte sie am liebsten wie ein Löwin ihr Junges packen und mit ihm in der Wüste verschwinden. »Doch dann sage ich mir, besser ist es, ihn tot als ehrlos zu sehen. Schließlich fühle ich mich durch so viele widersprechende Überlegungen zerrissen, daß ich mich gar nicht mehr traue, darüber nachzudenken.«

Am Tag der Abreise machte sie Loulou ein Kreuzzeichen auf die Stirn und sagte: »Adieu, Louis, tu Deine Pflicht.« »Wir werden sie alle tun«, sagte Napoleon. Der Kaiser in der Uniform eines Divisionsgenerals und der Kronprinz in der eines Unterleutnants stiegen im Schloßbahnhof von Saint-Cloud in den Zug, um sich in das Hauptquartier in Metz zu begeben. Loulou, dem ein militärischer Haarschnitt verpaßt worden war, hatte Haarlocken an Hofdamen verteilt. Nun weinte er – »nicht weil ich Angst habe, sondern weil ich sehe, wie schwer Mama der Abschied fällt«, sagte er seiner Cousine Maria Luisa von Alba. Die Kaiserin, bemerkte Madame Carette, »bewies, obwohl sie tief bewegt war, die Selbstbeherrschung einer Herrscherin«.

Allein im Schloß ließ sie sich gehen und hielt die Tränen nicht mehr zurück. Beim Gebet in der Hauskapelle faßte sie sich wieder und berichtete der Mutter nach Spanien: »Der Kaiser und Louis sind soeben abgereist. Ich bin voll Vertrauen auf ein glückliches Ende.«

Die Genugtuung, als Regentin zu einem guten Ausgang des Krieges beizutragen, wurde beeinträchtigt, als sie das Dekret Napoleons genau las. Die Regentin, hieß es darin, habe gemäß »Unseren Instruktionen und Unseren Befehlen« zu handeln. »Wir verfügen hiermit, daß Unseren Ministern von den genannten Befehlen und Instruktionen Kenntnis gegeben werde und daß auf keinen Fall die Kaiserin sich von dem Inhalte derselben bei der Ausübung der Funktionen als Regentin entfernen könne.« Im Klartext hieß das: Die Regentin solle zwar dem zweimal in der Woche zusammentretenden Ministerrat präsidieren, dürfe aber nichts beschließen und nichts unterschreiben, was den »Befehlen und Instruktionen« des Kaisers zuwiderliefe. Émile Ollivier, der sich von diesem Dekret für sich und seine Minister Entscheidungsspielraum versprach, merkte an: »Die Einschränkungen der Vollmacht der Regentin beruhigten mich; dermaßen begrenzt, war diese Regentschaft, dringende Fälle ausgenommen, eine régence de parade.«

So war es vorgesehen, aber es war kaum anzunehmen, daß sich die Kaiserin daran halten würde, wenn der kaiserliche Kapitän und seine ministeriellen Steuerleute sich als unfähig erweisen sollten, das Kriegsschiff durch stürmische See zu bringen. Zunächst, da es auf gute Fahrt gegangen zu sein schien, hielt sich Eugenie an das Dekret Napoleons und begnügte sich mit einer »régence de parade«.

Die Kaiserin besichtigte die Flotte in Cherbourg und verlas auf dem Flaggschiff die Proklamation des Kaisers: »Das glorreiche Banner, das wir nochmals vor denen entfalten, die uns herausfordern, ist dasselbe, welches die zivilisatorischen Ideen unserer Großen Revolution durch Europa trug.« Vizeadmiral Bouet-Willamez bedankte sich: »Wir sind es gewohnt, unsere Kaiserin bei uns zu haben, wenn es gilt, Gefahren ins Auge zu sehen.« Von der gegnerischen Flotte drohten sie am wenigsten: fünfundvierzig gepanzerten Schiffen der Franzosen hatten die Preußen nur fünf entgegenzusetzen.

Die Regentin hatte weitere Repräsentationspflichten, wie Ordensverleihungen und Wohltätigkeitsveranstaltungen, zu erfüllen. Émile Ollivier blieb bemüht, sie von Regierungsgeschäften fernzuhalten; ihr Sekretär Filon wunderte sich, wie wenig sie vom Ministerium informiert und daß sie noch weniger konsultiert wurde. Zwar schmeichelte ihr der Schriftsteller Octave Feuillet: »In dieser Situation, Madame, verkörpern Sie das Mutterland. Von Ihrer edlen Stirn vermögen wir all die Gefühle abzulesen, von denen Sie bewegt sind, all das, was Sie leiden und hoffen, alle Ihre Schmerzen, Ihren Stolz, Ihre Begeisterung, Ihren Glauben.« Doch mit der Rolle einer Schaustellerin nationaler Empfindungen und Erwartungen wollte sich die Regentin immer weniger abfinden, zumal die Enttäuschungen die Hoffnungen zu überwiegen begannen.

In den Krieg gegen den von Preußen geführten Norddeutschen Bund, der mit den süddeutschen Staaten ganz Deutschland hinter sich scharte, mußte Frankreich ganz allein ziehen. Einem Angreifer, der den Krieg erklärt hatte, wollten die europäischen Mächte nicht moralisch und schon gar nicht militärisch beistehen. England, auf das Eugenie gesetzt hatte, verharrte nach einem vergeblichen Vermittlungsversuch in einer Neutralität, die eher wohlwollend für das angegriffene Deutschland als für das angreifende Frankreich war. Auf die Russen konnte von Anfang an nicht gezählt werden. Die Österreicher, denen Königgrätz noch in den Knochen steckte, hielten sich zurück. Die Italiener hatten noch Rechnungen mit den Franzosen offen und sahen eine günstige Gelegenheit, sie zu begleichen: Napoleon III., der alle Truppen zusammentrommeln mußte, zog seine Soldaten aus Rom ab, das für Viktor Emanuel II. frei wurde.

Die französische Armee sei »erzbereit« zum Krieg, »bis zum letzten Gamaschenknopf« gerüstet, hatte Kriegsminister Le Bœuf dem Kaiser und der Kaiserin versichert. Aber eine Heeresform, wie sie Marschall Niel nach preußischem Vorbild angestrebt hatte, war nicht zustande gekommen. Mobilmachung und Aufmarsch verzögerten sich, es dauerte und dauerte, bis an der Ostgrenze 270 000 Mann den unverzüglich an die Westgrenze geworfenen 384 000 Deutschen gegenüberstanden. Den Franzosen fehlte es an vielem, an Patronen und Proviant, an Pferden und Zelten. »Wozu Zelte?«, hatte Napoleon III. gefragt, der sich einen Augenblick lang wie Napoleon I. gefühlt zu haben schien. »Wir gehen in Länder, wo wir wahrscheinlich Häuser finden werden.« Deshalb waren auch nur Karten des Feindeslandes an die Truppe verteilt worden.

Von einem militärischen Spaziergang sprachen Pariser Boulevardblätter. Ein »Französisch-deutsches Wörterbuch zum Gebrauch der Franzosen in Berlin« wurde verkauft. In der Oper wollte das Publikum Alfred de Mussets Lied hören: »Über deinen Rhein, Deutscher, über den der Vater ging, wird auch das Kind wohl gehen.« Das Lied sei noch nicht einstudiert, entschuldigte sich der Direktor, dem entgegen gerufen wurde: »Ihr braucht mehr Zeit, den ›Rhein‹ einzustudieren, als wir, ihn zu nehmen!« Im fernen Washington prophezeite der französische Gesandte Prévost-Paradol: »Ihr werdet nicht nach Deutschland ziehen, ihr werdet in Frankreich zermalmt werden« – und erschoß sich.

Napoleon III. begann mutlos zu werden. Auf der Bahnfahrt nach Metz machte ihm sein Stein zu schaffen und schreckten ihn Revolutionslieder auf, die Soldaten auf Bahnhöfen sangen. Im Hauptquartier traf er den zum Generalstabschef bestellten Marschall Le Bœuf, der ganz auf Offensive eingestellt war, aber nicht die dazu erforderliche Armee, nicht einmal einen Operationsplan vorweisen konnte. »Nichts ist bereit. Wir haben nicht genügend Truppen. Ich betrachte uns von Anfang an als die Verlierer«, konstatierte der Oberbefehlshaber. In Saint-Cloud brach Eugenie in Tränen aus. Die Herzogin von Malakoff, eine spanische Jugendfreundin, suchte sie beim Diner über die Misere hinwegzutrösten. »Bitte nicht«, sagte die Kaiserin, »ich darf nicht schwach werden«, und wischte sich die Tränen mit der Serviette ab.

Am 2. August erhielt Eugenie ein Telegramm ihre Gemahls: Der Sohn habe soeben in einem Scharmützel bei Saarbrücken »seine Feuertaufe« erhalten. »Wir waren in der ersten Linie, aber die Kugeln und Geschosse fielen zu unseren Füßen nieder. Louis hat eine Kugel aufgehoben, die in seiner Nähe eingeschlagen war.« Der Schreck der Mutter über die Gefahr, der ihr Vierzehnjähriger ausgesetzt gewesen war, wich dem Stolz der Kaiserin, daß sich der künftige Kaiser als echter Bonaparte bewährt hatte. Die Regentin zeigte das Privattelegramm den Ministern, die zum Abendessen nach Saint-Cloud gekommen waren. Ollivier ließ es veröffentlichen. Die Regierungspresse applaudierte, die Oppositionspresse spottete über das »Kind mit der Kugel«.

Im Gefecht vom 2. August waren drei französische Armeekorps gegen drei preußische Bataillone, vier Eskadrons und eine Batterie vorgerückt und hatten den Gegner zur Räumung Saarbrückens veranlaßt. »Unsere Armee hat die Offensive ergriffen, die Grenze überschritten und das preußische Gebiet überschwemmt«, meldete der »Moniteur«. Die Regentin ließ eine Dankmesse lesen und stiftete eine Ewige Lampe, im Glauben und in der Hoffnung, daß die französischen Waffenerfolge nie enden würden.

Doch schon traf sie eine erste Hiobsbotschaft. Die Deutschen marschierten nach Frankreich hinein und siegten am 4. August bei Weißenburg im Elsaß. Es war der Tag des heiligen Dominikus, des Schutzpatrons der spanischen Familie Eugenies. Während der Messe in Saint-Cloud meinte der Priester ein Schluchzen der knieenden Kaiserin vernommen zu haben. Es kam noch schlimmer. Am 6. August wurden die Franzosen zweimal geschlagen, bei Wörth im Elsaß und bei Spichern vor Saarbrücken. Gegen Mittag, als noch gekämpft wurde, ging in Paris das Gerücht um, die Franzosen hätten gesiegt. Die Menge drang in Olliviers Ministerium an der Place Vendôme ein und wollte das, was sie so gerne gehört hätte, bestätigt bekommen. Der Ministerpräsident verlor die Nerven und forderte die Regentin in Saint-Cloud auf, in die unruhig werdende Hauptstadt zu kommen. Sie schickte einen Adjutanten, der mit der Nachricht zurückkam, das Ministerium habe in einem Aufruf die Pariser zur Ruhe ermahnt. »Wozu bin ich eigentlich Regentin?«, sagte Eugenie, die nicht konsultiert worden war.

Kurz nach 22 Uhr traf in Saint-Cloud aus dem Hauptquartier das Telegramm ein, das die doppelte Niederlage bei Wörth und Spichern meldete. »Unsere Truppen«, hieß es darin, »sind in vollem Rückzug. Es darf jetzt nur noch an die Verteidigung der Hauptstadt gedacht werden.« Eugenie, die bereits zu Bett gegangen war, wurde geweckt. Ihr erstes Wort war: »Die Dynastie ist verloren. Wir dürfen nur noch an Frankreich denken.« Sofort machte sie sich auf den Weg nach Paris. Auf der Schloßtreppe kam ihr die Fürstin d'Essling entgegen. »Ach, Madame«, seufzte sie und wurde angeherrscht: »Bitte keine Sentiments. Ich brauche jetzt meinen ganzen Mut.«

In die Tuilerien angekommen, berief sie den Ministerrat ein, der um drei Uhr morgens am 7. August unter ihrem Vorsitz zusammentrat. Ausgerechnet Ollivier, der Matador des »liberalen Kaiserreiches«, plädierte für einen neuen Staatsstreich. Die Kaiserin, die das »autoritäre Kaiserreich« zu erhalten gesucht hatte, war strikt dagegen. Sie stellte sich auch gegen das Ansinnen des Ministerpräsidenten, den Kaiser aus dem Hauptquartier in die Hauptstadt zurückzurufen: Napoleon dürfe nicht »unter dem Schatten der Niederlage« in Paris erscheinen. Vorschläge des Ministeriums, den Belagerungszustand zu verhängen und die Kammern einzuberufen, nahm sie an.

Ihr Intimgegner Ollivier räumte ein, daß die Kaiserin zwar »niedergedrückt von Schmerz, aber couragiert« auftrat. Mit ihren Entscheidungen setzte sie sich über die Beschränkungen des Regentschaftsdekrets hinweg, das ihr auferlegte, nach den »Befehlen und Instruktionen« des Kaisers zu handeln, und ihr eigene Beschlüsse untersagte. Aber Frankreich war in Not und der Kaiser im Feld nicht mehr in der Lage, Entscheidungen zu treffen oder gar durchzusetzen. Von Nierenschmerzen gepeinigt, ließ Napoleon die Regentin wissen: »Wenn noch weitere Unglücksfälle eintreten sollten, so würde der Kaiser dafür nicht mehr die volle Verantwortlichkeit haben.«

Die Kaiserin mußte sie übernehmen, und sie übernahm sie, weil ihr nichts anderes übrig blieb. Die Deutschen marschierten auf Paris, und auf den Boulevards machten die Pariser ihrer Enttäuschung Luft, weniger über den Siegeszug der preußischen Regimenter als über das bonapartistische Regime, das sich als unfähig erwies, den Krieg, den es begonnen hatte, erfolgreich zu führen. Einen solchen Tag wie diesen 7. August 1870, notierte der amerikanische Gesandte Washburne, habe Paris seit den Tagen der Revolution von 1789 nicht gesehen; nur der Regen habe die demonstrierenden Massen einigermaßen abgekühlt.

Die Kaiserin hatte an die Bevölkerung appelliert: »Möge es unter uns nur eine Partei geben, der alle Franzosen angehören! Möge nur ein Banner, das der Nationalehre, uns voranflattern! Treu meiner Pflicht, werdet ihr mich als die Erste finden, wo es gilt, die Fahne Frankreichs zu verteidigen!« Der Erste, Napoleon III., dürfe nur als Sieger nach Paris zurückkehren, und der Kronprinz müsse im Felde ausharren, um sich als Napoleon IV. zu qualifizieren, meinte Eugenie und depeschierte an ihren Gemahl: »Ich wünsche, daß Louis bei der Armee bleibt und daß der Kaiser seine Rückkehr zwar verspricht, aber nicht ausführt.« Die Mutter schrieb dem Sohn: »Liebe Dein Land. Selbst einem undankbaren und ungerechten schuldest Du Dein

Blut, und vergiß das nicht, was auch geschehen mag.« Diese Frau, meinte Prosper Mérimée, »ist wie ein Fels«.

Wie es in ihr aussah, suchte sie nach außen zu verbergen. Sie trank zu viel Kaffee, aß nur noch wenig und schlief kaum mehr, trotz ständiger Einnahme von Chloral. Nach außen gab sie sich, wie es General Trochu vorkam, als »eine Römerin«. War sie nicht darangegangen, dem Empereur Kommandostab wie Herrschaftszepter, die er nicht mehr zu führen verstand, zu entwinden? Hätte sie es nicht vorgezogen, den Prince impérial als ehrenhaft Gefallenen denn als unehrenhaft Davongekommenen zu sehen? Wollte sie nicht Ministerpräsident Ollivier loswerden, der, wie sie meinte, mit der Liberalisierung des Kaiserreiches dessen Ruin eingeleitet hatte?

Letzteres besorgte – ohne ihr unmittelbares Zutun, aber mit ihrer ausgesprochenen Billigung – der Corps législatif, der Sündenböcke suchte und sich an die Personen hielt, die er in die Wüste schicken konnte. Nachdem die Kammer, die bereits am 9. August, und nicht, wie zunächst vorgesehen, am 11., einberufen worden war, dem Ministerium Ollivier das Mißtrauen ausgesprochen hatte, gab dieser die Erklärung ab: Sein Rücktritt sei von der Kaiserin angenommen und Graf von Palikao mit der Bildung eines neuen Kabinetts beauftragt worden.

General Cousin de Montauban, der nach seinem Sieg über die Chinesen im Jahre 1859 zum Grafen von Palikao ernannt worden war, galt als der Wunschkandidat der Kaiserin. Vom neuen Ministerpräsidenten und Kriegsminister erwartete sie, daß er sich mit der gleichen Entschlossenheit, ja Rücksichtslosigkeit, die er in China bewiesen hatte, den immer weiter vorrückenden Deutschen und den zunehmend aufmüpfigen Franzosen entgegenstellte. Zuerst bildete der Vierundsiebzigjährige ein Kabinett, dem mehr Altbonapartisten als Neuliberale angehörten, und stand bereit, das persönliche Regiment, das der Kaiser nicht mehr zu führen verstand, als Paladin der Kaiserin zu übernehmen.

Eugenie verließ Saint-Cloud, dessen schöne Tage zu Ende

gegangen waren; zwei Monat später, am 13. Oktober 1870, wurde das Schloß von französischer Artillerie aus dem von den Deutschen belagerten Paris in Brand geschossen. Die Kaiserin schlug ihr Regierungsquartier in den Tuilerien auf, aus denen sie am 4. September 1870 vor den Republikanern flüchten mußte und die am 26. Mai 1871 von Kommunarden angezündet in Schutt und Asche gelegt wurden. Das konnte sich Eugenie im August 1870 noch nicht vorstellen, aber den Sturz der Dynastie hielt sie schon jetzt für unaufhaltbar.

Eugenie hatte sich, wie Napoleon, von der öffentlichen Meinung, wie sie vor allem auf Pariser Straßen und von Pariser Blättern artikuliert worden war, in den Krieg treiben lassen. Sie befürchtete, daß die öffentliche Meinung, wenn das Kaisertum kein Kriegsglück hätte, dann republikanisch statt monarchisch akzentuiert, den Thron zu Fall bringen würde.

Dennoch gedachte die Kaiserin bis zum bitteren Ende ihre Pflicht zu tun. »Mut denn! Ich sehe den Dingen ruhig entgegen«, schrieb sie den Nichten Alba, und der Mutter: »Wir tun, was wir tun müssen.« Seit dem 7. August präsidierte die Kaiserin zweimal täglich dem Ministerrat. Sie habe es verstanden, bemerkte ein Teilnehmer, gut zuzuhören, zunächst niemanden zu unterbrechen, doch eine ausufernde Diskussion »auf den zur Debatte stehenden Punkt zurückzuführen« und auf ihm zu beharren, bis eine Lösung gefunden worden sei. Das Unglück habe ihren Geist geläutert, »sie war nicht mehr in der Sorge um die Dynastie befangen, die sie für verloren hielt. Sie dachte nur noch an das Land, ihre Worte und Taten waren darauf gerichtet, Frankreich zu retten und, wenn nötig, das Kaisertum so untergehen zu lassen, wie es des Namens Napoleons würdig sei.«

»Ich verteidige nicht den Thron, sondern die Ehre«, erklärte die Kaiserin. »Wenn Frankreich uns nach dem Kriege, wenn kein einziger Preuße mehr auf seinem Boden stehen wird, nicht mehr will, so werde ich alles nur zu gern vergessen.« Noch waren die Preußen im Land, marschierten von Sieg zu Sieg und schon auf Paris. Eugenie, mit Palikao an ihrer Seite, bereitete die Hauptstadt auf eine Belagerung vor, ließ Kunstschätze und Kronjuwelen an sichere Orte bringen, bemühte sich um eine Verstärkung der Streitkräfte, nahm dem Kaiser die Regierungsgewalt aus der Hand und entwand ihm auch die Kommandogewalt als Oberbefehlshaber der Armee.

Die Kaiserin verlangte von Marschall Le Bœuf, der als Kriegsminister so viel versprochen und als Generalstabschef so wenig gehalten hatte, den Rücktritt. Sie verwies darauf, daß sie mit dieser Forderung nicht nur in Übereinstimmung mit dem Ministerium, sondern auch mit dem Parlament handele. Noch sträubte sich Napoleon. »Ich glaube, daß wir so in die Zeiten der Großen Revolution zurückfallen, in denen man auch die Armee durch den Konvent führen lassen wollte.« Doch schon bald wich der angeschlagene Kaiser dem vereinten Druck von Kaiserin, Ministerpräsident und Corps législatif, gab seinen Generalstabschef auf und übertrug – wohl wissend, daß man nicht allein den Diener, sondern vornehmlich den Herrn loswerden wollte – den Oberbefehl an Achille Bazaine. Neben und über diesem Maréchal de France, verkündete Palikao am 13. August in der Kammer, werde es keine militärische Autorität geben. »Wir sind alle beide abgesetzt«, sagte Napoleon zu Le Bœuf.

»Palikao ist jetzt an der Spitze. Das ist wunderbar aufgenommen worden, auch die Nachricht, daß Bazaine nun Oberbefehlshaber wird«, war Napoleon von Eugenie bedeutet worden. Auf Palikao wie auf Bazaine hielt sie große Stücke, obwohl sich der erste in China nicht zuletzt als Plünderer hervorgetan hatte und der zweite aus dem mexikanischen Debakel, das er mitverschuldet hatte, als reicher Mann hervorgegangen war. Der Marschall habe 1870 »allgemein unbedingtes Vertrauen eingeflößt«, sagte sie später, als offenkundig geworden war, daß der Sechzigjährige, der als Troupier begonnen und wenig dazugelernt hatte, weder die strategische Fähigkeit noch die charakterliche Stärke besaß, die in dieser Situation und an dieser Stelle notwendig gewesen wären.

Bazaine gerierte sich à la Napoleon I. als »kleiner Korporal«, gelangte jedoch über die Untertreibung nicht hinaus. Napoleon III., der als Nachfolger des »großen Korsen« zu Übertreibung geneigt hatte, mußte sich eingestehen, daß er sich des Ersten Kaiserreiches unwürdig erwiesen und das Zweite Kaiserreich verspielt hatte. Der 15. August war für den bereits entmachteten Kaiser ein trauriger Napoleonstag. Der Geburtstag des ersten Empereurs war im Second Empire jedes Jahr mit Trikolorenschwenken und Clairongeschmetter begangen worden. Am 101. Geburtstag des Onkels blieb es still in Paris.

Am Tage darauf kam der Neffe aus Metz, wo er nichts mehr zu befehlen hatte, in einem Eisenbahnwaggon dritter Klasse, auf dessen Holzbänke für den von Nierenkoliken Gepeinigten Kissen gelegt worden waren, nach Châlons-sur-Marne in das Lager, in dem seine Truppen auf Kriege und Siege eingeübt worden waren. »Ave Caesar, die dem Tod Geweihten grüßen Dich!«, rief ihm ein Gardekavallerist zu, und Mobilgardisten zogen an seinem Chalet vorüber und brüllten: »Un, deux, trois – merde!«

In das Lager von Châlons hatten sich die Reste der im Elsaß geschlagenen Armee des Marschalls Mac Mahon zurückgezogen. Vom Herzog von Magenta war erwartet worden, daß er seinen in Norditalien errungenen Lorbeeren weitere in Deutschland hinzufügen würde. Der Kaiser hatte den Generalgouverneur von Algerien an die Spitze der sich bei Straßburg sammelnden Armee berufen und ihm ausrichten lassen: »Dieser Krieg wird für den Marschall bloß eine kleine Zerstreuung sein; er kann seine Vorbereitungen mit Aussicht auf eine baldige Rückkehr nach Algier treffen.« Gleich zu Beginn des Krieges war Mac Mahon bei Wörth entscheidend geschlagen worden; die Deutschen erbeuteten seine Bagage, Fasane und Champagner, seidene Damenkleider und galante Bücher – er hatte eben auf keine Zerstreuung verzichten wollen. Nun mußte er den Gürtel enger schnallen und ein letztes Aufgebot zusammentrommeln, immerhin 130 000 Mann, deren Kampfgeist indessen nicht ihrer Zahlenstärke entsprach.

Kaum war Napoleon in Châlons angelangt, wurde er von Prinz Napoléon-Jérôme heimgesucht. Im letzten Moment versuchte Plon-Plon den Thron, wenn schon nicht für den gescheiterten Vetter und schon gar nicht für die verhaßte Eugenie und ihren ungeliebten Sohn, so doch für sich zu erhalten. Folgendes schwebte ihm vor: Die unter Mac Mahon neu gebildete Armee marschiert auf die Hauptstadt, um sie zu verteidigen. Der zum Gouverneur von Paris ernannte General Louis Jules Trochu sorgt für Ordnung und beschränkt die Kompetenzen der sich als Herrscherin aufführenden Regentin, die ihr dann der in die Tuilerien zurückgekehrte Kaiser vollends entzieht.

Diesen Anregungen stimmte der am 17. August in Châlons abgehaltene Kriegsrat im großen und ganzen zu: Trochu, der jede Rolle zu übernehmen bereit war, die sein Geltungsbedürfnis befriedigte und seiner Anpassungsfähigkeit entsprach. Mac Mahon, der sich hinter den Oberbefehlshaber Bazaine in Metz zurückgesetzt sah und sich als Verteidiger von Paris ein Avancement an die Militärspitze versprach. Und Napoleon III., dem nichts anderes mehr übrigblieb, als zu allem Ja und Amen zu sagen.

Noch am 17. August traf Trochu gegen Mitternacht an der Gare de l'Est ein. Während der Bahnfahrt hatte er eine Proklamation aufgesetzt, um seine Ernennung zum Gouverneur von Paris bekanntzumachen und die baldige Ankunft des Kaisers anzukündigen. Der General wurde von der Kaiserin ungnädig empfangen. Sie trug es ihm nach, daß er – nach dem Sturz des Ministeriums Ollivier – die vorgesehene Berufung zum Kriegsminister an die Bedingung geknüpft hatte, alle von der kaiserlichen Regierung seit 1866 gemachten militärischen Fehler anprangern zu dürfen. Es sei unannehmbar, den Feind von inneren Zwistigkeiten profitieren zu lassen, fand die Kaiserin und übertrug dem Ministerpräsidenten Palikao auch das Kriegsministerium. Fortan hielt sie Trochu für einen »gefährlichen Tartüff«, der zwar behaupte, bei einem Angriff auf die Kaiserin sein »Leben auf den Stufen des Thrones zu lassen«, aber – wie Eugenie resümierte – »seinen Haß gegen mich nicht verbarg« und bereits mit den Republikanern handelseins geworden sei.

Angesichts der angewachsenen inneren wie äußeren Gefahren fand sie sich mit der Ernennung des Generals Trochu zum Gouverneur von Paris ab. Indessen widersetzte sie sich, entschiedener und leidenschaftlicher denn je, einer Rückkehr Napoleons in die Hauptstadt. »Stellen Sie sich den Kaiser in den Tuilerien vor, dieser Falle für Herrscher«, sagte sie zu Trochu. »Was würde ihm passieren? Alle seine erbitterten Feinde, die sich gegen ihn zusammengetan haben, würden gegen ihn anstürmen. Zwei Möglichkeiten gibt es: Hielte die Armee zu ihm, bräche der Bürgerkrieg zwischen Militär und Zivilisten aus, ließe ihn die Armee im Stich, drohte die Revolution und ein Blutbad. In jedem Falle hätten nur die Preußen den Nutzen davon.«

Der Kaiser dürfe nicht zurückkehren, und er werde nicht zurückkehren, betonte die Kaiserin. Auch dürfe er es nicht billigen, daß sich die Armee Mac Mahons auf Paris konzentriere. Man würde ihn beschuldigen, der nach den Schlachten von Colombey-Neuilly, Vionville-Mars la Tour und Gravelotte-Saint-Privat nach Metz zurückgeworfenen Armee Bazaines nicht zu Hilfe gekommen zu sein, »weil er nur an das Heil des Thrones und seiner Dynastie gedacht habe«, bilanzierte Eugenie. »Man hätte ihn des Verrates bezichtigt. Die ganze Pariser Bevölkerung hätte sich gegen ihn erhoben. Keinerlei Eskorte hätte ihn schützen können. Sein Wagen wäre nicht bis zum Louvre gekommen. Er wäre nicht lebend in die Tuilerien zurückgekehrt.«

Die Kaiserin wolle den Kaiser nicht zurückhaben, weil sie die als Regentin ergriffene Macht nicht mehr hergeben wolle, behauptete Napoléon-Jérôme. Er verwand es nicht, daß Eugenie und Palikao den Kaiser nicht nach Paris gehen und Mac Mahon nicht auf Paris marschieren ließen, wie er es vorgeschlagen hatte. Plon-Plon verabschiedete sich nach Italien mit dem Auftrag, seinen Schwiegervater Viktor Emanuel II. doch noch zu einem Eingreifen zugunsten Frankreichs zu veranlassen, und in der Absicht, sich rechtzeitig in Sicherheit zu bringen.

Er könne nicht nach Paris gehen; die Kaiserin habe ihm bedeutet, daß seine Stellung dort unhaltbar sei, hatte Napoleon zu Plon-Plon gesagt. »Man jagt mich überall fort. Man will mich nicht bei der Armee und man will mich nicht in der Hauptstadt haben.« Am 18. August telegraphierte er dem Kriegsminister: »Ich füge mich Ihrer Meinung« und beantwortete dessen Telegramm vom 17. August, das lautete: »Die Kaiserin teilt mir das Schreiben mit, in dem der Kaiser meldet, daß er die Armee von Châlons nach Paris zurückführen will. Ich bitte den Kaiser, diese Absicht aufzugeben, deren Ausführung als ein Imstichlassen der Armee von Metz erscheinen würde … Könnte man nicht eine starke Diversion auf die preußischen Korps ausführen, die schon durch mehrere Kämpfe erschöpft sind? Die Kaiserin teilt meine Ansicht.«

Mac Mahon brach am 23. August von Châlons nach Norden auf und suchte die nach Westen vorgerückten Deutschen zu umgehen, den in Metz eingeschlossenen Bazaine freizukämpfen und mit ihm den Krieg in den Rücken des Feindes zu tragen. Wohl war ihm dabei nicht. Der Marschall, der bei Wörth seine Erfahrungen mit den Deutschen gemacht hatte, gab sich nicht wie der Kriegsminister der Hoffnung hin, daß sie durch die vorangegangenen schweren Kämpfe an Beweglichkeit und Schlagkraft eingebüßt hätten. Er behielt recht. Als Generalstabschef Moltke erfuhr, daß Mac Mahon in Richtung Metz marschiere, befahl er der auf Paris vorstoßenden Armee: »Rechts schwenkt, marsch!« und einem Teil der vor Metz stehenden Truppen, nach Westen zu marschieren; sie sollten den heranziehenden Feind gemeinsam abfangen und vereint schlagen.

»Nun denn, so wollen wir uns das Rückgrat brechen lassen«, hatte Mac Mahon beim Aufbruch von Châlons gesagt. Napoleons Rückgrat war bereits gebrochen. Er regierte nicht mehr, er kommandierte nicht mehr. Von Krankheit zermürbt, mit gebrochener Willenskraft und ohne Zuversicht wurde er im Troß der Truppen mitgeführt. Am 27. August trennte er sich in Tourteron von seinem Sohn, der ihn seit Beginn des Feldzuges begleitet hatte, und schickte ihn in Richtung belgische Grenze. »Ich kann um einen toten oder verwundeten Sohn weinen, aber nicht um einen davongelaufenen«, schrieb Eugenie an Charles Duperré, einen Adjutanten des Kronprinzen. Ihrer Mutter, von der sie beschworen worden war, Loulou zu sich zu nehmen, antwortete sie: Es sei für sie sehr hart, ihren Sohn allen möglichen Gefahren ausgesetzt zu sehen, aber sie könne und wolle nichts daran ändern; denn dies sei sein Los. »Unsere Schicksale sind in Gottes Hand.«

Schon waren sie auch in den Händen des äußeren Feindes und der inneren Opposition. Im Louvre, dem Amtssitz des Generalgouverneurs, begann sich eine Gegenregierung zu den Tuilerien zu bilden. Trochu traf sich mit gemäßigten wie radikalen Republikanern, dachte an Regimewechsel und rief zum Durchhalten auf. Im Ministerrat setzte er zur Wiederholung einer Ansprache an, die er vor Nationalgardisten gehalten hatte: »Im Todeskampf müßt ihr die stolze Haltung bewahren, wie sie Männern, Bürgern und Soldaten gleicherweise geziemt.« Eugenie unterbrach ihn: »Mein Gott, General, man stirbt, wie man kann.«

Der Krieg sei schrecklich, schrieb sie ihren Nichten. »In einigen Tagen wird es wahrscheinlich zu einer großen Schlacht kommen.« Sie war nicht erleichtert, als sie vernahm, daß die Deutschen nicht mehr auf die Hauptstadt marschierten. Vielmehr befürchtete sie, daß sie mit vereinten Kräften Mac Mahon stellen und schlagen könnten. Zur Verstärkung der

Armee des Marschalls setzte die Kaiserin am 28. August das Korps des Generals Vinoy von Paris nach Nordosten in Marsch. Es war zu spät. Am 30. August begann die Schlacht, welche die Entscheidung brachte – für Preußen-Deutschland und gegen das Second Empire.

Nachdem die Kampfhandlungen am 2. August 1870 begonnen hatten, wurde Mac Mahon am vorletzten Augusttag bei Beaumont von Metz abgeschnitten und Bazaine am letzten Tag des Monats bei Noisseville in Metz festgehalten. Die Armee Mac Mahons, bei der sich Napoleon befand, zog sich nach Sedan zurück. Die veraltete Festung lag dicht an der belgischen Grenze in einem Talkessel der Maas. »Das ist ein Nachttopf«, bemerkte General Ducrot, »in den man von allen Seiten auf uns scheißen wird.«

»Nun haben wir sie doch in der Mausefalle«, erklärte Moltke am 31. August. 250000 Deutsche umzingelten 130000 Franzosen. Die Armee, die Metz entsetzen sollte, war ebenfalls eingeschlossen. Am 1. September griffen Preußen, Sachsen und Bayern an, drängten den Gegner in die Stadt hinein und begannen sie zu beschießen. Der verwundete Marschall Mac Mahon wurde von General Wimpffen abgelöst. General Galliffet, ein Salonheld der Fête impériale, versuchte als letzter Kriegsheld des Second Empire vergebens, durch eine Kavallerieattacke die Umklammerung zu durchbrechen. Noch im Zurückreiten rief er: »Vive l'Empereur!«

Napoleon III. ritt nach vorne und schien an Napoleon I. zu denken, der bei Waterloo vergeblich den Tod in der Schlacht gesucht hatte. Auch dem Neffen war er nicht beschieden. »Da es mir nicht vergönnt war, an der Spitze meiner Truppen zu sterben, bleibt mir nichts anderes übrig, als meinen Degen in die Hände Eurer Majestät zu legen«, schrieb er noch am 1. September an König Wilhelm I. Als Schattenkaiser konnte er nur seinen eigenen, nicht den Degen Frankreichs übergeben. Die Kapitulation wurde am 2. September 1870 von Wimpffen unterzeichnet. In die Gefangenschaft zogen 39 Generäle, 2 300 Offiziere, über 100 000 Mann – und Napoleon.

Preußische Totenkopfhusaren eskortierten ihn, französische Soldaten fluchten hinter ihm her, und Moltke schaute ihm nach: »Graf Bismarck sah auf der einen Seite der Straße, ich auf der anderen zum Fenster hinaus, der abgedankte Imperator grüßte, und ein Stück Weltgeschichte war abgespielt.« Das Kaiserreich, nicht der Krieg, war zu Ende.

Zehntes Kapitel

Asyl in England

Am 2. September 1870, am Tage der Gefangennahme Napoleons in Sedan, konstatierte Eugenie in Paris: »Seit drei Tagen bin ich ohne Nachrichten vom Kaiser.« Wenn es so weitergehe, werde sie dies um den Verstand bringen. Es werde alles getan, um die Hauptstadt auf die Belagerung vorzubereiten, und, wenn sie nicht zu halten sei, sei man entschlossen, den Krieg anderswo »bis zum äußersten fortzusetzen, solange ein einziger Preuße noch auf französischem Boden steht«.

Am 3. September gegen fünf Uhr nachmittags erhielt sie endlich ein Telegramm, die Hiobsbotschaft aus Sedan: »Großes Unglück, die Armee ist besiegt und gefangen, ich selbst bin Kriegsgefangener.« Kurz darauf sahen ihr Sekretär Filon und Charles Etienne Conti, der Kabinettschef des Kaisers, Eugenie die Treppe herunterkommen. Sie war »bleich, sah schrecklich aus, mit vor Wut flammenden Augen«, und schrie: »Wissen Sie, was behauptet wird? Daß der Kaiser sich ergeben, daß er kapituliert hat! Diese Infamie glauben Sie doch nicht!« Conti stammelte: »Es gibt Situationen, in denen selbst der Tapferste ...« Die Kaiserin fiel ihm ins Wort, und das, was sie aufwühlte, brach, wie Filon berichtete, »in einem Schwall aus ihr heraus«.

Was ihr entfuhr, wollten Filon und Conti nicht veröffentlichen. Maurice Paléologue glaubte es in Erfahrung gebracht zu haben: Die Kaiserin habe »unter dem Eindruck der niederschmetternden Nachricht, nach der Bestürzung und Beklemmung der ersten Minuten ihrem Zorne, ihrem inneren Aufruhr, der Auflehnung gegen alle Erniedrigungen, die sich in ihrer stürmischen Seele seit Wochen angesammelt hatten, freien Lauf gelassen. Mit verzerrten Zügen, wirren Blicken, wie eine Erynie, ganz außer sich, habe sie geschrien: ›Nein, der Kaiser hat nicht kapituliert! Ein Napoleon kapituliert nicht. Er ist tot ... Sie verstehen mich: Ich sage Ihnen, daß er tot ist und man es mir verbergen will!‹ Dann, sich selbst widersprechend: ›Warum hat er nicht den Tod gesucht? Warum hat er sich nicht unter den Mauern Sedans begraben lassen? ... Er hat also nicht die Empfindung gehabt, daß er sich entehrt? Welchen Namen hinterläßt er seinem Sohne! ...‹ Und die Szene endete mit einer Ohnmacht.«

Was sie auch geäußert haben mochte: Sie fing sich rasch, war wieder ganz Regentin, die sich zu beherrschen und ihre Pflicht zu tun hatte. Sie bat den Überbringer der Hiobsbotschaft, Innenminister Julien Henri Chevreau, unverzüglich den Generalgouverneur Trochu hinzuzuziehen, der sich jedoch entschuldigte: Er habe noch nicht zu Abend gegessen. Gegen 18 Uhr berief die Regentin die Minister zu einer Sitzung in die Tuilerien. Nach zweistündiger Beratung wurde eine Proklamation beschlossen: »Dieses schreckliche Unglück erschüttert unseren Mut nicht. Paris ist heute im Verteidigungszustand. Die militärischen Kräfte des Landes organisieren sich. Binnen weniger Tage wird eine neue Armee unter den Mauern von Paris stehen. Eine andere Armee bildet sich an den Ufern der Loire. Euer Patriotismus, Eure Einigkeit, Eure Energie werden das Vaterland retten!«

Erst gegen Mitternacht war diese Proklamation gedruckt und öffentlich bekanntgemacht. Inzwischen hatte sich die Unglücksnachricht in der Stadt herumgesprochen. Die Menge, die über die Boulevards zog, schwoll ständig an, die Rufe »Nieder mit dem Kaiserreich!« und »Hoch die Republik!« wurden immer lauter. Am 4. September, eine Stunde nach Mitternacht, trat der Corps législatif zusammen. Ministerpräsident Palikao bestätigte das Debakel von Sedan, und Jules Favre beantragte im Namen von siebenundzwanzig Abgeordneten der Linken die Absetzung von »Louis Napoleon Bonaparte und seiner Dynastie« sowie die Übernahme der Regierungsgewalt durch eine aus Mitgliedern des Gesetzgebenden Körpers gebildeten Kommission. Die Mehrheit schwieg, nur der ehemalige Minister Pierre Ernest Pinard, dessen fromme Gesinnung wie autoritäre Haltung von der Kaiserin geschätzt wurden, warf ein: »Wir können die Absetzung nicht beschließen.« Nach einer halben Stunde war die Sitzung beendet.

Am Morgen des 4. September 1870 stand Eugenie um 7 Uhr auf, ging zur Messe in ihre Privatkapelle, trank eine Tasse Kaffee und aß ein Stück Brot. Um 8 Uhr 30 trat unter ihrem Vorsitz der Ministerrat zusammen und beschloß die Bildung eines von der Kaiserin präsidierten Regentschaftsrates mit diktatorischen Vollmachten.

Kurz darauf erschienen in den Tuilerien die liberalen Abgeordneten Louis Joseph Buffet und Napoléon Daru und legten der Kaiserin nahe, die vollziehende Gewalt der vom Corps législatif zu wählenden Regierungskommission zu übertragen und als Regentin abzudanken. Eugenie entgegnete, die Deputierten würden sich vernünftig und patriotisch verhalten, »wenn sie sich um meine Regierung scharten, alle inneren Fragen zurückstellten, damit wir gemeinsam alle Anstrengungen auf die Zurückweisung der Invasion konzentrieren könnten«. Sie sei bereit, »dem Corps législatif überallhin zu folgen, um den Kampf fortzusetzen«, und wenn Widerstand unmöglich werde, so sei sie imstande, wenigstens günstigere Friedensbedingungen zu erreichen. Wenn aber der Corps législatif glaube, »daß ich ein Hindernis bin«, und er ihre Absetzung beschließe, »so würde ich mich nicht beklagen. Ich könnte meinen Posten in Ehre verlassen, ich wäre nicht desertiert.« Wenn sie freiwillig abdanke, erspare sie Frankreich eine Revolution unter den Augen des Feindes, insistierte Daru. »Gehen Sie jetzt«, erwiderte die Kaiserin – und noch am selben Tag sollte sie gehen müssen.

Am 4. September 1870, einem Sonntag, wurde um 1 Uhr 20

die Sitzung des Corps législatif eröffnet. Der von Soldaten bewachte Palais Bourbon war von einer Volksmenge belagert, die »Absetzen! Absetzen!« skandierte. Zu Beginn der Debatte protestierte die Linke gegen das militärische Aufgebot. Ministerpräsident Palikao brachte einen von der Kaiserin »für den Kaiser und kraft der ihr von ihm anvertrauten Vollmachten« unterzeichneten Gesetzentwurf ein, der nicht mehr – wie am Morgen in den Tuilerien beschlossen – die Einsetzung eines »Conseil de regence« unter dem Präsidium der Regentin, sondern eines »Conseil de gouvernement« mit Palikao als Generalstatthalter vorsah. Jules Favre forderte Priorität für seinen Antrag auf Absetzung der Dynastie. Adolphe Thiers verlangte ein »Komitee für die Regierung und die nationale Verteidigung« sowie eine verfassungsgebende Versammlung, »sobald die Umstände es gestatten«. Die Abgeordneten zogen sich zur Beratung in ihre Büros zurück.

Doch traf nicht mehr die Volksvertretung die Entscheidung, sondern die Volksmenge, die gegen 15 Uhr, ungehindert von den Soldaten und unterstützt von Nationalgardisten, in den Palais Bourbon eindrang. Die »Marseillaise« wurde angestimmt, »Es lebe die Republik!« gerufen, ein Mann stieg auf den Giebel, riß den blauen und weißen Streifen von der Trikolore und ließ nur den roten übrig.

Vergebens versuchten Gambetta und Favre, die Entscheidung gegen das Empire und für die Republik auf parlamentarischem Wege herbeizuführen und nicht dem Druck der Straße nachzugeben. Schließlich verließen die linken Abgeordneten die Gesetzgebende Körperschaft und zogen zum Stadthaus, von der Volksmenge mehr gedrängt als begleitet. Im Hôtel de Ville wurde die Dritte Republik proklamiert, die im Unterschied zu früheren Revolutionen ohne Blutvergießen in die Geschichte einging. Für Ludwig XVI. hatte sich 1792 die Schweizer Garde massakrieren lassen, für Karl X. kämpfte 1830 die Pariser Garnison drei Tage lang, zu Louis-Philippe standen 1848 noch drei Bataillone. Für Kaiser Napoleon III. und Kaiserin Eugenie wurde kein einziger Schuß abgegeben. Soldaten, Mobilgardisten und Nationalgardisten fraternisierten am Hôtel de Ville mit der Volksmenge, und vor den Tuilerien schnitten sich Gardevoltigeure die gelben Adlerknöpfe ab, um nicht mehr für Wachsoldaten des Kaisertums gehalten zu werden.

Wiederum wurden die Geschicke Frankreichs in Paris und von Parisern entschieden. Die linken Deputierten der Hauptstadt bildeten die neue Regierung mit Gambetta als Innenminister und Favre als Außenminister. Zum Präsidenten wurde Trochu bestimmt, der den Republikanern eine Gasse gebahnt hatte und die Gewähr zu bieten schien, Patrioten aus anderen Lagern für das Revolutionsregime zu gewinnen. Corps législatif und Senat wurden aufgelöst, Beamte von ihrem Eid auf den Kaiser entbunden, neue Präfekten ernannt.

Aus den Fenstern des Stadthauses wurden Kaiserbüsten geworfen. Unter der jubelnden Menge kursierte ein Wort des neuen Ministers Emmanuel Arago: »Der Kaiser ist in Deutschland gefangen, und die Frau muß nach dem Code civil, dem bürgerlichen Gesetzbuch, dem Manne folgen.« Um diesem Wort Nachdruck zu verleihen, versammelte sich das Volk vor dem Kaiserschloß. »Am Tuilerientor, in der Nähe des großen Bassins, sind die vergoldeten »N« unter alten Zeitungsblättern versteckt«, beobachtete Edmond de Goncourt. An der einen Seite am großen Palasttor »ist ein Mobilgardist in die Höhe geklettert, den Kopf unter dem Käppi nach arabischer Art mit dem Taschentuch umschlungen, auf der anderen Seite hält ein junger Liniensoldat der Menge seinen Tschako hin: ›Für die Verwundeten der französischen Armee‹. Und Männer in weißer Bluse, mit einem Arm die Säulen des Peristyls umschlingend und eine Hand auf das Gewehr gestützt, schreien: ›Freier Eintritt zum Basar!‹ Indessen stürzt die Menge hinein, und ein unendliches Gelärme ergießt sich in das Stiegenhaus des Palastes.«

Auf dem Schreibtisch der Kaiserin fand man einen offenstehenden Reisekoffer aus schwarzem Maroquin. Darin lagen ein zerknittertes Taschentuch, »noch feucht von Tränen«, zwei

Hemden, zwei Paar Wollstrümpfe, ein Paar Schuhe, ein schottischer Plaid, englische Schals und ein Kragen mit einer Brosche aus brüniertem Silber in Form eines kleinen Hufeisen. In einer Kommode wurden an die fünfzig Sonnenschirme gefunden; einer trug eine kaiserliche Krone auf dem Handgriff aus Elfenbein. Ein Mobilgardist trag auf einen Mann zu, den er als Ferdinand de Lesseps erkannte. »Jawohl, ich bin's, der Vetter der Kaiserin! Aber sie ist fort!«

Was war geschehen? Am frühen Nachmittag dieses 4. September kam Innenminister Chevreau in die Tuilerien, berichtete der Kaiserin, daß eine »Nieder mit dem Kaiserreich!« rufende Volksmenge in das Parlament eingedrungen sei, und legte ihr nahe, Paris zu verlassen. Wenn sie dies täte, meinte Eugenie, gäbe sie den Posten auf, den ihr der Kaiser anvertraut habe. Vorsorglich verwahrte sie Miniaturbilder ihres Sohnes, ihrer Schwester und ihres Vaters in einem Kästchen aus Lapislazuli und trug Sekretär Filon auf, dem Adjutanten des Prince impérial zu telegraphieren, Loulou nach Belgien in Sicherheit zu bringen.

Die Republik sei ausgerufen worden und Volkshaufen seien auf dem Weg zu den Tuilerien, meldete der Polizeipräsident Pietri. General Mellinet, der Kommandeur der Schloßwache, erbat Order von der Kaiserin. Unter keinen Umständen solle geschossen werden, lautete ihre Antwort. Die Botschafter Österreichs und Italiens, Metternich und Nigra, die in die Tuilerien geeilt waren, um ihr als alte Freunde beizustehen, beschworen sie: Wenn sie jetzt fliehe, nehme sie die Autorität der Regentin mit sich, wenn sie jedoch bleibe, gefährde sie mit dem Leben ihrer letzten Getreuen auch ihr eigenes. »Die Kaiserin zögerte noch«, berichtete Pauline Metternich, »aber die beiden Herren drängten so sehr auf eine Abreise, daß sie aus Gründen der Vernunft ihren Bitten nachgab.«

»Ich weiche der Gewalt, ich weiche der Gewalttätigkeit«, erklärte Eugenie. Sie dachte an Marie Antoinette, sagte später zu Filon: »Ich hatte keine Furcht vor dem Tod. Alles, was ich fürchtete, war, in die Hände einiger Megären zu fallen, die mir ein Ende mit Scheußlichkeiten bereitet, die versucht hätten, mich zu entehren, bevor sie mich umbrächten. Ich stellte mir vor, wie sie mir die Röcke aufhoben, hörte ihr wildes Gelächter; denn, sehen Sie, die Tricoteuses haben Nachkommen hinterlassen.« So wurden jene Frauen aus den niederen Schichten genannt, die während des jakobinischen Terrors strickend in Sitzungen des Revolutionstribunals saßen, die Richter anfeuerten, die Angeklagten aufs Schafott zu schicken, und Taschentücher in das Blut von Hingerichteten tauchten.

»Tod der Spanierin!« rief die Menge, die die Tuilerien belagerte. Der Fluchtweg aus dem Schloß zur Place du Carrousel schien bereits versperrt, nur noch der zur Place Saint-Germain-l'Auxerrois offen zu sein. Gegen 16 Uhr 30 brach die Kaiserin auf. Geführt wurde sie von Metternich und Nigra, begleitet von ihrer Vorleserin Lebreton, die sie als einziges Mitglied ihres Hofstaates mitnahm. Eugenie warf über ihr braunes Kleid einen dunklen Mantel, versteckte ihr tizianrotes Haar unter einem schwarzen Hut, fand nicht mehr die Zeit, ihr von Tränen verwischtes Make-up zu erneuern. Sie durcheilte die Grande Galerie zwischen Tuilerien und Louvre, den Pavillon d'Apollon, die Salle des Sept-Cheminées und die Salle des Antiquités.

Im Louvre-Museum hatte sie einen Blick auf Géricaults Gemälde »Das Floß der Medusa« geworfen, das sie an den Untergang des Kaiserreiches und an das ungewisse Schicksal der Überlebenden erinnert haben mochte. Vielleicht dachte sie auch daran, daß auf der Durchfahrt zur Place Saint-Germain-l'Auxerrois die Kaiserkrone von ihrer Hochzeitskutsche gefallen war. Auf dem Platz wimmelte es von Leuten, die »À bas l'Empire!« riefen. »Es muß gewagt werden«, sagte Eugenie und stieg mit Madame Lebreton in einen Fiaker, sie, die erklärt hatte: »Niemals werde ich wie König Karl X. und König Louis-Philippe im Fiaker davonfahren.« Beinahe wäre es mißglückt. »Da ist ja die Kaiserin!«, rief ein Gassenjunge, aber im Revolutionstumult hörte niemand auf ihn.

Metternich und Nigra blieben zurück. Glaubten die Diplomaten, Hilfe für ihre Freundin Eugenie nur in den Tuilerien und im Louvre, gewissermaßen auf privatem Gebiet, leisten zu dürfen? Meinten die Vertreter zweier neutraler Mächte, die auch mit dem republikanischen Frankreich in Verbindung zu bleiben hatten, daß die Hilfe für die Exkaiserin auf den Straßen der Hauptstadt, im öffentlichen Bereich, ihr Ende finden müßte? Jedenfalls ließen sie sie allein ins Ungewisse fahren.

Dem Kutscher wurde die Adresse des Staatsrates Besson am Boulevard Haussmann angegeben, eines treuen Bonapartisten, der sie kaum im Stich lassen würde. Unbehelligt gelangte sie durch die Rue de Rivoli und die Rue de la Paix. An den Luxusgeschäften wurden die Schilder mit der Bezeichnung »Hoflieferant« abgenommen. »So bald schon!«, seufzte Eugenie. Hinter der Madeleine herrschte im Gegensatz zur Gegend um die Tuilerien sonntäglicher Friede. Aber Monsieur Besson war nicht zu Haus. Erschöpft setzten sich die beiden Frauen für zehn Minuten ins Treppenhaus. Dann hielten sie eine Droschke an, ließen sich in die Avenue de Wagram zur Wohnung von Monsieur de Piennes fahren. Aber der Kammerherr war ausgegangen. Madame Lebreton schlug vor, sich in den Schutz der amerikanischen Gesandtschaft zu begeben. »Ich habe eine bessere Idee«, meinte Eugenie. »Ich will zu Doktor Evans.« Der seit 1847 in Paris ansässige Amerikaner war der Zahnarzt und ein Hausfreund der kaiserlichen Familie. In seinem Hôtel particulier an der Ecke der Avenuen de l'Impératrice und de Malakoff trafen sie auch ihn nicht an. Ein Diener, der sie zwar nicht erkannte, ließ sich immerhin herbei, sie in der Bibliothek warten zu lassen.

Um 18 Uhr kam Doktor Evans zurück. Er war überrascht, als er sich der Kaiserin gegenübersah, einer vom Schicksal gebeugten Frau, die sich, verlassen von ihren Landsleuten, unter das Dach eines Ausländers geflüchtet hatte und mit seiner Hilfe so schnell wie möglich fort aus Paris und aus Frankreich und nach England gelangen wollte. Am 5. September um fünf Uhr morgens brachen sie im Landauer des Zahnarztes mit dem Reiseziel Deauville auf: Eugenie, die nicht vergessen hatte, ihre Augenbrauen mit schwarzem Stift nachzuziehen, Madame Lebreton auf dem Rücksitz, Dr. Evans und sein Freund Dr. Crane auf dem Vordersitz. Im Falle einer Kontrolle gedachten sie sich als Engländer auszugeben, die mit einer englischen Patientin und deren Pflegerin auf dem Wege nach London seien.

Ungehindert verließen sie Paris an der Porte Maillot. Eugenies Anspannung löste sich, und sie begann zu reden. Sie habe sich auch deswegen geweigert abzudanken, wie es von ihr verlangt worden sei, weil sie sich bei der Verteidigung der Hauptstadt als »Beispiel der Vaterlandsliebe« habe nützlich machen wollen. Aber sie habe gehen müssen, denn in Frankreich werde man heute verehrt und morgen verbannt, und die Franzosen neigten dazu, »ihre Helden auf Sockel von Salz zu stellen, so daß die Standbilder beim ersten Unwetter umstürzen und für immer liegen bleiben«.

In Mantes besorgte Evans einen neuen Wagen und Zeitungen, die Einzelheiten über die Proklamation der Republik und die Ernennung Trochus zum Präsidenten der Regierung der Nationalen Verteidigung meldeten. »Wie hat er uns nur so verraten können!«, rief Eugenie. Noch gestern habe er ihr auf seine Ehre als Soldat und seinen Glauben als Katholik versichert, daß er sie niemals im Stich lassen werde, daß jeder, der sie angreifen wolle, über seine Leiche gehen müsse. Ihre Stimme zitterte, sie begann zu weinen und schwieg eine Zeitlang.

In Pacy-sur-Eure wurde erneut der Wagen gewechselt. Nur ein bäuerliches Gefährt mit zwei Mähren war aufzutreiben, das Evans wie ein Zigeunerwagen erschien. Eine Königin könne nicht besser kutschiert werden, meinte die Bäuerin. Hatte sie die Kaiserin erkannt? Aber sie hatte dies wohl nur gesagt, um mehr Geld herauszuschinden. In Evreux sangen Mobilgardisten die »Marseillaise«, und der neue Präfekt ließ die Republik hochleben. In Rivière-Thibouville, hundert Kilometer von Paris entfernt, stieg die Reisegesellschaft in der Herberge »Zur Goldenen Sonne« ab, deren Zimmer bei weitem nicht das hielten, was der wohltönende Name versprach. Als Eugenie die schäbige Kammer betrat, die sie mit der Lebreton teilen mußte, bekam sie einen Lachkrampf.

Am nächsten Morgen beschloß man, ungeachtet der Gefahr, auf den Bahnhöfen erkannt zu werden, mit dem Zug weiterzufahren. Ein Stationsvorsteher musterte Eugenie mit einem seltsamen Blick; doch er ließ sie passieren. In Serquigny stieg man in den Express Paris-Cherbourg um, und ohne weitere Aufregung gelangte man nach Lisieux. Es regnete in Strömen. Eugenie hatte keinen Schirm dabei und flüchtete sich in die Toreinfahrt einer Teppichfabrik. Wie er sie dort so stehen sah, durchnäßt, erkältet und trübselig, fragte sich Evans, ob dies wirklich die hohe Dame sei, zu der Millionen von Menschen bewundernd aufgeblickt hatten.

Eugenie nahm in dem von Evans gemieteten Landauer Platz und fand langsam ihren Gleichmut wieder. Sie zeigte ihre Taschentücher her, die sie im Nachtquartier gewaschen und durch Pressen an die Fensterscheiben geglättet hatte, und sagte: »Nur wenn die Not uns treibt, zeigt sich, was wir alles können.«

Endlich war man in Deauville. Durch einen Lieferanteneingang betrat die Kaiserin das Hôtel du Casino, in dem Madame Evans Ferien machte. »Mon Dieu! Ich bin gerettet!«, rief Eugenie erleichtert aus. Doch noch war sie das nicht. Zwischen Frankreich, das sie verlassen mußte, und England, das sie erreichen wollte, lag der Ärmelkanal. Evans und Crane suchten im Hafen von Trouville ein geeignetes Schiff und fanden die Segeljacht »Gazelle«, die zwar nur fünfzehn Meter lang, aber anscheinend seetüchtig genug war, um auch bei schlechtem Wetter über den Kanal zu gelangen. Eigentümer war der Engländer John Bourgoyne, der es zunächst ablehnte, die Exkaiserin aufzunehmen. Seine Frau ließ sich erweichen.

Um Mitternacht wurden Eugenie und ihre Begleiterin von Evans an Bord gebracht.

Kaum war am 7. September um 6 Uhr 30 morgens der Anker gelichtet, begann ein Sturm zu toben, und die kleine Jacht drohte ein Spielball des Windes und der Wellen zu werden. Bourgoyne gedachte umzukehren, doch Eugenie wollte nicht noch einmal französischen Boden betreten. Endlich, am 8. September um 4 Uhr 30 morgens, erreichte die »Gazelle« den Hafen von Ryde an der Nordküste der Insel Wight.

Dort war sie 1857 als Kaiserin gewesen, von der Queen begleitet und von Engländern hofiert. Nun wurde sie, da sie nicht unter ihrem Namen und in ramponierter Kleidung erschien, im Pier-Hotel abgewiesen und erhielt im York-Hotel nur eine Dachkammer. Evans brachte zwei Neuigkeiten. In der stürmischen Nacht war ein britisches Kriegsschiff unter dem Kommando eines Vetters von Bourgoyne mit Mann und Maus untergegangen. Und Eugenies Sohn war sicher im nicht allzuweit entfernten Hastings angekommen. Sie zeigte Evans die von ihr aufgeschlagene Stelle in der Bibel, die sie im Zimmer vorgefunden hatte: »Der Herr ist mein Hirte ...«

Noch am 8. September 1870 schloß die Mutter, die nicht mehr Impératrice, ihren Sohn, der nicht mehr Prince impérial war, in die Arme. Kurz darauf kam Pauline Metternich und brachte ihr das in den Tuilerien liegengelassene Stundenbuch der Marie Antoinette. »Wir sind sehr unglücklich«, schrieb Eugenie ihrer Mutter. »Die Vorsehung vernichtet uns, aber ihr Wille geschehe.« Ganz verloren waren sie nicht: Die Exkaiserin, der Exkronprinz und bald auch der noch von den Deutschen gefangengehaltene Exkaiser fanden Asyl in England.

Das Unglück der Asylantin sei zwar groß, meinte der englische Außenminister Granville, aber sie habe es weitgehend selbst verschuldet: »Mexiko, Rom, Preußen.« Es wäre von Eugenie zu viel verlangt gewesen, dieser Behauptung öffentlich zuzustimmen. Insgeheim mochte sie sich den ersten Fehler eingestehen, den sie als Imperialistin begangen hatte. Den zweiten glaubte die papsttreue Katholikin nicht gemacht zu haben. Zum dritten Fehler, den Übelwollende für ein Verbrechen hielten, war sie von französischen Nationalisten gedrängt und von der eigenen Sorge um die Dynastie verleitet worden. Nun sah sie sich von den gleichen Franzosen, die sie zum Kampf getrieben hatten, aus dem Lande gejagt, weil sich das Kaiserreich als unfähig erwiesen hatte, den von ihm erklärten Krieg zu gewinnen.

Vergebens hatte die Regentin die Opposition aufgefordert, Seite an Seite mit ihrer Regierung den Feind zurückzuwerfen, den nationalen Verteidigungskrieg »à outrance«, »bis aufs äußerste«, fortzuführen, und zwar so lange, »bis kein einziger Preuße mehr auf französischem Boden steht«. Nun erklärte Innenminister Gambetta: Die neue Republik sei »eine Regierung des Kampfes bis zum äußersten gegen den Eindringling. Jeder Franzose erhalte oder ergreife ein Gewehr und stelle sich der Behörde zur Verfügung: das Vaterland ist in Gefahr!« Außenminister Favre ließ Europa wissen: »Wir werden nicht einen Zollbreit unseres Gebietes, keinen Stein unserer Festungen abtreten!«

Neue Armeen wurden aus dem Boden gestampft. Mit einer »Levée en masse« schien der Revolutionsgeist von 1792 im Frankreich von 1870 zu zünden. Der Staatenkrieg des Zweiten Kaiserreiches eskalierte zum Nationalkrieg der Dritten Republik. Der aus dem Exil nach Paris zurückgekehrte Victor Hugo appellierte an die Franzosen: »Nehmt die Steine unserer heiligen Erde, steinigt die Eindringlinge mit den Gebeinen unserer Mutter Frankreich!« Nationalemotion hatte die Reichsräson abgelöst, aber die Aussichten, den Krieg gegen Preußen-Deutschland zu gewinnen, waren für Frankreich kaum größer geworden. In Metz blieb die Armee Bazaine eingeschlossen, und seit dem 19. September 1870 wurde die Hauptstadt belagert; fortan war der französisch-deutsche Krieg ein Kampf um Paris.

»Gewiß, das Unglück, das uns getroffen hat, ist sehr groß, aber was es noch schlimmer macht, ist die Lage, in der Frankreich sich befinden wird – eine Beute der Invasion und der Anarchie«, schrieb Napoleon aus Deutschland an Eugenie in England. Dem Gefangenen, den die Preußen »ab nach Kassel« geführt und auf Schloß Wilhelmshöhe festgesetzt hatten, waren die Hände gebunden. Eugenie, die vom Kaiser als Regentin eingesetzt worden war und glaubte, ihre Legitimität und Autorität nach England mitgenommen zu haben, fühlte sich gefordert, ihr Möglichstes für die Franzosen und die Bonaparte zu tun: diesen den Thron zu erhalten, jenen zumindest zu günstigen Friedensbedingungen zu verhelfen.

Einen Ansatzpunkt meinte sie gefunden zu haben: Der Rückfall Frankreichs in die Revolution könnte wie einst die Monarchien Europas alarmieren, und sie, wenn schon nicht zu militärischem Eingreifen, so doch zu politischen Demarchen zugunsten der französischen Monarchie, jedenfalls für ein von Preußen-Deutschland besiegtes Frankreich veranlassen. In diesem Sinne schrieb sie, kaum in England angekommen, an die Kaiser von Rußland und Österreich, Alexander II. und Franz Joseph I. Doch vom Romanow wie vom Habsburger, die Bonaparte ohnehin nicht für ebenbürtig hielten, erhielt sie keine befriedigende Antwort. Beide hatten das Second Empire bereits aufgegeben, blieben jedoch an der Erhaltung des europäischen Gleichgewichtes interessiert, das nicht durch ein zu sehr geschwächtes Frankreich und ein zu sehr gestärktes Deutschland gefährdet werden dürfte.

An Viktor Emanuel II. hatte sie gar nicht erst geschrieben. Sie erwartete von dem Italiener nicht die Ritterlichkeit, die ihr der Russe und der Österreicher persönlich entgegenbrachten, und sie ahnte, daß der Savoyer die Gelegenheit nutzen würde, sich den Kirchenstaat einzuverleiben. Am 20. September 1870, sechzehn Tage nach ihrer Flucht aus Paris, besetzten königlich-italienische Truppen das von den kaiserlich-französischen Schutztruppen geräumte Rom und machten den Papst, für den sich Eugenie bis zuletzt eingesetzt hatte, zum »Gefangenen im Vatikan«.

Viktor Emanuel habe »nur unser Unglück abgewartet«, meinte Eugenie, die von ihm kaum etwas anderes erwartet hatte. Aber sie hatte damit gerechnet, daß Königin Viktoria das Wohlwollen, mit dem sie der Kaiserin entgegengekommen war, auch der Exilantin erweisen würde. Doch die Queen hielt sich aus Staatsräson zurück und besuchte zunächst die Unglückliche nicht. Immerhin schrieb sie ihr am 19. September, sie denke oft an sie in dieser Zeit, in der sie so schweren Prüfungen ausgesetzt sei. Viktoria blieb nicht unberührt von dem Bericht, den ihr Lady Ely aus Hastings schickte: Sie habe die Exkaiserin von Schmerz gebeugt angetroffen.

Eugenie fühlte sich von den Monarchen, die ihre Mitmonarchin anerkannt, und den Franzosen, die ihre Herrscherin verehrt hatten, allein gelassen. Bonapartisten waren so rasch von der napoleonischen Fahne gelaufen, wie sie sich um sie geschart hatten. Selbst ihre »Mamelouks« hatten sich zerstreut; nur die Treuesten der Treuen fanden sich bei ihr in England ein: Eugène Rouher, Jérôme David und Clément Duvernois. Es waren Männer von gestern und nun schon von vorgestern. Mit ihren politischen Ratschlägen war wenig anzufangen, und einen privaten Ratgeber vermißte Eugenie: Prosper Mérimée, den das Schicksal der Kaiserin schwer getroffen hatte, starb am 23. September 1870 in Cannes. Als die Vierundvierzigjährige die Nachricht von seinem Tode aus der »Times« erfuhr, wurde ihr bewußt, daß mit Don Prospero, dem väterlichen Freund seit vier Jahrzehnten, der größte und schönste Abschnitt ihres Lebens zu Ende gegangen war.

Prinz Napoléon-Jérôme stand nach wie vor nicht zu ihr. Nach England gekommen, forderte er sie am 11. Oktober 1870 auf, als Regentin zurückzutreten. Eugenie schleuderte ihm den ganzen Unmut entgegen, der sich in ihr seit Jahren aufgestaut hatte. Sie habe ihn wie eine Furie angefahren, »mit drohenden Gebärden, die Faust geballt, Schaum vor dem

Mund«, berichtete Plon-Plon, der seine von Anfang an gefaßte Meinung bestätigt fand, daß sich diese Spanierin, die zur Herrscherin aufgestiegen war, nicht beherrschen könne.

Die Regentin dachte nicht daran, das Heft aus der Hand zu geben, das der Kaiser ihr anvertraut und selbst nicht zu handhaben vermocht hatte. Sie, und nur sie, habe jetzt im Hause Bonaparte zu bestimmen, was zu tun sei – aber was sollte sie tun? Noch gab es in Metz eine kaiserliche Armee unter einem kaiserlichen Marschall. Könnte nicht unter ihrem Schutz die kaiserliche Regierung wiederhergestellt werden? Wäre es für Preußen nicht vorteilhafter, mit einer Monarchie statt mit einer Republik, von der es »bis aufs Messer« bekämpft wurde, über einen baldigen Frieden zu verhandeln? Standen in Metz nicht an die 200 000 Soldaten, lagen in Deutschland nicht sehr viele, auf die – dort aus der Belagerung und hier aus der Gefangenschaft entlassen – die Preußen als Reserve zurückgreifen könnten, wenn es auf französischem Boden zum letzten Gefecht zwischen Monarchie und Anarchie käme?

Nur in der Tristesse des Exils konnten derartige Fragen, die kaum im Sinne der Fragesteller zu beantworten waren, aufgeworfen werden: weniger von der Regentin, die vornehmlich an Frankreich dachte, als von dem einen und anderen Bonapartisten, der primär um die eigene Zukunft besorgt war. Es waren Träumereien, die in Bismarcks Pläne paßten. Der preußische Ministerpräsident und Außenminister, für den Finassieren ein Mittel für eine baldige Beendigung des Krieges zu für ihn günstigen Bedingungen war, griff das Hirngespinst auf und versuchte in diesem Netz alle Franzosen zu fangen. Er wolle nicht mit einer republikanischen Regierung verhandeln, die nur aus Revolutionären bestehe, drohte er den einen, und lockte die anderen: Er könne sich Verhandlungen mit der Regentin oder mit ihrem Statthalter Bazaine vorstellen.

Für sein Spiel benützte er einen sich aus Wichtigtuerei anbiedernden französischen Privatmann namens Régnier sowie die kaiserlichen Generäle Bourbaki und Boyer, denen alles gelegen kam, was der Befreiung der Metzer Armee, der sie angehörten, dienlich sein könnte. Bourbaki fand die Regentin, die er in England aufsuchte, wenig geneigt, sich in etwas hineinziehen zu lassen, was den Bonaparte wenig zu nutzen und den Franzosen zu schaden versprach. Boyer, der anschließend bei ihr erschien, vermochte nicht zu sagen, ob das preußische Militär der letzten kaiserlichen Armee die Kapitulation und die Gefangenschaft ersparen und der preußische Politiker kaiserlichen Unterhändlern günstigere Friedensbedingungen als republikanischen Kontrahenten zugestehen würde.

Ein Gespräch mit Graf Bernstorff, dem preußischen Botschafter in London, machte Eugenie hellhörig. Ohne eine Gebietsabtretung – eine kleine, sagte der Diplomat – würde Frankreich nicht davonkommen. Cochinchina sei denkbar, meinte die Regentin, und Bernstorff konnte nicht umhin, mitleidig zu lächeln. Pfiffen es nicht die Spatzen von den Dächern, daß Deutschland das Elsaß und Lothringen begehrte? Eugenie wollte es genau wissen, schrieb an König Wilhelm I.: Sie sei bereit, alle persönlichen Opfer im Interesse Frankreichs zu bringen, aber sie könne nicht einem Frieden zustimmen, der ihrem Land »ein nicht wiedergutzumachendes Leid« zufüge.

»Ich liebe mein Land, wie Sie das Ihre lieben«, antwortete der Hohenzoller aus seinem Hauptquartier in Versailles. »Nachdem jedoch Deutschland unermeßliche Opfer für seine Verteidigung gebracht hat, will es Sicherheit haben, daß es der nächste Krieg besser vorbereitet findet, den Angriff abzuwehren, auf den wir rechnen müssen, sobald Frankreich seine Kräfte wiederhergestellt oder Verbündete gewonnen haben wird. Allein diese betrübliche Erwägung und nicht etwa der Wunsch, mein Land zu vergrößern, dessen Territorium groß genug ist, zwingt mich, auf Gebietsabtretungen zu bestehen, mit denen nichts anderes erreicht werden soll, als die Ausfallstellungen der französischen Armeen, die uns in Zukunft angreifen werden, weiter zurückzuverlegen.«

Der König von Preußen, der bald Deutscher Kaiser sein

würde, wollte durch die Annexion des Elsaß und Lothringens eine auf den Vogesenwall und das lothringische Vorfeld vorgeschobene Verteidigungslinie bekommen, während deutsche Nationalisten die Einverleibung der deutschstämmigen Bewohner dieser Gebiete in den deutschen Reichsverband verlangten. Beide Begründungen konnte die Kaiserin der Franzosen, für die sich Eugenie immer noch hielt, nicht akzeptieren: Die erste, weil die preußisch-deutsche Militärmacht sich jetzt schon als überlegen erwiesen hatte und durch eine verbesserte Ausgangsstellung an der französischen Ostgrenze künftig noch gefährlicher werden würde. Und die zweite, weil sie Elsässer und Lothringer, die französische Citoyens geworden waren, nicht der »Nation une et indivisible« entreißen lassen wollte.

Das Schreiben Wilhelms I. an »Ihre Majestät« trug das Datum vom 25. Oktober 1870. Zwei Tage später kapitulierte die ausgehungerte Festung Metz, ging mit der letzten kaiserlichen Armee der letzte kaiserliche Stützpunkt in Frankreich verloren. Bismarck beendete sein Verwirrspiel, vor dem Eugenie von Napoleon gewarnt worden war: Sie dürfe kein Tänzchen mit diesem Grafen wagen, der führen und sie zu etwas verführen suche, was den Bonaparte wie allen Franzosen schaden würde. »In unserer Position ist Schweigen und Untätigkeit für den Moment die beste Politik.«

Damit fand sich Eugenie, die nicht stillsitzen und untätig sein konnte, für die Bewegung das Leben war, nicht ab. Spontan beschloß sie, nach Wilhelmshöhe zu reisen, und da sie annahm, daß Napoleon ihren Aktionismus kaum billigen würde, unterließ sie es, den Besuch anzukündigen. Nur von einem Adjutanten und einer Hofdame begleitet, begab sie sich am 30. Oktober auf dem schnellsten Weg nach Kassel.

Der kühle Empfang durch den Überraschten brachte ihre überspannten Nerven zum Zerreißen. Vor seinem Gefolge, das der Kaiser der Kaiserin förmlich vorstellte, bewahrte sie mühsam die Contenance, aber als sich die Tür hinter Gemahl und

Gemahlin geschlossen hatte, konnte sie nicht mehr an sich halten. Sie weinte, sie jammerte, sie schimpfte, sie tobte, und je mehr sie merkte, daß sowohl persönliche Vorhaltungen als auch politische Vorschläge an Napoleon wie an einer Wand abprallten, desto mehr geriet sie in Rage.

Als sie sich ihrem zweiundsechzigjährigen Mann gegenübersah, der – von Krankheit und Niederlage gebeugt – ein in sein Schicksal ergebener Greis geworden war, schien ihr bewußt zu werden, daß mit ihm kein Staat mehr zu machen war, daß es für sie als Regentin und für ihren Sohn als Herrscher keine Zukunft mehr gab. Vielleicht ahnte sie, daß er die ihm noch verbliebenen Kräfte an seine letzte Maîtresse-en-titre verschwenden würde: die dreiunddreißigjährige Louisa de Mercy-Argenteau, die unter dem Namen einer Madame Haendel in Wilhelmshöhe auftauchte und ein Halsband der Königin Hortense davontrug.

Von der vierundvierzigjährigen Eugenie war General Graf Monts, der preußische Gouverneur auf Wilhelmshöhe, durchaus beeindruckt. Freilich, »vom Unglück getroffen, ermattet von der langen Reise und sichtlich bewegt durch das Wiedersehen mit ihrem Gatten sowie von der Nachricht der eben erfolgten Übergabe von Metz, bot sie nicht den überraschend schönen Anblick von früher«. Indessen: »Durch ihr ganzes Auftreten gewann ich die Überzeugung, daß die Kaiserin sicherlich immer in der Politik ihres Gatten ihrem Willen Geltung zu verschaffen gewußt hatte ... Es schien mir durchaus, als sei sie ganz daran gewöhnt, nicht nur gehört zu werden, sondern auch meist das letzte Wort zu behalten.«

Das letzte Wort konnte sie nun nicht mehr haben, denn das hatten jetzt die Preußen. Wenn von deren König »uns« die Armee von Metz übergeben worden wäre, »hätten wir einen ehrenvollen Frieden schließen und die Ordnung in Frankreich wiederherstellen können«, erklärte sie Monts, der sich sagte: »Zum Glück geschah dies nicht. Man mußte gründlicher mit Frankreich abrechnen und hat es auch getan.«

Enttäuscht und verbittert fuhr Eugenie nach kaum vierundzwanzigstündigem Aufenthalt nach England zurück, das nun – da ihr die letzte Illusion auf eine Restauration ihrer Dynastie genommen worden war – endgültig ihr Asyl wurde. Schloß Wilhelmshöhe war die Residenz des Königs von Westfalen, Jérôme Bonaparte, gewesen, dem die Königskrone, wie seinem Bruder Napoleon I. die Kaiserkrone, von Österreichern, Russen und Preußen genommen worden war. Eines solchen Aufgebotes bedurfte es zum Sturz Napoleons III., des Neffen beider Bonaparte, nicht mehr; die Preußen schafften es ganz allein.

Am Bahnhof in Kassel sah die Exkaiserin Eugenie preußische Soldaten, die feldmarschmäßig für den Einsatz in Frankreich bereit standen, zum letzten Kampf gegen die französische Republik, die das französische Kaiserreich abgelöst hatte. Paris war immer noch belagert und wurde seit dem 27. Dezember 1870 bombardiert. Die republikanischen Heere, die von Süden und Norden zum Entsatz der Hauptstadt heranrückten, wurden von deutschen Armeen zurückgeschlagen. Am 18. Januar 1871 wurde der König von Preußen in seinem Hauptquartier im Schloß zu Versailles zum Deutschen Kaiser proklamiert. Was das Second Empire verhindern wollte, war durch seine unfreiwillige Mithilfe, seine mutwillige Kriegserklärung eingetreten: Ein deutsches Kaiserreich entstand, ein von Preußen geführtes Deutschland, welches das durch einen Siegfrieden degradierte Frankreich in das zweite Glied der europäischen Mächte zu verweisen drohte.

In der Zeit des Glücks habe sie gemeint, die Bande zwischen ihnen seien zerrissen, schrieb Eugenie an Napoleon zu ihrem 18. Hochzeitstag am 30. Januar 1871. Es hätte erst die Zeit des Unglücks anbrechen, ein Sturm aufkommen müssen, um ihr deren Haltbarkeit zu beweisen. »Mehr denn je erinnere ich mich jener Worte des Evangeliums: Die Ehefrau folge ihrem Ehemann überall hin, in Gesundheit, in Krankheit, im Glück und im Unglück etc.« Der Sturm ließ nicht nach, das Unglück hielt an und hielt sie zusammen.

Am 28. Januar 1871 kapitulierte Paris, und es wurde ein Waffenstillstand geschlossen, um die Wahl einer französischen Nationalversammlung zu ermöglichen. Obwohl sich der Exkaiser mit einer Proklamation in die Kampagne einmischte und für den Bonapartismus warb, wurden nur fünf Bonapartisten gewählt – unter 200 Republikanern und 400 Anhängern der vornehmlich aus Orleanisten und Legitimisten zusammengesetzten »Partei der Ordnung«. Wieder einmal hatte »La France profonde« gesiegt, diesmal nicht für die plebiszitäre Autokratie, sondern für die repräsentative Demokratie. Gambetta trat zurück, Favre blieb Außenminister, Thiers wurde zum Chef der Exekutivgewalt bestimmt.

Am 26. Februar 1871 wurde der Vorfriede von Versailles geschlossen, mit Bedingungen, die Eugenie hatte vermeiden wollen: Frankreich überließ das Elsaß und Deutsch-Lothringen mit Metz und Thionville, 14 500 Quadratkilometer und 1,5 Millionen Einwohner dem Deutschen Reich und entrichtete ihm eine Kriegsentschädigung von 5 Milliarden Francs. Wenn er derartige Bedingungen akzeptiert hätte, sagte Napoleon in Wilhelmshöhe, hätte er sich keine acht Tage mehr auf dem Throne halten können. Doch er saß schon nicht mehr auf ihm. Die Nationalversammlung bestätigte seine Absetzung und billigte den Vorfriedensvertrag.

Am 1. März 1871 nahm Wilhelm I. eine Parade seiner siegreichen Truppen auf der Pferderennbahn von Longchamp ab, wo vier Jahre vorher, in seiner Anwesenheit, die Garde impériale und weitere Eliteeinheiten der französischen Armee vor Kaiser Napoleon und Kaiserin Eugenie vorbeimarschiert waren. Wie damals waren es 30 000 Mann, nun Preußen mit Pickelhauben und Bayern mit Raupenhelmen. Anschließend zogen sie über die Avenue de la Grande Armée und durch den Arc de Triomphe in Paris ein und marschierten die Champs-Elysées zum Tuileriengarten hinab. Auf der Place de la Concorde, neben der schwarz verschleierten Statue der Stadt Straßburg, wurde der Große Zapfenstreich abgehalten. Auch wenn die Deutschen bereits am 3. März wieder abzogen – die Franzosen in der Hauptstadt, im ganzen Land und auch im Exil konnten diese Schmach nicht verwinden.

Es sollte noch schlimmer kommen. Am 18. März 1871 begann in Paris der Aufstand der Kommune, drohte Frankreich die Anarchie, wie es Eugenie nach dem Sturze der französischen Monarchie und dem Sieg der deutschen Invasoren befürchtet hatte. »Nun hat also der Pöbel die Oberhand«, sagte Napoleon, als er am 19. März davon erfuhr. Da saß er bereits im Zug, mit dem er in Richtung England fuhr. Nachdem die Nationalversammlung den Vorfriedensvertrag ratifiziert hatte, war er aus der Gefangenschaft entlassen worden. An der deutsch-belgischen Grenze fiel ihm Prinzessin Mathilde schluchzend um den Hals. »Man kann sagen«, berichtete General Monts, der ihn bis Herbesthal begleitete, »daß Napoleon bei dem für ihn ganz unerwarteten Auftritt nicht nur vollkommen seine Ruhe und Fassung bewahrte, sondern sogar eine große Kälte zeigte.«

Die Jacht des Königs der Belgier, dessen Land Napoleon III. begehrt hatte, brachte den Exkaiser von Ostende nach Dover. Dort erwarteten ihn Frau und Sohn, mit denen er das Exil zu teilen hatte, sein zweites in England und diesmal für immer. Auf dem Quai begrüßte ihn ein Mann, der ihm sagte, er habe 1855 die Majestät als Bürgermeister willkommen geheißen und tue dies nun als Mitglied des Stadtrates. Welche Funktion er in diesem Gremium habe, fragte ihn Napoleon, und bekam zu hören: »Ich bin der städtische Leichenbeschauer.«

»Malo mori quam foederari« – »Lieber sterben als sich entehren« stand an der Fassadenuhr von Camden Place. »Das könnte mein Wahlspruch sein«, sagte Eugenie, als sie zum erstenmal das Haus erblickte, das ihr Asyl bot. Sie weigerte sich standhaft, ihre Entthronung und schon gar nicht das Verdikt der französischen Nationalversammlung anzuerkennen:

Die abgesetzte Dynastie sei für die Niederlage und die territoriale Verkleinerung Frankreichs verantwortlich.

Im Garten von Camden Place stand eine Trauerweide, die der Eigentümer des Hauses, Nathaniel William Strode, aus Sankt Helena mitgebracht hatte. Sie gemahnte daran, daß es für Napoleon III. ebenso wie einst für Napoleon I. keine Rückkehr nach Frankreich geben würde. Wußte Eugenie, daß der Hausbesitzer nicht nur ein glühender Anhänger der Bonaparte, sondern auch ein intimer Freund von Miss Howard, der Maîtresse des Prinzen und Präsidenten Louis Napoleon gewesen war? Strode hatte als ihr Nachlaßverwalter Briefe ihres zum Kaiser aufgestiegenen Liebhabers entdeckt und sie sofort verbrannt, wofür ihm Napoleon III. stets dankbar blieb.

Camden Place, das Eugenie am 24. September 1870 bezog, lag in Chislehurst, einem Dorf in der Grafschaft Kent, das nur eine halbe Stunde Bahnfahrt von London entfernt lag und in dem es eine katholische Kirche gab. Das gefiel Eugenie, und auch, daß das zu Beginn des 17. Jahrhunderts für den Altertumsforscher William Camden erbaute Manorhouse von Strode mit französischen Elementen modernisiert worden war, so daß sie sich, wenn sie nicht genau hinsah, wie in einem petit Château fühlen konnte.

Ein Schloß sei es nicht, bemerkte ihr Sekretär Filon, sondern der Sitz eines reichen Gentryman, mitnichten eines großen Herrn. Das Schönste seien die alten Bäume und der gepflegte Rasen vor dem Haus, das Innere jedoch lasse Komfort und Charme vermissen. In der Halle im englischen Stil gab es nur einen großen Spiegel, doch dies war genug; eine Galerie des Glaces hätte nur zu viel Unzuträgliches und Unerfreuliches widergespiegelt, so einen Kamin aus Majolika, der an den eines zweitklassigen Pariser Cafés erinnerte. Den vorhandenen Nippes vermehrte Eugenie. In ihrem kleinen Salon im ersten Stock häufte sie in einer Vitrine Souvenirs an bessere Zeiten an, und ein Wandschirm in Form eines goldenen Gitters erinnerte sie an die Tuilerien.

Sie trauerte ihrem Königsschloß nach, in dem sie sich einst eingesperrt gefühlt hatte, und sie hätte viel darum gegeben, wenn ihr ein Gefängnis dieser Art im Asyl beschieden gewesen wäre. Verglichen damit war Camden Place nur eine Zelle. Wenn sie bei Nebel oder Regen in der Galerie auf und ab ging, fühlte sie sich wie ein Fisch, der in einem Aquarium hin- und herschwamm und sich an den Glaswänden stieß. Auf dem Ziffernblatt einer Pendule stand der Name des Uhrmachers, des Urgroßvaters Filons. »Was sagt uns Großpapa«, wurde der Sekretär oft gefragt, wenn ihr Schlag ertönte. Eugenie wußte ohnehin, was es für sie geschlagen hatte: Fini, fini, fini ...

So gut es ging, suchte sie sich in Camden Place einzurichten. Vorerst fehlte es am Nötigsten. »Wie Du bin ich stolz, daß ich vom Thron gestürzt worden bin, ohne Geld im Ausland angelegt zu haben«, schrieb ihr Napoleon aus Wilhelmshöhe. Eugenie merkte rasch, daß es sich zwar ohne Thron, aber nicht ohne Geld leben ließ. Zunächst mußten ihr die Fürstin Metternich und die Herzogin von Mouchy, die nach London gekommen waren, mit Wäsche aushelfen. Später ließ sich die Exkaiserin die Ausstattung der Exkönigin Hortense aus Arenenberg kommen. Von ihrem Schmuck, der von Freundin Pauline in Sicherheit gebracht und von einem Attaché der österreichischen Botschaft bei der Bank von England deponiert worden war, ließ sie 114 Einzelstücke bei Christie's in London versteigern, was ihr 50 000 Pfund Sterling eintrug. Napoleon hatte 260 000 Francs in Wilhelmshöhe bei sich und verkaufte seinen Palazzo in Rom für 600 000 Francs. Eugenie, die im Unterschied zu ihrem Gemahl zu rechnen verstand, nahm die Geldgeschäfte in die Hand. Nach und nach konnte sie auf Ressourcen zurückgreifen: Güter in Spanien und Besitz in Frankreich.

Vorerst standen nur knappe Mittel für den Exilhaushalt zur Verfügung, mit denen sie für ihr Gefolge aufzukommen und Gäste standesgemäß zu empfangen hatte. Es kamen Albert Edward, der Prinz von Wales, und sein Bruder Arthur, der

Herzog von Connaught, der den Eindruck mitnahm: »Was mir an der Kaiserin besonders auffiel, war das gänzliche Fehlen von Bitterkeit gegenüber jenen, die sie so schändlich vertrieben haben.«

Am 30. November 1870 erschien Königin Viktoria für eine halbe Stunde in Camden Place. Sie fand Eugenie »sehr bleich und sehr abgemagert«, in die Gesichtszüge »tiefe Traurigkeit« eingegraben, aber immer noch »sehr schön«. Sie trug ein schlichtes schwarzes Kleid, ohne jeden Schmuck, und war »sehr streng frisiert«. Beim Gegenbesuch am 5. Dezember in Windsor kam sie der Queen »sehr nervös« vor. Während sie die Ehrentreppe hinaufstiegen, sagte sie ihr unter Tränen: »Das bewegt mich sehr.« Eugenie erinnerte sich, daß sie einst im Königsschloß als herrschende Kaiserin empfangen worden war. »Welch ein erschreckender Gegensatz zu ihrer Visite 1855«, bemerkte Viktoria. Damals sei alles prunkend und glänzend gewesen – und jetzt!

Einen Zipfel der alten Pracht und Macht suchte die Exkaiserin in Händen zu behalten, die Etikette zu bewahren und Hof zu halten, als wenn die Majestät – wie sie sich weiterhin ansprechen ließ – noch an der Herrschaft wäre. Die Hofgesellschaft war jedoch auf ein Dutzend und die Dienerschaft auf zwei Dutzend Personen geschrumpft. Am nächsten standen ihr Madame Lebreton, die Gefährtin der Flucht aus Frankreich, und Mademoiselle Larminat, die ihr nachgereist war und dablieb, trotz Eugenies Warnung: Sie könne es der Zweiundzwanzigjährigen nicht zumuten, sich einer Verbannten anzuschließen. »Sie müssen ihr eigenes Leben leben und dürfen sich nicht in unserem traurigen Gefängnis einmauern lassen.«

Seit dem 21. März 1871, als der Exkaiser aus Wilhelmshöhe nach Camden Place gekommen war, gab es neben der Hofherrin einen Hofherrn, der freilich die Zügel, die ihm im Reich entglitten waren, auch zu Hause nicht ergriff. In den Sattel konnte sich Napoleon nicht schwingen, nicht mehr ausreiten und kaum mehr ausfahren. Er zog sich an seine Drehbank zurück und bastelte an einer Verbesserung der mangelhaften Zimmerheizung. Am Schreibtisch, in einer Studie über den Feldzug 1870, ließ er durchblicken, daß nicht er, sondern jene die Katastrophe verschuldet hätten, die ihn nicht mehr regieren und kommandieren ließen. Eugenie schien aus dieser Deutung einen Vorwurf an ihre Adresse herausgelesen zu haben. Jedenfalls wollte sie den mürrischen und nörgelnden Gemahl eine Zeitlang nicht sehen: Im September 1871 fuhr sie nach Spanien, blieb dort über zwei Monate, ohne im Lande ihrer Jugend ihre Unbeschwertheit wiederzufinden.

Was sie aus Frankreich zu hören bekam, bedrückte sie mehr und mehr. Die Nachrichten vom Aufstand der Kommune in Paris waren niederschmetternd: Das Fällen der Napoleonsäule auf der Place Vendôme, die Erschießung des Erzbischofs und anderer Repräsentanten »der alten staatlichen und klerikalen Welt«, die die Kommunarden beseitigen wollten, das Anzünden von Repräsentationsbauten wie dem Tuilerienschloß, dem Justizpalast und dem Hôtel de Ville; auch Mérimées Haus in der Rue de Lille wurde mit all seinen Büchern und Papieren niedergebrannt. Nicht minder schrecklich war die Reaktion auf die Revolution gewesen. Nach der Niederschlagung des Aufstandes durch Truppen der Regierung Thiers zahlte die Pariser Stadtverwaltung für die Beseitigung und Beerdigung von 17 000 Leichen.

Die Anarchie wäre nicht ausgebrochen, wenn man sie nicht entthront hätte, meinten Eugenie und Napoleon. Vom 18. März bis 28. Mai 1871 wehte die rote Fahne über Paris, und am 10. Mai 1871 hatten alle Franzosen einen Anlaß, die Trikolore auf Halbmast zu setzen: An diesem Tage mußte der Außenminister der Französischen Republik den Frieden von Frankfurt unterzeichnen, der die Bedingungen des Vorfriedens von Versailles bestätigte und das Elsaß und Lothringen an Deutschland auslieferte.

Napoleon III. werde »die Verantwortung für einen schlecht vorbereiteten und schlecht geführten Krieg« zugeschrieben, wurde Eugenie von Vizeadmiral Jurien de la Gravière mitgeteilt, der sie über Vorgänge in Frankreich auf dem laufenden hielt. Ihr treuer Paladin verschwieg, daß man nicht allein dem Kaiser, sondern vor allem der Kaiserin die Schuld am Debakel zuschrieb und ihr politisch wie persönlich viel Schlechtes nachsagte.

Niedriger hängen, meinte Napoleon; ein Monarch setze sich selbst herab, wenn er sich entschuldigen wolle. Auch wenn Eugenie versucht gewesen wäre, Ehrabschneidungen entgegenzutreten und ihr Tun und Lassen zu rechtfertigen, so hielt sie sich doch zeitlebens an die Mahnung ihres Mannes. »So habe ich denn«, bilanzierte sie, »trotz vieler Bitten niemals die Memoiren an meine Regierungszeit schreiben wollen.«

Die Hoffnung auf eine Restauration der Bonaparte wollte Eugenie jedoch nicht so rasch aufgeben wie der kranke und müde Napoleon. Sie erwartete, daß sich viele Franzosen nach den Erfahrungen mit einer Republik, die zur Anarchie ausgeartet war, wieder der Monarchie zuwenden würden. In der Tat fanden die Monarchisten Zulauf, aber die Orleanisten und Legitimisten und nicht die Bonapartisten. Diese standen sich, in verschiedene Gruppen zerfallen, selber im Wege. Selbst im engsten Exilzirkel traten unterschiedliche Meinungen zu Tage.

Wenn zehn Personen am Tisch säßen, so wären mindestens fünf verschiedene Meinungen vertreten, meinte ein Gast während eines Diners in Camden Place. »Sehr richtig, sehen Sie doch uns an«, sagte Napoleon, und als protestiert wurde, erklärte er: »Du, Eugenie, bist stets eine Legitimistin, Sie, Madame Lebreton, sind immer eine Orleanistin gewesen, und Sie, Dr. Conneau, sind ein Kommunist.« Loulou warf ein: »Aber Papa, wenn Mama eine Legitimistin, Madame Lebreton eine Orleanistin und Dr. Conneau ein Republikaner ist, wo sind dann hier die Imperialisten?« Der Exkaiser antwortete dem Exkronprinzen: »Die Imperialisten – das bist Du!«

Eugenie wurde von Jurien de la Gravière beschworen, sich mit Ausdauer der Erziehung ihres Sohnes zu widmen; denn, so der entschiedene Bonapartist, er sei der Prinz, »auf den Frankreich wartet«. Die Mutter wollte sich dieser »großen Aufgabe« nicht entziehen, aber der Vater schickte den Fünfzehnjährigen auf das King's College in London, wo er, wie sein in den Hintergrund gerückter Hauslehrer Filon bemerkte, nicht das lernte, was er lernen sollte. Eugenie, die das genauso sah, setzte es durch, daß der Sechzehnjährige auf die Royal Military Academy in Woolwich kam. Ein Empereur habe als Soldat zu beginnen, meinte sie, und wenn er sein Handwerk nicht in Frankreich lernen könne, so habe er es eben in England zu lernen. Loulou bestand die Aufnahmeprüfung, legte am 10. November 1872 die Uniform eines Offizierskadetten der Britischen Armee an und gestand: »Ich würde alles in der Welt für zwei französische Leutnantsepauletten hingeben.«

Eugenie sah ihn nur noch an den Wochenenden und glaubte wahrzunehmen, daß er sich von Mal zu Mal von seiner jugendlichen Laxheit mehr und mehr entfernt und einer männlichen Haltung angenähert habe. Befriedigt las sie in der »Times«: Aus dem »schmächtigen und etwas verweichlichten Knaben« sei »ein kräftiger, gesunder und wohlgeratener Bursche geworden«, ein »ausgezeichneter Reiter und in jeder Hinsicht so munter und schneidig wie die meisten englischen Boys seines Alters«. Ein französischer Offizier gewann vom angehenden britischen Offizier einen guten Eindruck: Wenn er ihn nur eine Stunde lang bei einer Parade in Frankreich vorführen dürfte, gäbe es »eine schöne Sensation«.

Eugenie aber wollte mehr als nur einen feschen und flotten, zum Schwadronieren neigenden Leutnant haben. Der Thronprätendent sollte sich nicht nur in den Sattel schwingen, sondern sich auch darin halten können, besser und länger als sein Vater, an dem sie so viel auszusetzen gehabt hatte. Napoleon schien daran gelegen zu sein, den Sohn aus seinen eigenen Fehlern in der Vergangenheit lernen zu lassen, ihm seine Ansichten über die Gegenwart nahezubringen und ihn in seine Pläne für die Zukunft einzuweihen. Dazu fehlte ihm zunehmend die Kraft. Der Vierundsechzigjährige war ein todkranker Mann.

Napoleons Leiden verschlimmerten sich von Tag zu Tag. Er versuchte dagegen anzukämpfen, setzte sich, da er nicht mehr auf sein Leibpferd steigen konnte, auf ein Holzpferd, das ihm Eugenie hatte anfertigen lassen. Noch redete sie sich ein: Sein Leiden sei nur »lokaler Natur, und eine Heilung ist nicht unwahrscheinlich«. Doch er litt immer mehr, und es wurde für sie »immer schmerzlicher, dieses Martyrium mit anzusehen«. Schließlich willigte er ein, sich gründlich untersuchen und behandeln zu lassen.

Nach Camden Place kamen am 15. Dezember 1872 Sir Henry Thompson, der angesehenste Spezialist für Blasenleiden, Dr. William Gull und Dr. James Paget, die Leibärzte der Königin Viktoria. Sie diagnostizierten einen Blasenstein, »so groß wie ein Taubenei«, wie Thompson sagte, »eher so groß wie eine Aprikose«, wie Paget meinte; er habe den Umfang »einer Marone«, schrieb Eugenie an Verwandte, an ihre Mutter: Sie sei sehr beunruhigt, erhoffe sich jedoch von einer Operation eine Besserung.

Der erste Versuch einer Zertrümmerung des Blasensteins fand am 2. Januar 1873, der zweite am 6. Januar statt. Da die erwünschten Resultate ausblieben, wurde eine dritte Operation auf den Mittag des 9. Januar angesetzt. In der Nacht davor schien sich der Patient, von Chloral betäubt und bei nachlassenden Schmerzen, einigermaßen erholt zu haben. Eugenie gedachte in das nahe Woolwich zu fahren, um den Sohn zu informieren. Als sie gegen 10 Uhr aufbrechen wollte, wurde sie vom Leibarzt Dr. Corvisart aufgehalten: Sie bliebe besser da, denn der Zustand des Patienten habe sich überraschend verschlechtert.

Der Pfarrer von St. Mary's in Chislehurst wurde gerufen, Eugenie an das Krankenbett geführt, das zum Sterbelager geworden war. »Sire, da ist die Kaiserin«, wurde Napoleon zugeflüstert, aber er erkannte sie nicht mehr. Am 9. Januar 1873 um 10 Uhr 45 verschied er sanft und friedlich.

Die Kunst der Ärzte hatte ihn nicht mehr retten können. Das Ergebnis der Autopsie, der Eugenie widerwillig zugestimmt hatte, wurde am 18. Januar im British Medical Journal veröffentlicht: »Der Tod trat durch ein Aufhören der Blutzirkulation ein und war dem allgemeinen konstitutionellen Status des Patienten zuzuschreiben. Die Nierenerkrankung war von solcher Natur und so weit vorgeschritten, daß es in jedem Fall binnen kurzem zu einem unglücklichen Ende gekommen wäre.«

»Nun habe ich nur noch Dich«, sagte die Mutter zum Sohn, als er, aus Woolwich herbeigerufen, zu spät gekommen war, um den Vater noch lebend anzutreffen. Am Totenbett sprach er ein Vaterunser; dann stürzte er aus dem Zimmer und schloß sich in seinen vier Wänden ein. Auch Eugenie hielt es nicht lange bei dem Toten aus; sie irrte durch das Haus, unter dessen Dach sie mit dem Lebenden eine nur kurze und leidvolle Zeit verbracht hatte.

Beim Begräbnis des Empereurs, am 15. Januar 1873, schien das Empire noch einmal auferstanden zu sein. »Man fand die Tuilerien von 1870 wieder«, bemerkte die »Times« und zählte die Teilnehmer auf: Prinz Napoléon-Jérôme und Prinzessin Mathilde, die Minister Rouher, Gramont und Palikao, die Militärs Fleury, Le Bœuf und Canrobert, Baron Haussmann und der Bildhauer Carpeaux. Eugenie, die sich als Regentin für ihren minderjährigen Sohn betrachtete, und Loulou, der als Napoleon IV. angesehen wurde, hielten Hof. Aber man war eben nicht mehr im Tuilerienschloß, sondern in Camden Place, und der Kaiser wurde nicht im Invalidendom zu Paris, sondern in St. Mary's in Chislehurst beigesetzt. Und kaum war das letzte »Vive l'Empereur!« verhallt, wurde der Kaiserin die Rolle der Regentin streitig gemacht.

Wenn das Leben Kummer und Sorgen bringe, müsse man sich, um durchzuhalten, an seine Pflichten halten, schrieb Eugenie an ihre Mutter. »Das schwere Leid hätte mich vielleicht niedergebeugt, wenn mich nicht großer Ärger aufgebracht hätte.« Dessen Verursacher war wieder einmal Napoléon-Jérôme. Ihr Angebot, zu vergessen, was früher zwischen ihnen vorgefallen war, und im Interesse der Bonaparte künftig zusammenzustehen, wollte Plon-Plon nur unter zwei Bedingungen annehmen: Er müsse als Führer der bonapartistischen Partei und als Vormund des noch minderjährigen Kronprinzen anerkannt werden. Die erste wäre für Eugenie noch tragbar gewesen, die zweite jedoch hielt sie mit ihren Pflichten als Mutter und Regentin für unvereinbar. »Ich habe geradehinaus geschrien«, berichtete Eugenie. »Ich sollte mich für unfähig und unwürdig bekennen, meinen Sohn zu erziehen! Was habe ich denn getan, um eine solche Beleidigung zu verdienen?«

Der abgewiesene Plon-Plon setzte die Behauptung in Umlauf, Eugenie habe, kaum daß Napoleon die Augen zugedrückt worden waren, wichtige Papiere verschwinden lassen, darunter auch ein neues Testament, das für die Witwe nicht so günstig wie das alte von 1865 gewesen wäre. In diesem hatte der Kaiser verfügt, daß die Kaiserin bis zur Volljährigkeit des Prince impérial die Regentschaft zu führen habe. Es kam zum endgültigen Bruch zwischen Eugenie und Napoléon-Jérôme und damit zur Spaltung der bonapartistischen Bewegung.

»Wir befinden uns auf dem ›Floß der Medusa‹«, seufzte sie; »in manchen Momenten überkommt uns die Lust, uns gegenseitig aufzufressen.« Das Gemälde von Théodore Géricault, an dem sie auf der Flucht im Louvre vorbeigekommen war und dessen Anblick sie nicht vergessen konnte, schilderte ein Ereignis aus dem Jahre 1816. Nach dem Schiffbruch der französischen Fregatte »Medusa« vor der westafrikanischen Küste hatten sich 150 Mann der Besatzung auf ein Floß gerettet, auf dem sie vierzehn Tage lang auf dem Meere trieben. Von Hunger gepeinigt, verfielen sie dem Kannibalismus. Nur fünfzehn von ihnen überlebten.

Nach dem Untergang des Empire mochte sich Eugenie wie auf einem »Floß der Medusa« gefühlt haben, auf dem sich die verbliebenen Bonapartisten gegenseitig zerfleischten. Diesmal war kein Schiff in Sicht, das imstande gewesen wäre, sie und ihren Sohn zurück an das monarchische Ufer zu bringen.

Elftes Kapitel

Lauter Nachworte

Die regierende Kaiserin, die von Fontainebleau oder von Compiègne nach Arenenberg gekommen war, hatte sich im Schlößchen am Bodensee eingeschränkt und beengt gefühlt. »Wie bist du groß, petit Château, wie hast du dich verbreitert und erweitert«, rief die Exkaiserin nun aus, als sie im Sommer 1873 in das ihr verbliebene Besitztum im Schweizer Kanton Thurgau kam. Eugenie hatte es 1855 für Napoleon erworben, der dort mit der Mutter Hortense seine Jugend verbracht und es nach dem Tod der Exkönigin in seiner Geldnot veräußert hatte. Nun hing die Exkaiserin in Arenenberg imperialen Träumen nach, und sie hatte ihren Sohn mitgebracht, damit er am Ausgangspunkt der Karriere des damaligen Thronprätendenten einen angemessenen Anlauf für seine eigene Laufbahn nehmen könnte.

Mit achtzehn, nach Erreichen der Volljährigkeit, wurde Prinz Louis am 16. März 1874 zum Kaiser Napoleon IV. ausgerufen, zu einem Empereur ohne Empire. Immerhin waren Bonapartisten aus ganz Frankreich nach England gekommen; an der Gare du Nord in Paris wurden 7875 Billets für die Fahrt nach Chislehurst ausgegeben.

Der große Tag begann mit einem Gottesdienst in St. Mary's, am Grabe Napoleons III. Die große Feier fand in einem im Park von Camden Place aufgeschlagenen Festzelt statt. Der Thronprätendent trat vor seine Anhänger. Würde er seine Nervosität überwinden, Sicherheit gewinnen? »Mit meiner Mutter in inniger und dankbarer Liebe verbunden«, werde er unaufhörlich daran arbeiten, der auf ihn zukommenden »erhabenen

Aufgabe« gerecht zu werden. »Sollte zum achten Mal der Name Napoleon aus den Wahlurnen kommen, werde ich bereit sein, die Verantwortung zu übernehmen, die mir die Stimme der Nation auferlegen würde.«

»Vive l'Empereur!« rief seine Gefolgschaft, und »Vive l'Impératice!« Eugenie war hingerissen, aber nicht so weit, daß sie das Augenmaß verloren hätte. Für die Restauration der Dynastie in Frankreich, schrieb sie der Mutter, brauche es weit mehr als eine Versammlung von Getreuen in England; bei dieser »ein wenig theatralischen Veranstaltung predigte man vor bereits Bekehrten«.

In der Dritten Republik kamen die Bonapartisten ihrem Ziel nicht näher, auch nicht, nachdem 1873 Thiers gestürzt und der napoleonische Marschall Mac Mahon Präsident geworden war. Orleanisten und Legitimisten marschierten an der Spitze der starken monarchischen Bewegung. Während die bonapartistische Partei zerrissen blieb, einigten sich die Anhänger der jüngeren und der älteren Bourbonen auf Henri de Chambord, den Enkel König Karls X., als Thronanwärter.

Eugenie war von Napoleon halb im Scherz und halb im Ernst eine Anhängerin des Grafen von Chambord genannt worden: »Du bewunderst seinen Charakter und sogar seine Proklamationen.« Sie hatte gelächelt, nicht widersprochen. Aber Heinrich V., wie sich Chambord titulierte, brachte sich um seine anfänglichen Chancen und um die letzten Sympathien Eugenies, da er partout das Lilienbanner wieder aufpflanzen wollte. Die Trikolore sollte über Frankreich für immer im Zeichen der Dreieinigkeit von »Freiheit, Gleichheit, Brüderlichkeit« wehen und nie mehr als Fahne eines Bürgerkönigtums, das wegen der Überbetonung des Laisser-faire zerbrach, und eines Kaiserreiches, das an einem Übermaß an Autorité zugrundegegangen war.

Eugenie schwankte zwischen letzter Hoffnung und endgültiger Resignation; einmal versuchte sie sich zusammenzunehmen, aufzubegehren und »an ihrer Kette zu rütteln«, ein andermal hätte sie sich am liebsten wie Ophelia »im Wasser schlafen gelegt«. Alles sei aufgebraucht, »Glaube und Mut«, und sie sei »so unsäglich müde, wie jemand, der einen langen Weg hinter sich hat«. Paßten sie, ihr Sohn und alle Bonapartisten überhaupt noch in die Gegenwart? »Wir haben mit neuen Kräften zu rechnen«, schrieb sie 1876 der Mutter. »Das Zeitalter schicksalsmächtiger Männer ist vorbei ... In einer skeptischen Gesellschaft werden Erlöser zu Opfern.« Eine Krone sei heutzutage eine Dornenkrone.

Der Thronprätendent hatte sich 1874 in seiner Antrittsrede bereit erklärt, das Kaiserreich zu erneuern, falls ihn das französische Volk dazu beriefe. Wenn aber »ein anderes Regierungssystem die Mehrheit der Wählerstimmen für sich gewinnt, werde ich mich respektvoll dem Willen der Nation beugen«. Loulou war einsichtig genug, und die Mutter hielt ihm vor Augen, daß ein Napoleon IV. keine Zukunft habe. So suchte er das Beste aus der Situation, nämlich sein Glück als britischer Offizier zu machen.

In der Vorprüfung für die Artillerie – die traditionelle Waffengattung der Bonaparte – wurde Loulou erster, und am 19. Februar 1875 bestand er die Abschlußprüfung in der Militärakademie Woolwich als siebter von vierunddreißig; die Aufnahmeprüfung hatte er nur als siebenundzwanzigster geschafft. Der noch nicht neunzehnjährige Leutnant wurde von seinen Kameraden gefeiert, und bei der Abschlußparade ritt der Herzog von Cambridge, der mit den Franzosen im Krimkrieg gekämpft hatte und anschließend Oberbefehlshaber der britischen Armee geworden war, an die Kutsche Eugenies heran und gratulierte der Mutter zur Leistung des Sohnes. Ihr Stolz war mit Wehmut gepaart: der Prinz, der Empereur hatte werden sollen, war Offizier in einem fremden Heer geworden, sozusagen ein Fremdenlegionär.

Dennoch war sie nicht einverstanden, als Loulou wieder Zivil anlegte und zu ihr nach Camden Place zurückkehrte. Sie fürchtete, die Einsamkeit von Chislehurst würde ihm nicht gut bekommen, »jetzt, da er nicht mehr so streng zu arbeiten hat«. Loulou blätterte in den Schriften Napoleons I. und denen seines Vaters, unterschrieb mit »Napoleon« seine Briefe und bedankte sich bei dem Historiker Hippolyte Taine, dessen »Origines de la France contemporaine« er sich vorgenommen hatte: »Ihr Werk hat nicht allein einem Bedürfnis meines Verstandes, sondern auch meines Herzens wahrhaft Genüge getan. Aus meinem Lande vertrieben, lebe ich im Geiste dort, und ich verdanke es Ihnen, daß ich bei der Lektüre einige Stunden lang in Frankreich verweilen durfte.« Loulou, schrieb Eugenie ihrer Mutter, sei nicht ehrgeizig, doch pflichtbewußt; wenn ihn Parteigänger am Portepee des Bonapartismus faßten, könnte er verleitet werden, »etwas Unkluges oder Dummes« zu begehen. »Zum Glück wird ihm das, solange ich da bin, nicht so leicht passieren.«

Nach wie vor, ja mehr denn je, meinte die Mutter auf ihr Kind aufpassen zu müssen. Aber sie kam nicht umhin, die Zügel für den Heranwachsenden zu lockern. Zunächst hielt sie ihn knapp bei Kasse, weil sie vorerst selbst nicht genug Geld hatte, und auch, weil der Sohn so wenig wie der Vater mit Geld umzugehen verstand. Als sie über hinreichende Mittel verfügte und der Thronprätendent gebührend auszustatten war, ließ sie ihm mehr, aber nicht zu viel zukommen. Immerhin konnte er nun bei Empfängen und Festen der englischen Aristokratie standesgemäß auftreten und mußte mit Trinkgeld für die Dienerschaft nicht mehr knausern.

Wenn er in Marlborough House, beim Prinzen von Wales verkehrte, erfüllte es ihn zwar mit Genugtuung, daß er von gleich zu gleich behandelt wurde, aber zugleich wurde ihm der Unterschied zwischen einem wirklichen und einem virtuellen Thronfolger bewußt. Damit er nicht auf unangebrachte Gedanken käme, sich nicht zu unüberlegten Handlungen hinreißen ließe, griff die Mutter zu einem Mittel, das sie selbst in schwierigen Situationen anwandte: durch Reisen vor Problemen davonzulaufen.

Eugenie nahm Loulou mit in die Sommerferien nach Arenenberg, doch die dortigen Erinnerungen an seinen Vater, der es vom Thronprätendenten zum Throninhaber gebracht hatte, vermochten ihn nicht von seiner Befürchtung abzubringen, daß ihm ein ähnlicher Aufstieg verwehrt bleiben würde. In Italien, wohin er 1876 mit der Mutter kam, besuchte er die Schlachtfelder von Magenta und Solferino, auf denen der Vater als Empereur Lorbeeren errungen hatte, von denen der Sohn als britischer Leutnant nur träumen konnte. In Rom sagte ihm sein Taufpate, Papst Pius IX.: »Ich hoffe, daß eine rasche Rückkehr Sie Frankreich wiedergeben wird.« So sehr ihm die Botschaft gefiel, so sehr fehlte ihm der Glaube, daß sie in die Tat umgesetzt werden könnte. Der Graf von Pierrefonds, wie er sich nannte, begegnete einem wirklichen Thronfolger, dem Prinzen Umberto, der bereits 1878 den italienischen Königsthron bestieg.

Im selben Jahr reiste Prinz Louis ohne die in Ems kurende Mutter nach Skandinavien. In Dänemark bereiteten ihm König Christian VII. und in Schweden König Oskar II. einen Empfang, als säße, wie er der Mutter schrieb, »mein Vater noch auf dem Thron« und als werde er selbst ihn bald einnehmen. Die bonapartistische Hymne »Partant pour la Syrie« erklang – aber wohin sollte er aufbrechen, um Ruhm und Ehre zu erreichen?

Er wolle endlich Pulver riechen, eröffnete er Captain Bigge, einem englischen Freund. Aber wo? Im Jahre 1878, nach Beendigung des russisch-türkischen Krieges, wurden Bosnien und die Herzegowina von den Österreichern besetzt, die auf erbitterten Widerstand der moslemischen Bevölkerung stießen. Erinnerte sich Loulou an den französischen Prinzen Eugen von Savoyen, der unter dem Doppeladler gegen den Halbmond gekämpft hatte? Jedenfalls wollte er für die Dauer der Kampagne in den österreichischen Militärdienst treten.

Dieser Wunsch des Sohnes vermehrte den Verdruß der Mutter in diesem für sie unerfreulichen Jahr. Warum war sie von den Ärzten in ein Bad geschickt worden, wo die Erinnerung an die Emser Depesche Bismarcks, von der sich Frankreich zum Krieg hatte provozieren lassen, den Kurerfolg beeinträchtigte? Die Zweiundfünfzigjährige wurde den ständigen Katarrh und den heftigen Husten nicht los und war so geschwächt, daß sie bei der Rückkehr in Dover einen Schwächeanfall erlitt und ohnmächtig wurde.

Ein Zwischenaufenthalt in Wien war nicht dazu angetan gewesen, daß sie wieder zu Kräften gekommen wäre und sich ihre Stimmung verbessert hätte. Zwar wurde sie vom Kaiser wie eine Kaiserin empfangen und ihr zu Ehren ein Bankett in Schönbrunn gegeben, zu dem auch ihr Freund und Helfer Richard Metternich geladen war. Doch die Wiedersehensfreude wurde durch die Erinnerung getrübt, daß sein Vater, der Staatskanzler Metternich, den Sohn des besiegten Napoleon I., der Napoleon II. hätte werden sollen, in eben diesem Schönbrunn als Herzog von Reichstadt hatte dahinsiechen lassen. Eugenie stieg in die Kapuzinergruft hinab, betete am Sarkophag des mit einundzwanzig Jahren Dahingegangenen und auch dafür, daß ihrem zweiundzwanzigjährigen Sohn ein ähnliches Schicksal erspart bleiben möge.

Und nun trat der verhinderte Napoleon IV., ihr Sohn, an die Mutter, die Exkaiserin Eugenie, mit dem Ansinnen heran, für die Österreicher, die Feinde Napoleons I., Napoleons II. und Napoleons III., seinen Degen zu ziehen! Sie versuchte ihn umzustimmen, ließ sich aber schließlich überreden, ein entsprechendes Gesuch an Kaiser Franz Joseph zu richten. Nahm sie an, daß der Feldzug in Bosnien und der Herzegowina bald beendet sein würde? Ging sie davon aus, daß die Eingabe abschlägig beschieden würde? Dies war der Fall, die Mutter atmete auf, und der Sohn nahm sich vor, auf einem anderen Kriegsschauplatz zu beweisen, daß auch dieser Bonaparte im Felde etwas wert war.

Ein Tätigkeitsgebiet schien sich ihm in Südafrika zu eröffnen. In der britischen Kapkolonie hatte der Zulukönig Cetewayo die Engländer angegriffen und am 22. Januar 1879 bei Isandula 1400 Rotröcke niedergemetzelt. London rüstete für eine Strafexpedition, zu der sich junge Offiziere freiwillig meldeten, auch Kameraden Loulous aus Woolwich. Sie kamen nach Camden Place, um sich von ihm zu verabschieden. Sogleich entschloß er sich, mit ihnen zu gehen, und überlegte erst hinterher, wie er das der Mutter beibringen könnte.

Was denn mit ihm los sei, fragte ihn Eugenie, als er nach Aufheben der Abendtafel unruhig hin und her ging, sich ans Piano setzte und ein Militärsignal klimperte. »Wenn ich es Dir sagen würde«, entgegnete Loulou, »könntest Du in der Nacht nicht schlafen.« Als er ihr dann doch sagen mußte, daß er den Herzog von Cambridge, den Oberbefehlshaber der britischen Armee, gebeten hatte, ihn in das Expeditionskorps aufzunehmen, versuchte sie, ihn mit allen Gegenargumenten, die ihr gerade einfielen, und mit Temperamentsausbrüchen, die ihr wie stets zu Gebote standen, von seinem Vorhaben abzubringen.

Ob er sich der Gefahren bewußt sei? Die Zulukaffern zielten auf Offiziere wie auf Großwild. Ob er an die politischen Folgen gedacht habe? Wenn ihm in englischen Diensten etwas zustieße, würden seine französischen Anhänger nicht um ihn klagen, sondern ihm grollen, daß er mit seinem Leben die Zukunft des Bonapartismus aufs Spiel gesetzt habe. Er könne nicht immer herumsitzen und den »kleinen Prinzen« spielen, hielt Loulou dagegen. Sollte er verkümmern und vor Langeweile sterben wie der Herzog von Reichstadt? Müsse er nicht als britischer Offizier seine Pflicht und Schuldigkeit gegenüber dem Lande tun, das ihn und sie aufgenommen habe?

Der Mutter fiel ein Stein vom Herzen, als der Herzog von Cambridge ein Engagement des Prinzen in Südafrika ablehnte. Er habe gehofft, bei dieser Gelegenheit der Queen und ihrer Nation seine Dankbarkeit zu erweisen, beantwortete der Sohn den Bescheid. »Da ich nun dieser Hoffnung beraubt bin, ist mir eine der Tröstungen meines Exils genommen.« Dies bedrückte die Mutter, sie konnte seinen Kummer – »er weinte, er, der nie weinte« – nicht länger mit ansehen und intervenierte daher bei der Königin. »Ich kann sein Verlangen, bei meinen tapferen Truppen zu dienen, nur bewundern«, meinte Viktoria. »Doch ich möchte jetzt nicht seine Mutter sein.« Eine Lösung wurde gefunden: Der Prinz sollte als Privatperson zum Kap reisen und dort im britischen Hauptquartier irgendwie beschäftigt werden. Premierminister Disraeli hielt dies für einen faulen Kompromiß: Er sah Komplikationen mit der Französischen Republik und, falls dem Thronanwärter etwa zustieße, Vorwürfe seiner Sympathisanten voraus. Aber er vermochte, wie er sagte, »zwei eigensinnige alte Frauen« nicht von ihrem Entschluß abzubringen.

»Er muß auf sich aufpassen, darf sich nicht unnötig Gefahren aussetzen«, mahnte Viktoria, doch Eugenie ahnte, daß er diese suchen würde, um sich zu bewähren. Mehr denn je bedauerte sie, daß sie einen Jungen und kein Mädchen bekommen hatte. Am 27. Februar 1879 stand sie im Hafen von Southampton und winkte ihrem Loulou nach, der auf dem Paketboot »Danube« gen Südafrika fuhr. »Erschöpft von Müdigkeit und Kummer« kehrte sie in die Einsamkeit von Camden Place zurück. Fortan werde sie am Telegraphen hängen, schrieb sie ihrer Mutter. »Nichts ist schrecklicher als die Besorgnis, und sie wird meine Tage und meine Nächte begleiten.«

Am 26. März landete der Prinz am Kap und bekam in Durban Fieber. Am 20. April gelangte er in Pietermaritzburg in das Hauptquartier von General Chelmsford, der ihm gestattete, die im Feldgepäck Napoleons III. mitgeführte britische Leutnantsuniform anzulegen, und ihn dem Stab von Oberst Harrison attachierte. Loulou machte den Vormarsch in das Zululand mit, beteiligte sich an Erkundungen und am 21. Mai an der Einnahme eines Hüttendorfes, dem seine Kameraden den Namen »Kraal Napoleon« gaben. Am 1. Juni wurde er einer Patrouille zugeteilt, die am linken Ufer des Blood River einen geeigneten Lagerplatz für die nachrückende Division ausfindig machen sollte. »Passen Sie auf den Prinzen auf«, schärfte Oberst Harrison dem Hauptmann Carey ein, der die Eskorte von sechs Soldaten und einem schwarzen Kundschafter anführte. Vor dem Aufbruch kritzelte Loulou ein paar für die Mutter bestimmte Zeilen in sein Notizbuch: Er gehe auf Patrouille und wisse nicht, wann er ihr Näheres mitteilen könne; denn die Postverbindungen ließen zu wünschen übrig.

Erst am 20. Juni 1879 erfuhr Eugenie, was sich an diesem 1. Juni ereignet hatte. Der kleine Trupp, der am Morgen ausgeritten war, lagerte am Nachmittag bei einem verlassenen Kraal. Plötzlich schlug der schwarze Kundschafter Alarm: Im hohen Gras schlichen Feinde herum! Der Befehl zum Aufbruch erging, aber schon stürmten an die fünfzig Zulus heran und töteten zwei Soldaten. Von Panik erfaßt, galoppierten die übrigen davon, Hauptman Carey als erster. Der Prinz rannte seinem Pferd nach, das den anderen hinterherjagte, und bekam den Sattel zu fassen, aber der Gurt gab nach, Loulou stürzte zu Boden und sein Pferd suchte das Weite. Es hieß »Fate« – »Verhängnis«.

Einer der Flüchtenden, der zurückblickte, sah den Prinzen zum letztenmal lebend, die Pistole in der Hand, von Wurfspeere schwingenden Zulus umringt. Die Patrouille, die sich am 2. Juni auf die Suche nach ihm begab, fand seine Leiche, »völlig entblößt bis auf die goldene Kette mit Medaillons, die er noch um den Hals trug. Sein Säbel, seine Pistole, sein Helm und die ganze Kleidung waren verschwunden, doch fanden wir im Gras seine Sporen mit ihren Haltern und eine mit ›N‹ markierte blaue Socke«, berichtete Hauptmann Molyneux. »Die Leiche wies siebzehn Wunden auf, alle vorn, und die Spuren auf dem Boden wie auch an den Sporen deuteten auf verzweifelten Widerstand hin.«

Königin Viktoria, die am Abend des 19. Juni 1879 die Nachricht vom Tode des Prinzen Bonaparte erhalten hatte, schickte am nächsten Morgen ihren Kammerherrn Lord Sydney mit der Hiobsbotschaft nach Camden Place. Eugenie wurde ohnmächtig, und als sie wieder zu sich gekommen war, saß sie stundenlang starr und bleich in einem Sessel und schloß sich dann in ihrem Zimmer ein. Drei Tage später kam die Queen zum Kondolieren und stellte fest: Das Herz der Unglücklichen sei gebrochen, ihre Gesundheit zerrüttet; sie könne nichts essen und kaum noch schlafen.

»Ich bin wie ein wildes Tier in meinem Schmerz. Die Einsamkeit ist mir ein Bedürfnis«, schrieb Eugenie ihrer Mutter, die beabsichtigte, aus Spanien nach England zu kommen und ihr beizustehen. »Ich bitte Dich, bleibe daheim, denn alles, was mich an andere Zeiten erinnert, ist jetzt für mich eine doppelte Qual.«

Der Gefallene »war der letzte Erbe eines mächtigen Namens von hohem militärischem Renommee« und »das einzige Kind einer verwitweten Kaiserin, die jetzt ohne Thron und ohne Nachkommenschaft im Exil in England zurückbleibt«, hieß es im Tagesbefehl an die Truppen, die den Leichnam zum Kriegsschiff »H.M.S. Orontes« eskortierten, das Kurs auf das Exilland der Bonaparte nahm. Die Herzogin von Mouchy, die Eugenie schonend auf die Ankunft des Sargs vorzubereiten suchte, berichtete über ihre Reaktion: »Sie war am Boden zerstört, erlitt einen heftigen und beängstigenden Nervenzusammenbruch; man konnte ihre Schreie noch im Erdgeschoß des Hauses hören.«

Mit ihrem Sohn, der am 12. Juli 1879 in St. Mary's in Chislehurst an der Seite seines Vaters beigesetzt wurde, sank ihre allerletzte Hoffnung auf eine Restauration der Bonaparte ins Grab. »Ich bin ohne Ziel«, gestand Eugenie ihrer Mutter. »Ich bin vernichtet, ich lebe nicht mehr, ich warte auf den Tod, denn nur er kann mich mit jenen vereinen, die auf mich warten.« Die Dreiundfünfzigjährige mußte noch einundvierzig Jahre warten.

Der Sohn war begraben, ruhte neben seinem Vater, ihrem Mann, und ihre fünfundachtzigjährige Mutter lag im Sterben. Um so schnell wie möglich nach Madrid zu kommen, bat Eugenie die Regierung in Paris, ihr die Reise durch Frankreich zu gestatten. Die Annahme des Gesuches kam der Tochter gelegen, doch der Kaiserin wurde definitiv demonstriert, daß eine Rückkehr der Bonaparte zu alter Macht und neuer Herrlichkeit ausgeschlossen war.

Als Touristin und nicht als Dynastin wurde Eugenie von der Dritten Republik angesehen, die seit der Selbstblockade der legitimistischen und orleanistischen Monarchisten und der Wahl des Präsidenten Jules Grévy am 30. Januar 1879 endgültig gefestigt war. Die Bonapartisten hatten keine Chance mehr. In seinem Testament hatte der in englischen Diensten gefallene Thronanwärter, ohne die Exkaiserin befragt zu haben, den siebzehnjährigen Prinzen Victor, den ältesten Sohn Napoléon-Jérômes, zu seinem Nachfolger ernannt. Dies paßte Eugenie so wenig wie Plon-Plon, und zum alten Streit zwischen ihren und seinen Anhängern kam nun ein neuer zwischen den Parteigängern des Sohnes und des Vaters hinzu. Die Bonapartisten marschierten getrennt weiter, ohne die geringste Hoffnung, ihre Gegner vereint zu schlagen.

Wehmütig stimmende Erinnerungen blieben. Als Eugenie im November 1879 von England nach Spanien aufbrach, tobte ein Sturm über dem Ärmelkanal, so daß sie verspätet Paris erreichte und eine Nacht und beinahe einen Tag auf ihren Zuganschluß warten mußte. Auf dem Weg zur Gare d'Orléans kam sie an den von der Kommune niedergebrannten Tuilerien vorbei. Alles sei dahingeschwunden, schrieb die Exkaiserin an Königin Viktoria, und habe »nur grausame Souvenirs hinterlassen, die mich völlig aufzehren«.

Ihr Gemüt hellte sich auf, als sie auf der Fahrt durch Frankreich mit Blumen und Fahnen geschmückte Bahnhöfe sah, verdüsterte sich jedoch wieder, als sie bemerkte, daß dies nicht ihr, sondern der Erzherzogin Maria Christine von Österreich galt, die zu ihrem künftigen Gemahl, dem König von Spanien, fuhr. Alfons XII. hatte erreicht, was ihr versagt geblieben war: Der Sohn der Königin Isabella, mit der Mutter 1868 aus Spanien vertrieben, war 1875 zurückgerufen worden.

Als Eugenie in Madrid eintraf, war die Gräfin von Montijo bereits seit dem 22. November 1879 tot. Die Tochter hatte sich lange Zeit nicht mit der Mutter verstanden; erst in den letzten Jahren, als sie vom Thron, auf den sie Doña Manuela miterhoben hatte, gestoßen worden war, lernte sie sie als Trösterin schätzen. Im Nachlaß fand Eugenie Briefe Mérimées an die Mutter, in denen vieles über die Tochter zu lesen stand. Sie nahm sie mit nach England, um die darin beschworenen Erinnerungen an schöne und bessere Tage immer bei sich zu haben.

Ein schwarzer Vorhang hatte sich über die Bühne ihres Lebens gesenkt, auf der sich von der ersten Bekanntschaft mit Mérimée, die sie als Mädchen gemacht hatte, bis zu dessen Tod in beider Schicksalsjahr 1870 Komödien, Haupt- und Staatsaktionen und schließlich Tragödien abgespielt hatten. Der Tod war ihr ständiger Begleiter geworden. Mit den Nachrufen auf die Verstorbenen sprach sie Nachworte zu ihrem Leben. Eine weitere Würdigung gedachte sie Loulou dort zu widmen, wo er gefallen war: in Südafrika.

»Der Gedanke, die letzten Abschnitte des Lebens meines so sehr geliebten Sohnes zu überblicken«, schrieb sie dem Sekretär Franceschini Pietri, »die Stätten zu sehen, auf denen sein letzter Blick ruhte, in derselben Tageszeit dort zu sein und die Nacht des 1. Juni wachend und betend seinem Andenken zu weihen, ist ein Bedürfnis meiner Seele und ein Ziel meines Lebens.« Am 25. März 1880 reiste sie an Bord des Schiffes »German« ab, begleitet von General und Lady Wood sowie zweier Kameraden Loulous, Hauptmann Bigge und Leutnant Slade, und vom Militärarzt Dr. Scott, der den Leichnam des Prinzen einbalsamiert hatte.

»Ich brauche Ihnen nicht zu sagen, welch qualvolle Gefühle mich bewegten, als ich die Plätze sah, von denen mein armer Sohn in der Hoffnung und im Glauben aufbrach, eine Chance bekommen zu haben, sich seines Namens würdig zu erweisen«, schrieb Eugenie am 18. April 1880 an die Queen, zwei

Tage nach ihrer Ankunft am Kap der Guten Hoffnung, das für sie ein Kap der unguten Erinnerung geworden war. »Was für ein Unglück, daß der Empereur eine Spanierin und ich einen Napoleon heiratete! Natürlich mußte unser Sohn das Opfer sein. Von mir erbte er den Donquichotismus, das Bereitsein, alles für ein Ideal herzugeben, vom Empereur den verpflichtenden Namen.«

Am 25. Mai gelangte sie im Zululand zum Sterbeort des Sohnes. Dort hatte Königin Viktoria für ihren gefallenen Offizier ein Steinkreuz errichten lassen. Die Impératrice pflanzte für Napoleon IV. einen Steckling der Trauerweide von Sankt Helena ein. Zulus versicherten ihr, daß der Prinz bis zuletzt »wie ein Löwe« gekämpft habe. Die Nacht vom 1. zum 2. Juni verbrachte sie ganz allein an der Gedenkstätte, umgeben von brennenden Kerzen, die am Morgen, obgleich kein Windhauch zu spüren war, zu flackern begannen. Eine nach der anderen verlöschte, als wenn jemand sie ausgeblasen hätte.

Sie sei sehr erschöpft und brauche nach fünfzig Tagen im Zelt dringend Ruhe, schrieb sie Pietri. »Ich wünsche dringend, in Camden Place nur jene vorzufinden, die dort hingehören.« Am 27. Juli 1880 zurückgekehrt, traf sie im Haus zwar keine Gäste, aber viel zu viele Erinnerungen an Loulou und Napoleon an. Wenn sie die schlichten Grabstätten des Sohnes und des Mannes in St. Mary's in Chislehurst besuchte, fand sie diese eines Napoleons III. und eines Napoleons IV. für unwürdig.

Um ein angemessenes Mausoleum zu errichten und sich in seiner Nähe niederzulassen, erwarb sie noch im Jahre 1880 einen in Hampshire, unweit von London und Windsor gelegenen Besitz: Farnborough Hill. Sie beschloß, das vorhandene Haus zu vergrößern, auf dem Terrain eine Grabeskirche für die Ihren und für sich selbst zu errichten, und daneben ein Kloster für die Mönche, die Totenwache halten und Seelenmessen lesen sollten. Mit den Arbeiten wurde 1881 begonnen, aber sie zogen sich hin. Erst 1888 stand Farnborough Hill so da, wie sie es sich vorgestellt hatte.

Das viktorianische Haus wurde ein Museum des Second Empire. Ausgestellt waren Cabanels Porträt Napoleons III., das Gemälde von Winterhalter, das Eugenie im Kranze ihrer Hofdamen zeigte, die Goldene Rose, die der Papst als Pate zur Taufe Loulous gesandt hatte, die Statue des Prince impérial von Carpeaux, Möbel aus Arenenberg, Porzellan aus den Tuilerien, Ofenschirme aus Compiègne und Gobelins aus Biarritz, auf denen die Geschichte Don Quichotes dargestellt war. In ihrem Studio bewahrte Eugenie Dokumente des Kaiserreiches auf: Napoleons Briefe an sie, ihre Korrespondenz mit Souveränen, Ministern und Diplomaten, Schriftstücke aus ihren Regentschaftszeiten. Auf dem Speicher waren Koffer und Kisten mit Uniformen und Waffen des Empereurs und des Kronprinzen gestapelt.

Von ihrem Schlafzimmer aus sah Eugenie die vom Pariser Architekten Destailleur erbaute Grabeskirche Saint-Michel. Daneben lag der Backsteinbau für die Mönche, zunächst vier Prämonstratenser, später vierzig Benediktiner. Die Überführung der sterblichen Überreste Napoleons III. und des Prince impérial von Chislehurst nach Farnborough fand am 9. Januar 1888 statt. Die beiden Sarkophage wurden in den Querschiffen, rechts und links vom Altar aufgestellt. Über ihm, in einer Nische, wurde der Platz für den Sarkophag Eugenies freigehalten. Darüber wölbte sich eine Kuppel, die entfernt an den Invalidendom in Paris erinnerte, der für die Bonaparte des Zweiten Kaiserreiches verschlossen blieb.

In die Hauptstadt der Dritten Republik durfte die Exkaiserin reisen. Sie würde gern die Plätze wiedersehen, an denen sie glückliche Tage verbracht habe, schrieb sie am 28. September 1881 der Queen, vor allem Fontainebleau und Compiègne, wo alles, wie ihr gesagt wurde, noch so sei wie damals. Freilich: »Die Tuilerien und Saint-Cloud sind nur noch Ruinen, aber auch dort möchte ich nach den Spuren der Vergangenheit suchen, die unter dem Schutt begraben liegt.«

Mitte Oktober 1881 begab sie sich auf die Suche nach der verlorenen Zeit. Im Zimmer, in dem Loulou in Compiègne gewohnt hatte, brach sie in Tränen aus. In Saint-Cloud traf sie nur noch Trümmer und einen alten Gärtner an, der ihr weinend die Hand küßte. Im Invalidendom, am Grabe Napoleons I., betete sie für Napoleon III. Es blieb nicht bei diesem einen Besuch; sie kam wieder und wieder und scheute sich schließlich nicht mehr, im Hotel Continental abzusteigen, das vis-à-vis der Tuilerien lag. Sie gab sich der Nostalgie hin, ließ sich aber nicht von ihr überwältigen. Im Grunde sei sie ganz froh, sagte sie einmal, daß die Tuilerien verbrannt seien, »denn die letzten Kinder, die in diesem Schloß geboren wurden, haben alle Unglück gehabt: der arme kleine Ludwig XVII., der König von Rom und mein Sohn«.

Sie möchte zwar die Stätten, aber nicht die Personen von damals sehen, hatte sie 1881 geäußert. Aber bei späteren Aufenthalten in Paris war es ihr nicht unerwünscht, alten Bekannten zu begegnen, mit denen Vergangenes wiederauflebte. Weniger willkommen waren ihr Neugierige, die sie in ihrem Hotel heimsuchten. »Sie kommen«, bemerkte Eugenie, »um mich wie einen Fünften Akt zu sehen.«

An den Ersten Akt ihres Lebensdramas war sie im Jahre 1881 erinnert worden. In Madrid starb der Herzog von Alba, den sie liebend gern geheiratet hätte. Als sie hörte, daß der Schwager im Sterben lag, eilte sie nach Madrid und kam – wie bei ihrer Mutter – zu spät, um ihn noch einmal in die Arme zu schließen. Einem nach dem anderen ihrer Lieben mußte sie ins Grab schauen, und sie begann es für ein zweifelhaftes Geschenk zu halten, daß sie alle überlebte und der Vorhang über dem Fünften Akt sich noch lange nicht senkte. Es dauerte und dauerte, und selbst der Akteurin fiel es immer schwerer, ein Gähnen zu unterdrücken.

Der Langeweile zu entgehen, griff sie zu dem Mittel, das sie so oft benützt hatte und nun zu strapazieren begann: Sie reiste und reiste, nicht um anzukommen, sondern um unterwegs zu sein, nicht um zu sich zu kommen, sondern um vor sich selbst zu fliehen. Die Eisenbahn und das Paketboot genügten ihr nicht mehr: 1888 erwarb sie in Amsterdam die Jacht »Thistle« und dampfte mit ihr über die Meere, zum Nordkap, nach Italien und Griechenland, in die Türkei, nach Ägypten und bis nach Ceylon. »Wenn Gott mich als Mann und nicht als Frau geschaffen hätte, wäre ich Seemann geworden«, sagte sie und stand am liebsten, auch bei Sturm, auf der Kommandobrücke.

Im und am Mittelmeer gefiel es ihr am besten. An der Côte d'Azur erwarb sie 1888 ein Terrain auf dem Cap Martin. Die Luft war Balsam für ihre angegriffenen Lungen, und die Sonne erhellte ihr verdüstertes Gemüt. Dort ließ sie sich eine Villa im Rivierastil bauen und gab ihr den Namen »Cyrnos«, die griechische Bezeichnung für Korsika. Nach der Fertigstellung 1896 fand sie hier in Frankreich, nach Farnborough, einen zweiten Lebensmittelpunkt.

Besucher kamen: Königin Viktoria von England, der die Exkaiserin in der Loggia den Tee servierte, und Kaiserin Elisabeth von Österreich, die mit ihr Ausflüge unternahm und bemerkte: »Es war, als ob man mit einem Gespenst zusammen fuhr, denn ihr Geist schien in einer anderen Welt zu weilen.« An der alten Frau gewahrte der junge Jean Cocteau noch das Himmelblau ihrer Augen und eine Stimme, die ihn an die Stierkampfarena erinnerte, an das Lachen und Flirten der jungen Eugenia, das »Napoleon III. verunsichern und beeindrucken sollte«.

»Trotz der Sonne am Cap Martin, trotz der Kreuzfahrten auf der ›Thistle‹, ihr wahres Leben findet die Kaiserin unter dem niedrigen Himmel und zwischen den grünen Fluren Englands«, schrieb Lucien Daudet, der Sohn des Schriftstellers Alphonse Daudet, der die Exkaiserin auf Cap Martin kennenlernte und ein Vertrauter und Chronist ihrer letzten Lebensphase wurde. In England war sie ihren Toten nahe, in einem

Land, in dem, wie Daudet betonte, »Herrscher ohne Thron noch würdig leben« konnten.

Hier, in Farnborough, hielt Eugenie weiterhin Hof, zwar in einer dem Exil angemessenen Bescheidenheit, aber immer noch als Majestät, die sich in der dritten Person ansprechen ließ und es sich verbat, als »Eximpératrice« bezeichnet zu werden. Sie legte Wert auf einen geregelten Tagesverlauf. Am Morgen führte sie die Hunde aus, Abkömmlinge von Nero, dem Lieblingshund Loulous. Anschließend las und schrieb sie und ordnete Papiere. Am Nachmittag ging sie spazieren, war um 17 Uhr zur Rosenkranzandacht in der Hauskapelle zurück. Zur Teestunde versammelte sie die Entourage und Eingeladene um sich. Zum Diner um 20 Uhr erschien sie in schwarzem Seidenkleid mit weißem Tüllkragen, ohne Schmuck. Sie aß wenig und redete viel; Widerspruch mochte sie nicht dulden. Die Unterhaltung, die sich oft auf Monologe der Hausherrin beschränkte, wurde im Bibliothekszimmer fortgesetzt. Zwischen 22 und 23 Uhr zog sie sich zurück, nachdem sie die Flamme, die tagsüber vor dem Bilde Loulous brannte, gelöscht und sich von den Anwesenden mit ihrem berühmten Hofknicks verabschiedet hatte.

Nicht alle Besucher waren ihr so willkommen wie Königin Viktoria und deren Tochter Vicky, die 1888 als Gemahlin Friedrichs III. Königin von Preußen und Deutsche Kaiserin wurde, freilich nur für 99 Tage. Die Witwe kam im letzten Monat des Todesjahres ihres Gemahls nach Farnborough. Das Krönungsgewand, das anzulegen ihr nicht vergönnt gewesen war, schenkte sie den Mönchen der Grabeskirche Saint-Michel, die daraus Meßgewänder anfertigten. Eugenie trauerte um ihren nicht auf den Thron gekommen Sohn, Vickys Ältester war als Wilhelm II. Kaiser und König geworden, aber er behandelte seine »englische Mutter« so schlecht, daß sie sich wie die französische Exkaiserin fast als Asylantin in England fühlte.

Als die Kaiserin Friedrich, wie sie sich weiterhin nannte, schwer erkrankte, wurde sie von Eugenie in die Mittelmeersonne des Cap Martin eingeladen. Vicky hatte keine Gelegenheit mehr, das aus »der Eingebung ihres guten Herzens« kommende Angebot anzunehmen. Sie starb am 5. August 1901 mit sechzig in Friedrichshof bei Kronberg im Taunus. Sie folgte ihrer Mutter nach, der Queen Viktoria, die am 22. Januar 1901 in Osborne verstorben war. »Es schmerzt mich tief«, klagte Eugenie, »eine aufrichtige und liebevolle Freundin zu verlieren, mit der ich mich offenherzig über die Vergangenheit austauschen konnte« – über Gutes und Böses, das vergangen war und nicht wiederkommen würde.

»Wenn Sie nach Wahrheit und Gerechtigkeit in den wichtigen Begebenheiten Ihres Lebens suchen, dann müssen Sie sich primär von Ihrer eigenen Persönlichkeit freimachen. Doch dies vermögen Sie erst, wenn Sie innere Stürme, Enttäuschungen und Leiden durchgemacht haben. Dann erst werden Sie Ruhe und Seelenfrieden finden.« Dies gab die älter und weiser gewordene Eugenie als späte, aber nicht zu späte Erkenntnis an Lucien Daudet weiter.

Auf einer Nordlandfahrt lief die »Thistle« am 15. Juli 1907 in den norwegischen Hafen Bergen ein. Dort lagen deutsche Kreuzer in Erwartung der »Hohenzollern«, der Jacht Wilhelms II. Sekretär Pietri riet zur Umkehr, doch Eugenie winkte ab: Wenn sie dies täte, würde der Kaiser wissen, daß sie ihn meiden wolle. Gegen Mitternacht wurde sie von Kanonendonner geweckt: die deutschen Kriegsschiffe begrüßten den Obersten Kriegsherrn. Eigentlich war es nicht üblich, daß nach Sonnenuntergang Salut geschossen wurde, aber das Martialische war nun einmal das Attribut dieses Hohenzollern. Als er die Kaiserin am nächsten Vormittag aufsuchte, ließ er sie wissen, daß ihre »Thistle« sich bequem in einer Kajüte seiner »Hohenzollern« verstauen ließe.

Auch Wilhelms politische Äußerungen waren frappierend. Er habe mit den Franzosen »große Politik« machen wollen, aber sie wollten ihn nicht einmal in Paris sehen. Eugenie verstand, warum man ihn dort nicht haben mochte. Auf die Engländer war der Sohn einer englischen Mutter, der Tochter der Queen Viktoria, noch weniger gut zu sprechen. Als er ein Foto der Königin erblickte, das Eugenie immer mit sich führte, machte Wilhelm II. seiner Verärgerung Luft: Sie hätten ihm nach dem Tod der Queen nicht das kleinste Andenken an seine Großmutter zukommen lassen, ihn gewissermaßen aus der Familie ausgeschlossen. Der Zorn des Deutschen Kaisers galt vor allem seinem Onkel, König Edward VII., den Eugenie ebenso schätzte wie er sie. Ihr gefiel Edwards persönliche Vorliebe für Frankreich, die sich zur politischen »Entente cordiale« entwickelt hatte.

Die Einkreisung des wilhelminischen Deutschland durch ihr Asylland England, das ihr unheimliche Rußland und ihr geliebtes Frankreich zeichnete sich ab. Mit der Dritten Republik hatte sich die Exkaiserin abgefunden, deren Revanchismus und Revisionismus mit ihrem Verlangen nach einer »Rache für Sedan« übereinstimmten und sich mit ihrem Wunsch deckten, das Elsaß und Lothringen, die durch den Siebzigerkrieg abgetrennt worden waren, mit Frankreich wiedervereinigt zu sehen.

Diese Ziele visierten auch die Bonapartisten an, die freilich 1891 mit Prinz Napoléon-Jérôme den letzten Bonaparte, der diesen Namen verdiente, verloren hatten. Sie habe ihn verabscheut, aber nicht verachtet, rief Eugenie dem toten Intimfeind nach. Seinen Sohn Victor respektierte sie als den von ihrem Sohn testamentarisch eingesetzten Thronprätendenten, aber sie wußte, daß der Anwärter nie Throninhaber werden würde, und auch, daß er die Bonapartisten nicht zusammenhalten und voranbringen könnte. Dies hätte auch eine stärkere Persönlichkeit nicht mehr vermocht. Im gelichteten Verband und in der hintersten Reihe marschierte die Partei einem Konflikt mit dem Sieger von 1871, dem Deutschen Reich, entgegen.

Die Wolken, die am Himmel über Europa aufzogen, wurden von Eugenie mit gemischten Gefühlen betrachtet. Einerseits fürchtete sie einen blutigen Krieg, andererseits hätte sie an einer geglückten Revanche nichts auszusetzen gehabt. Um die Chancen Frankreichs und Englands in der Auseinandersetzung mit Deutschland zu erhöhen, wäre ihr Österreich, der Hauptgeschädigte von Sadowa, in der Entente willkommen gewesen.

Im Jahre 1906 besuchte Eugenie den Kaiser Franz Joseph in Ischl. War sie von Edward VII. geschickt worden, um die Möglichkeiten eines Einvernehmens zu erkunden? Er habe es nicht genau herausgefunden, bemerkte Flügeladjutant Margutti. Jedenfalls habe der König die richtige Sendbotin gewählt, denn seinem Kaiser würde es nicht leichtfallen, einer Dame zu widerstehen, die in ihm so glanzvolle Erinnerungen weckte. Um im Habsburger die »Féerie impériale« wachzurufen, erschien sie zum Diner im schwarzen Seidenkleid mit langer Schleppe, ein Diadem im Haar. Franz Joseph hatte den Stern der Ehrenlegion mit einem Bildnis Napoleons III. angelegt. »Ich fühlte mich wie im Traum«, gestand die Exkaiserin. Der Kaiser blieb nüchtern. Im Jahr darauf hieß er zwar Edward VII. willkommen, aber von seinem Bündnis mit Deutschland war er nicht abzubringen.

Für Eugenie war wieder ein Kapitel ihres Lebens zu Ende. Wie hatte sie getrauert, als sie die Hiobsbotschaften aus dem Haus Habsburg vernahm: 1867 die Erschießung Maximilians von Mexiko, 1889 der Selbstmord des Kronprinzen Rudolph, 1898 die Ermordung der Kaiserin Elisabeth! Sie möchte an einer kleinen Wunde in ihrem Herzen sterben, durch die ihre Seele zu entfliehen vermöchte, hatte Sisi zu Eugenie auf Cap Martin gesagt, und sie starb an einer solchen Wunde, die ihr von der Feile eines Anarchisten in Genf zugefügt worden war. Franz Joseph schickte den Fächer und den Schirm, die seine Gemahlin am Todestag bei sich gehabt hatte, nach Farnborough. Eugenie ließ sich beides aus den Augen und in den hintersten Winkel des Speichers schaffen.

Als sie im Sommer 1914 auf der »Thistle« an der Dalmatinischen Küste kreuzte, wurde sie durch die Nachricht von der Ermordung des österreichischen Thronfolgerpaares in Sarajewo aufgeschreckt. »Das bedeutet Krieg«, sagte Eugenie, »wir müssen rasch nach Haus.« In Farnborough erlebte sie den Ausbruch des Weltkrieges. Auf der Freundesseite standen Frankreich und – anders als 1870 – England, auch Rußland, das damals in wohlwollender Neutralität für Preußen-Deutschland verharrte. Italien, dessen Wankelmütigkeit sie nicht überraschte, blieb noch abseits, und Spanien schloß sich überhaupt nicht an, was sie ihrem Heimatland nie verzieh. Auf der Feindesseite standen Deutschland, der Gegner von damals, und Österreich, 1870 neutral; dem ersteren wünschte sie die Niederlage, und sie bedauerte es, daß der zweite in sie hineingerissen wurde.

Am Sieg der Alliierten zweifelte sie nicht. England beherrschte das Meer, Rußland das Land, und »der Geist Frankreichs ist hoch zu loben und flößt Vertrauen ein. Doch wieviel Elend wird es auf dem Wege zum Ruhm geben«, schrieb Eugenie am 13. August 1914 an Lucien Daudet. »Fern vom Geschehen zu sein und nicht in dieses große Ringen eingreifen zu können ist sehr schwer zu ertragen.«

Sie tat, was sie tun konnte. Ihre Jacht »Thistle« übergab sie der Royal Navy. In Farnborough richtete sie ein Lazarett für Offiziere ein, ließ Medikamente und Instrumente auf ihre Kosten kommen und besuchte regelmäßig die Verwundeten. Sie hatte nichts dagegen, daß auf dem höchsten Punkt ihres Terrains Flugabwehrgeschütze in Stellung gebracht werden sollten. Sie wollte unbedingt die gen London fliegenden Zeppeline beobachten, und als man ihr sagte, dies könne für sie gefährlich werden, entgegnete sie: In ihrem Alter – 1916 wurde sie Neunzig – habe man keine Furcht mehr.

Wenn sie das Elend der Verwundeten und die immer länger werdende Liste der Gefallenen sah, überlief sie ein Schauder. Den Tod des Prinzen Battenberg, des Sohnes von Viktorias Tochter Beatrice, beklagte sie: »Wie viel privates Unglück bringt dieser schreckliche Krieg mit sich! Sein Ergebnis mag gut für die Alliierten sein, aber man wird inmitten von Trümmern und Tränen den Sieg feiern.« Es dauerte und dauerte, bis es soweit war. Endlich kam die Nachricht vom Abschluß des Waffenstillstandes am 11. November 1918. »Gott sei Dank, das Gemetzel ist zu Ende«, sagte Eugenie und quittierte mit Genugtuung die Feststellung des Boten, Oberst Verner: »Madame, Sedan ist gerächt.«

Nun stand der Rückgabe von Elsaß-Lothringen an Frankreich nichts mehr im Wege. Was sich die Exkaiserin von Anfang an als Siegespreis gewünscht hatte, war bis Ende 1917 noch nicht als Kriegsziel der Alliierten markiert gewesen. Thomas Woodrow Wilson, der Präsident der in den Krieg gegen Deutschland und Österreich eingetretenen Vereinigten Staaten von Amerika, hatte gemeint, das »Selbstbestimmungsrecht der Völker« stehe einer Angliederung der deutschstämmigen und deutschsprechenden Elsässer und Lothringer an die französische Nation entgegen. Ministerpräsident Georges Clemenceau, »le Tigre«, war sich noch nicht sicher, ob die Trikolore wieder über Straßburg und Metz wehen würde. Dem Republikaner kam die Bonaparte zu Hilfe. Sie erinnerte sich an den Brief Wilhelms I., den er ihr am 25. Oktober 1870 geschrieben und darin die Annexion des Elsaß und Lothringens nicht mehr als Angelegenheit des Nationalitätsprinzips, sondern als Bedürfnis der Sicherheit Deutschlands vor Angriffen Frankreichs begründet hatte. Das Schreiben, das sich unter ihren Papieren in Farnborough befand, ließ die Exkaiserin dem Ministerpräsidenten zuleiten, und dieser kam damit seinem Ziel, der Rückgewinnung der beiden französischen Provinzen, ein gutes Stück näher.

In der Causa Elsaß-Lothringen hatte die Exkaiserin ein letztes politisches Nachwort gesprochen. Die Person, die das Dokument von Farnborough nach Paris brachte, erinnerte die Witwe an Mißhelligkeiten in ihrer Ehe. Dr. Hugenschmidt galt als illegitimer Sohn Napoleons III. aus der Liaison mit der

Gräfin Castiglione. Solange der legitime Sohn lebte, wollte Eugenie ihn nicht sehen, nach dem Tode Loulous gewöhnte sie sich an ihn als regelmäßigen Gast. Von Dr. Hugenschmidt, der die Praxis ihres Nothelfers Dr. Evans in Paris übernommen hatte, war Clemenceau auf das Schreiben Wilhelms I. an Eugenie aufmerksam gemacht worden. Der Ministerpräsident der Dritten Republik bat den Arzt, das wichtige Papier herbeizuschaffen, und bedankte sich bei der Exkaiserin des Second Empire für den Dienst, den sie Frankreich mit der Überlassung des Dokuments geleistet habe.

Gott habe sie so lange leben lassen, damit sie Frankreich in seinem alten nationalen Bestand wiederhergestellt sehe, kommentierte Eugenie das diesbezügliche Ergebnis des Versailler Friedenskongresses. Nicht mit allen seinen Klauseln war sie einverstanden. Die Sieger hätten dem besiegten Deutschland unmögliche Bedingungen auferlegt, sagte sie Oberst Verner, und zu Dr. Attenborough: »Dies ist kein Frieden, das ist Saat für einen künftigen Krieg.«

Sie würde ihn nicht mehr erleben, aber das beruhigte sie nicht. »Sie zählt dreiundneunzigeinhalb Jahre; sie steht daher schon an der äußersten Grenze des menschlichen Lebenskreises. Unter dem schneeweißen Haar ein fahler Teint, eine runzelige, faltige Haut, schlaffe Wangen, weiße Lippen, schmale Nasenflügel, tiefliegende Augen, glasige, starre Augäpfel, ein fleischloser Hals, skelettähnliche Hände« – so traf sie der Diplomat und Schriftsteller Maurice Paléologue am 5. Dezember 1919 an. Er war betroffen »von ihrem Verfalle« und bewegt von ihrer Ergebenheit: »In der Liturgie für die Sterbenden gibt es ein Gebet, über das ich oft nachgedacht habe, das Gebet, das man im letzten Augenblicke spricht: ›Proficiscere de hoc mundo, anima christiana ... Verlasse diese Welt, o christliche Seele ...‹ Nun gut! Wenn der Priester diese erhabenen Worte über mich sprechen wird, so wird meine Seele voll Dankbarkeit und Zufriedenheit gehorchen.«

Durch den Grauen Star werde sie ihr Augenlicht verlieren,

sagte man ihr. Bevor es so weit sei, »will ich Spanien noch sehen«, eröffnete sie ihrem Großneffen James, Herzog von Alba. Im Frühling 1920 brach sie in das Land auf, von dem sie ausgezogen war, um noch einmal seinen blauen Himmel zu schauen und den Duft der Orangen zu atmen. In Algeciras wurde sie von den im Hafen liegenden Schiffen mit zwanzig Salutschüssen begrüßt. Im Automobil fuhr sie über Jerez nach Sevilla. Im Palast der Alba besuchten sie König Alfons XIII. und ihr Patenkind, Königin Viktoria Eugenie, die Tochter der Prinzessin Beatrice und Enkelin der Queen. Auf einem Flamenco-Fest, beim Klang der Gitarren und Kastagnetten, fühlte sie sich in ihre Jugendzeit zurückversetzt.

Sie fuhr nach Madrid weiter und kam an einem verfallenen Haus vorbei, das ihr gehört hatte. Ein alter Bauer, von dem sie nicht erkannt worden war, sagte zu ihr: »Hier hat einst eine schöne Gräfin gewohnt, die wegzog, um einen König zu heiraten.« Im Palacio de Liria der Alba zu Madrid gab sie sich weniger als Impératrice Eugenie denn als Doña Eugenia. Sie lud Verwandte und Bekannte zu einem Da capo des ersten Aktes ihres Lebens ein. Es wurde ein Da capo al fine.

Am 5. Mai 1920 feierte sie ihren vierundneunzigsten Geburtstag. Sie schlafe gut, esse mit Appetit, verdaue normal, erklärte die Jubilarin, und sie fühle sich kräftig genug, um sich einer Augenoperation durch den Spezialisten Dr. Barraguer zu unterziehen. Der Eingriff glückte, Eugenie gewann an Sehkraft und damit an Lebensfreude zurück. Sie ging zum Stierkampf und schrieb auf einen Briefbogen: »Viva España!«

In Spanien ereilte sie der Tod. Am 10. Juli begann sie zu fiebern. Man brachte sie zu Bett und holte den Arzt, der Harnvergiftung feststellte, und den Priester, der ihr die Beichte abnahm und die Letzte Ölung spendete. Am 11. Juli 1920 um 8 Uhr morgens starb sie im Zimmer ihrer Schwester Paca, die bereits sechzig Jahre tot war. »Marie-Eugenie de Guzman, Witwe Napoleons III.«, wie sie ihr Testament unterschrieben hatte, verschied fünfzig Jahre nach Beginn des französischdeutschen Krieges von 1870 und dem Ende des Zweiten Kaiserreiches und neunzehn Jahre vor dem Ausbruch des Zweiten Weltkrieges, in dem die Dritte Republik unterging.

Zeittafel

1826	5. Mai: In Granada wird Maria Eugenia Ignacia Augustina geboren, zweite Tochter von Don Cipriano de Guzman y Palafox y Portocarrero, Graf von Teba, und seiner Gemahlin Maria Manuela, geborene Kirkpatrick.
1830	Umzug der Familie nach Madrid.
1834	Don Cipriano wird nach dem Tod seines älteren Bruders Don Eugenio Graf von Montijo, Eugenia Gräfin von Teba.
1835	Eugenie im Internat Sacré-Cœur in Paris, anschließend in einem Pensionat in Clifton bei Bristol.
1838	In Paris von den Schriftstellern Mérimée und Stendhal wie von der Schauspielerin Rachel beeinflußt.
1839	Tod des Vaters, Rückkehr nach Madrid, Einstieg in das gesellschaftliche Leben.
1840	Überführung der sterblichen Überreste Napoleon I. von Sankt Helena nach Paris.
1844	Der Herzog von Alba und Berwick heiratet nicht die in ihn verliebte Eugenie, sondern ihre ältere Schwester Paca.
1848	Februarrevolution in Paris. Prinz Louis Napoleon Bonaparte, der Neffe Napoleons I., wird vom Volk zum Präsidenten der Zweiten Republik gewählt.
1849	Eugenie mit ihrer Mutter Doña Manuela in Paris. Erste Begegnungen mit dem Prinz-Präsidenten.
1851	Staatsstreich Louis Napoleons. Volkswahl zum Präsidenten auf zehn Jahre.
1852	Napoleon III., durch Plebiszit Kaiser der Franzosen, wirbt um Eugenie.
1853	15. Januar: Napoleon bittet Doña Manuela um die Hand ihrer Tochter. 30. Januar: Trauung in der Kathedrale Notre-Dame zu Paris.
1854/56	Krimkrieg: Frankreich, England, die Türkei und Sardinien-Piemont gegen Rußland.
1855	Napoleon und Eugenie in England bei Königin Viktoria. Gegenbesuch der Queen anläßlich der Weltausstellung in Paris.
1856	16. März: Geburt des Kronprinzen Napoléon Eugène Louis Jean Joseph, genannt Loulou. Friedenskongreß zu Paris.
1858	Orsini-Attentat; Eugenie und Napoleon unverletzt.
1859	Krieg und Sieg: Frankreich und Sardinien-Piemont gegen Österreich. Regentschaft der Kaiserin in Abwesenheit des Kaisers.
1860	Das Kaiserpaar in Savoyen, Nizza und Algerien. Eugenies Schwester Paca stirbt. »Le Grand Paris« (Präfekt Haussmann).

1862	Frankreich interveniert in Mexiko. Baubeginn der Großen Oper in Paris.
1864	Krieg Preußens und Österreichs gegen Dänemark. Kaiser Maximilian in Mexiko. Jacques Offenbach: »Die schöne Helena«. Eugenie in Bad Schwalbach.
1865	Napoleon III. in Algerien. Zweite Regentschaft Eugenies. Bismarck beim Kaiserpaar in Biarritz.
1866	Preußens Sieg bei Königgrätz (Sadowa) öffnet den Weg für eine Einigung Deutschlands ohne Österreich.
1867	Weltausstellung in Paris. Nach der Räumung Mexikos durch die Franzosen wird Kaiser Maximilian von den Republikanern erschossen. Napoleon und Eugenie bei Franz Joseph und Elisabeth in Salzburg. Garibaldis Angriff auf Rom mit französischer Hilfe abgeschlagen.
1869	Stärkung der Opposition bei den Parlamentswahlen. Ankündigung des »Empire libéral«. Eugenie bei der Eröffnung des Suezkanals.
1870	Das »liberale Kaiserreich« durch Plebiszit gebilligt. Kriegserklärung Frankreichs an Preußen. Dritte Regentschaft der Kaiserin. Einmarsch der Deutschen. 2. September: Kapitulation von Sedan, Napoleon III. kriegsgefangen. 4. September: Beginn der Dritten Republik. Eugenie flieht aus den Tuilerien nach England.
1871	Vorfriede von Versailles und Friede von Frankfurt. Frankreich verliert Elsaß-Lothringen. Napoleon kommt aus Kassel-Wilhelmshöhe nach Camden Place (Chislehurst), dem Exilsitz des Exkaiserpaares.
1873	9. Januar: Napoleon stirbt in Camden Place. Loulou auf der britischen Militärakademie Woolwich.
1876/77	Eugenie in der Schweiz, in Italien und Spanien.
1879	Der Exkronprinz fällt als britischer Offizier im Zulukrieg in Südafrika. Mutter Manuela stirbt in Madrid.
1880	Eugenie besucht in Südafrika Loulous Sterbeort.
1881	Erwerb von Farnborough Hill, wo Eugenie sich nach dem Umbau des Herrenhauses niederläßt, ein Kloster und die Grabeskirche Saint-Michel für Gemahl und Sohn errichtet.
1888	Auf dem in Cap Martin an der Côte d'Azur erstandenen Terrain läßt Eugenie die Villa Cyrnos bauen (fertiggestellt 1896).
1889	Mit der in Amsterdam gekauften Jacht »Thistle« unternimmt Eugenie in den folgenden Jahrzehnten weite Reisen – bis Ceylon.
1907	Begegnung mit Kaiser Wilhelm II. in Bergen (Norwegen).

1914 Kurz vor Ausbruch des Weltkriegs kehrt Eugenie von einer Kreuzfahrt in der Adria nach England zurück. Einrichtung eines Lazaretts in Farnborough (1915).
1920 11. Juli: Eugenie stirbt in Madrid und wird in Saint-Michel zu Farnborough beigesetzt.

Bibliographie

Diese auf dem gegenwärtigen Forschungsstand basierende Biographie ist für einen breiteren Leserkreis geschrieben. Sie enthält keinen wissenschaftlichen Apparat, doch wird im folgenden auf einschlägige, vom Autor benützte und weiterführende Quellen und Literatur verwiesen.

Eugenie, Napoleon und Familie

Albe, Duc d' und G. Hanotaux (Hrsg.): Lettres familières de l'Impératrice Eugénie. 2 Bde., Paris 1935. – Papiers et correspondances de la famille impériale. Paris 1870. – Papiers secrets des Tuileries. 3 Bde., Paris 1870–1871. – Les Papiers secrets du Second Empire. 2 Bde., Brüssel 1870.

Kurtz, Harold: Eugénie. Kaiserin der Franzosen. Tübingen 1964. – Desternes, Suzanne und Henriette Chandet: Eugenie. Weltdame und Kaiserin. München 1957. – Aubry, Octave: Kaiserin Eugenie. Erlenbach-Zürich o.J.

Smith, William: Eugénie. Impératrice des Français. Paris 1998. – Autin, Jean: L'Impératrice Eugénie. Paris 1990. – Dufresne, Claude: L'Impératrice Eugénie. Paris 1986. – Hermant, Abel: Eugénie, Impératrice des Français. Paris 1942. – Loliée, Frédéric: La vie d'une Impératrice. Paris 1928.

Séguin, Philippe: Louis Napoléon le Grand. Paris 1990. – Herre, Franz: Napoleon III. Glanz und Elend des Zweiten Kaiserreiches. München 1990. – Ménager, Bernard: Les Napoléon du peuple. Paris 1988. – Girard, Louis: Napoléon III. Paris 1986. – Smith, William: Napoléon III. Paris 1982. – Guériot, Paul: Napoléon III. 2 Bde., Paris 1980. – Castelot, André: Napoléon Trois. 2 Bde., Paris 1973–1974. – Corley, T.A.B.: Napoléon III. Stuttgart 1970.

Bertaut, Jules: Napoléon III secret. Paris 1939. – Bac, Ferdinand: Napoléon III inconnu. Paris 1932. – Dansette, Adrien: Les amours de Napoléon III. Paris 1961. – Decaux, Alain: La Castiglione. Paris 1964.

Ridley, Jasper: Napoleon III and Eugenie. London 1979. – Duff, David: Eugenie & Napoleon III. Düsseldorf 1979. – Saint Amand, Imbert de: Louis Napoléon et Mlle. de Montijo. Paris o.J. – Schlagintweit, Felix: Napoleon III., Lulu und Eugenie. München 1949. – Bac, Ferdinand: Le Marriage de l'Impératrice Eugénie. Paris 1928.

Lachnitt, Jean-Claude: Le Prince impérial. Napoléon IV. Paris 1997. – Frerejean, Alain: Napoléon IV. Un destin brisé. Paris 1997. – Decaux, Alain: Connaissez-vous le Prince impérial? Paris 1971. – Desternes, Suzanne und Henriette Chandet: Loulou, Prince impérial. Paris 1957. – Filon, Augustin: Le prince impérial. Souvenirs et documents. Paris 1912.

Castillon Du Perron, Marguerite: La Princesse Mathilde. Paris 1967. – Bac, Ferdinand: La Princesse Mathilde. Paris 1928 – Flammarion, J.: Le Prince Napoléon (Jérôme). Paris 1939. – Bac, Ferdinand: Le Prince Napoléon. Paris 1932. – D'Hauterive, E. (Hrsg.): Correspondance de Napoléon III et du Prince Napoléon. Paris 1925.

Esslinger, E.: Der politische Einfluß der Kaiserin Eugenie auf die Regierung Napoleons III. Tübingen 1932. – Barker, Nancy Nichols: Distaff Diplomacy. The Empress Eugenie and the Foreign Policy of the Second Empire. Austin 1967. – Bury. J.P.T.: Napoleon III and the Second Empire. London 1964. – Lecaillon, J.-F.: Napoléon III et Mexique. Paris 1994. – Echard, William E.: Napoleon III and the Concert of Europe. London 1983.

Castelot, André (Hrsg.): La Féerie impériale. Textes. Paris 1978. – Decaux, Alain: L'empire, l'amour, l'argent. Paris 1982. – Allem, Maurice: La vie quotidienne sous le Second Empire. Paris 1948. – Bac, Ferdinand: Intimités du Second Empire. Paris 1935. – Boulenger, Jacques: Les Tuileries sous le Second Empire. Paris 1932. – Bac, Ferdinand: La Cour des Tuileries sous le Second Empire. Paris 1930. – Bushell, T.A.: Imperial Chislehurst. Chesham 1974. – Mostyn, Dorothy: The Story of a House: Farnborough Hill. Farnborough 1974.

Zeitgenossen

Barail, Général du: Mes souvenirs. 3 Bde., Paris 1896.
Baroche, Mme Jules: Le Second Empire. Notes et souvenirs. 1855–1871. Paris 1921.
Barthez, Ernest: La Famille impériale à Saint-Cloud et à Biarritz. Paris 1913.
Bismarck, Otto von: Gall, Lothar: Bismarck. Frankfurt/Berlin 1980. – Herre, Franz: Bismarck. Köln 1991.
Bocher, Charles: Mémoires. 1848–1907. Paris 1907.
Carette, Mme: Souvenirs intimes de la Cour des Tuileries. 3 Bde., Paris 1888–1891.
Daudet, Lucien: L'Impératrice Eugénie. Paris 1911. – Ders.: Dans l'ombre de l'Impératrice Eugénie. Paris 1935.
Du Camp, Maxime: Souvenir d'un demi-siècle. 2 Bde., Paris 1949.
Elisabeth von Österreich: Hamann, Brigitte: Elisabeth. Wien 1982.

Ernst II. von Sachsen-Coburg-Gotha: Aus meinem Leben und aus meiner Zeit. 3 Bde., Berlin 1889.

Evans, Thomas: La Fin du Second Empire avec l'Empereur et l'Impératrice. Paris 1910.

Feuillet, Mme Octave: Souvenirs et Correspondance. Paris 1896.

Filon, Augustin: Souvenirs sur l'Impératrice Eugénie. Paris 1920.

Fleury, Émile Félix: Souvenirs. 2 Bde., Paris 1897–1898.

Franz Joseph von Österreich: Herre, Franz: Kaiser Franz Joseph. Köln 1978. – Hallberg, C.W.: Franz Joseph and Napoleon III. New York 1955.

Friedrich Wilhelm, Kronprinz: Tagebuch meiner Reise nach dem Morgenlande 1869. Frankfurt/Berlin 1971.

Gambetta, Léon: Bury, J.P.T.: Gambetta and the Making of the Third Republic. London 1973. – Tank, K.L.: Frankreich zwischen Freiheit und Diktatur. Gambettas Kampf gegen Napoleon III. Hamburg 1958.

Garets, Comtesse des (geb. Larminat): Auprès de l'Impératrice Eugénie. Paris 1928. – Dies.: L'Impératrice Eugénie en exil. Paris 1929.

Garibaldi, Giuseppe: Hibbert, Christopher: Der gerechte Rebell. Der Weg des Giuseppe Garibaldi. Tübingen 1970.

Concourt, Edmond de: Tagebuch der Belagerung von Paris 1870/71. Eingeleitet von Jörg Drews. München 1969.

Haussmann, Georges Eugène: Mémoires du Baron Haussmann. 3 Bde., Paris 1890. – Lameyre, Gérard: Haussmann. Paris 1958. – Cars, Jean des: Haussmann. Paris 1978. – Jordan, David: Die Neuerschaffung von Paris. Baron Haussmann und seine Stadt. Frankfurt 1996.

Houssaye, Arsène: Les confessions. Souvenirs d'un demi-siècle. 1830–1880. 6 Bde., Paris 1885–1891.

Hübner, Joseph Alexander von: Neun Jahre der Erinnerungen eines österreichischen Botschafters in Paris unter dem Zweiten Kaiserreich. 1851–1859. 2 Bde., Berlin 1904.

Hugo, Victor: Maurois, André: »Olympio« Victor Hugo. Hamburg 1957. – Decaux, Alain: Victor Hugo. Paris 1984.

Malmesbury, Lord: Memoirs of an Ex-Minister. London 1884.

Manet, Édouard: Friedrich, Otto: Édouard Manet und das Paris seiner Zeit. Köln 1994.

Maupas, Charlemagne Émile de: Mémoires sur le Second Empire. 2 Bde., Paris 1884–1885.

Maximilian von Mexiko: Haslip, Joan: Maximilian Kaiser von Mexiko. München 1972. – Desternes, Suzanne und Henriette Chandet: Maximilien et Charlotte. Paris 1964.

Mérimée, Prosper: Lettres à la Comtesse de Montijo. 2 Bde., Paris 1936. – Ders.: Lettres à M. Panizzi. 1850–1870. 2 Bde., Paris 1881. – Autin, Jean: Mérimée. Paris 1983.

Metternich-Sándor, Pauline: Feuerwerk. Das Paris Napoleons III. Wien 1979.

Moltke, Helmuth von: Herre, Franz: Moltke. Stuttgart 1984.
Monts, Carl von: Napoleon III. auf Wilhelmshöhe 1870/71. Berlin 1909.
Morny, Duc de: Grothe, Gerda: Der Herzog von Morny. Berlin 1966. – Dufresne, Claude: Morny. Paris 1993.
Mundt, Theodor: Paris und Louis Napoleon. 2 Bde., Berlin 1858.
Offenbach, Jacques: Kracauer, Siegfried: Jacques Offenbach und das Paris seiner Zeit. Schriften Bd. 8. Frankfurt 1976. – Decaux, Alain: Offenbach. Paris 1966.
Ollivier, Émile: Journal. 1846–1869. 2 Bde., Paris 1961. – Ders.: L'Empire libéral. 17 Bde., Paris 1895–1915. – Zeldin, Theodore: Émile Ollivier and the liberal Empire of Napoleon III. Oxford 1963.
Paléologue, Maurice: Vertrauliche Gespräche mit der Kaiserin Eugenie. Dresden 1928.
Persigny, Duc de: Mémoires. Paris 1896. – Farat, Honoré: Persigny. Paris 1972.
Prévost-Paradol, Anatole: Guiral, Pierre: Prévost-Paradol. Paris 1955.
Rouher, Eugène: Schnerb, Robert: Rouher et le Second Empire. Clermont-Ferrand 1949.
Sainte-Beuve, Charles Augustin: Lepenies, Wolf: Sainte-Beuve. München 1997.
Tascher de la Pagerie, Stéphanie: Mon séjour aux Tuileries. 3 Bde., Paris 1893–1894.
Thiers, Adolphe: Guiral, Pierre: Adolphe Thiers. Paris 1986. – Bury, J.P.T. und R.P. Tombs: Thiers. 1797–1877. London 1986.
Viktoria, Queen: The Letters of Queen Victoria. A Selection. First Series 1839–61. 3 Bde., London 1907. Second Series 1862–85. 3 Bde., London 1926. Third Series 1886–1901. 3 Bde., London 1930. – Longford, Elizabeth: Victoria. Königin und Kaiserin. München 1966. – Wocker, Karl-Heinz: Königin Victoria. Düsseldorf 1978. – Aronson, Theo: Queen Victoria and the Bonapartes. London 1972.
Vieil-Castel, Horace de: Mémoires sur le règne de Napoléon III. 6 Bde., Paris 1942.
Zola, Émile: Korn, Karl: Zola in seiner Zeit. Frankfurt 1980.

Zweites Kaiserreich

Dictionnaire du Second Empire. Sous la direction de Jean Tulard. Paris 1995.

La Gorce, Pierre de: Histoire du Second Empire. 7 Bde., Paris 1894–1905. – Seignobos, Charles: La Révolution de 1848 – Le Second Empire (1848–1859); ders.: Le déclin de l'Empire et l'établissement de la 3me République (1859–1875). In: Ernest Lavisse: Histoire de France contemporaine depuis la Révolution jusqu'à la paix de 1919. Band VI. und Band

VII. Paris 1921. – Gooch, G. P.: The Second Empire. London 1959. – Miquel, Pierre: Le Second Empire. Paris 1992.

Bulle, Constantin: Geschichte des Zweiten Kaiserreiches und des Königreiches Italien. Berlin 1890. – Aubry, Octave: Das Zweite Kaiserreich. Erlenbach-Zürich 1938. – Erbe, Michael: Geschichte Frankreichs von der Großen Revolution bis zur Dritten Republik. 1789–1884. Stuttgart 1982. – Caron, François: Frankreich im Zeitalter des Imperialismus. 1852–1918. In: Jean Favier (Hrsg.): Geschichte Frankreichs. Bd. 5. Stuttgart 1991.

Renouvin, Pierre: La politique extérieure du Second Empire. Paris 1940. – Baumgart, Winfried: Der Friede von Paris 1956. München 1972. – Hyde, H.M.: Mexican Empire. London 1946. – Poidevin, Raymond und Jacques Bariéty: Frankreich und Deutschland. Die Geschichte ihrer Beziehungen 1815–1975. München 1982. – Poidevin, Raymond und Heinz-Otto Sieburg (Hrsg.): Deutsch-französische Beziehungen im Zeitalter des Second Empire 1851–1866. Metz 1982. – Kolb, Eberhard (Hrsg.): Europa vor dem Krieg von 1870. München 1987. – Ders.: Der Kriegsausbruch 1870. Göttingen 1970. – Groote, Wolfgang von und Ursula von Gersdorff (Hrsg.): Entscheidung 1870. Der deutsch-französische Krieg. Stuttgart 1970. – Herre, Franz: Anno 70/71. Köln 1970. – Horne, Alistair: Paris ist tot – es lebe Paris. Der Deutsch-Französische Krieg 1870/71 und der Aufstand der Kommune. Bern/München 1967. – Roth, François: La Guerre de 1870. Paris 1990.

Zeldin, Theodore: The Political System of Napoleon III. London 1958. – Wüstemeyer, Manfred: Demokratische Diktatur. Zum politischen System des Bonapartismus im Zweiten Empire. Köln 1986. – Hammer, Karl und Peter Claus Hartmann (Hrsg.): Der Bonapartismus – La Bonapartisme. München 1977. – Rothney, John: Bonapartism after Sedan. Ithaca 1969. – Giovanangeli, Bernard (Hrsg.): Pourquoi réhabiliter le Second Empire? Paris 1997.

Braudel, Fernand und Ernest Labrousse (Hrsg.): Wirtschaft und Gesellschaft in Frankreich im Zeitalter der Industrialisierung. 1789–1880. 2 Bde., Frankfurt 1986–1988. – Ziebura, Gilbert und Heinz-Gerhard Haupt (Hrsg.): Wirtschaft und Gesellschaft in Frankreich seit 1789. Köln 1975. – Girard, Louis: La politique des travaux publics au Second Empire. Paris 1952. – Bellessort, André: La société française sous Napoléon III. Paris 1932. – Guiral, Pierre: La vie quotidienne en France à l'âge d'or du capitalisme. Paris 1976.

Willms, Johannes: Paris. Hauptstadt Europas. 1789–1914. München 1988. – Kampmeyer-Käding, Margret: Paris unter dem Zweiten Kaiserreich. Marburg 1990. – Gaillard, Jeanne: Paris. La Ville (1852–1870). Paris 1976. – Herre, Franz: Paris. Ein historischer Führer. Köln 1972.

Personenregister

Alba, Herzog von (Jacobo Luis Fitz-James Stuart y Ventimiglia) 27f., 41, 84, 174, 177, 325
Albert, Prinz, Gemahl von Viktoria I. 58, 84–86, 96f., 162, 176
Alcañisez, Marques de 30, 41
Alexander II., Zar 99, 101, 223f., 252, 291
Alfons XII., König von Spanien 321
Alfons XIII., König von Spanien 334
Anna von Österreich 215
Arago, Emmanuel 259, 283
Auber, Daniel 62, 66, 128, 221
Augusta, Gemahlin von Wilhelm I. 194, 257

Baciocchi, Félix 37f., 43, 50, 69
Baroche, Mme Jules 97, 120, 161, 178
Barthez, Ernest 90
Bauer, Marie Bernard, Abbé 111f., 188, 241
Bazaine, Achille 188, 228, 270–274, 276, 290, 293
Beatrice, Tochter von Viktoria I. 331, 334
Beauharnais, Hortense de 32, 59, 174, 301, 311
Beauharnais, Josephine de 52, 56, 59, 63, 70, 174
Bellenger, Marguerite 70, 192f., 196
Benedetti, Vincent 257
Berezowski, Antoine 224, 252
Berlioz, Hector 129
Bernstorff, Albrecht von 210, 294
Bismarck, Otto von 97, 163, 194, 209–211, 214–216, 223, 231, 250, 257, 277, 293, 295
Bocher, Charles 102, 137, 148

Bonaparte, Jérôme 35, 48, 54, 160, 297
Bonaparte, Joseph 10, 22, 160
Bonaparte, Pierre 31, 247
Bonheur, Rosa 198
Bernard, Verschwörer 149

Cabanel, Alexandre 109, 219, 324
Cambridge, Herzog von 84, 313, 317
Canrobert, François 191, 307
Carette, Mme, geb. Bouvet 108, 112, 130, 187, 194, 250, 261
Carpeaux, Jean Baptiste 110, 128, 219, 221, 245, 307, 324
Castiglione, Virginia 69, 141f., 156f., 333
Cavour, Camillo Benso 100, 141, 156f., 167f.
Chambord, Henri de (Heinrich V.) 312
Charlotte, Gemahlin von Maximilian I. 186, 189, 228f.
Chevreau, Julien Henri 280, 284
Christofle, Charles 88, 218
Clarendon, Lord 73, 85, 100, 142, 175
Clemenceau, Georges 332
Clotilde, Tochter von Viktor Emmanuel II. 156, 164
Cocteau, Jean 326
Corot, Camille 219
Cortés, Donoso 51, 57, 60f., 65, 158
Courbet, Gustave 91, 219
Cowley, Lord 52, 63, 80, 100, 142, 193

Darimon, Alfred Louis 197
Daru, Napoléon 281
Daudet, Alphonse 326
Daudet, Lucien 327f., 331

Delacroix, Eugène 91, 123
Delessert, Cécile 24, 81
Demidoff, Fürst 35, 54
Disraeli, Benjamin 318
Doña Manuela, siehe: Maria Manuela
Don Carlos, Bruder von Ferdinand VII. 17
Don Cipriano, siehe: Guzman y Palafox, Cipriano de
Don Eugenio, siehe: Montijo, Eugenio de
Donizetti, Gaëtano 147
Drouyn de L'Huys, Édouard 55, 204, 214
Du Camp, Maxime 107
Dubufe, Édouard Louis 217
Dumas, Alexandre (fils) 128, 132
Dumas, Alexandre (père) 56, 136, 216
Duruy, Victor 198f., 206

Edward VII. 96, 224, 329, 330
Eiffel, Gustave 218
Elisabeth, Kaiserin von Österreich 229, 326
Ernst II. von Sachsen-Coburg-Gotha 73, 77, 84, 146f.
Espinasse, Esprit Charles Marie 149, 152, 159
Essling, Fürstin von 107, 266
Evans, Dr. Thomas 286–288, 333

Favre, Jules 138, 150, 189, 236, 249, 259, 280, 282, 290
Ferdinand VII. 11, 14f., 17
Ferdinand Maximilian von Österreich, siehe: Maximilian I.
Ferry, Jules 237
Feuillet, Octave 110, 132f., 263
Filon, Augustin 179, 245, 263, 279, 284, 300f., 305
Flaubert, Gustave 129
Fleury, Émile Félix 165, 307

Forey, Éli Frédéric 188
Fould, Achille 51, 61, 153
Franz Joseph I., Kaiser von Österreich 101, 159, 164, 167, 186, 189, 212, 225, 229f., 231, 244, 251, 291, 316, 330
Friedrich III., Deutscher Kaiser 96, 122, 126, 244f.
Friedrich Wilhelm von Preußen, siehe: Friedrich III.

Galliffet, Gaston de 187, 276
Gambetta, Léon 218, 246–248, 259, 282, 290, 298
Garibaldi, Giuseppe 156, 167f., 204, 207
Garnier, Charles 221
Gautier, Théophile 90, 218
Géricault, Théodore 308
Gérôme, Jean Léon 182
Gomez, Attentäter 148, 152
Goncourt, Jules und Edmond 123, 127, 242, 283
Gorce, Pierre de la 129, 150
Gordon, Éleonore 34, 38
Gounod, Charles 128, 221
Gramont, Herzog von 255f., 258, 307
Grévy, Jules 321
Guzman y Palafox y Portocarrero, Cipriano de, Graf von Teba, später Graf von Montijo, genannt Don Cipriano 10, 12–13, 14f., 16, 18

Halévy, Ludovic 222, 249
Haussmann, Georges Eugène 219f., 307
Hohenlohe-Langenburg, Adelaide von 45, 56
Hortense, siehe: Beauharnais, Hortense de
Houssaye, Arsène 131, 142

Howard, Miss (eigentlich Elizabeth Anne Harriet) 39, 44, 69, 300
Huddleston, Ferdinand 42, 45
Hübner, Joseph Alexander von 48, 52, 57, 62, 63–65, 80, 84, 100, 102, 116f., 122, 125f., 132, 148, 154
Hugo, Victor 64, 135, 148, 169, 182, 216, 250, 290
Hyrvoix, Alphonse Louis 232

Ingres, Jean Auguste Dominique 91, 109
Isabella, Tochter von Ferdinand VII. 15, 321

Jérôme, siehe: Bonaparte, Jérôme
Josephine, siehe: Beauharnais, Josephine de
Juarez, Benito 183–185, 227f.
Jurien de la Gravière, Jean Pierre 233, 304f.

Karl der Große 59, 64
Karl V., Kaiser 61, 186, 253, 255
Karl X., König von Frankreich 75, 108, 282, 285

Larminat, Marie 302
Le Bœuf, Edmond 254, 258, 264f., 270, 307
Lebreton, Mme 285–287, 302, 304
Ledru-Rollin, Alexandre Auguste 169
Lefuel, Hector 108, 221
Leopold, König der Belgier 96, 175
Leopold von Hohenzollern-Sigmaringen 253
Lesseps, Ferdinand de 180f., 241, 284
Loti, Pierre 217
Louis-Philippe 18, 75, 79, 108, 125, 137, 172, 282, 285

Loulou, siehe: Napoléon Eugène Louis Jean Joseph
Ludwig I. von Bayern 225
Ludwig II. von Bayern 224
Ludwig XIV., König von Frankreich 74, 105, 124, 137, 215
Ludwig XVI., König von Frankreich. 75, 105, 108, 220, 232, 282
Ludwig XVII., Sohn Marie Antoinettes 71, 325
Ludwig XVIII., König von Frankreich 108, 119

Mac Mahon, Patrice de, Duc de Magenta 98, 118, 150, 164, 271–276, 312
Magne, Pierre 206, 215
Malmesbury, Lord 42, 107, 166
Manet, Édouard 219
Maria Christina, Gemahlin Ferdinands VII. 17
Maria Christine von Österreich 321
Maria Francisca, Herzogin von Alba, genannt Paca 14, 16, 19f., 22, 24, 27f., 39–41, 51, 58, 60, 62, 67, 68f., 71, 76, 81, 143, 147, 157, 167f., 171, 172–174, 178, 185f., 334
Maria Manuela, Gräfin von Teba, später Gräfin von Montijo, genannt Doña Manuela 12–14, 16, 18, 22, 26–29, 34–37, 40–42, 44, 49–51, 74, 97, 261, 322
Maria Theresia, Kaiserin von Österreich 148, 154
Marie Antoinette, Königin von Frankreich 53, 71, 73, 106, 124, 135f., 195, 220, 226, 232, 235, 249, 284, 289
Marie Louise 44, 48, 53, 68, 70, 74, 159, 160
Marx, Karl 139

Mathilde, Prinzessin 35, 48, 50, 54, 55, 61, 67, 89, 113, 136, 144, 152, 242, 307
Maximilian I., Kaiser von Mexiko 122, 186, 189, 227f., 330
Mazzini, Giuseppe 139, 148, 156, 167f.
Meilhac, Henri 222, 249
Mercy-Argenteau, Louisa de 234, 296
Mérimée, Prosper 16f., 19, 22–24, 26, 29, 34, 51f., 66, 70, 110f., 116, 121, 124, 129, 131f., 157, 159f., 182, 190, 196, 197, 206, 210, 220, 238f., 292, 303, 322
Metternich, Fürst Clemens Wenzel 57, 139, 163, 203, 316
Metternich, Fürst Richard 99, 132, 208, 213, 214, 229, 251, 255, 259, 284, 316
Metternich-Sándor, Fürstin Pauline 132, 213, 251, 260, 284, 289, 301
Miramon, Miguel 183
Moltke, Helmuth von 122, 126, 223, 274, 277
Montez, Lola 225
Montijo, Eugenio de, Graf von Montijo, genannt Don Eugenio 10f., 14, 16, 18
Monts, Carl von 296, 299
Morny, Charles, Duc de 119f., 132, 136, 138, 149, 153, 181, 183, 199
Mouchy, Anna de 109, 301, 320
Mundt, Theodor 90, 154, 219
Murat, Joachim 31, 191
Musset, Alfred de 109, 128, 133, 264

Napoleon I. 7, 10f., 17, 22, 24–26, 32f., 44, 48, 52, 56, 61–63, 64f., 68f., 74, 77f., 79, 82, 86f., 92, 95, 97–99, 105, 110, 118, 125f., 144, 150, 159–161, 163f., 172, 179, 199, 209, 215f., 221, 248, 250, 264, 271, 276, 297, 314, 316, 325
Napoleon II., Herzog von Reichstadt 45, 316f.
Napoléon, Eugène Louis Jean Joseph, genannt Loulou (Napoleon IV.) 76, 195, 215, 226, 233, 245, 248, 261f., 267, 275, 284, 304, 307, 311, 313–319, 322–325, 327, 333
Napoléon-Jérôme, Prinz, genannt Plon-Plon 31, 46, 48, 54, 61, 72, 74, 83, 156, 181, 191f., 195, 199, 234, 272, 274, 307, 321, 329
Niel, Adolphe 236, 264
Nieuwerkerke, Alfred Émilien, Graf von 55, 67
Nigra, Constantin, Graf 203, 284
Nikolaus I., Zar 78f.

Offenbach, Jacques 221–223, 249
Ollivier, Émile 58, 137, 160, 191, 197, 234, 238, 246, 258f., 262, 265–267, 272
Orsini, Felice 148–154, 168
Ossuna, Herzog von 41, 61

Paca, siehe: Maria Francisca
Paléologue, Maurice 279, 333
Palikao, Duc de (Cousin de Montauban) 268–271, 273, 279–281, 307
Palmerston, Lord 85, 149
Pasteur, Louis 128, 131, 218
Persigny, Duc de (Victor Fialin) 55, 118, 138, 190, 232, 234
Pieri, Giuseppe 148, 152, 153
Pietri, Pierre Marie 150, 284, 322f., 328

Pinard, Pierre Ernest 94, 281
Pius IX. 64, 75, 111, 205f., 315
Pélissier, Aimable, Duc de Malakoff 118, 153
Plon-Plon, siehe: Napoléon-Jérôme
Prévost-Paradol, Anatole 250–252, 264
Proudhon, Pierre Joseph 91

Rachel, Elisa 23, 39
Radetzky, Joseph Wenzel 163
Rochefort, Victor Henri de 237, 247
Rossini, Gioacchino 221
Rouher, Eugène 189f., 207, 234, 235f., 259, 292, 307
Rousseau, Théodore 219
Rudio, Attentäter 148, 152f.

Sainte-Beuve, Charles Augustin 128
Saint-Simon, Louis de Rouvroy, Herzog von 74
Saint-Simon, Claude Henri 93
Sand, George 36
Sibour, Marie Dominique 64f.
Sophie, Erzherzogin, Mutter von Franz Joseph I. und Maximilian I. 229f.
Stendhal (Henri Beyle) 23–25, 172

Taine, Hippolyte 314
Tascher de la Pagerie, Charles 107
Tascher de la Pagerie, Stéphanie 118, 124, 130
Thiers, Adolphe 57, 195f., 212, 216, 236, 251, 253, 259, 282, 312
Tocqueville, Alexis de 184
Trochu, Louis Jules 268, 272f., 275, 280, 283, 287

Vergeot, Éléonore 46
Victor, Prinz, ältester Sohn von Napoléon-Jérôme 321, 329

Vieil-Castel, Horace de 69, 145
Viktor Emanuel II. 73, 98, 141f., 156f., 164, 166–168, 204, 207, 212, 224, 252, 274, 292
Viktoria I., Königin von England 45, 56, 58, 72f., 75, 81, 84–86, 91, 95–97, 102, 149, 162f., 175f., 179, 182, 224, 251, 264, 292, 302f., 317, 319, 321, 326–329, 331
Viktoria, Tochter von Viktoria I. 72, 96, 327f.
Viktoria Eugenie, Gemahlin von Alfons XIII. 334
Villiers, George (Lord Clarendon) 18
Viollet-Le-Duc, Eugène Emmanuel 128, 130
Vischer, Friedrich Theodor 90
Visconti, Louis 108, 221

Wagner, Richard 223
Walewska, Marie Anne 69, 141, 144f.
Walewski, Alexandre 55f., 100, 144
Washington, George 13, 184
Wilhelm I., Deutscher Kaiser 194, 223f., 257f., 276, 294f., 298, 332
Wilhelm II., Deutscher Kaiser 327–329
Wilson, Thomas Woodrow 332
Wimpffen, Émmanuel Félix 276
Winterhalter, Franz Xaver 91, 109, 130, 217, 324
Worth, Charles Frédéric 89, 132

Zola, Émile 223, 236